D1717566

Gottes Liebe
zwingt nicht

EIN OFFENER UND RELATIONALER ZUGANG
ZUM WIRKEN GOTTES IN DER WELT

THOMAS JAY OORD

Aus dem Englischen übersetzt von
Julia Nöthling und Felix Fleckenstein

Mit einem Nachwort von Matthias Remenyi

SacraSage Press ist ein spirituell-theologischer Verlag. Alle Rechte vorbehalten. Übersetzer:
Julia Nöthling und Felix Fleckenstein
ISBN 978-1-948609-28-9
ISBN 978-1-948609-25-8

Für meine Tochter Alexa:
Eine Christin, eine Wissenschaftlerin
und noch so viel mehr

Inhaltsverzeichnis

Danksagungen 1

1   Tragisches bedarf einer Erklärung 7

2   Der Zufall und die Gesetzmäßigkeiten des Lebens 19

3   Wirkmacht und Freiheit in einer Welt geprägt von
Gut und Übel 43

4   Modelle göttlicher Providenz 73

5   Die offene und relationale Alternative 99

6   Steht die Liebe an erster Stelle? 125

7   Das Modell der wesentlichen Kenosis 143

8   Wunder und Gottes Wirken in der Welt 181

Fazit 213

Nachwort 217

Literatur 233

Danksagungen

Das vorliegende Buch ist ein Konglomerat vielfältiger Ideen und Gedanken. Viele dieser Gedanken gingen aus Unterhaltungen mit bemerkenswerten und scharfsinnigen Menschen hervor, von denen ich einige nachstehend erwähne. Da ich schon mehr als zwanzig Bücher entweder selbst geschrieben oder herausgegeben habe, weiß ich, dass Autoren niemals ohne fremde Hilfe Erfolg haben können. Es braucht ein sprichwörtliches Dorf, um ein Buch anzufertigen, auch wenn nur eine Person für das Schreiben verantwortlich ist.

Neben den Menschen, die ich erwähnen werde, prägten mich zweifelsohne zwei weitere Erfahrungen, während ich dieses Buch schrieb. Die erste bestand in regelmäßigen Wanderausflügen in die Wildnis und Weite von Idaho, Oregon, Wyoming und Kalifornien. Einige wochenlange Wanderungen, diverse Wochenendausflüge und zahlreiche ganztägige oder nachmittägliche Spaziergänge halfen mir, Druck abzulassen, zu meditieren, mich zu fokussieren und zu beten. Auf diesen Spaziergängen fing ich die Schönheit der Natur mit meiner Kamera ein. Ich bin meiner Frau, meinen Töchtern, Freunden und auch anderen dankbar, die es mir nicht nur gestatteten, diese Auszeiten zu nehmen, sondern mich auch zu diesen ermutigten.

Die zweite prägende Erfahrung bestand darin, Leid in meinem professoralen Leben zu bewältigen. Ich durchlebte einige schwere Tage, als ich die Gedanken für dieses Buch entwarf. In dieser harten Zeit konnte ich mich auf die große Unterstützung meiner Kollegen an der Universität, von Wissenschaftlern aus der ganzen Welt, ehemaligen Schülern, Pastoren und Vorstehern, Freunden aus vielen verschiedenen Lebensbereichen und ganz besonders meiner Familie verlassen. Ich bin sicher, dass diese schwere Zeit mein Verständnis von Providenz[1] geformt und vertieft hat, dabei vor allem

---

[1] Anmerkung der Übersetzer: Im englischen Original wird hier der Begriff „providence" verwendet, der in der vorliegenden Übersetzung mit dem im Deutschen eher weniger geläufigen „Providenz" wiedergegeben wird. Für gewöhnlich wird das englische „providence" im Deutschen mit „Vorsehung" übersetzt. Die inhaltliche Füllung dieses Begriffs entspricht jedoch nicht dem Verständnis, das der Autor von „providence" hat, weshalb für diese Übersetzung der lateinische Fachbegriff verwendet wird. Oord versteht unter dem englischen „providence" nicht nur den Ratschluss Gottes, sondern vor allem Gottes fürsorgliches Wirken in der Welt (vgl. S. 8: „Unter

meine Vorstellung, dass Gott uns auf dem Abenteuer des Lebens begleitet und uns dazu aufruft, ein Leben in Liebe zu führen.

Als multidisziplinärer Wissenschaftler beschäftige ich mich mit einer großen Bandbreite an Forschungsgebieten. Ich lese Literatur aus vielfältigen Themenbereichen und setze mich mit Wissenschaftlern aus den unter-schiedlichsten Feldern auseinander. Durch meine Publikationen in der Theologie, der Philosophie und der Naturwissenschaft trage ich selbst zu einem multidisziplinären Austausch bei. In vielen meiner Veröffentlichungen lässt sich diese kreative Synthese verschiedener Disziplinen erkennen. All dies zusammenzutragen und in verständlicher Sprache auszudrücken, ist zugleich eine Kunst als auch eine Art pastoraler Dienst, dem ich mich verschrieben habe. Besonders gegen Mitte und Ende des Buches werden meine zentralen Anliegen deutlich. Diese zentralen Anliegen bestehen aus einigen innovativen Gedanken. Ich glaube, dass es eine solche kreative Originalität braucht, um Gottes Providenz besser verstehen zu können.

Als sich der Schreibprozess dem Ende entgegen neigte, wurde mir bewusst, dass dieses Buch sich gut in eine Reihe mit zwei anderen Werken einfügt, die ich innerhalb der letzten Jahre geschrieben habe. In *Defining Love: A Philosophical, Scientific, and Theological Investigation* habe ich Liebe aus philosophischen und naturwissenschaftlichen Blickwinkeln thematisiert. Wie der Titel vermuten lässt, entwerfe ich eine Definition der Liebe unter Berücksichtigung verschiedener Fachdisziplinen und Wirklichkeits-vorstellungen. Ein Großteil von *Defining Love* geht den Gestaltungs- und Ausdrucksformen der Liebe in den gesellschaftlichen, biologischen und kosmologischen Wissenschaften auf den Grund. Erst im abschließenden Kapitel kommt die Theologie und – sehr knapp – mein Modell wesentlicher Kenosis zur Sprache.

In *The Nature of Love: A Theology* liegt mein Hauptaugenmerk auf der theologischen Rede über die Liebe. Auch biblische und philosophische Themen spielen dabei eine Rolle. In *The Nature of Love* erkläre ich zunächst, warum ich glaube, dass Liebe im Zentrum systematischer Theologie stehen sollte und erläutere mein Verständnis von Liebe. Danach setze ich mich mit der biblisch fundierten Theologie von Anders Nygren, der philosophischen Theologie des Augustinus und der offenen Theologie Clark Pinnocks auseinander. Im abschließenden Kapitel begründe ich das Modell wesentlicher Kenosis ausgehend von der Christologie. Ich schließe mit einer Darstellung

---

Providenz verstehe ich das Wirken Gottes, das darauf ausgerichtet ist, unser Wohlergehen bzw. das Wohlergehen insgesamt zu fördern.").

der wesentlichen Kenosis im Zusammenhang mit anderen dogmatischen Fragestellungen.

Im hier vorliegenden Buch habe ich mich bemüht, Philosophie, Naturwissenschaft, die Bibel und die Theologie in einem ausgewogeneren Verhältnis zu behandeln. Dieses Vorgehen ermöglicht es, problematische Aspekte der Providenz – insbesondere Übel[2] und Zufall – ausführlich zu behandeln. Außerdem entfalte ich das Modell wesentlicher Kenosis umfangreicher als ich es bisher getan habe. Mein vorrangiges Ziel ist es dabei, den Zufall und das Übel, das in unserer Welt geschieht, vor dem Hintergrund meiner Überzeugung von einem liebenden, wirkmächtigen und fürsorglichen Gott zu erklären.

Wie ich schon erwähnte, bin ich fest davon überzeugt, dass Bücher stets das Ergebnis von Beziehungen und Zusammenarbeit sind. Es ist leider nicht möglich, alle zu nennen, die einen Einfluss auf dieses Buch hatten. Dennoch möchte hier einige von ihnen dankend erwähnen.

Dieses Buchprojekt wurde durch ein Stipendium vom *Randomness and Divine Providence project* unterstützt, welches von Jim Bradly geleitet wird und sich durch die John Templeton Foundation finanziert. Ich danke an dieser Stelle insbesondere Jim dafür, dass er immer an die Bedeutung der Fragen glaubte, die ich in diesem Buch behandle.

Etliche Organisationen, Gruppen und Vereine haben mein Denken nachhaltig geprägt. Ich will sie an dieser Stelle voller Dankbarkeit in alphabetischer Reihenfolge erwähnen: BioLogos Foundation, Christian Theological Research Fellowship, die University of Edinburgh (besonders David Fergusson), das Faraday Institute for Science and Religion, das Ian Ramsey Centre for Science and Religion (besonders die Special Divine Action conference), die International Society for Science and Religion, Nazarene Theological College – Manchester, die Open and Relational Theologies group der American Academy of Religion, die School of Theology and Christian Ministries an der Northwest Nazarene University, die Wesleyan Philosophical Society, die Wesleyan Theological Society, WesleyNexus und Word Made Fresh.

Ich danke Burton Webb, Mark Maddix und Paula Kellerer dafür, dass sie mir das Sabbatjahr an der Northwest Nazarene University gewährten. Ein Großteil des Buches entstand in dieser Zeit. Studierende im letzten Studienjahr, die an meinen theologischen Online-Kursen an der Northwest Nazarene University teilnahmen, schenkten mir ihre Einschätzungen zum Buch. Bei

---

[2] Anmerkung der Übersetzer: Im englischen Originalwerk spricht Oord hier von »evil«, welches hier und an allen weiteren Stellen mit »Übel« widergegeben wird.

diesen Studierenden handelt es sich um: Anita AlbertWatson, David Allen, Michelle Borbe, Sarah Brubaker, Amy Byerley, Barry Carney, Nicholas Carpenter, James Cendrowski, Joe Crosby, Sarah Dupray, Buford Edwards, Rodney Ellis, Thomas Evans, Cezarina Glendening, Jennifer Glover, Anthony Kayser, Angela Lerena, Aneel Mall, Rosanne McMath, Aaron Mednansky, Philip Mi chaels, Francis Mwansa, Jason Newman, Christopher Nikkel, Leslie Oden, Michael O'Neill, Raquel Paqueira, Donald Smith, Topher Taylor, Brad Thompson, Jonathan Thompson, Brian Troxell, Margaret Tyler, Tara West und Cassandra Wynn.

Viele Menschen lasen Teile des Buches und ermutigten mich. Daneben äußerten sie auch Verbesserungsvorschläge oder Kritik. Wieder andere prägten mein Denken im persönlichen Gespräch. Ich danke hier vornehmlich Craig Adams, Jay Akkerman, Dik Allan, Paul Allen, Denis Alexander, Ben Arbour, Ken Archer, J. J. Asson, Vaughn Baker, Wes Baldassare, Jeremy Bangs, Joseph Bankard, Ian Barbour, John Bechtold, Keith Besherse, Craig A. Boyd, Gregory Boyd, David Brown, Rachel Bryant, Anna CaseWinters, Charles Christian, Jeff Clarke, Philip Clayton, John Cobb, Ron ColeTurner, Monica Coleman, Robin Collins, C. S. Cowles, John Culp, Scott Daniels, Celia DeaneDrummond, Hans Deventer, Brent Dirks, Chris Donato, Craig Drurey, Ben Duarte, Ray Dunning, Bo Eberle, George Ellis, Bruce Epperly, Michael Faber, Darrel Falk, David Fergusson, Terry Fretheim, Rob Fringer, Tripp Fuller, Karl Giberson, Jim Goetz, Joe Gorman, Nathan Greeley, David Griffin, Erik Groeneveld, Johannes Groessl, Doug Hardy, Mark Harris, William Hasker, Jack Haught, Todd Holden, John Daniel Holloway, Curtis Holtzen, Nancy Howell, Jeremy Hugus, Jacob Hunt, Bob Hunter, Randy Isaac, Werner Jeanrond, Tyler John, Kurt Johnson, David Larson, Jacob Lett, Michael Lodahl, Kevin Lowery, Bob Luhn, Butch Karns, Catherine Keller, Jeffery Keuss, Megan Krebs, Diane Leclerc, Frank Macchia, Mark Maddix, Randy Maddox, Eric Manchester, Dave Mann, Mark Mann, Dan Martin, Steve McCormick, Jay McDaniel, Alister McGrath, Chad Meister, Marty Michelson, Bev Mitchell, Paul Montague, Brint Montgomery, Maynard Moore, T. C. Moore, Aaron Moschitto, Rocky Munoz, Les Muray, Tom Nees, Tim O'Connor, Roger Olson, Bryan Overbaugh, Alan Padgett, DongSik Park, Larry Parsons, Brent Peterson, Tom Phillips, Andrew Pinsent, John Polkinghorne, Stephen Post, Rob Prince, Jon Privett, Cliff Purcell, Eleanor Puttock, David Rainey, Joshua Rasmussen, Josh Reichard, Caleb Reynolds, Alan Rhoda, Richard Rice, Stephen Riley, John Sanders, Jeff Schloss, Andrew Schwartz, Lea Schweitz, Tony Scialdone, Graeme Sharrock, LeRon Shults, Ignacio Silva, Chad Simmons, Russ Slater, Bethany Sollereder, Rob Staples, Eric Stark, Jim Stump, Libby TedderHugus, Sam Tenizo, Richard Thompson,

Don Thorsen, Kevin Timpe, Ekaputra Tupamahu, Eric Vail, Keith Ward, Dale Wayman, Burton Webb, Jordan Wessling, Kurt Willems, Mark Wilson, Karen Winslow, Mark Winslow, Celia Wolff, Nick Wolterstorff, Joseph Wood, David Woodruff und Amos Yong.

Meine Frau Cheryl und meine Töchter Sydnee, Alexa und Andee sowie mein Schwiegersohn Logan haben mich auf ihre je eigene Art und Weise positiv beeinflusst. Ich danke jedem einzelnen von ihnen, besonders jedoch meiner Frau.

Ich widme dieses Buch meiner Tochter Alexa. Sie studiert Philosophie an der Harvard University. Als Assistentin unterstützte sie mich im Sommer 2014, als vorläufige Redakteurin las sie Kapitel, recherchierte Referenzen und Zitate, leistete einen wesentlichen Teil der Forschungsarbeit und gab hilfreiche Anregungen. So spielte sie eine tragende Rolle dabei, dieses Buch so gut wie nur möglich zu machen.

Alexa ist eine Nachwuchswissenschaftlerin mit einer vielversprechenden Zukunft.

Danke, Lexi!

1

Tragisches bedarf einer Erklärung

Wir alle wollen einen Sinn in unserem Leben erkennen. Meistens stellen wir unmittelbare Fragen, um das, was in der Welt um uns herum vor sich geht, sinnvoll zu erklären: Warum hat sie mich so angesehen? Warum ist es kalt? Warum gewinnt meine Mannschaft nie die Meisterschaft? Warum habe ich Hunger? Warum kann ich mich gerade nicht entspannen? Warum sind hier so viele Werbeanzeigen?

Die meisten von uns stellen auch große Fragen an das Leben. Diese Fragen und ihre Antworten sind das Herzstück der Weltreligionen, der Antrieb für wissenschaftliche Bestrebungen und die Domäne der Philosophie. Große Fragen und unsere Bemühungen, sie zu beantworten, sind von nicht zu unterschätzender Bedeutung für unser Leben.

Diejenigen, die an Gott glauben – und ich bin einer von ihnen –, denken normalerweise, dass Gott eine Rolle in Antwortversuchen auf diese großen Fragen spielen sollte. Zusätzlich leisten die Naturwissenschaften, die Philosophie, die Humanwissenschaften, die Geisteswissenschaften und andere Fachwissenschaften einen entscheidenden Beitrag zu dieser Suche nach Antworten auf die Fragen des Lebens. Auch alltägliche Erfahrungen steuern etwas bei. Umfassende Antworten speisen sich aus allen diesen Bereichen.

Das Nachdenken über Gott – die Theologie – sollte bei ihren Versuchen, die Wirklichkeit zu verstehen, nicht wie eine Art Trumpfkarte ausgespielt werden. Floskeln wie »Gott allein weiß« oder »Es muss Gottes Wille sein« führen manchmal eher dazu, Gespräche vorzeitig zu beenden anstatt Aufschluss darüber zu geben, wie gewisse Dinge funktionieren oder wie sie sind. Die Theologie hat nicht auf alles eine Antwort.

Wenn jedoch die Gegenwart und Wirkmacht Gottes die weitreichenden Auswirkungen besitzen, von denen die meisten Gläubigen ausgehen, dann kann die Theologie in Gesprächen über das Leben auch nicht einfach aufs Abstellgleis befördert werden. Sie muss an diesen Gesprächen teilnehmen. Die Theologie sollte eine zentrale Rolle spielen, wenn es darum geht, angemessene Antworten auf die wichtigsten Fragen des Lebens zu finden.

Und ist es nicht ein erstaunliches Leben, das wir führen?

Unser Leben ist voll von Gefühlen, Fakten, Informationen, Werten, Taten, Wünschen und unbeantworteten Fragen. Wir erfahren Liebe, Freude und Glück neben Übel, Schmerz und Trauer. Wir handeln bewusst und zielgerichtet. Wir begegnen Zufälligem, Willkürlichem und glücklicher Fügung – dem Guten und dem Übel. Wir scheinen frei zu handeln. Aber äußere Umstände, unser Körper und unsere Umwelt begrenzen unser freies Handeln. Wir wägen ab und treffen Entscheidungen aus emotionalen wie rationalen Gründen.

In dem einen Augenblick begeistern uns das Gute und das Schöne. Im nächsten erschaudern wir angesichts der Gräuel und Abscheulichkeiten, die das Leben manchmal mit sich bringt. Mal sind wir glücklich und mal sind wir es nicht. Den Großteil der Zeit besteht unser Leben aus Alltag und Routine. Und es geht immer weiter. So leben wir.

Das Leben sinnvoll erklären zu wollen ist – in Anbetracht dieser Diversität – ein beängstigendes Unterfangen. Dennoch nehmen wir uns dieser Aufgabe unweigerlich an. Mal mehr, mal weniger durchdacht versuchen wir zu ergründen, wie gewisse Dinge funktionieren und was Sinn ergibt. So gesehen sind wir alle Metaphysiker. Schließlich sucht die Metaphysik nach den fundamentalen Begründungen der Wirklichkeit.

Mein Buch untersucht dieses große Ganze mit einem besonderen Schwerpunkt auf der Erklärungsbedürftigkeit von Zufall und Übel angesichts der Providenz Gottes. Unter *Providenz* verstehe ich das Wirken Gottes, das darauf ausgerichtet ist, unser Wohlergehen bzw. das Wohlergehen insgesamt zu fördern.

In der hier vorliegenden Untersuchung werde ich die Sinnhaftigkeit, die Schönheit, das Gute und die Liebe nicht außer Acht lassen. Jedoch ist es recht leicht, die positiven Dinge des Lebens mit dem Glauben an Gott zu vereinbaren. Zufall und Übel sind eine sehr viel größere Herausforderung. Leider tun manche Gläubige diese herausfordernden Angelegenheiten des Lebens als belanglos oder unwirklich ab. Dagegen denke ich, dass wir diese Angelegenheiten ernst nehmen müssen, so ernst sogar, dass viele Gläubige ihre Vorstellungen von Gott überdenken werden müssen. Vielleicht brauchen wir Dekonstruktion, damit Rekonstruktion geschehen kann.

Am Ende dieses Buches werde ich Antworten auf einige der bedeutendsten Fragen des Lebens bieten. Dabei nehme ich den Zufall und die

Sinnhaftigkeit, das Übel und das Gute, die Freiheit und die Notwendigkeit, die Liebe und den Hass – und Gott – ernst. Ich werde einen vollkommen neuen Vorschlag unterbreiten, der die Hindernisse überwindet, die Gläubige für gewöhnlich davon abhält, zufriedenstellende Antworten auf die großen Fragen des Lebens zu finden. Vielleicht schaffen es meine Lösungsversuche sogar, Nichtgläubige dazu zu veranlassen, ihre Überzeugung, dass Gott nicht existiert, zu überdenken.

Jahrtausendelang fragten viele: »Wenn ein liebender und mächtiger Gott existiert, warum verhindert dieser Gott nicht genuine Übel?« Besonders dank der jüngsten Entwicklungen in der Philosophie und der Naturwissenschaft hat eine damit verwandte Frage Beachtung gefunden: »Wie kann ein liebender und wirkmächtiger Gott zugleich ein fürsorglicher Gott sein, wenn zufällige Ereignisse geschehen?«

In diesem Buch entwerfe ich Antworten auf beide Fragen. Diesen Antworten liegt ein besonderes Verständnis von der Macht und Liebe Gottes zugrunde. Dieses Verständnis ist geprägt von der Theologie, der Naturwissenschaft, der Philosophie und der Bibel. Mithilfe dieser Quellen will ich die grausamen und unvorhersehbaren Wirklichkeiten des Lebens in ihrer gesamten Tragweite erklären. Ich will aber auch den Sinn, die Freiheit und die Liebe erklären. Ich beziehe mich dabei auf die Forschung unterschiedlicher Disziplinen. So will ich ein Modell göttlicher Providenz vorbringen, welches ich zugleich für glaubwürdig und lebbar halte.

Um ins Herzstück meiner Vorschläge vorzudringen, scheint es angemessen, mit Berichten über echte Lebenssituationen anzufangen, in denen Zufall und Übel vorkommen.

ES IST DIE REINSTE HÖLLE

Am 15. April 2013 absolvierte Mark Wolfe den Boston-Marathon. Kurz danach musste er die gewaltige Zerstörungskraft der Bombenexplosion nahe der Ziellinie mit anschauen. „Es ist die reinste Hölle"[3], beschrieb er die Lage nach dem Anschlag. „Alle sind einfach nur fassungslos und traurig."[4]

Während Wolfe und andere die Zerstörung am eigenen Leib erlebten, erfuhren Menschen aus der ganzen Welt die Einzelheiten der Tragödie aus

---

[3] JOHNSON, M. Alex, Pandemonium. Witness Accounts of the Boston Marathon Bombing, in: NBC Nightly News, 15. April 2013, http://usnews.nbcnews.com/_news/2013/04/15/17765308-pandemonium-witness-accounts-of-the-boston-marathon-bombing?lite. Anmerkung der Übersetzer: Alle direkten Zitate, die lediglich in englischer Sprache zugänglich sind, wurden von den Übersetzern eigens ins Deutsche übersetzt. Für die englischen Originalzitate siehe jeweils die in den Fußnoten angegebene Belegstelle.

[4] JOHNSON, Pandemonium. Witness Accounts of the Boston Marathon Bombing.

den Medien. Die Explosionen zerstörten und beschädigten nicht nur nahegelegene Gebäude. Mehr als 250 Zuschauer und Läufer wurden verletzt. Vierzehn mussten sich Amputationen unterziehen. Drei starben.

Die Geschichten der Verletzten, Verstümmelten und Verstorbenen ergriffen die Herzen von Menschen auf der ganzen Welt. Bald gab es Berichte über heldenhafte Helfer am Schauplatz des Bombenanschlags. Polizeibeamte, Feuerwehrleute, Pflegepersonal, Ärzte und einfache Bürger erwiesen sich als barmherzige Samariter in einer Zeit schrecklicher Not. Während die Öffentlichkeit die Helfenden für ihre großartigen Taten rühmte, überwogen die Trauer und das Entsetzen über die abscheuliche Tat der Terroristen. Diesen Ereignissen einen Sinn abzugewinnen, gestaltete sich schwierig.

Einige Tage später identifizierten FBI-Agenten Dzhokhar und Tamerlan Tsarnaev als Drahtzieher hinter dem Anschlag. Die Brüder legten Nägel, Kugellager und andere Metalle in Dampfkochtöpfe und sprengten die hausgemachten Sprengstoffe mittels Fernzündern. Die Polizei konnte beide aufspüren. Was folgte, war eine Verfolgungsjagd und die Tötung eines der beiden durch die zuständige Behörde. Die Behörden fassten schließlich den zweiten, der die Tat gestand. Religiöse Überzeugungen hätten sie motiviert, sagte Tsarnaev. Dieses Unglück schien nur ein weiteres in der langen Liste der Übel zu sein, die im Namen Gottes, Allahs oder der Gottheit irgendeiner anderen Religion verübt worden waren.

Der Anschlag auf den Boston-Marathon ist natürlich kein Einzelfall. Terroristisch motivierte Bombenanschläge geschehen auf der ganzen Welt. In den Vereinigten Staaten passieren sie allerdings vergleichsweise selten. Einige Anschläge sind noch verheerender und tödlicher als der in Boston. Jeder terroristische Bombenanschlag – egal, wo er stattfindet – ist einer zu viel.

Gläubige erklären sich Ereignisse wie die des Boston-Marathons auf verschiedene Art und Weise. Josh Castleman schrieb als Gastkolumnist für das *Orlando Sentinel* und bekräftigte seinen Glauben an Gott trotz des Horrors von Boston. „Mir ist klar, dass viele Menschen dieses tragische Ereignis als Beweis gegen die Existenz Gottes werten"[5], schrieb Castleman. „In Wirklichkeit ist es aber doch so, dass einige unsägliches Leid und Kummer erfahren mussten, damit Tausende Erleichterung und Freude empfinden konnten."[6]

---

[5] CASTLEMAN, Josh, Where Was God During the Boston Marathon Bombings?, in: Orlando Sentinel, 21 April 2013, http://articles.orlandosentinel.com/2013-04-21/news/os-ed-god-boston-bombings-042113-20130419_1_ god -tragedy-animal-instincts.
[6] CASTLEMAN, Where Was God During the Boston Marathon Bombings?.

Castleman schloss seinen Artikel mit einer rhetorischen Frage: „Wo war Gott als der Bombenanschlag passierte?"[7] Seine Antwort: „Ich glaube, er war bei uns und hoffte, wir würden uns nicht nur auf den kurzen Moment des Übels konzentrieren, sondern seine Gegenwart in den darauffolgenden Stunden und Tagen erkennen."[8]

Manche Gläubige erklären sich ein solches Leid, indem sie behaupten, es bräuchte das Übel, damit wir einen guten Gott schätzen können. Gott tröstet die Leidenden, sagen sie. Castleman scheint zu glauben, dass das Übel zu diesem Zweck notwendig ist, wenn er sagt, „[…] dass einige unsägliches Leid und Kummer erfahren mussten, damit Tausende Erleichterung und Freude empfinden konnten."[9] Ohne das Übel wüssten wir nicht um das Gute, so lautet dieses Argument. Um den Gott allen Trostes unmittelbar zu erfahren, braucht es Gründe, getröstet zu werden.

Wir müssen durch die Hölle gehen, um den Himmel schätzen zu können.

Der Glaube, dass Gott bei denen ist, die leiden, ist überaus weitverbreitet. »Gott leidet mit uns«, sagen viele. Christen sind überzeugt, dass Gott Schmerz und Tod in der Kreuzigung Jesu Christi empfand. Als unser Gefährte im Leid leidet Gott mit allen, die selbst unsägliche Qualen ertragen müssen. In der Mitte unserer größten Not ist Gott bei uns und leidet mit uns. Viele Gläubige sprechen davon, dass sie einen leidenden Gott verehren. Aber müssen wir wirklich das Übel erdulden, um das Gute schätzen zu können? Und können wir das Übel am besten erklären, indem wir sagen, dass Gott uns nahe ist und mit uns leidet?

Eine Vielzahl von Gläubigen denkt, Gott könne alles tun. Gott könne Menschen oder Situationen kontrollieren und jegliches Übel aufhalten, sagen sie. Wenn das stimmt, dann muss Gott aus freiem Willen das Leid zulassen, nur, um mit den Opfern zu leiden. Gott lässt das Übel zu, um unseren Schmerz zu fühlen. Gott könnte ein solches Übel verhindern, aber er lässt es zu, damit wir uns inmitten unseres Leids als von ihm getragen erleben können.

Macht diese Sichtweise Gott zu einem Masochisten? Und wollen wir einen Masochisten nachahmen? Lassen *wir* zu, dass geliebte Menschen leiden, damit wir dann mit ihnen leiden können? Angenommen wir wären dazu in der Lage, das Übel von vornherein zu verhindern. Halten wir es in diesem Fall für liebevoller, mit anderen zu leiden, oder das Übel von vornherein zu verhindern?

---

[7] Ebd.
[8] Ebd.
[9] Ebd.

Ich denke, wir sollten bezweifeln, dass das Übel die Voraussetzung für das Gute ist, besonders angesichts des ungeheuer großen Leids in unserer Welt. Das Maß des Übels übertrifft bei Weitem das, was vielleicht notwendig wäre, um das Gute schätzen zu können. Darüber hinaus glauben die meisten Christen an ein Leben nach dem Tod, das sich durch ewiges Glück auszeichnet. Wenn wir der Logik von »Zum Guten ist das Übel nötig« folgen, dann müsste es im Himmel auch den Schmerz und das Übel geben, um das Himmlische schätzen zu können. Diese Denkweise macht das Übel nicht nur zu einer Notwendigkeit. Sie wirft auch die Frage auf, ob die Heiligen wirklich vollkommene Glückseligkeit erfahren können, solange sie wissen, dass ihr Glück vom Übel ermöglicht ist.

Es ist anzunehmen, dass die Tsarnaev-Brüder von ihrem freien Willen Gebrauch gemacht haben, um die Bomben zu bauen und zu sprengen. Dennoch waren ihre Opfer offensichtlich zufällig: Läufer und Zuschauer befanden sich zufällig dort, wo die Bomben explodierten. Es war die freie Entscheidung der Brüder, das tödliche Chaos anzurichten, während die Opfer unwissentlich genau neben der Explosion liefen oder standen.

Dies könnte Gläubige dazu führen, verschiedene Fragen zu stellen: »War der Bombenanschlag auf den Boston-Marathon Teil der Providenz Gottes? Obwohl die Opfer zufällig scheinen, hat Gott sie auserwählt, verletzt oder getötet zu werden, als Teil eines göttlichen Masterplans? Sind freier Wille und Zufälligkeit letztendlich nicht wirklich, da sie eigentlich nur Manifestationen von Gottes alles kontrollierender Hand sind?« Sollten wir behaupten, Übel sei notwendig, von Gott gewollt oder auch von Gott zugelassen?

ES IST HÖHERE GEWALT

Es war ein ganz normaler Herbsttag auf einer ganz normalen Straße in Kanada mit einer ganz normalen Familie aus Calgary. Die Familie hatte Urlaub in British Columbia gemacht und war südlich von Fairmont Hot Springs unterwegs. Ein Nachrichtenbericht beschreibt, was um die Mittagszeit passierte: „Die Familie fuhr in einem Subaru Legacy Richtung Norden und näherte sich einem Sattelzug mit einem nicht beladenen Tiefladeranhänger, der nach Süden fuhr"[10], so der Bericht. „Ein Stein mit einer Größe von 30 mal 14 Zentimetern durchbrach die Frontscheibe, traf die Mutter der beiden Kinder am Kopf und tötete sie."[11]

---

[10] MASSINON, Stephane, Police Call Highway Accident that Killed Calgary Woman 'an Act of God, in: Calgary Herald, 8. Oktober 2012, www.calgaryherald.com/Police+call+highway+accident+ that+killed+Calgary+ woman+with+video/7363376/story.html.
[11] MASSINON, Police Call Highway Accident that Killed Calgary Woman 'an Act of God.

Von der einen auf die andere Sekunde durchbricht ein Stein die Scheibe. Er zerschmettert den Schädel einer Frau und tötet sie ohne Vorwarnung. Ein Leben endet tragisch. Die Unfallermittler hielten den Sattelzugfahrer an. Sein Anhänger hatte den Stein hochgewirbelt. Nachdem sie den Laster, seine Reifen, das Auto des Opfers und den Unfallort untersucht hatten, kamen die Ermittler zu dem Ergebnis, dass der Stein in der Zwillingsbereifung festgesteckt haben musste. Er schoss zwischen den Reifen heraus, durchbrach die Scheibe und tötete das Opfer.

Die Untersuchungskommission berichtete, dass der Fahrer des Lastkraftwagens unschuldig sei. „,Es ist von Seiten des Fahrers kein Vorsatz nachzuweisen. Er beabsichtigte nicht, einen Stein zwischen seine Reifen zu stecken und diesen in die Luft zu schleudern', erklärte Corporal Tom Brannigan. ,Es ist höhere Gewalt.'"[12] Höhere Gewalt?

Dieser Unfall ist selbstverständlich nicht der erste, in dem ein unbeabsichtigtes Ereignis Tod und Zerstörung herbeiführte. Es ist nicht das erste Mal, dass ein tragischer Unfall als »höhere Gewalt« oder entsprechend als »Wille Gottes« bezeichnet wird. Noch häufiger hören wir den Ausdruck »höhere Gewalt« wohl im Zusammenhang mit Hurrikanen, Tornados oder Überschwemmungen. Aber vielleicht ist der Tod dieser Frau auch eine natürliche Katastrophe: ein ungeplantes Ereignis mit schrecklichen Folgen.

Vielen Gläubigen dreht sich sprichwörtlich der Magen um, wenn Gott für Unfälle, Tragödien und Naturkatastrophen verantwortlich gemacht wird. Auf der anderen Seite denken auch viele, dass Gott die totale Kontrolle über das Leben hat oder zumindest, dass Gott die Natur und ihre unbelebten Dinge kontrolliert. Diese Menschen müssen denken, solche Ereignisse – aus den Rädern eines Sattelzuges herausgeschleuderte Steine eingeschlossen – seien Teil der Providenz Gottes. Schließlich, so sagen sie, könnte ein allmächtiger Gott dieses Unglück verhindern. Für viele andere geraten hier jedoch zwei Überzeugungen in Konflikt. Auf der einen Seite steht die Vorstellung, dass Gott das Übel verursacht oder zulässt – auf der anderen der Glaube, dass Gott seine Geschöpfe auf vollkommene Art und Weise liebt.

Können wir zufällige Ereignisse in der Welt anerkennen – vor allem jene mit negativen Folgen – und gleichzeitig an die Providenz Gottes glauben? Wenn Gott einen Plan hat, wie lässt sich dieser mit dem Zufall vereinbaren? Handelt es sich hier um einen göttlichen Masterplan, in dem alle Einzelheiten bereits von ihm vorherbestimmt oder vorhergewusst sind? Wenn Gott die Menschen und die Natur kontrollieren kann, warum zucken wir dann

---

[12] Ebd.

zusammen, wenn Menschen behaupten, alles Unglück und Leid sei höhere Gewalt und damit der Wille Gottes?

ES SOLLTE EINFACH SO KOMMEN

Die zweite Tochter von Hank Lerner und seiner Frau kam sechs Wochen zu früh zur Welt. Eliana Tova – der Name bedeutet »Gott antwortete mit dem Guten« – wurde mittels eines Notkaiserschnitts entbunden. Schon bevor sie geboren wurde, hatten die Eltern erfahren, dass sie nach ihrer Geburt eine Herzoperation benötigen würde. Im Alter von zwei Tagen musste sich der winzige Säugling einem aufwändigen Eingriff unterziehen und sich seiner lebensbedrohlichen Verfassung stellen. Dies war sicherlich nicht der Start ins Leben, den sich die Eltern für ihr Kind vorgestellt hatten!

Einen Monat später hörten Eliana Tovas Nieren auf zu funktionieren. Ihr Gesundheitszustand verschlechterte sich. Hank und seine Frau waren vor die Entscheidung gestellt, wie er sagte, „sie entweder einer Dialyse für vermutlich die nächsten zwei Jahre zu unterziehen – in der Hoffnung, dass sie es bis zu einer Transplantation überlebt – oder sie in Frieden gehen zu lassen."[13] Manchmal ist der Tod erträglicher als der Kampf ums Überleben.

Als Hank und seine Frau ihren Rabbi trafen, fragte der Geistliche: „Sind sie wütend auf Gott?"[14] Hank war definitiv wütend auf Gott! „Jedes Mal, wenn ich jemanden etwas sagen hörte wie ,es ist alles Teil seines Plans' oder ,es sollte einfach so kommen' […], regte sich in mir der Groll."[15]

Weitere Untersuchungen ergaben, dass die kleine Eliana Tova eine seltene Krankheit hatte, die nur 250mal in den letzten fünfzig Jahren diagnostiziert worden war. Als Hank etwas später über Elianas Krankheit bloggte, hatte sie bereits fünf Operationen hinter sich. Und es würden noch mehr Operationen nötig sein – und das zusätzlich zu den Krankenhausaufenthalten aufgrund von gesundheitlichen Problemen, die aufgrund der Krankheit erst entstanden. Sollte sie überleben, war ihr Leben dazu bestimmt, voll von schwerwiegenden Beeinträchtigungen zu sein.

„Ich bin mehr als nur ein bisschen sauer, dass das Leben meines Kindes davon abhängt, sie zwölf Stunden am Tag an eine Maschine zu hängen, und das Tag für Tag bis sie groß genug für eine Transplantation ist"[16], sagte Hank.

---

[13] LERNER, Hank, Getting Angry with God over My Daughter's Rare Disease, in: Kveller (Blog), 28. Oktober 2013, www.kveller.com/blog/parenting/getting-angry-with-god-over-my-daughters-rare-disease/.
[14] LERNER, Getting Angry with God over My Daughter's Rare Disease.
[15] Ebd.
[16] Ebd.

Und das mal ganz abgesehen von den Infektionen und möglichen Komplikationen, die sie sehr wahrscheinlich ihr ganzes Leben lang begleiten werden. Es gibt mehr als genug, das Hank zu recht wütend macht!

„Am Ende des Tages ist es egal, ob ich wütend auf Gott bin. Was zählt ist, dass wir – Mama, Papa und ihre große Schwester – aufhören, über die Vergangenheit nachzugrübeln und uns Sorgen über die Zukunft zu machen, damit wir uns jetzt darauf konzentrieren können, die momentanen Hindernisse mit aller Kraft zu überwinden und Eliana jeden Tag ein Stückchen vorwärts zu bringen."[17]

Eliana Tova ist bei weitem nicht das einzige Neugeborene, das mit einer chronischen Erkrankung, einem Leiden, beschädigten Körperteilen oder schweren Deformierungen zur Welt kommt. Millionen Säuglinge sind jährlich mit einer solchen Bürde beladen. Einige überleben, aber müssen ihr Leben lang Operationen und Schmerzen hinnehmen. Andere überleben nur für kurze Zeit, bevor sie ihrem Leiden erliegen. Wieder andere werden tot geboren und können außerhalb des Mutterleibes nicht überleben.

Eltern mit stark beeinträchtigten Kindern sind mit »Rechtfertigungen« konfrontiert, die auch Hank zugetragen worden sind: »Es musste einfach so kommen« oder »Es ist Gottes Plan.« Andere Eltern hören auf, an Gott zu glauben, oder glauben zumindest nicht mehr daran, dass Gott irgendetwas in unserer Welt bewirken kann. Sie werden zu praktischen Atheisten. Auf diesem Weg bauen viele Menschen mehr auf bloße Determination als auf die Gewissheit, dass Gott ihr Leben providentiell lenkt. »Gott scheint uns nicht zu helfen«, sagen sie. »Also werden wir das wohl selbst hinkriegen müssen.«

Wenn es so sein soll, dann liegt es an mir, das Beste daraus zu machen.

Wenn Kinder mit schwerwiegenden Beeinträchtigungen wie Eliana Tova geboren werden, – oder auch immer dann, wenn jemand von einer Krankheit heimgesucht wird, die durch zufällige genetische oder pränatale Fehler ausgelöst ist – fragen wir uns, ob Gott vielleicht aus Versehen die Bedienelemente falsch betätigt hat. Wenn Gott über allem die Kontrolle behält, sind gesundheitliche Probleme dann von Gott an bestimmte Menschen zugeteilt? Sind genetische und physische Mutationen wirklich zufällig oder etwa doch Gottes Plan?

Einige Gläubige geben ihren Glauben daran, dass Gott etwas in unserer Welt bewirken kann, auf. Andere richten ihre Wut gegen Gott. Tatsächlich gibt es auch in der Bibel zahlreiche Perikopen, die Klagen von Gläubigen lange vor unserer Zeit schildern. Ganz unverblümt äußern sie ihren Zorn. Es

---

[17] Ebd.

kann reinigend wirken, der eigenen Wut Ausdruck zu verleihen. Zorn mag etwas Natürliches sein. Aber ist es nicht genauso natürlich, sich zu fragen, ob Gott solche Schuldzuweisungen verdient? Ist es wirklich die Schuld Gottes? Ist Gott schuldfähig?

Manche sagen, Gott sollte nicht Gegenstand unserer Wut werden und meinen damit, Gott trage keine Schuld für das Verursachen und Zulassen des Übels. Gott tue ausschließlich das, was gut ist. Aber wenn wir Gott nicht die Schuld für das geben, was schlecht läuft, sollten wir ihn dann loben, wenn es gerade gut läuft?

Betreibt Gott eine Art Nichteinmischungspolitik, wenn es um unser Leben geht?

ICH WEISS NICHT, OB MEIN HERZ JE HEILEN WIRD

Zamuda Sikujuwa drückt ihre Oberschenkel auseinander und verzieht dabei vor Schmerz ihr Gesicht. Sie demonstriert mit einer anstößig wirkenden Geste, was sie ihr angetan haben. Milizsoldaten stießen ein Sturmgewehr in ihren Körper, während sie sie vergewaltigten.

Der Reporter Michelle Faul von der Associated Press berichtete über Zamudas Geschichte aus Doshu im Kongo. „Die brutale Tat zerfetzte ihre inneren Organe, nachdem sieben Männer sie abwechselnd vergewaltigten"[18], schrieb Faul. „Sie verlor das Bewusstsein und wünschte sich, ihr Leben hätte an diesem Tag sein Ende gefunden."[19]

Diese Geschichte ist entsetzlich. Rebellen eines Tutsi-Stammes kamen in Zamudas Dorf und verlangten Geld. Als ihr Ehemann ihnen nichts geben konnte, hielten sie ihm einen Revolver an den Kopf und betätigten den Abzug. Ihre beiden Kinder schrien beim Mord des Vaters, sodass die Rebellen auch die Kinder erschossen. Dann ergriffen sie Zamuda, vergewaltigten sie und ließen sie halbtot zurück.

Nach zwei Operationen hat Zamuda immer noch Schwierigkeiten mit dem Gehen. „Es ist hart, sehr hart. Ich bin alleine in dieser Welt. Mein Körper ist zwar teilweise wiederhergestellt, aber ich weiß nicht, ob mein Herz je heilen wird [...]. Ich will, dass diese Gewalt endlich ein Ende hat."[20]

Völkermord und Vergewaltigung haben beide eine lange, weitreichende und erschütternde Geschichte auf unserem Planeten Erde. In nahezu jeder Gesellschaft wird ein erschreckend hoher Prozentsatz an Frauen vergewaltigt.

---

[18] FAUL, Michelle, Congo Women Fight Back. Speak About Rape, Associated Press, in: NBC News, 16 März 2009, www.nbcnews.com/id/29719277/ns/world_news-africa/#.UvVm11CpUfU.
[19] FAUL, Congo Women Fight Back.
[20] Ebd.

In manchen Kulturen sind vergewaltigte Frauen die Regel und nicht die Ausnahme. Sexuelle Gewalt hat eine grausame Geschichte.

Einige Gläubige denken, Gott lässt das Übel zu, um uns zu prüfen und uns dadurch stärker zu machen. Sie glauben, Gott könnte Schmerz und Leid verhindern, aber er lässt es zu, damit wir daran wachsen können. Gott will vor allem, dass unsere Seelen gestärkt werden, sagt diese Erklärung des Übels.[21] Leid zuzulassen ist Gottes Weg, uns zu moralischer Reife zu führen.

Was dich nicht umbringt, macht dich nur stärker.

Stimmt das? Geht es Zamuda und Millionen von vergewaltigten Frauen etwa letztendlich besser aufgrund ihres Martyriums? Sind sie stärker? Besitzen sie nun eine gestärkte Persönlichkeit? Ist die Welt alles in allem betrachtet nun ein besserer Ort? Lässt ein allmächtiger Gott jedes Übel – Vergewaltigung und Genozid eingeschlossen – als Teil eines ausgeklügelten Plans, der uns abhärten soll, zu?

Natürlich stimmt es, dass wir manchmal für ein letzten Endes höheres Gut Leid in Kauf nehmen müssen. Manchmal lassen wir es beispielsweise zu, dass Kinder Härte ertragen, damit sie reifer werden und ihre Persönlichkeit gestärkt wird. Aber verursacht oder erlaubt Gott jedes Übel, egal ob gewollt oder zufällig, um uns zu besseren Menschen zu machen? Wenn ja, inwiefern lässt sich das auf Zamudas Ehemann und ihre Kinder übertragen? Ist die »Lektion«, die sie im Tod gelernt haben, das Übel, das sie durchstehen mussten, wert? Können tote Menschen reifen?

Manche Übel schwächen unsere Persönlichkeit vielmehr als sie zu stärken. Viele Menschen führen nach solchen Ereignissen ein Leben, das aufgrund von heftigen Schmerzen nun sehr viel weniger lebenswert ist. Manche werden verbittert, rachsüchtig und tyrannisch und machen sich selbst und anderen das Leben zur Hölle. Die vermeintlich göttliche Strategie, die Persönlichkeit zu vervollkommnen, ist oft kontraproduktiv.

In einigen Fällen vermag das Übel nicht, den Charakter derer zu formen, die es erlebt haben, und überzeugt sie sogar davon, ihren Glauben an Gott aufzugeben. Als Elie Wiesel mitanschauen musste, wie die Nazis in einem Konzentrationslager einen kleinen Jungen erhängten, verlor er seinen Glauben an Gott. Gott stirbt in den Glaubensüberzeugungen vieler, die es nicht schaffen, das Übel zu erklären. Das Problem des Übels in unserer Welt ist

---

[21] Die einflussreichste Variante dieses Arguments in der zeitgenössischen Wissenschaft stammt von HICK, John, Evil and the God of Love, San Francisco [2]1977. Einer der besten wissenschaftlichen Kritiken dieser Vorstellung kommt von MESLE, C. Robert, John Hick's Theodicy. A Process Humanist Critique, London 1991.

für die meisten Atheisten der Grund schlechthin, den Glauben an einen Gott abzulehnen.

Ist Gott also der große Zuchtmeister?

FAZIT

Wie können wir diese reellen Geschichten nun sinnvoll erklären? Was erzählen sie uns über das Leben und über Gott? Es gibt so viel Sinn, so viel Gutes und so viel Schönes in unserem Leben. Das müssen wir anerkennen. Aber indem wir das tun, dürfen wir das Übel nicht einfach leichtfertig hinnehmen. Schmerz, Leid und Übel sind ein Problem für alle, die an einen liebenden und fürsorglichen Gott glauben.

Alle Geschichten verweisen auf den Einfluss, den der freie Wille und der Zufall in unserem Leben haben können. Manchmal verursachen zufällige Ereignisse (z.B. Steine, die unglücklicherweise Menschen töten oder zufällige genetische Mutationen, die Deformationen bewirken) Leid und Tod. Manchmal führt der missbräuchliche Gebrauch menschlicher Freiheit zur Tragödie (z.B. durch das Herstellen von Bomben, durch Vergewaltigung oder Mord). Menschen können ihren freien Willen aber auch positiv gebrauchen, um Leid und Unglück zu bewältigen (z.B. indem sie sich operieren lassen oder Opfern helfen). Freier Wille und Zufall scheinen zu beidem fähig zu sein: zu Missbrauch und gleichzeitig auch zu konstruktivem Gebrauch.

Wenn wir eine überzeugende Erklärung dafür suchen, wie Gott inmitten von Zufall und Freiheit providentiell wirkt, dann sollten wir klar definieren, was wir unter diesen Begriffen verstehen. Ohne eine solche Klarheit werden wir in dem Prozess, unser Leben zu verstehen, nicht sehr weit kommen. Im folgenden Kapitel untersuche ich den Zufall und die Gesetzmäßigkeiten des Leben. Das soll dabei helfen, angemessene Antworten auf die schwierigsten Fragen unseres Lebens zu finden.

2

Der Zufall und die Gesetzmäßigkeiten des Lebens

Wir alle wollen unser Leben sinnvoll erklären – die einen mehr, die anderen weniger. Das stellt sich jedoch als schwierig heraus – sogar für diejenigen, die an Gott glauben. In sehr vielen Dingen erkennen wir einen Sinn. Wir erfahren viel Gutes und Schönes. Aber wir erleben auch Unglück, Schmerz und Leid. Allzu vereinfachende Antworten auf die schwierigen Fragen des Lebens – »Ich vertraue einfach auf Gott« – lassen viele von uns unzufrieden zurück. Wir brauchen bessere Antworten. Gläubige wollen Zufall und Übel mit der Vorstellung eines fürsorglich handelnden Gottes vereinbaren.

Dieses Vorhaben ist kein rein theoretisches. Die Ereignisse aus dem vorangegangenen Kapitel erinnern uns daran, dass hier viel auf dem Spiel steht. Das Leben angesichts unserer vielschichtigen Erfahrungen sinnvoll zu erklären, bedeutet eben auch, Antworten auf die großen und irritierenden Fragen zu finden. Die Antworten, die wir geben, beeinflussen unsere Handlungen, sie formen unsere Persönlichkeit und die Gesellschaft, in der wir leben. Zugleich prägen sie unsere Vorstellungen von der Gestaltung der Zukunft. Sie beeinflussen uns in allen Bereichen unseres Lebens.

Für Gläubige braucht es den Glauben an Gott, um einen Sinn in den Geschichten des vorherigen Kapitels zu erkennen. Jedoch überzeugen mich die Antworten nicht, die die meisten auf die Frage nach dem Verhältnis Gottes zu Zufall und Übel geben – ganz abgesehen davon, dass sie mich unzufrieden machen. Sie ergeben keinen Sinn. Gläubige brauchen bessere Antworten als das übliche Geschwafel.

Damit wir wirkliche Fortschritte in unserem Nachdenken über die Providenz Gottes machen können, müssen wir noch klären, was wir unter dem

Zufall, den Gesetzmäßigkeiten des Lebens, freiem Willen, dem Übel, dem Guten usw. verstehen. Wissenschaftler wie ich schreiben ganze Bücher über diese Themen. Dennoch sollten an dieser Stelle kurzgehaltene Erklärungen zu den einzelnen Begriffen genügen, um zu den Antworten, die wir suchen, vorzudringen.

In diesem Kapitel bemühe ich mich um zugängliche Erklärungen für den Zufall und die Gesetzmäßigkeiten des Lebens. Ich schöpfe dabei aus der Forschung verschiedener Fachdisziplinen, vor allem aber der Philosophie und den Naturwissenschaften. Die Vereinbarkeit von Zufall und Gesetzmäßigkeiten ist entscheidend für die Formulierung eines überzeugenden Modells der Providenz Gottes.

DEN ZUFALL ABLEHNEN?

Wissenschaftler definieren *chance* (Zufall/Möglichkeit) und *randomness* (Zufall) verschieden. Im Wesentlichen beinhalten all diese Definitionen, dass ein Ereignis oder eine Reihe von Umständen keinen beabsichtigten Zweck hatte, nicht Teil eines Plans von jemandem war, keinem Muster folgte oder nicht so eintrat, wie man es zuvor erwartet hätte. In den Szenarien aus dem echten Leben, die wir zuvor untersucht haben, ließ sich ein gewisses Maß an Zufall feststellen.

Jedenfalls erscheint es uns so.

Vielleicht machen wir aber auch vorschnell zufällige Aspekte innerhalb solcher Vorkommnisse aus. Vielleicht halten wir Ereignisse für zufällig, – egal, ob dabei gute oder schlechte Konsequenzen folgen – die gar nicht zufällig sind. Einige Menschen lehnen die Wirklichkeit des Zufalls vollkommen ab. Deshalb sollten wir die Möglichkeit, dass die Zufälligkeiten des Lebens allesamt Illusionen sind, genauer untersuchen. In unserer Untersuchung werde ich *randomness* (Zufall), *chance* (Zufall/Möglichkeit), *accident* (Zufall/Unglück) und ähnliche Begriffe synonym verwenden. Mir ist durchaus bewusst, dass man zwischen diesen differenzieren kann. Allerdings beeinträchtigen diese Unterscheidungen den Kern meines Argumentes nicht.

Das Wort *zufällig* könnte einfach unsere Art sein zu sagen: »Wir wissen nicht warum.« Der Zufall könnte reine Fiktion sein. Ereignisse, die wir Zufälle nennen, könnten auch schlicht notwendige Resultate oder zuvor geplante Vorgänge sein. Ohne, dass es uns bewusst wäre, könnte jemand genau das beabsichtigt haben, was wir hinterher als Zufall bezeichnen.

Einige glauben, wir nennen manche Ereignisse Zufälle, weil wir nicht wissen, wo sie ihren Ursprung haben. Würden wir alles kennen, was vor diesen Ereignissen geschah, so wüssten wir mit Gewissheit, warum ein bestimmtes Ereignis eintritt und damit auch, was in der Zukunft passieren wird.

Weil wir aber als endliche Geschöpfe nicht dazu in der Lage sind, alle vorrausgehenden Ursachen zu identifizieren – so sagen sie – ist das, von dem wir denken, dass es zufällig ist, letzten Endes gar nicht zufällig.

Historiker erwähnen oft Pierre Simon de Laplace als den Philosophen und Naturwissenschaftler, der diese Denkweise verkörpert. „Eine Intelligenz, welche für einen gegebenen Augenblick alle Kräfte, von denen die Natur belebt ist, sowie die gegenseitige Lage der Wesen, die sie zusammen setzen, kennen würde, [und die] überdies umfassend genug wäre, um diese gegebenen Grössen einer Analyse zu unterwerfen [...]: nichts würde für sie ungewiss sein und Zukunft wie Vergangenheit ihr offen vor Augen liegen."[22]

In der Vorstellung gläubiger Menschen gibt es eine Intelligenz, die sich durch eine solche Allwissenheit auszeichnet: Gott. Es dürfte wohl kaum jemanden verwundern, dass Menschen, die glauben, dass Gott alles kontrolliert, den Zufall einfach als Begriff für unser begrenztes Wissen abtun. Sie denken, dass eine allwirksame oder allwissende Intelligenz zum gegenwärtigen Zeitpunkt mit absoluter Sicherheit alles weiß, was in der Vergangenheit passiert ist, in der Gegenwart passiert und in der Zukunft passieren wird. Gott weiß das alles, sagen sie, weil Gott alle Dinge bestimmt. Oder sie meinen, Gott steht außerhalb der Zeit und nimmt die ganze Geschichte wahr als wäre sie bloß ein einziger Moment.

Rick Warren scheint diese Auffassung zu vertreten. In seinem Bestseller *The Purpose Driven Life* erklärt er: „Weil Gott allein die Kontrolle über alles besitzt, ist jedes Unglück nur ein Vorfall in dem guten Plan, den Gott für dich hat."[23] Warren scheint zu sagen, dass ein »Unglück« aus göttlicher Perspektive nicht wirklich versehentlich verursacht ist. Als Teil eines göttlichen Masterplans ist jedes Unglück für unser Leben vorherbestimmt. Aus der Perspektive der Ewigkeit ist alles Teil eines Masterplans.

Schaut man in die Bibel, so findet man Textstellen, die die diese Sichtweise vermeintlich stützen. Einige Passagen scheinen den Zufall auszuschließen. Sie deuten an, dass Gott »die Strippen zieht«, um mutmaßlich zufällige Ereignisse zu kontrollieren. So teilten die Israeliten mit anderen Völkern den Glauben, dass das Werfen des Loses sie befähigt, Gottes Willen zu erkennen (vgl. dazu u.a. Num 26,52-65; Lev 16,9; Jos 18,6; Ri 20,28; 1 Sam 10,21; Jona 1,7). Frühe Christen warfen ebenfalls das Los, wenn sie Entscheidungen zu treffen hatten (Apg 1,26). Sie glaubten, wie es in den Sprichwörtern heißt:

---

[22] LAPLACE, Pierre S. de, Philosophischer Versuch über die Wahrscheinlichkeiten. Nach der sechsten Auflage des Originales übersetzt von Norbert Schwaiger, Leipzig 1886, S.3f.
[23] WARREN, Rick, The Purpose Driven Life, Grand Rapids 2002, S.195.

„Im Bausch des Gewandes schüttelt man das Los,
doch jede Entscheidung kommt vom HERRN."[24] (Spr 16,33)

Es gibt jedoch auch Texte in der Schrift, die den Zufall bekräftigen. Jesus verweist auf ein zufälliges Ereignis, wenn er sagen will, dass niemand zwingend gegen Verletzungen bei Unfällen gefeit ist. „Oder jene achtzehn Menschen, die beim Einsturz des Turms am Schiloach erschlagen wurden – meint ihr, dass sie größere Schuld auf sich geladen hatten als alle anderen Einwohner von Jerusalem?" (Lk 13,2-5), so lautet die rhetorische Frage Jesu. Menschen leiden und sterben durch zufällige Ereignisse. In dem Fall, von dem Jesus berichtet, stürzen Türme ein und treffen schuldlose Passanten.

Jesus sagt außerdem, dass der Zufall das Unglück einer Person erklären kann. Das Unglück hat – entgegen der weit verbreiteten Meinung der Zeit – nichts mit einem vorhergehenden Fehlverhalten zu tun. Die Jünger bringen einen von Geburt an blinden Mann zu Jesus und fragen: „Rabbi, wer hat gesündigt? Er selbst oder seine Eltern, sodass er blind geboren wurde?" (Joh 9,2). Jesus entgegnet, dass die Blindheit keine Folge moralischen Fehlverhaltens oder gar irgendeiner Entscheidung sei. Dennoch kann Gott angesichts dieses unbeabsichtigten Unglücks etwas Gutes bewirken. Die Blindheit des Mannes führt dazu, dass „die Werke Gottes [...] an ihm offenbar werden" (Joh 9,3).

Viele Christen haben bislang die biblischen Textstellen, die vom Zufall sprechen, ausgeklammert. Genau wie Rick Warren haben sie geglaubt, dass Unglücksfälle bloß Vorfälle in der Geschichte sind, die Gott vorausbestimmt. Für sie ist der Zufall letztendlich nicht real. Der Heidelberger Katechismus, ein christliches Dokument aus dem sechzehnten Jahrhundert, vertritt diese Lehre. Er fragt: „Was verstehst du unter der Vorsehung Gottes?"[25], und liefert folgende Antwort: „Die allmächtige und allgegenwärtige Kraft Gottes, durch die er Himmel und Erde einschließlich aller Geschöpfe wie durch seine Hand weiter erhält und so regiert, dass [...] Gesundheit und Krankheit, Reichtum und Armut, und alles andere nicht zufällig, sondern aus seiner väterlichen Hand zu uns kommen."[26]

Auch in den Schriften des heiligen Augustinus finden wir Zitate, die den Zufall negieren. „Nichts in unserem Leben geschieht zufällig"[27], sagt

---

[24] Anmerkung der Übersetzer: Soweit nicht anders angegeben, entstammen sämtliche Bibelzitate der neuen Einheitsübersetzung von 2016, herausgegeben durch die Katholische Bibelanstalt.
[25] SCHIRRMACHER, Thomas (Hg.), Der Heidelberger Katechismus (MBS-Texte; 59). Übersetzt von Thomas Schirrmacher unter Mitarbeit von Dino Marzi, Bonn ²2007, S.8.
[26] SCHIRRMACHER (Hg.), Der Heidelberger Katechismus, S.8.
[27] Augustinus´ Auslegung von Psalm 118. Zitiert nach: STINNISEN, Wilfried, Into Your Hands, Father. Abandoning Ourselves to the God Who Loves Us, San Francisco 2011, S.17.

er. „Alles, was unserem Willen widerspricht, kann nur aus Gottes Willen, seiner Vorsehung, seiner geschaffenen Ordnung, der von ihm erteilten Erlaubnis und den von ihm etablierten Gesetzen stammen."[28] Johannes Calvin argumentiert ebenso:

> „Damit dieser Gegensatz noch deutlicher werde, müssen wir wissen, daß Gottes Vorsehung, wie sie in der Schrift gelehrt wird, im Gegensatz zu jedem Gedanken an ‚Glück' und ‚Zufall' steht."[29] Der zeitgenössische Theologe R. C. Sproul verwirft den Zufall mit dramatischen Worten: „Die bloße Existenz des Zufalls genügt, um Gott von seinem Weltenthron zu stürzen. […] Sobald Zufall, wenn auch nur in der schwächest möglichen Form, existiert, ist Gott am Ende."[30]

Nun ist es nicht nur so, dass einige Theologen den Zufall ablehnen, vielmehr glauben manche Nichtgläubigen außerdem, dass das, was wir Zufall nennen, bloß unsere eigene Unwissenheit ist; sie sind überzeugt, dass das Leben vollkommen determiniert ist. Stephen Hawking und Leonard Mlodinow scheinen dieser Ansicht zu sein: „Obwohl wir glauben, dass wir entscheiden können, wie wir handeln, zeigen die Erkenntnisse der Molekularbiologie, dass biologische Prozesse den Gesetzen der Physik und Chemie unterworfen und daher genauso determiniert sind wie die Planetenbahnen. […] Daher hat es den Anschein, dass wir lediglich biologische Maschinen sind und dass der freie Wille nur eine Illusion ist."[31]

Albert Einstein spricht vom Zufall, als wäre er eine Illusion: „Alles ist determiniert, der Anfang ebenso wie das Ende und zwar durch Mächte, über die wir keine Kontrolle besitzen. Dieser Determinismus betrifft das Insekt ebenso wie den Stern."[32]

Es fällt schwer, zu glauben, dass Einstein angesichts dieser Aussage genuinen Zufall befürworten würde.

Wenn wir die Behauptungen dieser Naturwissenschaftler jedoch genauer betrachten, finden wir häufig Hinweise auf beides: Zufall und Determinismus. Dies trägt eher zu Verwirrung bei anstatt Klarheit zu schaffen. Oftmals

---

[28] Augustinus nach: STINNISEN, Into Your Hands, Father, S.17.
[29] CALVIN, Johannes, Unterricht in der christlichen Religion. Nach der letzten Ausgabe übersetzt und herausgegeben von Otto Weber, Neukirchen 1955, 1.16.2. Vgl. ebenso: CALVIN, John, The Secret Providence of God (herausgegeben von Paul Helm), Wheaton IL 2010.
[30] SPROUL, Robert C., Not a Chance. The Myth of Chance in Modern Science and Cosmology, Grand Rapids 1994, S.3.
[31] HAWKING, Stephen W./ Mlodinow, Leonard, Der große Entwurf. Eine neue Erklärung des Universums, Hamburg [7]2011, S.33f.
[32] Zitiert nach: VIERICK, George S., What Life Means to Einstein, in: The Saturday Evening Post (26. Oktober 1929), S.17.110-117, hier: S.117.

nutzen Naturwissenschaftler den Begriff *zufällig*, um planvolle Ereignisse, Absichten oder einen bestimmten Zweck zu bestreiten. Die Naturwissenschaft bietet keinen Raum für Zweckbestimmungen, sagen sie.

Es könnte also sein, dass echter Zufall nicht existiert. Zufall könnte auch bloß ein Begriff sein, der dazu dient, unsere Unwissenheit zu beschreiben. Unglücksfälle sind unvermeidliche Folgen in einem vorherbestimmten Masterplan oder einem mechanischen System. Alles ist Schicksal; die Vergangenheit, die Gegenwart und die Zukunft sind festgelegt. Es lässt sich nichts daran ändern. Schenkt man also den Zufallsskeptikern Glauben, dann ergibt sich daraus, dass entweder Gott oder die Gene unsere Welt vollkommen determinieren.

DEN ZUFALL ANERKENNEN

Eine wachsende Zahl an Wissenschaftlern geht mittlerweile davon aus, dass wenigstens einzelne Ereignisse in unserem Leben vom Zufall charakterisiert sind. Man könnte anders formulieren: Diese Menschen – und ich bin einer von ihnen – glauben, dass der Zufall unsere Existenz zumindest manchmal oder bis zu einem gewissen Grad prägt. Die Vorstellung, dass der Zufall lediglich unsere Unwissenheit ausdrückt, ist aller Wahrscheinlichkeit nach ein Irrtum.

Weder vorausgegangene Ereignisse noch ein prädestinierender Gott bestimmen unser Leben vollkommen.

Die meisten von uns sind sich ihrer Intuitionen sehr wohl bewusst. Unsere Intuitionen und unsere Lebenserfahrung ermöglichen es uns, zutreffende Aussagen darüber zu treffen, wie die Welt funktioniert. Die meisten von uns sind Realisten – auf die eine oder andere Weise.[33] So, wie wir handeln, setzen wir eigentlich voraus, dass echter Zufall existiert.

Geschieht ein Unglück, so bestimmen unsere Intuitionen bezüglich des Zufalls auch unser Urteil über das jeweilige Maß an Verantwortung, das wir der Person zusprechen, die Schuld am Unglück trägt. Jeder weiß, dass Unglücksfälle keine Seltenheit sind. Aus diesem Grund berücksichtigen wir die Absichten derer, die Leid verursachen, wenn wir entscheiden, ob wir streng oder milde urteilen sollten. Wir urteilen über unsere Kinder, Geschwister oder Fremde und die Grundlage unseres Urteils ist – jedenfalls

---

[33] Für eine Einführung in die Theorien des Realismus, siehe: PUTNAM, Hilary, Realism with a Human Face, Cambridge 1992. Sowie: JONES, Joe F. III, A Modest Realism. Preserving Common Rationality in Philosophy, Lanham 2001. Zur Deutung des „kritischen Realismus" bei John Polkinghorne vgl. auch: OORD, Thomas J. (Hg.), The Polkinghorne Reader. Science, Faith, and the Search for Meaning, Philadelphia 2011.

teilweise – abhängig von der Einschätzung, ob sie absichtlich oder unabsichtlich handeln.

Brandstifter halten wir beispielsweise für moralisch verantwortlich, weil sie die Brände absichtlich legen. Ganz anders verhält es sich jedoch mit der Person, die aus Versehen einen Brand verursacht. Sie halten wir nicht für moralisch verantwortlich; diese Person hat schlicht einen Fehler begangen. Unsere Gerichte behandeln Menschen, die vorsätzlich einen Schaden anrichten, anders als diejenigen, die einen Schaden unabsichtlich verursachen.

Zufall ist häufig eine Voraussetzung bei Spielen. Zum Beispiel beim wichtigsten Spiel der National Football League, dem Super Bowl: Er beginnt jedes Jahr mit dem Werfen einer Münze. Faktisch beginnt fast jedes Footballspiel in Amerika mit einem Münzwurf. Alle Beteiligten halten dieses auf Zufall beruhende Ereignis für einen fairen Weg, um zu entscheiden, welches Team den Ball zuerst bekommt. Wenige denken dabei daran, dass Gott oder Atome das Werfen der Münze determinieren.

Andere Spiele sind auf echtem Zufall angewiesen. Tatsächlich würden wir viele Spiele gar nicht mehr interessant finden, wenn es den Zufall nicht gäbe. Bei manchen verwenden wir Würfel, um zufällige Ergebnisse zu erhalten. Wenige von uns betrachten es als von Gott oder vorausgegangenen Ereignissen vorherbestimmt, wenn jemand Sechserpäsche würfelt. Wir sind keine Fatalisten. Und wir halten eine Person nicht für moralisch überlegen, nur weil sie Sechser würfelt. Wir glauben einfach, dass sie Glück im Spiel hatte.

Der Stein, der ein alpines Gebirge hinunterrast und ein Auto trifft, das weiter unten fährt, ist ein zufälliges Ereignis. Die Frau, die Millionen von Dollar in der Lotterie gewinnt, hat Glück gehabt; ihr Gewinn war nicht prädeterminiert. Der Mann, der vom Blitz getroffen wird, ist leider zur falschen Zeit am falschen Ort. Das Mädchen, das einen zerknitterten Hundert-Dollar-Schein auf der Straße findet, hat einen Glückstreffer gelandet. Der Golfer, dessen Ball von einem plötzlichen Windstoß erfasst wird, ist dem Pech zum Opfer gefallen. Die meisten von uns würden mindestens eines – wenn nicht sogar alle – dieser Ereignisse als Beispiele für echtem Zufall bestätigen.

Obwohl viele zufällige Ereignisse sozusagen »aus heiterem Himmel« geschehen, können wir den Zufall auch zielgerichtet zu unserem Vorteil nutzen. Beispielsweise verwenden Soziologen randomisierte Stichproben mit einer kleinen Anzahl von Teilnehmern. Basierend auf solchen Umfragen mit zufällig gewählten Teilnehmern können Soziologen mit sehr hoher Genauigkeit die Meinungen einer sehr großen Zahl von Menschen einschätzen. Solche randomisierten Umfragen sind laut Statistikern mit einer höheren Wahrscheinlichkeit repräsentativ als die meisten anderen Erhebungsverfahren.

Nur ein paar zufällig Ausgewählte zu befragen, spart außerdem noch Zeit und Geld.

Eine Künstlerin kann ihre kreativen Fähigkeiten herausfordern, indem sie zufällige sechs Farben zum Zeichnen heraussucht. Diese Auswahl hat einen erheblichen Einfluss auf die wunderschöne Kunst, die entsteht, weil sie ihre zufällig gewählten Farben zielgerichtet verwendet. Zufall und Zielgerichtetheit spielen eine Rolle, wenn wir prachtvolle Kunstwerke anfertigen.

Ein Unternehmen kann einen Zeichenwettbewerb veranstalten, bei dem das Gezeichnete dem Zufall überlassen wird und ein Preis für das Kunstwerk gewonnen werden kann, das sich am ehesten für eine Marketingstrategie zur Kundengenerierung eignet. Die Ergebnisse des Wettbewerbs sind nicht prädeterminiert, nur das Zeichnen an sich war vorher geplant. Die glückliche Gewinnerin nimmt froh ihren Preis an. Das Unternehmen profitiert von der zufälligen Wahl, weil es damit seinen Kundenstamm erweitern kann. *Randomisierung* kann nützlich sein.[34]

Unsere natürlichen Reaktionen auf unbeabsichtigte Ereignisse, zufällige Umstände, absichtliche Randomisierungen oder Ergebnisse, die auf Zufall beruhen, deuten darauf hin, dass wir nicht daran glauben, unser Leben sei gänzlich vorherbestimmt. Weder glauben wir, dass vorherige Ereignisse noch Gott sämtliche Ereignisse vorherbestimmen. Unsere Intuition sagt uns, dass Menschen manchmal einfach Glück haben. Wir sind in der Lage, gewinnbringende Szenarien zu arrangieren, die auf Zufall beruhen. Und manchmal, obwohl keiner daran schuld ist, geschieht schreckliches Unglück.

Wenn wir das Leben sinnvoll erklären wollen, müssen wir unsere täglichen Erfahrungen mit dem Zufall ernst nehmen. Wir sollten darauf vertrauen, dass wir mithilfe unserer Intuitionen zutreffende Aussagen über den Zufall formulieren können.

DIE NATURWISSENSCHAFT UND PHILOSOPHIE DES ZUFALLS

Wissenschaftler ringen schon lange mit den naturwissenschaftlichen und philosophischen Grundlagen des Zufalls. Oft stehen dabei Physiker an vorderster Front. Viele betätigen sich gleichzeitig als Naturwissenschaftler und als Philosophen. So erforschen sie die fundamentalen Wirklichkeitsbereiche, beobachten Sterne und Galaxien und entwerfen mathematische Modelle, um die Wirklichkeit auf ihren kleinen und großen Ebenen zu verstehen.

---

[34] Vgl. dazu auch David. J. Bartholomews Diskussion dieser Kategorie glücklicher Zufälle in: BARTHOLOMEW, David J., Chance and Purpose. Can God Have It Both Ways?, Cambridge 2008. Dort vor allem Kapitel 10.

Bis ins zwanzigste Jahrhundert nahm der Großteil der Physiker und Philosophen an, dass die grundlegenden Wirklichkeitsebenen Resultat einer geschlossenen Kausalkette sind. Alle Ereignisse seien völlig durch vorangegangene Ereignisse determiniert. Diese Vorstellung war Teil eines Weltbildes, das durch die Newtonsche Physik geprägt war. Die Theologie bestärkte sie, indem sie göttliche Souveränität so verstand, dass Gott alle Ereignisse befiehlt, kontrolliert und daher auch alle Dinge vorher weiß.

In früheren Epochen verglichen Physiker und Theologen die Welt mit einer mechanischen Uhr. Als perfekte Maschine funktionieren ihre Bauteile mit einer so präzisen Genauigkeit, dass alles, was die Uhr tut, vorhersehbar ist. Wir leben in einem »clock-like universe«, so die Redensart, und Gott sei der Uhrmacher. Wissenschaftler wie Francis Bacon, Robert Boyle, René Descartes, Thomas Hobbes, Johannes Kepler, Isaac Newton und William Paley vertraten diese Denkweise.[35] Kepler formuliert prägnant: „Mein Ziel ist es [...] zu zeigen, daß die himmlische Maschine nicht eine Art göttlichen Lebewesens ist, sondern gleichsam ein Uhrwerk."[36]

Die Uhrwerktheorie wurde allerdings im zwanzigsten Jahrhundert von der Quantentheorie überholt. Die Quantentheorie bestreitet die Vorstellung, dass fundamentale Elemente unserer Wirklichkeit völlig determinierte Teile eines Apparates sind. Indetermination – also Unbestimmtheit und nicht Prädetermination – prägt die grundlegendsten Wirklichkeitsbereiche. Die Vergangenheit bestimmt unsere Gegenwart oder Zukunft nicht völlig.[37] Das Universum ist ein offenes System, kein determinierter Apparat.

Die Geschichte der Quantentheorie ist bereits gut dokumentiert. Ich werde hier also keine Einzelheiten daraus nacherzählen. Zu unseren Zwecken besteht die wichtigste Feststellung in einer für die meisten schockierenden Offenbarung der Quantentheorie: Was unsere grundlegenden Wirklich-keitsbereiche prägt, – in atomaren und subatomaren Teilchen – lässt sich nicht voraussagen. Diese wesentliche Indetermination ihrer Messungen veranlasst Physiker zu glauben, dass wir sicheres Wissen nur über das besitzen können, was auf der Ebene der Elemente geschieht. Strittig ist dabei das, was

---

[35] Für eine Zusammenfassung der naturwissenschaftlichen, philosophischen und theologischen Betrachtungen des Mechanismus, siehe BROOKE, John H., Science and Religion. Some Historical Perspectives, Cambridge 1991. Dort besonders die Kapitel 2–4.
[36] KEPLER, Johannes, Brief an H. G. Herwart von Hohenburg am 9.-10. April 1599, in: M. Caspar, W. v. Dyck (Hg.), J. Kepler In seinen Briefen (Bd. 1), Oldenburg 1930, S.219. Vgl. dazu auch: WESTMAN, Robert S., Magical Reform and Astronomical Reform. The Yates Thesis Reconsidered, in: Ders./ J. E. McGuire (Hg.), Hermeticism and the Scientific Revolution, Los Angeles 1977, S.41.
[37] Vgl.: POLKINGHORNE, John C., Quantum Theory. A Very Short Introduction, New York 2002.

Physiker als Kollaps der Wellenfunktion bezeichnen. Die Forscher können nicht akkurat voraussagen, in welchem Moment sich ein bestimmtes Atom verändert.[38]

In der Wissenschaftshistorie ist mit dieser Unschärferelation, die die Unvorhersehbarkeit von Quantenereignissen beschreibt, der Name Werner Heisenbergs verbunden. Heisenberg sagte, je präziser wir die Position eines Teilchens bestimmen können, desto weniger wissen wir über sein Moment – und umgekehrt. Es ist absolut unmöglich, eine vollständige kausale Erklärung für irgendein Ereignis auf dem Quantenlevel zu finden. „Wir können die Gegenwart in allen Bestimmungsstücken prinzipiell nicht kennenlernen",[39] sagt Heisenberg. Die Ungewissheit regiert.

Das heißt jedoch nicht, dass die Quantentheorie die Kausalität ablehnt. Sie bestätigt das Kausalprinzip. Dinge bestimmen teilweise andere Dinge. Vorherige Momente sind kausal mit sich daran anschließenden Momenten verbunden. Dinge beeinflussen andere Dinge. Aber die Vergangenheit bestimmt die Gegenwart nie völlig, sodass die grundlegenden Gesetze der Mikrophysik bestenfalls probabilistisch sind.[40]

Auch das Verhalten komplexerer Einheiten und Organismen ist unberechenbar. Physiker berufen sich häufig auf die Chaostheorie, wenn sie komplexere und hoch organisierte Wirklichkeitsbereiche untersuchen. Der Chaostheorie zufolge haben geringfügige Veränderungen anfänglicher Bedingungen unerwartete und weitreichende Auswirkungen auf die weitere Umgebung. Die Effekte geringfügiger Veränderungen sind im Prinzip unberechenbar. Wir können nicht wissen, wie unser Leben sich entwickeln wird.

Vielleicht das bekannteste Beispiel der Chaostheorie ist der von Edward Lorenz benannte »Schmetterlingseffekt«. Ein Schmetterling, der an einem Ort flattert, ist in der Lage, eine Kausalkette auszulösen, die das Wetter ganz woanders in der Welt beeinflusst. Das Schmetterlingsbeispiel mag ein Extrembeispiel sein, viele Physiker befürworten jedoch das Prinzip, nach dem eine kleine Veränderung an einem Ort – unter den richtigen Bedingungen – in

---

[38] Zwei Deutungen des Wellenfunktionskollapses dominieren. In der Kopenhagener Deutung ist der Kollaps, das, was er zu sein scheint: nicht-deterministisch. Diese Deutung ist die am weitesten verbreitete unter Physikern. In der Bohmschen Interpretation jedoch deuten Physiker den Kollaps als deterministisch.

[39] HEISENBERG, Werner, Über den anschaulichen Inhalt der quantentheoretischen Kinematik und Mechanik, in: Zeitschrift für Physik 43 (1927), S.172-198, hier: S.197.

[40] Die Vorstellung, dass Unbestimmtheit nicht bloß ein epistemisches Problem, sondern eine ontologische Wirklichkeit ist, wird oft als „die Kopenhagener Deutung" der Quantenmechanik bezeichnet. Niels Bohr und Werner Heisenberg sind ihre Hauptvertreter. Viele Zusammenfassungen davon lassen sich in der Literatur finden. Eine der Besseren findet sich bei: CLAYTON, Philip, God and Contemporary Science, Grand Rapids 1997.

einer Kaskade von kausalen Wechselwirkungen vergrößert werden kann. Zudem können wir nicht mit Sicherheit voraussagen, wie genau diese Kaskade fallen wird.

Komplexe dynamische Systeme bieten unzählige Möglichkeiten dafür, wie Ereignisse in unserer Welt geschehen können. Wie ein Bilderbuch, in dem man sich sein eigenes Ende aussuchen kann, ist das Leben voll von Möglichkeiten und möglichen Ausgängen. Wie die Dinge sich entwickeln, ist noch nicht vorherbestimmt. Der Physiker John Polkinghorne bringt das auf den Punkt: „Das Maß des Zufalls [...] ergibt sich aus dem Labyrinth an Möglichkeiten, die offen sind für ein inhärent unbestimmtes, komplexes System."[41]

Mittlerweile glaubt offenbar die Mehrheit der Physiker, dass man von der Unberechenbarkeit der grundlegenden Wirklichkeitsbereiche auf die Unbestimmtheit ihrer Bedingungen und deren Einfluss in der größeren Umgebung schließen kann. Völliger Determinismus ist schlichtweg unwahrscheinlich. Ein Philosoph könnte entsprechend sagen, dass die Epistemologie zutreffende Aussagen über die Ontologie aufstellen kann. Nicht die mangelhafte Beobachtung ist das Problem. Unberechenbarkeit existiert, weil der Zufall eine fundamentale Gegebenheit in unserer Welt darstellt.

Physiker sind nicht die einzigen Naturwissenschaftler, die davon ausgehen, dass der Zufall zumindest teilweise unsere Wirklichkeit prägt. Der Zufall spielt auch in der modernen Biologie eine bedeutende Rolle. Die von sämtlichen Biologen anerkannte Evolutionstheorie beschreibt den Zufall auf verschiedenen Ebenen. Alle, die wie ich glauben, dass Gott durch die Evolution Neues schafft, denken auch, dass wir diesen Zufall erklären müssen.

Die Geschichte, die Biologen über den Zufall erzählen, beginnt üblicherweise mit der Genetik. Dank Gregor Mendel und der Entdeckungen anderer vermuten Biologen, dass genetische Mutationen häufig in den reproduktiven Prozessen des Lebens vorkommen.[42] Zeitweilen beeinflussen genetische Mutationen lediglich ein Individuum und werden nicht weitergegeben. Ein anderes Mal werden Mutationen an den Nachwuchs und folgende Generationen weitergegeben.

Nach bestem Wissen der Biologen treten die meisten genetischen Mutationen zufällig auf. Keiner kann primäre Faktoren oder Umweltbedingungen ausmachen, die eine vollumfängliche Erklärung für sie liefern. Genetische

[41] POLKINGHORNE, John C., Science and Providence. God's Interaction with the World, West Conshohocken PA 2005, S.37.
[42] Vgl.: HASSAN, Heather, Mendel and the Laws of Genetics, New York 2005. Vgl. ebenso: GRIFFITHS, Anthony J. F., Introduction to Genetic Analysis, New York [10]2008.

Veränderungen haben keinen festgelegten Code oder Entwurf. Mutationen sind nicht gänzlich determiniert oder von Lebewesen so beabsichtigt.

Zufällige Genmutationen sind einer der Hauptfaktoren bei der Entstehung neuer Arten über lange Zeiträume hinweg. Tatsächlich gibt uns die Zeitskala der Evolution Hinweise darauf, dass der Zufall eine Schlüsselfunktion bei der allmählichen Entwicklung komplexen Lebens spielte. Zufällige Abweichungen in der Information der DNA- und RNA-Sequenzen führten zu zahllosen Veränderungen innerhalb der Arten und zwischen ihnen. Gelegentlich sind Mutationen vorteilhaft für das Lebewesen oder die Art, manchmal jedoch auch unvorteilhaft und bisweilen sogar irrelevant. Es kamen und gingen Millionen von Spezies, während neue Arten entstanden und andere ausstarben.

Zufällige genetische Mutationen machen jedoch nicht die ganze Geschichte der Evolutionstheorie aus. Die Umwelt, in der ein Lebewesen lebt, legt beispielsweise bestimmte Bedingungen fest, unter denen das Lebewesen gedeiht, geradeso überlebt oder stirbt. Die Evolutionstheorie nennt den Einfluss dieser Bedingungen »natürliche Selektion«. Lebewesen, deren genetischer Code und Verhalten ihnen einen Vorteil in einer bestimmten Umgebung ermöglicht, sind »selektiert«. Sie sind »fit«.

Natürliche Selektion bedeutet nicht, dass die Lebewesen selbst die Selektion durchführen. In den meisten Fällen hat es wenig Sinn zu behaupten, Lebewesen wählen ihre Umwelt.[43] Lebewesen werden in ihre Umwelt hineingeboren. Sie wählen sie nicht selbst. Es ist schwer vorstellbar, dass Pilze, Schmetterlinge, Käfer, Ratten und die meisten anderen Lebewesen darüber nachgrübeln, ihre sieben Sachen zusammenzupacken, um sich einen Tapetenwechsel zu ermöglichen. Einige Lebewesen migrieren, aber es bleibt zu bezweifeln, ob sie sorgfältige Überlegungen anstellen, bevor sie ihre Reise antreten.

Natürliche Selektion innerhalb der Biologie scheint nicht von irgendeinem Masterplan bestimmt zu werden. „Vom gesamten Prozess der Evolution", so der Biologe Francisco Ayala, „kann nicht als einem teleologischen gesprochen werden im Sinne eines Voranschreitens in Richtung gewisser,

---

[43] Der Baldwin-Effekt sagt beispielsweise, dass die Initiativen, die von Organismen ergriffen werden, Faktoren im Aufbau zufälliger, genetischer Mutationen sein können und so die Richtung evolutionärer Veränderung beeinflussen. Siehe dazu: BALDWIN, James M., Development and Evolution, New York 1902. Vgl. auch: BARBOUR, Ian G., Nature, Human Nature, and God, Minneapolis 2002, S.33f. Sowie: WEBER, Bruce/ Depew, David, Evolution and Learning. The Baldwin Effect Reconsidered, Cambridge 2003.

spezifizierter Ziele, die zuvor so festgelegt wurden."[44] Während verschiedene Muster und eine immer größer werdende Komplexität sich über die Zeit hinweg entwickelt haben, sprechen Biologen dennoch nicht davon, dass die Evolution selbst prädeterminierte Zwecke verfolgt.[45] Das Leben ist ein Abenteuer mit offenem Ausgang, kein bereits vorgefertigtes Skript.

Die Biologie beeinflusst uns Menschen. Zufällige genetische Mutationen und natürliche Selektion spielten eine Rolle in der Entwicklung des Menschen als einer Spezies, obwohl auch andere Faktoren Einfluss nahmen. Wissenschaftler debattieren allerdings über das Ausmaß des Zufalls in der menschlichen Evolution. Die Forschung von Stephen Jay Gould und Simon Conway Morris leistete einen entscheidenden Beitrag in der laufenden Debatte um die Rolle des Zufalls in der Geschichte der Evolution.

Gould geht von einer sehr großen Bedeutung des Zufalls in der Evolution aus. Es sei überaus unwahrscheinlich gewesen, dass der Mensch als Spezies entstand. Wenn der Prozess einige tausend Male neu beginnen würde, wäre jedes evolutionäre Resultat radikal verschieden.[46] Die evolutionäre Geschichte sei chaotischer Zufall.

Dagegen behauptet Morris, dass gewisse Restriktionen in der evolutionären Geschichte existierten. Diese Einschränkungen führten die Evolution fast bis zur Unvermeidlichkeit der Entstehung der Menschheit als Spezies. Wir könnten diese Einschränkungen als „Bahnen" der Evolution bezeichnen, weil sie chaotische Berührungslinien ausschlossen und gleichzeitig auf echtem Zufall beruhten. Mit anderen Worten: Morris glaubt, dass die Reichweite des Zufalls enger gefasst ist, als Gould es sich vorstellt. Wenn der evolutionäre Prozess einige tausend Male neu beginnen würde, sagt Morris, würden die Ergebnisse ähnlich ausfallen, wenn auch nicht identisch.[47] Evolution sei nur in geringem Maße zufällig.

Egal, wer auch immer in dieser Debatte um die Evolution Recht behält, so ist doch festzuhalten, dass beide, Gould und Morris, die Wirklichkeit des Zufalls in der Biologie bestätigen. Beide sind sich darin einig, dass der Zufall

---

[44] AYALA, Francisco, Teleological Explanations in Evolutionary Biology, in: C. Allen/ M. Beko/ G. Lauder (Hg.), Nature's Purposes. Analyses of Function and Design in Biology, Cambridge 1998, S.23-53, hier: S.42.

[45] Ein Prozess mit einem prädeterminierten Zweck, oft mit einem Handelnden, der ihn steuert, wird als *teleologisch* bezeichnet. Im Gegensatz dazu wird ein Prozess, der nach Programmierung des Prozesses selbst fortschreitet, als *teleonomisch*, nicht teleologisch, bezeichnet.

[46] Vgl.: GOULD, Stephen J., Wonderful Life. The Burgess Shale and the Nature of History, New York 1989, S.319.

[47] Vgl.: CONWAY MORRIS, Simon, Life's Solution. Inevitable Humans in a Lonely Universe, Cambridge 2003, S.262f.

eine entscheidende Rolle in der Evolution des Menschen spielte. Unsere Spezies Mensch hat sich dank zufälliger Mutationen und Variationen innerhalb der natürlichen Selektion entwickelt.[48]

Wenn Zufall auf der Quanten-, der Gen- und der Umwelt-Ebene auftritt, ist es sinnvoll davon zu sprechen, dass einfache Organismen und komplexe Lebewesen ein Leben führen, das sich durch ein gewisses Maß an Zufall auszeichnet. Wir haben alltägliche Beispiele betrachtet, die bezeugen, wie Zufall menschliches Erleben prägen kann. Diese kurze Untersuchung der mikrophysikalischen und biologischen Bedingungen sollten dazu beigetragen haben, dass wir zufällige Ereignisse in unserer alltäglichen Erfahrung als Teil einer viel größeren Geschichte erkennen.

Der Zufall, so scheint es jedenfalls bis zu einem gewissen Grad, hat in sämtlichen Bereichen unseres Lebens seine Finger im Spiel.

Für sich alleine kann die Naturwissenschaft nicht beurteilen, ob der Zufall lediglich unsere Unwissenheit beschreibt.[49] Naturwissenschaftler sind hier auf die Überlegungen der Philosophie angewiesen. Es gibt einige zeitgenössische Philosophen die behaupten, dass der Zufall ein Teil unseres Lebens ist. Diese Philosophen untersuchen die den Zufall betreffenden Fragen in Bezug auf die Wahrscheinlichkeitstheorie, die Induktion und die Abduktion. Etliche glauben, der Zufall ist nicht nur epistemisch, sondern auch ontologisch.[50]

Der Philosoph C. S. Peirce konnte vor rund einem Jahrhundert die wohl aufschlussreichsten Einblicke zum Verständnis des Zufalls liefern. Peirce hatte den Vorteil, in einem Beruf zu arbeiten, in dem er Objekte sorgfältig ausmaß. Obwohl er ein renommierter Philosoph war, arbeitete er für die Regierung als Techniker. Seine Aufgabe war es, Messungen durchzuführen und Messgeräte zu verbessern. Innerhalb dieses Amtes – vor allem, als er Fehler

---

[48] Eines der besseren Werke, welches die verschiedenen Faktoren untersucht, die bei der Evolution involviert sind, ist eine Aufsatzsammlung von John B. Cobb. Siehe dazu: COBB, John B., Back to Darwin. A Richer Account of Evolution, Grand Rapids 2008.

[49] Vgl. dazu John. C. Polkinghornes Diskussion des Verhältnisses zwischen naturwissenschaftlicher Unvorhersagbarkeit und philosophischen Urteils auf epistemischen und ontologischen Ebenen in: POLKINGHORNE, John. C., One World. The Interaction of Science and Theology, Philadelphia 2007, S.47-49.

[50] Für eine gute Schilderung der Thematiken des Zufalls und Gottes Wirken vgl. erneut: BARTHOLOMEW, Chance and Purpose. James Bradley veröffentlichte einen prägnanten Artikel, in dem er die verschiedenen Aspekte der Thematiken von Gott und Zufall erklärt. Vgl. dazu: BRADLEY, James, Randomness and God's Nature, in: Perspectives on Science and Christian Faith 64 (2/2012), S.75-89.

bei seinen Beobachtungen feststellte – erkannte Peirce, dass der Zufall ein weitverbreitetes Phänomen ist.[51]

Peirces Unfähigkeit, die Wirklichkeit mit absoluter Präzision zu messen, führte ihn zu der Schlussfolgerung, dass ein gewisser Grad an Spontaneität in der Welt existiert. Die Welt ist kein determinierter Apparat; die der Existenz inhärente Spontaneität verursacht Zufall. Der Zufall ist nicht auf etwas anderes zurückzuführen, aus dem einfachen Grund, weil der Zufall eine grundlegende Tatsache unseres Lebens darstellt.[52]

Obwohl Peirce mehr als ein Jahrhundert vor unserer Zeit wirkte, sind seine Schlussfolgerungen über die Rolle des Zufalls auch heute noch glaubhaft. Wir leben in einem, wie Gerda Reith formuliert, „Zeitalter des Zufalls"[53]. Zufall, Unberechenbarkeit und Ungenauigkeit kennzeichnen unsere Existenz, obwohl Philosophen darüber streiten, wie man von jedem der Begriffe am besten sprechen könnte.[54] In dieser Debatte verwenden Philosophen häufig den Begriff *random* (zufällig*)*, um das Produkt einer Serie von Ereignissen zu beschreiben und *chance* (Zufall/Möglichkeit), um einen einzelnen Umstand zu bezeichnen.[55]

Wenn die überwiegenden Auffassungen der Naturwissenschaften und Philosophie mit der Bekräftigung des Zufalls richtig liegen, dann irren sich Theologen wie Augustinus, Calvin und Sproul. Gott kontrolliert nicht alles; der Zufall ist real. Die moderne Theologie muss in Auseinandersetzung mit Naturwissenschaft, Philosophie und anderen Disziplinen neue Modelle dafür bereitstellen, wie wir die Providenz Gottes denken können.[56]

Wir können keine Fortschritte beim Verstehen unserer Welt machen, wenn wir den Zufall außer Acht lassen.

---

[51] Für eine knappe Zusammenfassung von Peirces Verständnis von Zufall und seinen Implikationen vgl.: HACKING, Ian, The Taming of Chance, Cambridge 1990, S.200-215. Zur Fruchtbarkeit seines Denkens über das Wirken Gottes vgl.: YONG, Amos, The Spirit of Creation. Modern Science and Divine Action in the Pentecostal-Charismatic Imagination, Grand Rapids 2011, S.102-132.

[52] Obwohl C. S. Peirce die Verbreitung des Zufalls betonte, dachte er ebenso, dass man die Regelmäßigkeiten des Lebens anerkennen muss, um die Welt sinnvoll zu erklären. Existenz folgt einer bestimmten Reihenfolge, dachte Pierce: „Zuerst kommt der Zufall, dann das Gesetz und an dritter Stelle die Tendenz zur Ausbildung von Gewohnheiten." . Vgl. dazu: PEIRCE, Charles S., The Architecture of Theories, in: The Monist 1 (1891), S.161-176, hier: S.175.

[53] Vgl.: REITH, Gerda, The Age of Chance. Gambling in Western Culture, New York 2005, S.1.

[54] Als Einführung zu diesem Themenbereich vgl.: HACKING, Ian, An Introduction to Probability and Inductive Logic, Cambridge 2001. Vgl. ebenso: HACKING, The Taming of Chance.

[55] Für eine fachwissenschaftliche, philosophische Übersicht der Argumente vgl.: LEWIS, David, Counterfactuals, Oxford 1973. Sowie: SUPPES, Patrick, Probabilistic Metaphysics, Oxford 1984.

[56] Einen vortrefflichen Versuch genau hierzu liefern Rob A. Fringer und Jeff K. Lane. Vgl. dazu: FRINGER, Rob A./ Lane, Jeff K., A Theology of Luck. Fate, Chaos, and Faith, Kansas City MO 2015.

GESETZMÄSSIGKEITEN UND REGELMÄSSIGKEITEN

Zufall ist jedoch nur der eine Teil der Geschichte. Um unsere Existenz sinnvoll zu erklären, müssen wir auch die Regelmäßigkeiten unseres Lebens erklären. Eigentlich könnte man sogar sagen, dass wir, gäbe es keine Regelmäßigkeit, einige Ereignisse gar nicht als zufällig bezeichnen würden. Regelmäßigkeiten entstehen durch die Wiederholung zahlreicher Ereignisse über sehr große Zeitspannen hinweg.

Die Regelmäßigkeiten unseres Lebens sind so allgegenwärtig, dass wir sie für selbstverständlich halten. Beispiele sind im Überfluss vorhanden. Ich tippe diese Zeilen gerade auf meinem Computer, also nehmen wir ihn doch an dieser Stelle als Beispiel für etwas, das auf Regelmäßigkeiten beruht.

Wenn die Quantentheorie richtig liegt, dann zeichnen sich die wesentlichsten Elemente meines Computers durch ein Stückchen Zufall aus. Dennoch funktioniert mein Computer erstaunlich gut. Innerhalb der kleinsten Einheiten meines Computers ereignen sich einzelne Zufälle. Im Großen und Ganzen jedoch funktioniert er äußerst regelmäßig.

Die Summe zufälliger Ereignisse auf niedrigeren Ebenen erzeugt höchst zuverlässige Muster auf höheren Ebenen. Das Verhalten einer großen Zahl von Ereignissen ist statistisch so gleichmäßig, dass wir geneigt sind, sie als beinahe völlig determiniert zu beschreiben. Daher ist das Gesamtergebnis, trotz Zufälligkeit auf der Quantenebene meines Computers, Zuverlässigkeit. Mein Computer funktioniert zuverlässig – zumindest meistens.

Wir erkennen Beweise für Regelmäßigkeiten in der Zuverlässigkeit der Statistik. Wenn wir beispielsweise eine Münze tausend Mal werfen, dann wird jede Seite circa fünfhundert Mal nach oben zeigend landen. Das Ergebnis jeden Werfens ist zufällig, aber der statistische Durchschnitt von tausend Münz-würfen bleibt immer gleich. Das Gesetz der großen Zahlen besagt, dass das Ganze Regelmäßigkeit abbildet, wenn wir eine große Anzahl an Einzelereignissen betrachten. Wir können beinahe mit Sicherheit das Gesamtergebnis großer Summen zufälliger Ereignisse voraussagen.

Dabei stellen Computer nur ein Beispiel unter vielen dar, wenn es darum geht, die Regelmäßigkeiten unserer Existenz aufzuzeigen. Tatsächlich könnte kein Stuhl stehen, kein Gebäude aufrecht und kein zusammengesetzter Gegenstand intakt bleiben, wenn nicht eine riesige Anzahl an Regel-mäßigkeiten im Spiel wäre. Gehäuft auftretende Strukturen verschiedener Art – unbelebte Objekte – sind möglich aufgrund hoch konsistenten Verhaltens der sie konstituierenden Teile.

Regelmäßigkeit ist erstaunlich weit verbreitet.

Ohne Regelmäßigkeiten würde unser Universum im blanken Chaos versinken. Die Chemie würde nicht existieren, Pflanzen könnten nicht wachsen und Tiere könnten nicht leben. Nicht einmal uns Menschen würde es geben. Gesellschaften würden zerfallen und Moralität wäre ein Fremdwort für uns. Beziehungen würden zerbrechen. Um es kurz zu machen: Die Regel-mäßig-keiten des Lebens sind genauso entscheidend wie der Zufall und diese Regel-mäßigkeiten existieren bis zu einem gewissen Grad auf jeder Ebene unseres Universums.

Obwohl einige Menschen wissen, dass die Evolutionstheorie den Zufall voraussetzt, vergessen sie, dass die Evolution genauso auch gesetzesähnliche Regelmäßigkeit braucht. Die Evolution setzt voraus, dass Organismen mit je eigenen inhärenten Leistungskapazitäten existieren, wie zum Beispiel grund-legende Strukturen, Gene, Selbstorganisation und reproduktive Fähigkeiten. Die Zufälligkeit genetischer Mutationen und zufällige Aspekte natürlicher Selektion treten innerhalb bestimmter Umgebungen auf – Sie sind allesamt Spielarten der Regelmäßigkeit.

Eine gewaltige Zahl zufälliger genetischer Mutationen erzeugt Regel-mäßigkeit auf höheren Ebenen von Populationen und Ökosystemen.

Zu erkennen, dass Evolution auf Regelmäßigkeiten beruht, sollte jeden Gläubigen, der an der Evolutionstheorie zweifelt, beruhigen. Wenn die Evo-lution Regelmäßigkeiten voraussetzt, dann ist absoluter Zufall ein Mythos. Alles entspringt dem Zufall, der Regelmäßigkeit und anderen Mächten – Gott eingeschlossen. Aus diesem Grund führen Diskussionen, die evolutionären Zufall gegen Design und Organisation ausspielen, zu wenig befriedigenden Ergebnissen.[57]

Wenn allein der Zufall regieren würde, dann würden sämtliche Formen, Strukturen, Organismen und Gesellschaften verschwinden. Chaos wäre die Folge. Wir könnten nicht einmal über das Universum nachdenken, weil es kein Gegenstand rationaler Erhebung wäre. Wenn dagegen jedoch rigide Regelmäßigkeit regieren würde, dann könnte nichts Neues entstehen. Wie-derholung würde Innovation auslöschen und der Tod wäre die Folge. Die

---

[57] Für hilfreiche Debatten Zufall und Zielgerichtetheit der Evolution vgl.: DAVIS, Jimmy H./ Poe, Harry L. (Hg.), Chance or Dance? An Evaluation of Design, West Conshohocken PA 2008. Eine Reihe von Autoren vertritt die Ansicht, dass Gott durch die Evolution wirkt und nicht durch In-telligent Design. Vgl. dazu bespielhaft: ALEXANDER, Denis, Creation or Evolution. Do We Have to Choose?, Grand Rapids 2008. EDWARDS, Denis, The God of Evolution. A Trinitarian Theo-logy, New York 1999. FALK, Darrel R., Coming to Peace with Science. Bridging the Worlds Between Faith and Biology, Downers Grove IL 2004. GIBERSON, Karl, Saving Darwin. How to Be a Christian and Believe in Evolution, New York 2008. HEFNER, Philip, The Human Factor. Evolution, Culture, and Religion, Minneapolis 1993. LAMOUREUX, Denis O., I Love Jesus and I Accept Evolution, Eugene OR 2009. PETERS, Ted/ Hewlitt, Martinez, Evolution from Creation to New Creation. Conflict, Conversation and Convergence, Nashville 2003. VAN HUYSSTEEN, J. Wentzel, Alone in the World. Human Uniqueness in Science and Theology, Grand Rapids 2006.

richtige Mischung von Zufall und Regelmäßigkeit ist es, die es unserem Universum ermöglicht, zu existieren, sich zu entfalten und neuartige Lebensformen zu entwickeln.[58]

Sinnvoll ist für Gläubige also die Rede davon, dass Gott innerhalb und zusammen mit dem Zufall und den Regelmäßigkeiten des Lebens seiner Schöpfungstätigkeit nachkommt.

GESETZE DER NATUR?

Einige Regelmäßigkeiten in unserer Natur sind so weit verbreitet und konstant, dass sie von Wissenschaftlern unterschiedlicher Disziplinen als »Gesetze der Natur« oder »Naturgesetze« bezeichnet werden. Beispiele für solche Naturgesetze lassen sich in Disziplinen wie der Kosmologie, der Physik, der Chemie, der Mathematik, der Wirtschafts-, Gesellschafts-, Politikwissenschaften, der Logik und der Ethik finden.

Isaac Newtons Gravitationsgesetz ist ein gutes Beispiel für diese weit verbreitete und konstante Regelmäßigkeit. Dieses Gesetz besagt, dass zwei Dinge einander stets mit der Kraft anziehen, die direkt proportional zum Produkt ihrer Massen und umgekehrt proportional zum quadratischen Abstand zwischen ihnen ist. Newton entdeckte dieses Naturgesetz durch Beobachtungen und induktive Rückschlüsse, die er aus ihnen zog.

Newton nahm an, dass dieses auf Beobachtung beruhende Naturgesetz universelle Geltung beansprucht. Mit anderen Worten: Die Prinzipien der Gravitation haben nicht nur eine Wirkung auf den Apfel, der vom Baum fällt. Sie betreffen das gesamte Universum.[59] Deshalb bezeichnen wir die Gravitation als Gesetz und nicht als isoliertes Phänomen oder als von Menschenhand künstlich hergestellte Ordnung. Obwohl allgemeine und spezielle Relativitätstheorien Newtons Gravitationsgesetz in der Folgezeit einschränkten, nennt die Mehrheit der Forscher diese im gesamten Universum zu beobachtenden Regelmäßigkeiten »Gesetze der Natur«.

Philosophen sind in besonderem Maße an der gesetzesähnlichen Regelmäßigkeit unserer Welt interessiert. Wissenschaftstheoretiker sprechen oft von der Welt der Natur als einem vernetzten und wechselseitig abhängigen System unter Systemen. Die Einheiten, Strukturen, Muster und Prozesse beeinflussen sich gegenseitig auf vielfältige aber größtenteils konstante Weise.

Gesetzesähnliche Regelmäßigkeit besteht im gesamten Kosmos.

---

[58] Ein ähnliches Argument stammt von Arthur Peacocke. Vgl. dazu: PEACOCKE, Arthur, Theology for a Scientific Age. Being and Becoming – Natural, Divine, and Human, Minneapolis 1993.
[59] Vgl.: NEWTON, Isaac, Principia (Bd. 2: The System of the World), Berkeley 1934.

Moderne Wissenschaftstheoretiker spekulieren darüber, ob sich eine fundamentale Grundlage unserer Naturgesetze und der Regelmäßigkeiten unseres Lebens ausmachen lässt.[60] Sie fragen sich: Verhalten sich die Regelmäßigkeiten unseres Lebens analog zu den universalen und ewigen Naturgesetzen? Oder nennen wir die Regelmäßigkeiten in unserer Natur nur deshalb Gesetze, weil sie sich stetig wiederholen?

Einige Philosophen sind der Auffassung, dass die Regelmäßigkeiten unseres Lebens nicht auf fundamentale Gesetze der Natur verweisen. Ich werde sie im Folgenden *Regularisten* nennen.[61] Regularisten räumen ein, dass die Regelmäßigkeiten des Lebens genuin sind. Sie erkennen ihre mathematische Konstanz und die Wahrscheinlichkeiten, mit der diese Regelmäßigkeiten auftreten, an. Dennoch glauben sie, dass die Kontinuitäten unserer Existenz schlichte Fakten sind und keine ewigen Gesetze widerspiegeln. Das Feststellen von Regelmäßigkeiten ist bloß unser Weg, konstante Muster, die wir bei Einheiten, Organismen, Geschöpfen und Planeten finden, zu beschreiben. Regularisten meinen, dass es keine letztgültige oder transzendente Erklärung für diese Konstanz braucht.

Die Philosophen, die im Gegensatz zu den Regularisten davon ausgehen, dass die Regelmäßigkeiten unseres Lebens aus ewigen Gesetzen herrühren, werde ich als *Nezessitarier* bezeichnen. *Nezessitarier* glauben, dass die Wiederholungsmechanismen, die wir in der Welt wahrnehmen, notwendiger Ausdruck der Gesetze sind, die das Universum regieren. Insofern regulieren die Gesetze der Natur unsere Existenz, auch wenn es den Zufall (und vielleicht auch den freien Willen) wirklich gibt. Für Nezessitarier ist es möglich zu glauben, dass Gott alle diese Naturgesetze eingerichtet hat – oder zu denken, diese Gesetze entsprechen platonischen Körpern.[62]

Wenn die Theologie darüber nachdenkt, wie man wohl am angemessensten von Regelmäßigkeiten oder Naturgesetzten sprechen kann, verfolgt sie ein bestimmtes Ziel. Etliche Theologen sympathisieren eher mit nezessitaristischen Argumenten, vor allem mit solchen, in denen Gott die Erklärung

---

[60] Zu dieser philosophischen Debatte vgl.: ARMSTRONG, David M., What Is a Law of Nature?, Cambridge 1993. Vgl. auch: LEWIS, Counterfactuals. Sowie: MAUDLIN, Thomas, The Metaphysics Within Physics, New York 2007. Vgl. zudem: SOBER, Elliott, Confirmation and Lawlikeness, in: Philosophical Review 97 (1988), S.93-98. Vgl dazu: VAN FRAASSEN, Bas C., Laws and Symmetry Oxford 1989.

[61] Um eine klar verständliche Erklärung des Regularimsus und Nezessitarismus zu erhalten vgl.: COLLINS, Robin, God and the Laws of Nature, in: Philo 20 (2/2009), S.142-171.

[62] Vgl. hierzu: WELTON, William (Hg.), Plato's Forms. Varieties of Interpretations, Lanham MD 2002. Die wahrscheinlich beste englischsprachige Edition der Schriften Platons bietet: PLATO, The Works of Plato (herausgegeben und übersetzt von Benjamin Jowett), New York 1937.

für die Regelmäßigkeiten und Gesetze darstellt. Wenn Gott der Schöpfer von allem ist, dann muss Gott auch die Gesetze geschaffen haben, die die Regelmäßigkeiten des Lebens bestimmen. Die Geordnetheit des Universums verweist auf Gott als Urheber der Ordnung.

Manche Theologen glauben, dass die Naturgesetze lediglich Gottes Mittel sind, um alle Dinge kontrollieren zu können, sind. Naturgesetze sind hier sozusagen nur der »verlängerte Arm« des alles bestimmenden Willens Gottes. Im Gegensatz dazu erkennen andere Theologen die Macht der Naturgesetze an und reservieren gleichzeitig einen Platz für den Zufall und geschöpfliche Freiheit. Ihrer Meinung nach können die Regelmäßigkeiten, welche die Naturgesetze zum Ausdruck bringen, Gottes Willen offenbaren oder auch nicht. Und solcherlei Regelmäßigkeiten schließen in ihren Augen weder den Zufall, noch den freien Willen aus.

Mit der Frage, ob Gott die Naturgesetze erschaffen hat, ist eine uralte Frage über Gottes Beziehung zur Moral verbunden.[63]

Philosophen bezeichnen diese ethische Fragestellung als Euthyphron-Dilemma – zu Ehren einer Unterhaltung zwischen Sokrates und Euthyphron. Die Frage wird dabei in vielerlei Hinsicht entfaltet, fragt jedoch im Wesentlichen Folgendes: Kann man bestimmte Taten als gut bezeichnen, aus dem einfachen Grund, weil Gott sie für gut erklärt? Oder erklärt Gott diese Taten für gut, weil sie ihrem innersten Wesen nach gut sind?

Viele Menschen bezeichnen bestimmte Taten als gute Taten, einfach, weil Gott sagt, dass sie es sind. Gott schuf schließlich alle Dinge und dies schließe dann auch die Maßstäbe von Richtig und Falsch, von Gut und Übel ein. Gott muss die Moralgesetze erschaffen haben, behaupten diese Theologen, und daher ist das, was Gott für gut hält, das, was Gott aus seinem eigenen freien Entschluss für gut hält.

Wenn jedoch einige Taten gut sind, einfach, weil Gott es sagt, bedeutet das, dass Gott die Maßstäbe für das Gute und das Übel willkürlich setzt. Gott hätte beispielsweise entscheiden können, dass Mord immer gut ist. Wenn Gott willkürlich festlegt, was ein Gut oder ein Übel ist, dann könnte Völkermord ein Übel in den Augen der Menschen sein und gleichzeitig vollkommen akzeptabel in den Augen Gottes erscheinen. Außerdem: Wenn Gott frei entscheidet, was gut ist, dann kann er auch frei entscheiden, ob er gut sein will.[64] Mir kommt das alles nicht ganz schlüssig vor.

---

[63] Für eine Diskussion hierzu vgl.: RICE, Hugh, God and Goodness, Oxford 2000.
[64] John Daniel Holloway untersucht genau diese Problematik. Vgl. dazu: HOLLOWAY, John D., What God Cannot Do, in: Disputatious Interpretation (Blog), 3. September 2014, http://jdhollowayiii.blogspot.com/2014/09/what-god-cannot-do.html.

Fragt man den Bibelwissenschaftler Tremper Longman nach seiner Meinung zu alttestamentlichen Erzählungen, in denen Gott etwas befiehlt oder tut, das lieblos erscheint (z.b. Völkermord, Krieg, Mord), vertritt er die Auffassung, dass Gott allein über das Gute und das Übel entscheidet. Offensichtliches Übel ist moralisch vertretbar, sagt Longman, weil „Gott die Moral definiert – er bestimmt, was richtig und was falsch ist."[65] Longman gibt zu, dass er „damit seine Probleme haben mag, dennoch sei alles, was von Gott initiiert oder gelenkt wird, […] auch gleichzeitig moralisch gut."[66] Richtig ist richtig, weil Gott es sagt.

Andere antworten auf das Euthyphron-Dilemma, indem sie erklären, Taten seien eben nicht nur, weil Gottes es sagt, gut. Gott entscheide nicht willkürlich über das Gute und das Übel, Richtig und Falsch. Handlungen seien gut, unabhängig davon, ob Gott es so sagt. Gott äußere sich schließlich selbst zu moralischen Maßstäben, die er nicht selbst erschuf. Richtig ist richtig, und nicht einmal Gott kann sich diesbezüglich anderweitig entscheiden.

Diese Antwort impliziert, dass moralische Maßstäbe über Gott hinausgehen oder unabhängig von ihm existieren. Dies könnte dazu führen, dass wir in Frage zu stellen, ob Gott tatsächlich der Schöpfer von allem ist. Es erscheint problematisch, sich Gott als Quelle alles Guten vorzustellen, während das Gute gleichzeitig unabhängig von ihm existiert oder über ihn hinausgeht. Dies könnte außerdem bedeuten, dass wir Gott nicht bräuchten, um zu wissen, was richtig und falsch, gut und übel ist. Auch das erscheint mir nicht ganz schlüssig zu sein .

Die Theisten Joshua Hoffman und Gary S. Rosenkrantz entscheiden sich dennoch für die eben von mir vorgestellte Antwort auf das Euthyphron-Dilemma. Ihrer Überzeugung nach „sind Richtig und Falsch, Gut und Böse, in gewisser Hinsicht unabhängig davon, was irgendein Mensch glaubt, möchte oder bevorzugt."[67] Außerdem gibt es schließlich auch Atheisten. Sie gehen von der objektiven Wirklichkeit der Moral aus. Moralische Maßstäbe sind in ihren Augen unabhängig von Gott.[68]

Sobald wir an dieser Stelle an die Naturgesetze denken, stellen wir eine ähnliche Frage an das Euthyphron-Dilemma: Existieren die Regelmäßigkeiten

---

[65] LYONS, William L., A History of Modern Scholarship on the Biblical Word Herem, Lewiston NY 2010, S.153f.
[66] LYONS, A History of Modern Scholarship on the Biblical Word Herem, S.153f.
[67] HOFFMAN, Joshua/ Rosenkrantz, Gary S., The Divine Attributes, Oxford 2002, S.145.
[68] Philosophen und philosophische Theologen untersuchen diese Themen, indem sie die Kategorien des Intellektualismus (Natur) und des Voluntarismus (Wille) verwenden. Vgl. dazu: ADAMS, Robert, Finite and Infinite Goods. A Framework for Ethics, Oxford 1999. Sowie: SCHNEEWIND, Jerome B., The Invention of Autonomy. A History of Modern Moral Philosophy, Cambridge 1997.

und Gesetze der Natur aufgrund der willkürlichen Entscheidung Gottes, diese zu erschaffen? Oder existieren sie sowieso notwendigerweise und eben nicht Dank einer Art göttlichen Erlasses?

Einige Gläubige denken, Gott habe die Naturgesetze aus freiem Entschluss geschaffen. Als er die Welt vor Billionen von Jahren aus nichts erschuf, habe Gott frei entschieden, welche Gesetze er aufstellen und in der Folgezeit aufrechterhalten wollte. Gott hätte eine andere Art Welt mit völlig anderen Gesetzen erschaffen können. Außerdem könne Gott Naturgesetze von Zeit zu Zeit ersetzen oder aufheben, wenn er sich dazu entscheiden würde. Weil Gott die Naturgesetze am Anfang aus freiem Willen geschaffen habe, könne Gott diese Gesetze auch jederzeit zurückziehen, außer Kraft setzen oder sie nicht mehr aufrechterhalten. Richard Swinburne formuliert es so: „Gott ist nicht durch die Gesetze der Natur beschränkt; er macht sie und kann sie ändern oder aufheben, wenn er es will."[69]

Ebenso wie jene, die davon ausgehen, dass Gott moralische Maßstäbe erschaffen hat, sich mit Problemen konfrontiert sehen, so stehen auch diejenigen vor Schwierigkeiten, die glauben, Gott erschuf die Naturgesetzte. Wir könnten uns beispielsweise fragen, weshalb Gott sich dann dazu entschieden hat, gerade diese Gesetze zu erschaffen. Oder wir könnten uns die Frage stellen, warum Gott nicht hin und wieder Naturgesetze zurückzieht, ersetzt oder aufhört sie aufrechtzuerhalten, um das Übel zu verhindern. Möglicherweise glauben wir, dass ein liebender Gott Naturgesetze zumindest ab und zu manipulieren sollte, um die Abscheulichkeiten abzuwenden, mit denen wir uns im vorangegangenen Kapitel beschäftigt haben.

Wieder andere meinen, Gott hätte die Naturgesetze nicht geschaffen. Vielmehr existierten diese einfach auf irgendeine Weise und übten Einfluss in der Welt aus. Weil Gott sie nicht erschaffen hat, kann er sie auch nicht aufheben. Die Gesetze und Regelmäßigkeiten der Natur können nicht einfach gebrochen werden, nicht einmal von Gott. Stephen Hawking drückt das folgendermaßen aus: „Ein Naturgesetz ist nicht wissenschaftlich, wenn es nur gilt, solange sich ein übernatürliches Wesen mit direkten Eingriffen zurückhält."[70]

Auch diese Denkweise wirft Fragen auf. Ihr zufolge gehen die Naturgesetze über Gott hinaus oder sind unabhängig von ihm, was bedeutet, dass Gott nicht ihr Ursprung ist. Wenn das stimmt, ergibt sich hier ein Vorteil: Wir sollten Gott nicht dafür verantwortlich machen, dass er diese Gesetze nicht

---

[69] SWINBURNE, Richard, Gibt es einen Gott? (Metaphysical Research; 4), Heusenstamm 2006, S.8.
[70] HAWKING/ Mlodinow, Der große Entwurf, S.33.

manipuliert, um das Übel zu verhindern, weil selbst Gott ihnen unterliegt. Der Nachteil, wenn man behauptet, Naturgesetze gehen über Gott hinaus, ist jedoch, dass Gläubige sich fragen werden, ob wir Gott bräuchten, um die Naturgesetze zu erklären. Als Laplace gefragt wurde, wie er sich die Naturgesetze erklären würde, sagte er bekanntlich: Ich brauche diese Gottes-Hypothese nicht. Damit deutet er an, dass die Gesetze der Natur in irgendeiner Weise unabhängig von Gott existieren.[71]

Angesichts der Geschichten aus dem ersten Kapitel sollte uns die Frage danach, ob Gott die Naturgesetze erschaffen hat und aufrechterhält, dazu veranlassen, uns darüber Gedanken zu machen, ob Gott die Naturgesetze manipulieren kann, um genuine Übel zu verhindern. Und wir könnten uns fragen, ob Gott solche Gesetze verletzt, um in unserer Welt zu handeln, vor allem wenn es um seine Wunder geht. Gottes Beziehung zu den Naturgesetzen zu kennen, ist genauso entscheidend wie Kenntnis darüber zu besitzen, ob Gott die moralischen Maßstäbe geschaffen hat.

Wir scheinen in einem zugleich moralischen als auch natur-wissenschaftlichen Dilemma festzustecken.

Es gibt eine dritte Antwort auf die Frage nach Gottes Beziehung zu den Naturgesetzen und der Moralität. Ich werde diese Antwort in einem späteren Kapitel erläutern, erlauben Sie mir jedoch an dieser Stelle einen kurzen Vorausblick. Meine Lösung geht davon aus, dass die Maßstäbe für die Moral und die Regelmäßigkeiten unserer Existenz aus dem liebenden Wesen Gottes stammen. Das Wesen Gottes ist ewig, ohne Anfang oder Ende. Gott erschuf oder wählte nicht selbst die Eigenschaften seines göttlichen Wesens. Außerdem kann er sie nicht verändern, weil Gottes Wesen unveränderlich ist.

Da die Regelmäßigkeiten unserer Existenz aus dem Wesen Gottes stammen, wählte Gott die Naturgesetze und moralischen Maßstäbe nicht freiwillig. Und er kann sie nicht einfach aufheben. Aber die moralischen Maßstäbe oder Naturgesetze existieren weder unabhängig von Gott noch gehen sie über ihn hinaus. Sie gehen aus Gottes liebevoller Interaktion mit der Schöpfung hervor, weil Gott aus einem Wesen der Liebe handelt und dieses Wesen ist ewig und unveränderlich.

Ich werde diese dritte Antwort später im Zusammenhang mit dem Übel in unserer Welt erörtern. Fürs Erste möchte ich diese Debatte mit der Anmerkung schließen, dass Zufall und auch Regelmäßigkeit unser ganzes Leben prägen. Die Zufälligkeit, die innerhalb gesetzesähnlicher Regelmäßigkeit

---

[71] Vgl.: FAYE, Hervé A., Sur l'origine du monde : théories cosmogoniques des anciens et des modernes, Paris 1884, S.110.

vorherrscht, führt zum Teil zu neuen und kreativen Lebensformen und Lebensweisen in unserer Welt.[72]

Absoluter Zufall ist – genauso wie absoluter Determinismus – ein Mythos. Unsichtbare Mächte steuern alle Dinge, ob lebendig oder nicht. Zufall und gesetzesähnliche Regelmäßigkeit kennzeichnen unsere Welt. Wenn der Zufall absolut regieren würde, wäre Chaos die Folge. Wenn die Gesetzmäßigkeit absolut regieren würde, würde die Ordnung die Kreativität auslöschen.

Zufall und Regelmäßigkeit bestehen nebeneinander in unserem Universum.

---

[72] Eine biologische Argumentation für die Gerichtetheit der Evolution, die auch Zufall und Notwendigkeit erklärt, liefert Jeffrey P. Schloss. Vgl. dazu: SCHLOSS, Jeffrey P., Divine Providence and the Question of Evolutionary Directionality, in: J. B. Cobb (Hg.), Back to Darwin. A Richer Account of Evolution, Grand Rapids 2008, S.330-350, hier: S.334.

3

Wirkmacht und Freiheit in einer Welt geprägt von Gut und Übel

Das Verhältnis von Zufall und Regelmäßigkeit spielt eine zentrale Rolle dabei, das Leben zu erklären. Jedoch sind Zufall und Regelmäßigkeit nur ein Teil dieser Geschichte – so entscheidend sie auch sein mögen. Zum Leben gehören auch der freie Wille, das Gute und das Übel dazu – jedenfalls scheint es so. Wir müssen diese Dimensionen in den Blick nehmen, wenn wir die großen Fragen unseres Lebens hinreichend beantworten wollen.

Die Geschichten aus dem ersten Kapitel lenkten unseren Blick auf Schmerz, Leid und das Übel. Einige von ihnen waren mit Zufällen verbunden: zum Beispiel die Steine, die die Scheibe durchschlugen oder die zufälligen genetische Defekte der kleinen Eliana Tova. Andere zeigten uns, dass Menschen ihren freien Willen für üble Zwecke gebrauchten. Die Tsarnaev-Brüder planten den Anschlag auf den Boston-Marathon aus freien Stücken. Die Tutsi-Rebellen vergewaltigten Zamuda und töteten ihre Familie aus freiem Entschluss. Jede dieser Geschichten fordert gläubige Menschen auf, Fragen über die Providenz Gottes zu stellen – in einer Welt geprägt von Zufall und freiem Willen.

In diesem Kapitel werde ich den freien Willen, das Gute und das Übel untersuchen. Ganz besonders wird das, was Philosophen als libertarisch freien Willen bezeichnen, im Fokus meiner Untersuchung stehen. Darüber hinaus werde ich die Problematik des Übels und auch die des Guten thematisieren. Es versteht sich schon fast von selbst, dass ich dazu die Philosophie zu Rate ziehe. Ich werde allerdings auch die Naturwissenschaft einbeziehen.

Die Mehrheit der Theologen meint, unsere Vorstellungen von der Providenz sollten mit unseren Überzeugungen über das Gute, das Übel und die Freiheit in Einklang stehen. Ich gebe ihnen recht. Wir können unser Leben nicht sinnvoll erklären, wenn wir diese Bedingungen unserer Existenz nicht auch sinnvoll erklären können.

ANGEFANGEN MIT DEM EINFACHEN

Als Fachrichtung hat die Naturwissenschaft recht wenig Unmittelbares zu Wirkmacht und Freiheit beizutragen. Sobald Naturwissenschaftler diese Themen behandeln, belassen sie den Bereich der Naturwissenschaft als gemeinhin »verstanden« und wenden sich der Metaphysik zu. Schließlich können wir die Wirkmacht nicht einfach unter ein Mikroskop legen oder in einem Labor testen. Wir können die Freiheit nicht um unseren Planeten herumziehen sehen oder den freien Willen durch ein Teleskop betrachten.

Die Naturwissenschaft kann Kausalität nicht beobachten. Es ist wichtig, sich dies vor Augen zu führen, da die Kausalität die zugrundeliegende philosophische Kategorie für Wirkmacht und Freiheit darstellt. Unsere Sinne können diese Umstände unserer Existenz nicht direkt wahrnehmen. Was wir sehen können, sind die Bewegungen und (Aus-)Wirkungen geschöpflichen Handelns in den unterschiedlichsten Formen. Wir schlussfolgern, dass ein Teil dieser Bewegungen selbstverursacht und ein Ausdruck von Wirkmacht oder Freiheit ist.

Die Philosophie und die Theologie spielen zweifelsfrei eine zentrale Rolle bei unserer Untersuchung der Freiheit. Unser Verständnis von Freiheit ist jedoch grundlegend von der Naturwissenschaft geprägt. Die Naturwissenschaft hat einen Einfluss auf unsere philosophischen und theologischen Theorien. Deshalb möchte ich die Untersuchung von Wirkmacht und Freiheit mit einer naturwissenschaftlichen Betrachtung simplerer und weniger komplexer Wirklichkeitsebenen beginnen. Auf diesem Weg werde ich auch einige metaphysische Vorschläge vorbringen.

Die Geschichte vom Leben, die etliche Naturwissenschaftler und Philosophen erzählen, zeigt, dass es Selbstorganisation auf verschiedenen Ebenen der Wirklichkeit gibt. Angefangen beim einfachsten bis hin zum komplexesten Organismus finden wir Einheiten, die sich selbst organisieren.[73] Selbstorganisation auf weniger komplexen Ebenen meint, dass die entsprechende Sache oder das Lebewesen in gewisser Weise zu dem beiträgt, wozu es selbst

---

[73] Zwei der besser bekannten Philosophen, die spekulieren, dass etwas wie Wirkmacht oder Freiheit in kleineren Existenzeinheiten vorhanden ist, sind Hans Jonas und Alfred North Whitehead. Vgl. dazu: JONAS, Hans, Das Prinzip Leben, Ansätze zu einer philosophischen Biologie, Frankfurt a.M. ²2011. Sowie: WHITEHEAD, Alfred N., Prozess und Realität. Entwurf einer Kosmologie (übersetzt und mit einem Nachwort versehen von Hans G. Holl), Frankfurt a.M. ²1984.

wird. Soviel wir wissen ist Selbstorganisation keine bewusste Tätigkeit für simple Organismen und Einheiten.

Selbstorganisation auf den niedrigeren Ebenen unseres Lebens leitet sich aus den inhärenten Strukturen der Sache selbst ab.[74] Die Form, die Gene oder die bloße Existenz einer Sache trägt zum Werden dessen bei, was sie ist, und das in jedem Moment. Tatsächlich können wir nicht einmal die simpelsten Einheiten angemessen verstehen, ohne dass wir davon ausgehen, dass einige ihrer Eigenschaften aus ihnen selbst abgeleitet sind. Diejenigen, die mit der aristotelischen Philosophie vertraut sind, können einen Bezug zwischen aktuellen naturwissenschaftlichen Vorstellungen über Selbstorganisation und den grundlegenden Ursachen herstellen, unter denen sie die Wirklichkeit beeinflussen.[75]

Zu irgendeinem Zeitpunkt im evolutionären Prozess erreichte die Komplexität einiger Lebewesen eine Schwelle. Wirkmacht wurde erst zu einer Möglichkeit und anschließend zu einer Wirklichkeit.[76] Es macht wenig Sinn, davon zu sprechen, dass Atome und Steine Wirkmacht besitzen, weil sie Anhäufungen von unkoordinierten Teilchen sind. Demgegenüber ist es sinnvoll zu behaupten, dass Pilzen, Würmern, Schmetterlingen, Fischen, Mäusen und anderen Lebewesen Wirkmacht innewohnt.[77] Lebewesen mit organisatorischer Einheit können ihrer Wirkmacht Ausdruck verleihen.[78] Zumindest scheinen sie angesichts dessen, was wir von ihren Handlungen beobachten können, Wirkmacht zu besitzen. Sogar Mikroorganismen könnte Wirkmacht innewohnen. Nehmen wir an, sie besitzen tatsächlich Wirkmacht, so ist diese allerdings äußerst beschränkt.

---

[74] Einer der berühmteren Befürworter von Selbstorganisation in der Biologie ist Stuart Kauffman. Vgl. dazu: KAUFFMAN, Stuart, At Home in the Universe. The Search for the Laws of Self-Organization and Complexity, Oxford 1996.

[75] Vgl.: ARISTOTELES, Aristoteles´ Physik. Vorlesung über Natur. Erster Halbband: Bücher I-IV (PhB; 380) (herausgegeben von Hans Günter Zekl), Hamburg 1987, Buch II; 3. Vgl. ebenso: WALLACE, William, The Modeling of Nature. Philosophy of Science and Philosophy of Nature in Synthesis, Washington DC 1996.

[76] Zum Thema der Emergenz vgl.: CLAYTON, Philip, Emergenz und Bewusstsein. Evolutionärer Prozess und die Grenzen des Naturalismus (RThN; 16), Göttingen 2008. Vgl. auch: CLAYTON, Philip/ Davies, Paul (Hg.), The Re-Emergence of Emergence. The Emergentist Hypothesis from Science to Religion, Oxford 2006. Sowie: DEACON, Terrence, The Hierarchic Logic of Emergence. Untangling the Interdependence of Evolution and Self Organization, in: B. H. Weber/ D. J. Depew (Hg.), Evolution and Learning. The Baldwin Effect Reconsidered, Cambridge MA 2003, S. 273-308.

[77] Zur Wirkmacht von Tieren als Selbst-Ausrichtung vgl.: STEWARD, Helen, Animal Agency, in: Inquiry 52 (3/2009), S.217-231.

[78] Zum Thema von Mengen und organisierten Gesellschaften vgl.: GRIFFIN, David R., Evil Revisited. Responses and Reconsiderations, Albany NY 1991, S.102-104. Vgl. auch: GRIFFIN, David R., Unsnarling the World-Knot. Consciousness, Freedom, and the Mind-Body Problem, Berkeley 1998, S.163-217.

Selbstorganisation und Wirkmacht sind jedoch nicht mit freiem Willen gleichzusetzen, wie ich noch erläutern werde. Nichtdestotrotz scheint es mir sinnvoll, wenn wir die die Entstehung vollkommener Freiheit untersuchen wollen, zunächst mit den Fähigkeiten der Selbstorganisation und Wirkmacht zu beginnen, die wir bei weniger komplexen Lebewesen finden. Mit weniger komplexen Wesen anzufangen entspricht der Logik der Evolution, weil die evolutionäre Geschichte darauf hindeutet, dass das Leben auf unserem Planeten Erde im Laufe der Zeit vielfältiger und komplexer wurde.[79]

Mit weniger komplexen Lebewesen anzufangen entspricht auch den Beobachtungen, die wir zum Verhalten auf verschiedenen Ebenen der Wirklichkeit anstellen. Wir schließen auf Selbstorganisation, Wirkmacht, – und in manchen Fällen auch freien Willen – wenn wir Organismen und Lebewesen von verschiedener Komplexität beobachten. Wir betrachten das Verhalten von Partikeln, Atomen, Zellen, einfachen Organismen, Insekten, Wirbeltieren, Fischen, Reptilien, Amphibien, Säugetieren, Primaten und Menschen. Auf jeder Komplexitätsstufe urteilen wir über die Art der Aktivität, die wir feststellen.

Der graduelle Anstieg komplexen Lebens führte in der Geschichte der Evolution letztendlich zur Ausbildung des freien Willens. Jedenfalls scheint es so. Den Ursprung freien Willens zu bestimmen ist schwierig. Leichter fällt es uns, uns vorzustellen, dass Hunde mindestens Wirkmacht – und möglicherweise auch freien Willen – besitzen. Je komplexer das Lebewesen, desto leichter fällt es uns, uns vorzustellen, dass es auch einen gewissen Grad an Freiheit in seinem Handeln verwirklichen kann.

Unsere Beobachtungen von Katzen, Elefanten, Kühen, Delfinen, Walen, Ziegen, Bonobos, Schimpansen und anderen Tieren ermutigen viele zu der Annahme, dass diese Tiere frei handeln. Etliche spekulieren, dass Lebewesen mit kognitiven Fähigkeiten, die weniger komplex als die unseren sind, einen freien Willen besitzen. Jedoch scheint diese Freiheit weniger weit entwickelt.[80] Einfachere Lebewesen könnten einen winzigen Teil der Freiheit besitzen, die den meisten von uns Menschen innewohnt.

Ich bin auf einem Bauernhof aufgewachsen. Dort habe ich Erfahrungen gesammelt, die mich glauben lassen, dass Stalltiere frei unter einer begrenzten Zahl von Optionen wählen können. Wenn ich auf meinen Wanderausflüge

---

[79] Eine Abhandlung zu Wirkmacht, Freiheit und Moralität unter nichtmenschlichen Tieren liegt von Celia E. Deane-Drummond vor. Vgl. dazu: DEANE-DRUMMOND, Celia E., The Wisdom of the Liminal. Evolution and Other Animals in Human Becoming, Grand Rapids 2014.
[80] Vgl. dazu: BEKOFF, Marc, Minding Animals. Awareness, Emotions, and Heart, Oxford 2002. Sowie: BEKOFF, Marc/ Pierce, Jessica, Wild Justice. The Moral Lives of Animals, Chicago 2009.

in der Provinz Idahos unterwegs bin, denke ich oft, dass ein kleines Maß Freiheit – vielleicht unterbewusst – auch unter wilden Tieren existiert. Aus den Erfahrungen mit den Lebewesen, denen ich begegne, ziehe ich Schlussfolgerungen über das Wesen und die Komplexität ihrer Wirkmacht.

Wir können natürlich nichts von alledem mit Sicherheit wissen. Trotzdem scheinen unsere Spekulationen über den freien Willen aufgrund der Erfahrungen, die wir mit unserer eigenen Freiheit machen und dem Verhalten anderer Menschen und Lebewesen machen, gerechtfertigt. Die Schlussfolgerungen, die wir dabei ziehen, sind ausgesprochen plausibel.

ANGEFANGEN BEIM KOMPLEXEN

Anstatt in der Untersuchung von Wirkmacht und Freiheit bei weniger komplexen Lebewesen anzufangen, könnten wir auch beim Menschen anfangen. Es ist einfacher die Freiheit zu erklären, wenn wir bei unseren eigenen Erfahrungen beginnen. Als hoch komplexe Lebewesen sind wir uns unseres freien Willens bewusst, mag er auch begrenzt sein.

Wenn wir unsere Erfahrungen betrachten, wird uns schnell die Bedeutung des freien Willens in unserem eigenen Leben bewusst. Wir sind überzeugt, frei zu handeln – wenn auch nur manchmal und nur bis zu einem gewissen Grad. Wenn es um unseren freien Willen geht, können wir nicht einfach unser inneres Gespür in Zweifel ziehen. Außerdem ist unser Glaube an das freie Handeln von uns Menschen das Ergebnis unserer Beobachtungen zu unserem Verhalten.

Einer der bedeutendsten Wissenschaftler aus der naturwissenschaftlichen und religionswissenschaftlichen Forschung, Ian Barbour, setzt auch bei unseren eigenen Erfahrungen an, wenn er die Entwicklung der Freiheit in der Geschichte der Evolution bedenkt. Von den menschlichen Erfahrungen der Freiheit könnte man auch auf die Freiheit unter nicht-menschlichen Lebewesen schließen. Wir Menschen seien ein Teil der Natur, so Barbour, und, auch wenn die menschliche Erfahrung einen Extremfall in der Natur darstelle, so liefere sie dennoch Hinweise auf das Wesens anderer Ereignisse in der Natur.[81] Obwohl sich im Laufe der Geschichte neue Phänomene und neue Eigenschaften herausbilden, erklärt Barbour, „sollten wir grundlegende Kategorien, die ebenso universal wie möglich sind, im Blick haben.“[82]

---

[81] Vgl.: BARBOUR, Ian G., Evolution and Process Thought, in: J. B. Cobb (Hg.), Back to Darwin. A Richer Account of Evolution, Grand Rapids 2008, S.196-214, hier: S.212f.
[82] BARBOUR, Evolution and Process Thought, S.212f.

Während Menschen und andere komplexe Lebewesen genuinen, wenn auch begrenzten, freien Willen besitzen, vermutet Barbour, dass auch relativ simple Lebewesen einen Grad an, wie er es nennt, „Innenleben"[83] besitzen. Dieses Innenleben beinhalte ein gewisses Maß an Subjektivität. Ein Innenleben finde sich in simplen Organismen und sogar Zellen. Es drücke sich in Responsivität, Empfindungsvermögen, Antizipation oder rudimentärem Erinnerungsvermögen aus. Unter komplexen Lebewesen bilde es sich als Selbstbewusstsein heraus, welches mit der Entwicklung eines Nervensystems einhergehe. Zu guter Letzt finden wir laut Barbour Selbstbewusstsein und vollständig entwickelte Freiheit zumindest unter Primaten und Menschen, wenn nicht auch unter anderen Säugetieren.[84]

Aber nicht alle bestätigen die Existenz eines freien Willens. Nicht alle erkennen den freien Willen an. Freiheitsskeptiker sind in der Lage, zahlreiche Gründe für ihre Skepsis anzugeben. Einige lehnen Freiheit ab, weil sie gewisse Verhaltensmuster und Regelmäßigkeiten unter größeren Gruppen von Tieren beobachten konnten. Sie behaupten, dass solche vorhersehbaren Regel-mäßigkeiten nicht mit genuiner Freiheit vereinbar sind. Regelmäßigkeit, so glauben sie, kann nur existieren, wenn die Lebewesen völlig determiniert sind oder lediglich aufgrund ihrer Instinkte handeln.

Wenn man die Freiheit von Tieren ablehnt, kann man auch dem Menschen seinen freien Willen absprechen. Schließlich ist das menschliche Verhalten in weiten Teilen ebenfalls höchst vorhersehbar. Statistikgesetze sind in der Lage, höchst absehbare Prognosen über bestimmte menschliche Populationen zu treffen.

Um uns vor Augen zu führen, welchen Weg Skeptiker einschlagen, um Freiheit zu widerlegen, ziehen wir als Beispiel die Entscheidung zu heiraten heran. Im Großteil der Fälle beeinflussen zahlreiche Faktoren uns Menschen dabei, diese freie Wahl zu treffen. Beziehungen, Anziehungskraft, Biologie, Chemie, gesellschaftliche Erwartungen und vieles mehr spielen eine Rolle.

Nehmen wir an, Forscher würden jedes Jahr die Eheschließungen in der Gesamtbevölkerung zählen. Gehen wir davon aus, dass in einem Zeitraum von dreißig Jahren die Quote der Eheschließungen unter heiratsfähigen Kandidaten um die fünfzig Prozent betragen würde. Skeptiker des freien Willens könnten diese Regelmäßigkeit beobachten und so zu dem Schluss kommen,

---

[83] Ebd. Für Argumente, die diese Position – manchmal als Panexperientalismus bezeichnet – unterstützen vgl.: QUINCEY, Christian de, Radical Nature. Rediscovering the Soul of Matter, Montpelier VT 2002. Vgl. auch: GRIFFIN, Unsnarling the World-Knot.
[84] Vgl.: BARBOUR, Evolution and Process Thought, S.203f., Sowie: DEANE-DRUMMOND, The Wisdom of the Liminal.

dass die Ehe unausweichlich für die Hälfte der Menschen auf unserer Erde ist. Einzelne, die unter die heiratsfähigen Kandidaten fallen, sind nicht frei in ihrer Entscheidung, ledig zu bleiben. Die Ehe ist für sie vorherbestimmt oder ihr Schicksal.

Jedoch »spannt« diese Art zu Denken bildlich gesehen »den Wagen der Regelmäßigkeit vor das Pferd des freien Willens« – man fängt beim Ende an statt beim Anfang. Anders als die Skeptiker glauben die Anwälte freien Willens, dass statistische Durchschnittswerte uns verraten, was Menschen freiheitlich in Bezug zu ihren Wahlmöglichkeiten tun. Durchschnittswerte zwingen ein einzelnes Individuum nicht dazu, zu heiraten. Stattdessen beschreiben statistische Durchschnittswerte, welche Entscheidungen wir Menschen bei unserer freien Wahl treffen. Der voraussichtliche Prozentsatz derer, die jedes Jahr heiraten, kann mit der Vorstellung vereint werden, dass jeder frei entscheidet zu heiraten.

Diejenigen, die sich für die Existenz genuiner, also echter Freiheit aussprechen, sagen, dass der vor die Wahl Gestellte seine Entscheidungen frei trifft, obwohl verschiedene Bedingungen ihn in seinen Möglichkeiten bei der freien Wahl beschränken. So kann es sein, dass der, der sich für die Ehe entscheidet, glaubt, dass sie die überzeugendste Option unter vielen anderen Möglichkeiten darstellt. Darüber hinaus beeinflussen weitere Faktoren die Entscheidung dieser Person. Seine oder ihre Freiheit ist begrenzt, aber sie ist dennoch wirklich, aus dem einfachen Grund, weil diese Person eben auch ledig bleiben könnte.

Skeptiker lehnen den freien Willen nicht nur ab, weil sie mathematische Wahrscheinlichkeiten als Beweis für ihre Skepsis heranziehen. Sie zählen auch andere Gründe auf. Einige untersuchen zufällige Genmutationen oder die Regelmäßigkeiten hinsichtlich der Fortpflanzung und schließen daraus, dass der freie Wille nicht existiert. Dies scheint Richard Dawkins Annahme zu sein, wenn er sagt: „Wir sind Überlebensmaschinen – Roboter, blind programmiert zur Erhaltung der selbstsüchtigen Moleküle, die Gene genannt werden."[85] Versehentlich, so Dawkins, seien Moleküle entstanden und diese Replikatoren „manipulieren [...] durch Fernsteuerung."[86] Einige Soziobiologen stimmen ihm zu und halten den freien Willen aus diesem Grund für eine Illusion.

Andere Skeptiker sind der Auffassung, neurowissenschaftliche Forschung bietet genuin freien Wahlmöglichkeiten keinen Raum. Sie glauben,

---

[85] DAWKINS, Richard, Das egoistische Gen, Hamburg ³1996, S.30.
[86] Ebd. S.63.

freier Wille sei ein Irrglaube, weil die Naturwissenschaft Hirnaktivität bestimmen oder auch Strukturen in unserem Gehirn manipulieren kann.[87] Sam Harris sagt beispielsweise, dass wir „in subjektiver Perspektive völlige Freiheit zu besitzen scheinen, die uns ermöglicht, uns zu verhalten wie auch immer [es uns] gefällt."[88] In Wirklichkeit jedoch sei freier Wille pure Illusion.[89] Daniel Wegner meint, dass, obwohl „es den Anschein hat, dass wir Handelnde sind, [und] es so scheint, als würden wir das, was wir tun, auch verursachen, [es] letztlich richtig [ist], dies eine Illusion zu nennen."[90] Neurowissenschaftler Patrick Haggard formuliert geradeheraus: „Wir haben gewiss keinen freien Willen."[91]

Diese Skeptiker definieren den freien Willen für gewöhnlich entgegen unserer alltäglichen Erfahrung. Das Verständnis von freiem Willen, das sie voraussetzen, klammert die inhärenten Einschränkungen aus, mit denen frei Wählende konfrontiert sind. Indem sie Freiheit so definieren, gehen Skeptiker davon aus, dass man sich entscheiden muss, ob man an unbegrenzte Freiheit glaubt oder an gar keine.[92]

Uns allen ist bewusst, dass wir nicht einfach alles tun können, was in unserer Vorstellung möglich sein mag. Wir können nicht einfach diesen Nachmittag zum Mars fliegen. Wir können nicht einfach aufhören Menschen zu sein und uns in eine Kröte verwandeln. Wir können nicht alle auf einmal Präsident werden. Wir können nicht frei entscheiden, den Planeten Mond in unseren Keller zu verfrachten. Es gibt so viele Dinge, die wir nicht tun können. Deshalb behaupten Skeptiker, wir könnten überhaupt nicht frei sein. Sie scheinen den freien Willen als eine uneingeschränkte und unbedingte Wahl aus einer unbegrenzten Anzahl an Möglichkeiten zu verstehen.

Für mich sind diese Kritikpunkte nicht überzeugend. Unsere persönliche Erfahrung der Freiheit und die Forschung verschiedener akademischer Disziplinen – Biologie und Neurowissenschaft eingeschlossen – verweisen auf einen dritten Weg zwischen unbegrenzter Freiheit und der Abwesenheit

---

[87] Für eine alternative Sichtweise vgl.: RAUSCH ALBRIGHT, Carol/ Ashbrook, James B., Where God Lives in the Human Brain, Naperville IL 2001.

[88] HARRIS, Sam, Free Will, New York 2012, S.5.

[89] Vgl.: HARRIS, Free Will, S.9.

[90] Wegner und Haggard werden beide zitiert nach: NAHMIAS, Eddy, Is Neuroscience the Death of Free Will?, in: The Stone (Blog), 13. November 2011, http://opinionator.blogs.nytimes.com/2011/11/13/is-neuroscience-the-death-of-free-will/?_php=true&_type=blogs&_php=true&_type=blogs&_php=true&_type=blogs&_r=2&.

[91] NAHMIAS, Is Neuroscience the Death of Free Will?.

[92] Eine philosophische Verteidigung des libertarischen freien Willens unter dem Blickwinkel der Naturwissenschaften liefert Richard Swinburne. Vgl. dazu: SWINBURNE, Richard (Hg.), Free Will and Modern Science, Oxford 2011.

freien Willens.[93] Dieser dritte Weg sagt: Wir haben begrenzte, aber zugleich genuine Freiheit. Er beruft sich auf die Informationen, mit denen wir Menschen am besten vertraut sind: unsere eigenen, subjektiven Erfahrungen.

Die Position der begrenzten, aber genuinen Freiheit besagt, dass wir aus einer begrenzten Zahl an Möglichkeiten frei wählen. Unsere Umwelt, unser Körper, unser Gehirn, unsere Neigungen, unsere Gene, unsere Geschichte und andere Faktoren beschränken in jedem Moment der Wahl das, was uns möglich ist. Wir sind nicht frei, alles zu tun, was in unserer Vorstellung möglich ist. Aber wir sind auch nicht völlig determiniert, nur eine bestimmte Wahl daraus zu treffen oder eine bestimmte Art Mensch zu sein.

Der Ansatz der begrenzten Freiheit geht davon aus, dass wir unter gewissen Beschränkungen aus für uns relevanten Möglichkeiten wählen. Unser freier Wille stammt aus uns selbst und realisiert sich, wenn wir mit verschiedenen Alternativen konfrontiert sind. Naturwissenschaftliche Forschung kann dazu beitragen, die Beschränkungen unserer Freiheit zu bestimmen. Jedoch vermag die Naturwissenschaft nicht, freien Willen vollkommen zu erklären oder ihn einfach weg zu erklären.

Freier Wille ist genuin, aber begrenzt.

LIBERTARISCHE FREIHEIT

Bisher habe ich die Begriffe *freier Wille* und *Freiheit* verwendet, um über eine Wahl aus verschiedenen Möglichkeiten zu sprechen. Die beiden Wörter, *frei* und *Wille*, erfassen das, was die meisten Menschen meinen, wenn sie über Wahlfreiheit zu einem bestimmten Zeitpunkt reden. Philosophen jedoch bedienen sich unterschiedlicher Begrifflichkeiten, um über freien Willen zu sprechen.

Die philosophische Bezeichnung des *libertarischen freien Willens* beschreibt genau das Verständnis von Freiheit, das ich für das plausibelste halte und selbst auch vertrete. Libertarischer freier Wille meint, dass genuine Freiheit nicht mit der Vorstellung eines in irgendeiner Art und Weise vollkommen determinierten Handelns vereinbar ist. Verfechter des libertarischen freien Willens sind Inkompatibilisten, weil sie glauben, dass wir nicht gleichzeitig frei und völlig determiniert durch andere Mächte sein können. In anderen Worten: Freier Wille und totaler Determinismus sind inkompatibel. Wir

---

[93] Für Aufsätze, die plausiblere Erklärungen über die Rolle der Neurowissenschaft und Moralität aufzeigen, vgl.: VAN SLYKE, James A., Theology and the Science of Moral Action. Virtue Ethics, Exemplarity, and Cognitive Neuroscience, New York 2012.

wählen aus Alternativen. Andere Akteure oder Faktoren kontrollieren uns nicht vollständig.

Im Verständnis der Tradition libertarischen freien Willens gehören zur Freiheit für gewöhnlich zwei Dimensionen.[94] Die eine betrifft die Macht des Wählenden und wird häufig unter dem Namen *Selbstbestimmung* geführt. Timothy O'Connor benutzt die Wendung »Agenskausalität«, um sie zu beschreiben und meint damit, dass eine Entscheidung des Wählenden notwendig ist, um frei eine Aktivität zu wählen.[95] Kevin Timpe nennt diese Dimension »Urheberschaft«. Er sagt, dass der Handelnde selbst der Ursprung seiner Handlungen ist und nicht irgendeine andere Ursache.[96] Absicht sei das Ausüben eines kausalen Einflusses. Welchen Begriff man auch immer verwenden mag, der Punkt ist, dass der Handelnde, das Individuum oder der Akteur eine primäre kausale Rolle bei seiner Wahl spielt.

Die zweite Dimension des freien Willens besteht darin, dass verschiedene Möglichkeiten verfügbar sein müssen, wenn ein freier Handelnder sich entscheidet. Damit ein Handelnder frei handeln kann, muss mehr als eine mögliche und reale Option zur Verfügung stehen. Ohne verschiedene Möglichkeiten, kann ein frei Handelnder nicht anders, als das zu tun, was eben jener Handelnde zu tun gezwungen ist.[97] Solche vielfältigen Möglichkeiten, meint William Hasker, „sind entscheidend für die üblichen Definitionen von Libertarismus"[98], weil die Fähigkeit, frei zu wählen, mehr als eine Option erfordert.

Ein freies Wesen ist ein Handelnder, der unter verschiedenen Optionen auswählt.

Wie ich bereits zuvor erläutert habe, ist der einschlägigste Beweis für die Existenz freien Willens unsere eigene, persönliche Erfahrung. In der Art und Weise wie wir handeln, setzen wir alle notwendigerweise voraus, dass wir frei sind – zumindest bis zu einem gewissen Grad. Ich nenne das eine »unleugbare Erfahrungstatsache«. Dass wir voraussetzen, frei zu handeln, wird offenkundig in dem Faktum, dass wir uns – jedenfalls von Zeit zu

---

[94] Vgl.: WATSON, Gary, Free Action and Free Will, in: Mind 96 (1987), S.145-172, hier: S.145.
[95] Vgl.: O'CONNOR, Timothy, Agent-Causal Theories of Freedom, in: R. Kane (Hg.), The Oxford Handbook of Free Will, Oxford ²2011, S.309-328. Vgl. ebenso: CLARKE, Randolph, Alternatives for Libertarians, in: R. Kane (Hg.), The Oxford Handbook of Free Will, Oxford ²2011, S.329-348. Sowie: KANE, Robert, The Significance of Free Will, Oxford 1998. Vgl. dazu: O'CONNOR, Timothy, The Agent as Cause, in: R. Kane (Hg.), Free Will, Oxford 2001, S.196-205.
[96] Vgl.: TIMPE, Kevin, Free Will. Sourcehood and Its Alternatives, New York ²2013, S.11.
[97] Vgl.: HASKER, William, Divine Knowledge and Human Freedom, in: R. Kane (Hg.), The Oxford Handbook of Free Will, Oxford ²2011, S.39-56. Vgl. dazu: EKSTROM, Laura W., Free Will Is Not a Mystery, in: R. Kane (Hg.), The Oxford Handbook of Free Will, Oxford ²2011, S.366-380.
[98] HASKER, William, The Emergent Self, Ithaca NY 1999, S.86.

Zeit – reumütig, tadelnswert, lobenswert, selbstzufrieden, schuldig oder stolz fühlen aufgrund dessen, was wir zuvor getan haben.[99] Wir mögen behaupten oder schreiben, dass wir nicht frei sind, jedoch deuten unsere alltäglichen Handlungen in eine völlig andere Richtung.

Wir setzen freien Willen voraus, wenn wir uns selbst oder andere für Verhaltensnormen, insbesondere für moralische Maßstäbe, verantwortlich machen. Wir denken, wir können und sollten frei nach moralischen Maßstäben entscheiden. Freier Wille ist essentiell bedeutsam, wenn wir uns selbst oder andere verantwortlich für etwas machen. Wir alle geben das auch zu – und zwar zumindest in der Art und Weise, wie wir in unserem Leben handeln und reagieren.

Jedoch geben nicht nur unsere Handlungen unsere grundlegenden Annahmen über freien Willen preis. Auch unsere moralischen Institutionen erfordern die Wirklichkeit freien Willens. Moralisch für etwas verantwortlich zu sein ist schlicht unmöglich, wenn freier Wille eine Illusion sein soll. Taylor sagt: „Hätte sich der Mensch nie für ein moralisch verantwortliches Wesen gehalten, könnte man bezweifeln, ob er sich jemals überhaupt als Handelnder begriffen hätte."[100] Er fügt hinzu: „Wenn man für das verantwortlich sein soll, was man tut, muss man frei sein."[101]

Wir können nicht moralisch verantwortlich für etwas sein, wenn wir nicht frei handeln können.

Freier Wille macht es möglich, denjenigen die frei wählen, ein Übel zu verursachen, Schuld zu zuschreiben. Weil wir davon ausgehen, dass Verursacher des Übels sich – zumindest manchmal – frei für ihre nieder-trächtigen Taten entscheiden, fühlen wir uns im Recht, wenn wir sie kritisieren oder tadeln. Wir fühlen uns im Recht, wenn wir diejenigen bestrafen, die frei das Übel wählen, wo die Entscheidung für das Gute ebenso möglich gewesen wäre. Vorsätzlicher Mord ist deshalb moralisch verwerflich, weil wir annehmen, dass der Mörder den Tod eines anderen aus freiem Entschluss geplant hat. Im Gegensatz dazu ist das unbeabsichtigte Auslösen eines tödlichen Schusses nicht mit derselben moralischen Verantwortung verbunden. Es war schlicht ein Versehen.

---

[99] David Ray Griffin nennt dies „Common-Sense-Vorstellungen", weil sie in unseren Handlungen zwangsläufig offenbaren, was wir wahrhaft glauben. Vgl. dazu: GRIFFIN, Unsnarling the World-Knot, S.34.210.

[100] TAYLOR, Richard, Action and Responsibility, in: M. Brand/ D. N. Walton (Hg.), Action Theory: Proceedings of the Winnipeg Conference on Human Action, Boston 1976, S.293-310, hier: S.293.

[101] TAYLOR, Action and Responsibility, S.293.

In unseren Debatten über moralische Verantwortlichkeit übersehen wir oft die Bedeutung des freien Willens, wenn wir eine positive moralische Veränderung erklären. Wenn wir von uns selbst oder anderen eine moralische oder charakterliche Entwicklung erwarten, glauben wir zugleich, dass freie Entscheidungen eine Rolle in diesem Wandlungsprozess spielen. Des Weiteren gilt: Wenn jemand verantwortlich gemacht wird für ein Übel, das das Ergebnis einer freien Entscheidung ist, dann verdient auch die Person Anerkennung, die sich aus freien Stücken für das Gute entscheidet. Angenommen positive moralische Reifung und Persönlichkeitsentwicklung sind möglich. In diesem Fall erweist es sich nicht nur in Bezug auf das Verursachen eines Übel als notwendig freien Willen anzuerkennen. Diese Anerkennung des freien Willens ist genauso notwendig, wo es um das Tun des Guten geht.

Freier Wille scheint auch notwendig zu sein, um Gottes Providenz angesichts einiger tragischer Geschichten, wie die aus dem ersten Kapitel, zu verstehen. In diesen Berichten missbrauchten Menschen ihren freien Willen. Ich bin überzeugt, dass die Übel, denen wir begegnet sind, nicht Ausdruck des Handelns Gottes sind. Die Mehrheit der Theologen erkennt die Existenz des freien Willens an, weil das dazu beiträgt, das Gute und das Übel zu erklären. In späteren Kapiteln werden wir die Beziehung Gottes zur geschöpflichen Freiheit noch in ihrer Tiefe erforschen müssen.

Lassen Sie mich zusammenfassen: Selbstbestimmung und Wirkmacht finden sich unter einfacheren Einheiten und Organismen. Die Evolutions-forschung und unsere Beobachtungen deuten darauf hin, dass sich freier Wille an irgendeinem Punkt in der Geschichte der Evolution herausbildete. Unsere eigene Erfahrung – unsere innersten Intuitionen – sagen uns, dass wir frei sind – jedenfalls bis zu einem gewissen Grad. Wir wählen frei aus den relevanten Optionen, die uns im jeweiligen Moment zur Verfügung stehen. Obwohl einige Menschen freien Willen ablehnen, widerspricht die Art und Weise, wie sie handeln, unausweichlich dieser Ablehnung des freien Willens. Freier Wille ist eine unleugbare Erfahrungstatsache und unsere persönlichen Erfahrungen ermöglichen es uns, zutreffende Aussagen über die Natur unserer Existenz zu formulieren.

Um die großen Fragen unseres Lebens beantworten zu können, müssen wir daran glauben, dass wir unseren freien Willen richtig oder falsch gebrauchen können.

Natürlich gehört zum Beantworten der großen Fragen des Lebens – Fragen über Zufall und Übel eingeschlossen – mehr als einfach nur zu sagen, es ginge bei allem einfach nur um freien Willen! Eine gänzlich adäquate Antwort auf die Fragen des Lebens kann allerdings die Freiheit auch nicht einfach außer Acht lassen. Um einen Sinn im Leben zu erkennen, – mit all seinen Höhen und Tiefen, Freuden und Sorgen, dem Guten und dem Übel – müssen wir freie, geschöpfliche Entscheidungen erklären. Wir können das Leben nicht angemessen verstehen, wenn wir den freien Willen ausklammern.

DIE WERTE DES LEBENS

Genauso wie die Naturwissenschaft freien Willen nicht unter ein Mikroskop legen kann, kann sie auch keine *Werte* beobachten. Die Naturwissenschaft kann auch keine Werte erklären, zumindest nicht in ihrer tieferen Bedeutung.[102] Wir wenden uns an die Philosophie und Theologie, um Urteile über gut und böse, wichtig und unwichtig, schön und hässlich, richtig und falsch, das Gute und das Übel zu begründen.

Werte sind bildlich gesprochen wie ein Regenschirm, unter dem sich Kategorien wie Wahrheit, Ästhetik und Moralität aufhalten. Einen Sinn in Werten zu erkennen, ist wesentlich bei unserem Vorhaben, einen Sinn im Leben zu erkennen. Bereits auf seiner elementarsten Stufe beinhaltet das Leben Werte.[103] Wir müssen Werte erklären, weil unsere Welt voll von ihnen ist.

Lassen Sie mich an dieser Stelle die Macht der Werte veranschaulichen. Denken Sie einmal zurück an Ihre Reaktion auf die Geschichten aus Kapitel eins. Als wir lasen, dass bewaffnete Männer Zamudas Familie töteten und sie auf brutale Art und Weise vergewaltigten, haben wir unmittelbar ein moralisches Urteil gefällt. »Das ist nicht richtig!« sagte uns unser Verstand oder unser Herz. »Das ist so tragisch!« haben wir vielleicht gedacht oder »Das macht mich wütend!«

Als wir erfuhren, dass die Tsarnaev-Brüder den Anschlag auf den Boston-Marathon geplant hatten, regte sich unser moralisches Gespür. »Das hätte nicht passieren dürfen«, dachten wir. »Es muss Gerechtigkeit geben«, haben wir eventuell hinzugefügt. Unser Denken darüber, was Gerechtigkeit erfordert, mag von dem unserer Mitmenschen abweichen, aber unser grundlegender Sinn für Fairness und Gerechtigkeit deutet darauf hin, dass wir ständig Werturteile fällen. Unser moralisches Gespür löst in uns andauernd zwangsläufig Werturteile über die Ereignisse in unserer Welt aus.

---

[102] Naturwissenschaftler setzen Werte voraus, wenn sie behaupten, einige Erklärungen seien besser als andere. Sie setzen außerdem Werte voraus, wenn sie sagen, dass einige Entdeckungen wichtig seien. Werte vorauszusetzen, was Naturwissenschaftler tun, ist jedoch sowieso etwas vollkommen anderes als Werte in ihrer Tiefe erschöpfend zu erklären, was die Naturwissenschaft allein nicht vermag.

[103] Tyron L. Inbody macht die zentrale Stellung von Werten in seiner Suche nach einer adäquaten Antwort auf die Frage nach dem Übel deutlich. Vgl. dazu INBODY, Tyron L., The Transforming God. An Interpretation of Suffering and Evil, Louisville KY 1997, S.14f.153-156.

Die Art und Weise, wie wir handeln, gibt unausweichlich den tief in uns verwurzelten Glauben preis, dass wir einige Lebeweisen oder Ereignisse für besser halten als andere. Die Handlung des Wertens ist eine weitere unleugbare Erfahrungstatsache. Unser moralisches Gespür ist der Auslöser dafür, dass wir einige Lebeweisen anderen vorzuziehen.

Wir Menschen sind uns freilich nicht immer ganz einig, wenn es um die Beurteilung von Gut und Übel geht. Einige moralisch reife Menschen halten beispielsweise Abtreibung ausnahmslos für falsch. Andere moralisch reife Menschen glauben, Abtreibung sei in gewissen Fällen durchaus vertretbar. Manche Menschen sind überzeugt, dass Polygamie unter allen Umständen falsch ist. Andere sind der Meinung, dass es in bestimmten Kulturen vollkommen in Ordnung ist, mehrere Frauen zu haben. Manche finden es unangemessen, auf den Gehweg zu spucken und andere stört es überhaupt nicht.

Wir müssen uns nicht über jede Einzelheit einig sein, um zu wissen, dass Werturteile an sich unausweichlich sind. Wir müssen uns nicht gegenseitig bei bestimmten moralischen Problemen zustimmen, um zu dem Schluss zu kommen, dass Moral von großer Bedeutung ist. Sogar abgebrühte Verbrecher nehmen Werte ernst und behalten ein moralisches Bewusstsein, mag es noch so unterentwickelt sein.

Wir alle besitzen ein moralisches Bewusstsein.

Moralische Problemstellungen sind zentral für die Religion, weil Religionen und ihre Anhänger bestimmte Werte besonders hervorheben und Behauptungen über sie anstellen. Oft empfehlen sie bestimmte Lebensweisen und verurteilen andere. Einige Religionen propagieren beispielsweise die Idee, dass wir um unserer selbst willen gut leben sollten. Andere heben besonders das gute Zusammenleben mit unseren Mitmenschen hervor. Manche legen Wert auf das gute Zusammenleben mit der Natur. Wieder andere sagen, wir führen nur in der Beziehung mit Gott ein gutes Leben. Etliche vertreten gleich alle der eben genannten Vorstellungen und sagen, wir handeln gut, indem wir Gott, die Schöpfung, andere und uns selbst lieben. Alle Religionen eint der Glaube daran, dass Werte von Bedeutung sind.

Menschen, die an Gott glauben, halten Gott üblicherweise für die endgültige Quelle unserer Werte. Gott ist die Quelle des Guten und fördert es. Zugleich lehnt er das Übel ab und setzt sich ihm entgegen. Deswegen sind Gläubige überzeugt, dass wir Gott gehorchen, ihn nachahmen und ihn loben sollten. Wir sollten mit Gott gegen das Übel einstehen und wie er das Gute fördern. Unser Wohl in der Gegenwart hängt teilweise davon ab, wie wir auf Gottes Führung hinsichtlich der Werte reagieren. Auch unser Status im Leben nach dem Tod könnte von diesen Reaktionen abhängen.

Kurz gesagt: Wir sind Geschöpfe, die werten. Die Wirklichkeit sinnvoll zu erklären, geht notwendigerweise damit einher, sich das einzugestehen. Diejenigen von uns, die an Gott glauben, denken üblicherweise, dass die Theologie eine Rolle beim Verstehen von Werten spielt – vor allem bei Gut und Übel. Einen Sinn in der Wirklichkeit zu erkennen, heißt für viele von uns, zu glauben, dass Gott die Quelle des Guten und gegen das Übel ist. Die meisten Gläubigen meinen, unser grundlegendes moralisches Gespür stammt von Gott, obwohl es sich von dem anderer Menschen durchaus unterscheiden mag.

DIE FRAGE NACH DEM ÜBEL

Wie wir im ersten Kapitel sehen konnten, beginnt das Ringen um plausible Antworten an der Stelle, an der wir versuchen das Leid, das Tragische und das abscheuliche Übel, dem wir zwangsläufig begegnen, zu erklären. Wie ich glaubt die Mehrzahl der gläubigen Menschen an einen guten und mächtigen Gott. Die meisten denken, dass Gott sich dem Übel entgegensetzt und das Gute will. Der Großteil glaubt, dass wir Gott nachahmen sollten, indem wir ein Leben in Liebe führen – und damit das Gute fördern und dem Übel widersagen.

Wenn Gott auf vollkommene Art und Weise gut ist, dann wird er genuine Übel verhindern *wollen*. Wenn wir davon ausgehen, dass Gott alle Lebewesen und Gegebenheiten kontrollieren kann, wäre er auch dazu *fähig*, genuine Übel zu verhindern. Und dennoch geschieht Abscheuliches. Genuine Übel – wie jene im ersten Kapitel – geschehen oft, viel zu oft. Eigentlich ist es doch so, dass schon ein Fall genuinen Übels einer zu viel ist.

Angesichts des Ausmaßes an Übel ist es wohl nicht allzu abwegig, dass manche Menschen zu dem Schluss kommen, dass Gott nicht existieren kann. Sie entscheiden sich für den Atheismus. Andere meinen, Gott kann nicht auf vollkommene Weise lieben. Wieder andere bezweifeln, dass Gott die Art von umfassender Kontrolle besitzt, die notwendig wäre, um genuines Übel zu verhindern.

Meist ringen genau die Gläubigen mit der Frage nach dem Übel, die sagen, dass Gott vollkommen liebt und andere völlig kontrollieren kann. Weil diese Gläubigen ihre Überzeugungen nicht mit dem genuinen Übel vereinen können, das sie erfahren, berufen sie sich auf das Mysterium. »Wir werden niemals diese Seite des Himmels verstehen«, sagen sie. »Gottes Wege sind nicht unsere Wege.« Einen Sinn im Übel zu erkennen, ist für diese Menschen unmöglich.

Menschen, die sich auf das Mysterium berufen, sagen dennoch für gewöhnlich, dass wir dem genuinen Übel widersagen sollten. »Gott ruft uns auf, die Welt zu einem besseren Ort zu machen«, sagen sie. Allerdings fällt es verständlicherweise schwer die Motivation aufzubringen, um sich gegen etwas zu stellen, das ein allmächtiger Gott zugelassen hat. Ein Gott, der Menschen oder Situationen kontrollieren könnte, wäre auch in der Lage diese Übel in ihrem Ursprung zu verhindern. Wenn wir keine Klarheit darüber besitzen, wie Gott in unserer Welt wirkt, dann können wir auch nicht wissen, ob wir durch den Kampf gegen ein vermeintliches Übel nicht in Wirklichkeit die Pläne Gottes vereiteln und so letzten Endes Gutes verhindern.

Warum sollten wir versuchen, das Leid zu mindern, das ein angeblich allmächtiger und liebender Gott zulässt?

Der aufmerksame Leser wird bereits bemerkt haben, dass ich in den Abschnitten zuvor oft das Adjektiv *genuin* vor das Übel gestellt habe. Ich tue das, weil Philosophen zeitweilen zwischen notwendigem Übel und grundlosem Übel unterscheiden. Ich nenne grundloses Übel aus mehreren Gründen genuin.

Manchmal sind Leid und Schmerz notwendig, um ein höheres Gut hervorzubringen. Es kann beispielsweise sein, dass ein Ehepaar sich bewusst für eine Schwangerschaft entscheidet. Die Eheleute tun dies im Wissen darum, dass die Frau während der Geburt sehr wahrscheinlich starke Schmerzen erleiden wird. In diesem Fall ist jedoch der Schmerz während der Geburt notwendig, um das höhere Gut, ein Kind zur Welt zu bringen und groß zu ziehen, zu erreichen.

Oder denken wir an das unangenehme Gefühl, wenn eine Arzthelferin uns ein Antibiotikum spritzt. Das Gut, das aus dem Ankämpfen gegen die Infektion resultiert, überwiegt gegenüber dem schmerzhaften Stich der Nadel. Manchmal ist Schmerz erforderlich, um ein höheres Gut zu sichern. Ohne diesen vorübergehenden Schmerz wären wir langfristig schlechter dran.

Genuine Übel unterscheiden sich ihrer Art nach von notwendigen Übeln. Genuine Übel sind Ereignisse, die, wenn man sämtliche Umstände berücksichtigt, die Welt insgesamt schlechter machen, als sie hätte sein können.[104] Die Wendung »als sie hätte sein können« deutet an, dass bessere Ausgänge möglich gewesen wären, wenn die Entscheidungsträger eine andere umsetzbare Option ausgewählt oder zugelassen hätten.

---

[104] Ich bin David Ray Griffin dankbar für dieses allgemeine Verständnis von genuinem Übel. Unter seinen zahlreichen Werken vgl. dazu besonders: GRIFFIN, David R., God, Power, and Evil. A Process Theodicy, Louisville KY 2004. Ich entwickle die Vorstellung vom genuinen Übel in meinem Buch Defining Love. Vgl. hierfür: OORD, Thomas J., Defining Love. A Philosophical, Scientific, and Theological Engagement, Grand Rapids 2010, S.173-212.

Genuine Übel sind destruktive oder schädliche Begebenheiten, die so nicht hätten geschehen müssen. Sie sind grundlos und unnötig. An ihrer Stelle hätte etwas Besseres geschehen können.

Es gibt zahlreiche Ereignisse, die wir als Übel qualifizieren können. Nicht immer ist es leicht zu bestimmen, welche davon genuin und welche für ein höheres Gut notwendig waren. Wenn Regen ein Picknick vermasselt, könnten manche denken, der Wolkenbruch sei ein genuines Übel gewesen. Ganz anders könnte das der Landwirt sehen, der auf Regen gehofft hatte und ihn damit als gut beurteilt. Erdbeben und Tornados, so zerstörerisch sie auch sein mögen, können ebenfalls Beispiele für notwendige Übel darstellen. Schließlich erneuern sie die Böden oder frischen Ökosysteme wieder auf. Wir wissen nicht immer mit Sicherheit, wann Leid ein genuines Übel darstellt.

Wir brauchen nichtsdestotrotz nicht sämtliche Umstände lupenrein zu untersuchen, um berechtigterweise glauben zu dürfen, dass manchmal genuine Übel geschehen. Ich kann mir beispielsweise nicht vorstellen, wie eine Vergewaltigung notwendig sein kann, um ein höheres Gut zu fördern. Völkermord ist ebenfalls ein genuines Übel. Der Holocaust der Nazis landet wohl auf jedermanns Liste genuiner Übel und natürlich steht er auch auf meiner. Die überwiegende Mehrheit der folgenden Beispiele – wenn nicht gar jedes einzelne davon – sind genuine Übel: Mord, Inzest, Untreue, Kindesmissbrauch, Krebs und Folter.

Alle Geschichten aus dem ersten Kapitel erscheinen mir Beispiele für genuine Übel zu sein. Sie machen die Welt schlechter als sie hätte sein können, wären andere mögliche Ereignisse eingetreten. Andere, bessere Ereignisse wären in jedem dieser Fälle möglich gewesen.

Natürlich kann es passieren, dass auch etwas Gutes aus genuinem Übel entsteht. Das Vergewaltigungsopfer könnte beispielsweise etwas Neues dazu lernen. Sicher kann man allgemein festhalten, dass es gut ist, neue Dinge zu lernen, jedoch fördert ein solches Lernen nicht das allgemeine Wohlbefinden. Wenn man alle Umstände berücksichtigt, wäre es dem Vergewaltigungsopfer besser ergangen, wenn es nicht vergewaltigt worden wäre. Vergewaltigungsopfer würden wohl nur zu gerne auf einen Lerneffekt verzichten, um ihren Schmerz und ihre Demütigung zu verhindern!

Betrachten wir als weiteres Beispiel die medizinischen Experimente an jüdischen Häftlingen in Konzentrationslagern. Es ist nicht hinreichend geklärt, ob die Wissenschaft aufgrund dieser Experimente bedeutende Entdeckungen machte. Doch selbst wenn solche Entdeckungen gemacht worden wären, so wäre dieses Experimentieren trotzdem immer und in jedem Fall ein genuines Übel. Die Qualen, die diese Tests verursachten, machten die Welt zu einem schlechteren Ort als sie es hätte sein können, wenn die Tests nie durchgeführt worden wären. Der Preis von Leid und menschlicher Erniedrigung wiegt schwerer als der Nutzen neuer Entdeckungen. Auch wenn eventuell ein Funken Gutes aus ihnen gezogen werden kann, machen genuine Übel die Welt schlechter als sie es hätte sein können.

Der theologische Begriff *Sünde* liefert einen einschlägigen Beweis für die Wirklichkeit von genuinem Übel. Er setzt voraus, dass genuine Übel in der Welt geschehen. Die meisten Gläubigen nehmen an, dass Gott in liebender Absicht das Beste für seine Geschöpfe, die Schöpfung und das Himmelreich will. Sünde steht Gottes liebevollen Wünschen und Plänen konträr gegenüber, weil sie die Welt schlechter macht als sie hätte sein können, wenn die Sünder sich stattdessen frei dazu entschieden hätten, mit Gott zu kooperieren. Sünde ist der Liebe entgegengesetzt.

Wenn der Apostel Paulus recht damit behält, dass alle gesündigt haben (vgl. Röm 3,23), dann sind wir nicht nur Zeugen des Übels, sondern allesamt auch seine Verursacher. Opfer des Übels wissen das nur zu gut. Genuine Übel geschehen. In unserem tiefsten Innersten wissen wir das.

Der aufmerksame Leser wird auch bemerkt haben, dass ich oft darüber spreche, dass es Gott misslingt, das Übel zu *verhindern*. Einige glauben, sie könnten das Problem schlicht dadurch lösen, dass sie sagen: »Gott schenkt seinen Geschöpfen Freiheit und Wirkmacht und daher verursacht Gott das Übel nicht«. »Seine Geschöpfe bewirken das Übel«, sagen sie, »also sollte Gott hierfür nicht zur Verantwortung gezogen werden«.

Auch ich glaube, dass Gott nicht der Urgrund für das Übel ist. Um jedoch das Problem des Übels zu lösen, können wir an dieser Stelle nicht stehen bleiben. Schließlich würde ein auf vollkommene Weise liebendes Individuum alles in seiner Macht Stehende tun, um genuines Übel zu verhindern – nicht nur es nicht verursachen. Man muss das Übel nicht unmittelbar verursachen, um moralisch schuldig dafür zu sein, dass man es nicht verhindern konnte.

So wird beispielsweise keiner auf die Idee kommen, einen Preis für die Eltern des Jahres an Eltern zu übergeben, die ihr Kind ertrinken ließen und sagen »Obwohl ich mein Kind vor dem Ertrinken hätte retten können, bin ich nicht der *Grund* für das Ertrinken!« Die wahren Eltern des Jahres hätten alles in ihrer Macht Stehende getan, um das Ertrinken ihres Kindes zu verhindern. Das Ertrinken zuzulassen hat mit Liebe nichts zu tun. Die Eltern sind schuld daran, das Übel nicht verhindert zu haben.

Niemand überreicht eine Auszeichnung an den Bürgermeister, der einer Industriefirma erlaubt, das Wasser der Stadt zu verseuchen. Der Bürgermeister könnte sagen: »Ich wusste von der Verschmutzung und hätte sie stoppen können. Aber verurteilen Sie mich nicht, weil ich nicht der Verursacher bin.« Wir gehen davon aus, dass gute Bürgermeister dafür arbeiten, Schaden zu verhindern und nicht nur dafür, ihn nicht zu verursachen. Übel zuzulassen ist unmoralisch.

Gleichermaßen würde auch ein liebender Gott es nicht einfach nur unterlassen, genuines Übel zu verursachen. Ein liebender Gott würde es verhindern, wenn es möglich wäre. Der Gott, der ein genuines Übel verhindern hätte können, macht sich schuldig, wenn er seine Hilfe unterlassen hat. In diesem Fall hat ein moralisch schuldfähiges Individuum – sogar, wenn es sich dabei um Gott handelt – nicht auf vollkommene Weise geliebt. Ein liebender Gott würde genuines Übel, das vermeidbar ist, nicht zulassen.

Wenn wir lange genug darüber nachdenken, weiß das jeder von uns. Genuine Übel geschehen und sie verfolgen keinen höheren, übergeordneten Zweck. Und wir, die wir gelegentlich Übel verursachen, wissen auch um das Gute: Ein auf vollkommene Art und Weise liebender Gott würde auch darum wissen und würde immer das tun, was notwendig ist, um das Gute zu erreichen (vgl. Mt 7,11).

Ein Gott, der unserer Verehrung würdig ist, kann kein Gott sein, der genuines Übel verursacht, unterstützt oder zulässt. Ich bin überzeugt, dass es unmöglich ist, einen Gott aus ganzem Herzen zu verehren, der uns nur halbherzig liebt. Mag sein, dass wir einen Gott fürchten würden, der manchmal hilft und sich manchmal auch dazu entscheidet es nicht zu tun. Einen solchen Gott zu verehren, ist in meinen Augen aber nicht uneingeschränkt möglich.

Wenn Gott auf vollkommene Weise liebt, kann er weder das Übel verursachen, noch die Schuld dafür tragen, es nicht zu verhindern.

DIE FRAGE NACH DEM GUTEN

Es muss noch mehr über die Frage nach dem Übel gesagt werden. Ich werde eine Lösung weiter hinten in diesem Buch anbieten, wenn wir meinen Vorschlag zur Providenz Gottes untersuchen. Bevor ich jedoch die Debatte um Werte schließe, scheint es mir klug, ein anderes, weit weniger häufig diskutiertes Problem anzusprechen: Das Problem des Guten.

Die Frage nach dem Übel fragt, warum ein guter und mächtiger Gott genuines Übel nicht verhindert. Dieses ungelöste Problem stellt eine gewaltige Herausforderung für gläubige Menschen wie mich dar. Die Problematik des Übels in der Welt ist ein echtes Problem für Gläubige.

Analog dazu fragt die Frage nach dem Guten, ob wir genuin Gutes angemessen erklären können und gleichzeitig die Existenz eines guten und mächtigen Gottes verneinen können. Das ungelöste Problem des Guten ist eine gewaltige Herausforderung für diejenigen, die *nicht* an Gott glauben. Die Problematik des Guten in der Welt ist ein echtes Problem für Nicht-Gläubige.

Ich werfe die Frage nach dem Guten nicht in der Absicht auf, die Frage nach dem Übel zu negieren oder unschädlich zu machen. Ich widerspreche Gläubigen, die denken, sie könnten die Frage nach dem Übel einfach ungelöst zurücklassen, weil die Frage nach dem Guten eine Herausforderung für Atheisten darstellt. Um das Leben angemessen erklären zu können, müssen wir eine plausible Lösung aufzeigen, die die Frage beantwortet, warum ein liebender Gott genuines Übel nicht verhindert. Im Zuge dessen müssen wir jedoch auch das Gute erklären.

Die Frage nach dem Guten erinnert uns daran, dass wir in unserer Welt sehr viel Gutes erfahren: Liebe, Mitleid, Großzügigkeit und gelingendes, bereicherndes Miteinander. Manchmal versteifen wir uns so sehr auf das Übel, dass wir das Gute fast aus dem Blick verlieren. Um einen Sinn im Leben zu erkennen, müssen wir sowohl das Übel als auch das Gute erklären.

Schauen wir uns das alltägliche Phänomen menschlicher Zusammenarbeit an. Sie ist Zeugnis dafür, dass das Gute wirklich weit verbreitet ist. Zusammen-arbeit macht unser Leben und das unserer Mitmenschen so viel besser. Obwohl wir auch zum Zwecke des Übels zusammenarbeiten können, ist Zusammenarbeit häufig das Mittel, durch das immens viel Gutes in unserem täglichen Leben hervorgebracht wird. Wir tun uns zusammen, um Gutes zu tun und die Welt zu einem besseren Ort zu machen.

Heute habe ich beispielsweise mit meiner Frau und meinen drei Töchtern kooperiert, sodass wir gut, friedlich und produktiv miteinander leben können. Heute Morgen haben wir die Hausarbeit aufgeteilt, um gut in den Tag zu starten. Als wir in die Schule und zur Arbeit fuhren, kooperierten wir mit den uns umgebenden Fahrern, damit der Verkehr flüssig lief. Auch unsere Kommilitonen und Kollegen arbeiteten mit uns den ganzen Tag über zusammen.

Nach der Schule und der Arbeit sprachen wir ab, wer welches Auto nutzen kann, sodass wir an abendlichen Veranstaltungen teilnehmen konnten. Einige von uns bereiteten das Abendessen für die Familie vor, während andere den Tisch deckten und später das Geschirr spülten. Nachdem wir uns ausgeruht, gelernt oder noch mehr Hausarbeiten erledigt hatten, sprachen wir unsere Pläne für den kommenden Tag ab. Wir haben eine angenehme Temperatur im Haus eingestellt, die Türen verschlossen, die Lichter und Computer ausgeschaltet – zugunsten von uns allen – und schließlich gingen wir zu Bett.

Dieser »Tag im Leben der Familie Oord« ist nicht einmal annähernd das Ganze an Gutem, das wir sonst an diesem Tag und durch andere Menschen erfahren durften. Er beschreibt nicht die vielen kleinen Gefälligkeiten und Opfer, die wir für andere bringen, manchmal zu einem sehr hohen Preis für uns selbst und nur dazu da, um anderen dazu zu verhelfen, ihr Leben zu genießen oder ihr Leid zu verhindern. Manchmal opfern wir uns für andere auf, um für Wohlergehen zu sorgen. Das tun wir, um unser Leben, das Leben derer, die wir kennen, und manchmal sogar die Welt besser zu machen. Wenn wir eine Liste anfertigen würden mit all den Dingen, die wir aufopferungsvoll zum Wohle anderer tun, wäre diese Liste zweifelslos sehr lang!

Ebenso wichtig sind die kleinen, liebevollen Gefälligkeiten, die so viele von uns zum Wohle anderer tun und die so das Gute fördern. Obwohl sie weniger häufig sind als die abgestimmte Zusammenarbeit oder die planvolle Selbstaufopferung, sind spontane, großzügige Handlungen einschlägige Beispiele für das Gute, das in unserer Welt existiert. Solche liebevollen Gefälligkeiten reichen von einem unerwarteten Kompliment bis zur großzügigen Zuwendung, die wir einem Fremden entgegenbringen, wenn wir ihm beim Müllaufsammeln helfen.

Wenn wir unsere Augen offen halten, werden wir Gutes überall um uns herum bemerken. Tugenden sind sehr viel verbreiteter als wir denken. Wir nehmen die guten Dinge und Taten oft als selbstverständlich hin und übersehen sie dabei. Manchmal müssen wir nur unsere Augen für die Wege öffnen, auf denen wir andere bereichern und auf denen andere uns bereichern. Großzügigkeit ist wirklich weit verbreitet.

Die typische Erklärung für den Urgrund des Guten – und die Erklärung, die ich für am plausibelsten halte – sagt, dass die Inspiration, Gutes zu tun, von Gott kommt.[105] Gottes liebende Gegenwart durchdringt die Wirklichkeit und er veranlasst uns dazu, gut zu handeln und gut zu leben. Gottes Wesen ist der Maßstab für das, was gut ist. Und wir vollbringen dann gute Taten und werden zu guten Menschen, wenn wir bejahend auf Gottes Aufruf zur Liebe antworten.[106]

Ich bin nicht der einzige, der glaubt, dass Gott der Urgrund und die Inspiration für das Gute ist. C. S. Lewis geht beispielsweise davon aus, dass Etwas existiert, „das das Universum lenkt und das sich in mir als ein Gesetz bemerkbar macht, das mich dazu drängt, das Richtige zu tun, und dafür sorgt, dass ich mich schuldig und unbehaglich fühle, wenn ich Unrecht tue."[107] Darüber hinaus postuliert Lewis: „Wenn das Universum nicht von einem

---

[105] Eine Vielzahl von Religionen betrachten Gott als Quelle und Inspiration dessen, was gut ist, liebend oder barmherzig. Vgl. dazu: OORD, Thomas J. (Hg.), The Altruism Reader. Selections from Writings on Love, Religion, and Science, West Conshohocken PA 2008.

[106] Dies ist eines der Hauptthemen in Relational Holiness. Vgl. dazu: OORD, Thomas J./ Lodahl, Michael, Relational Holiness. Responding to the Call of Love, Kansas City MO 2005.

[107] LEWIS, Clive S., Pardon, ich bin Christ, Basel [4]2016, S.35.

absoluten Guten beherrscht wird, dann sind all unsere Bemühungen letzten Endes aussichtslos."[108]

Jüngst behauptete der Theologe Keith Ward, dass wir das Gute und die Moralität am besten begreifen, wenn wir sie als in Gott gegründet verstehen. Ward postuliert die Existenz eines Gottes, der „von größtem Wert ist und in dessen Verstand sämtliche Möglichkeiten finiten Daseins existieren, Gut und Böse."[109] Wenn man das Gute als in Gott gegründet versteht, so Ward, dann „wird dadurch der moralischen Erfahrung eine Objektivität, Autorität und Wirkmächtigkeit bescheinigt, die die motivierende Kraft für die Moralität und ihre Übereinstimmung mit einer allgemeineren Weltanschauung immens stärken würde."[110] In dieser Weltanschauung ist Gott das höchste Gut, er erschafft zum Zwecke des Guten und bietet die „Perspektive, wahres menschliches Gedeihen und Wohlergehen zu erreichen."[111]

Die Frage nach dem Guten wirft die Frage auf, ob wir das Gute im Leben vollumfänglich erklären können, wenn wir die Existenz Gottes bestreiten. Wenn Gott nicht existiert, warum erfahren wir dann bereichernde Zusammenarbeit, positive Selbstopfer, Großzügigkeit, Altruismus und Liebe in unserer Welt?[112] Weshalb beurteilen wir einige Handlungen als Gut oder Übel, besser oder schlechter? Und wenn wir diese Urteile fällen, warum denken wir dann, dass wenigstens ein paar von diesen Dingen über bloße persönliche oder gesellschaftliche Präferenzen hinausgehen?

Einige wenden sich für eine Erklärung des Guten an die Naturwissenschaft. Bis zu einem gewissen Grad ist dies auch überaus sinnvoll. Nach einer Erklärung für Kooperation und altruistisches Verhalten suchen innerhalb der jüngeren naturwissenschaftlichen Forschung vor allem die Soziobiologie und die Evolutionspsychologie.[113] Der Großteil der Biologen räumt ein, dass das Verhalten einer großen Bandbreite an Spezies auf Altruismus hindeutet, und

---

[108] Ebd. S.41.
[109] WARD, Keith, Morality, Autonomy, and God, London 2013, S.214.
[110] WARD, Morality, Autonomy, and God, S.214.
[111] Ebd.
[112] Obwohl ich im hier vorliegenden Buch das Gute generell mit Altruismus, Kooperation und Selbstopfer verbunden habe, können diese auch Schlechtes hervorbringen. Wir können zum Wohle anderer handeln oder kooperieren auf eine Weise, die auf das Tun des Bösen ausgerichtet ist und nicht des allgemeinen Wohlergehens. Was ich jedoch ablehne, ist, dass der gesamte Altruismus, Kooperation und Selbstopfer ihr primäres Motiv oder Ziel in dem haben, was ausschließlich gut für das eigene Selbst ist. Und ich lehne die Vorstellung ab, dass Altruismus, Kooperation und Selbstopfer stets das Schlechte fördern.
[113] Vgl.: WILSON, Edward O., On Human Nature (25th anniversary edition 1978), Cambridge MA 2004. Vgl. auch: OORD, Defining Love, S.97–136.

zwar in dem Sinne, dass Lebewesen zum Wohle anderer handeln.[114] Es ist dennoch bisher nicht letztgültig geklärt, ob dieses altruistische Handeln sich überhaupt primär am Wohl der anderen oder sich immer primär am eigenen Wohl orientiert.

Manchmal beinhaltet Altruismus Kooperation zum Zwecke gegenseitigen Nutzens, auch bekannt als Tit-for-Tat-Altruismus oder reziproker Altruismus. Das Leben ist voll von kooperierenden Lebewesen, die auf eine solche Art und Weise altruistisch handeln. Wenn ich deinen Rücken kratze und du meinen, dann werden unser beider Rücken weniger jucken. Viele Lebewesen scheinen um dieses allgemeine Prinzip zu wissen und danach zu handeln.

Gelegentlich kommt auch das Phänomen der Selbstopferung in der Natur vor. Einige Lebewesen handeln so, dass sie ihr eigenes Wohlergehen zum Wohle anderer außen vor lassen. Im Verhalten von Ameisen, Fischen, Nagetieren, Hunden, Elefanten, Primaten und anderen Tieren finden wir Beispiele für Lebewesen, die zum Wohlergehen anderer und auf Kosten ihrer selbst handeln.[115] Menschen verzichten häufig auf eigenes Vergnügen oder erleiden Schmerz zum Wohle anderer. Vereinzelt sterben sogar Menschen um eines anderen Menschen Willen.

Natürlich ist es ein Unterschied, ob man Altruismus unter Menschen oder Tieren beobachtet oder den Urgrund des Guten nachzuweisen versucht. Es ist schwierig, wenn nicht sogar unmöglich für die Naturwissenschaft, diesen Urgrund zu erfassen, weil die Naturwissenschaft allein keine Werte erklären kann.[116] Die Naturwissenschaft ist ihrem Wesen nach nicht dafür gemacht, solche Erörterungen durchzuführen.

---

[114] Für Forschung zu reziprokem Altruismus vgl.: TRIVERS, Robert L., The Evolution of Reciprocal Altruism, in: QRB 46 (1/1971), S.35-57; hier: S.35-37. Für Forschungen zum Altruismus vgl.: HAMILTON, William D., The Evolution of Altruistic Behavior, in: American Naturalist 896 (1963), S.354-356. Eines der besten Bücher zum Altruismus innerhalb von Gruppen ist von Elliott Sober und David Sloan Wilson. Vgl. dazu: SOBER, Elliott/ Wilson, David S., Unto Others. The Evolution and Psychology of Unselfish Behavior, Cambridge MA 1998. Eine Vielzahl populärer Bücher untersuchen verschiedene Arten von Altruismus. Ich diskutiere diese Arten sowie andere Typen von Altruismus in ihrer Beziehung zur Liebe in meinem Buch Defining Love. Vgl. hierfür: OORD, Defining Love, S.97-136.

[115] Für Bücher, die tierische Kooperation behandeln vgl. exemplarisch: AXELROD, Robert, The Evolution of Cooperation, New York 1984. BOWLES, Samuel/ Gintis, Herbert, A Cooperative Species. Human Reciprocity and Its Evolution, Princeton NJ 2011. DUGATKIN, Lee A., Cheating Monkeys and Citizen Bees, The Nature of Cooperation in Animals and Humans, Cambridge MA 1999. Vgl. auch: OORD, The Altruism Reader, S.213-284. Sowie: RIDLEY, Matt, The Origins of Virtue. Human Instincts and the Evolution of Cooperation, New York 1996.

[116] Zu den bedeutenden Werken, die dieses Thema bearbeiten, gehören: CLAYTON, Philip/ Schloss, Jeffrey (Hg.), Evolution and Ethics. Human Morality in Biological and Religious Perspective, Grand Rapids 2004. WAAL, Frans de, Good Natured. The Origin of Right and Wrong in Humans and Other Animals, Cambridge 1996. FLESCHER, Andrew M./ Worthen, Daniel L., The Altruistic Species. Scientific, Philosophical, and Religious Perspectives of Human Benevolence, West

Einige Soziobiologen sind nichtsdestotrotz der Meinung, dass das Gute, das im Altruismus und der Kooperation von Lebewesen sichtbar wird, letztlich gar nicht gut ist. Altruismus und Kooperation seien bloß getarnter Egoismus. Manche Soziobiologen sagen, das Gute sei lediglich ein anderer Name für reproduktiven Erfolg. Es könnte den Anschein machen, als würden Altruisten zum Wohl anderer handeln, jedoch täten sie dies nur, solange ihre Handlungen zum Vorteil ihrer Nachkommen seien. „Was für Kooperation gehalten wird, stellt sich als Mischung aus Opportunismus und Ausbeutung heraus"[117], sagt Michael Ghiselin, der diese Ansicht vertritt. „Kratze einen ‚Altruisten' und schau zu, wie ein ‚Heuchler' blutet."[118]

Aus dieser Perspektive erwachsen Kooperation und Selbstopferung aus dem egoistischen Wunsch, die eigene genetische Abstammungslinie zu verlängern.[119] Der genzentrierte Ansatz besagt, dass Tiere immer mit dem endgültigem Ziel, ihre Gene weiterzugeben, handeln und sich nicht einfach nur gegenseitig helfen wollen.[120] Sämtliche Selbstopferung und Kooperation – bei Ameisen, Antilopen, Elefanten, Wölfen, Schimpansen und Menschen – dient letztendlich dem eigenen Vorteil des Altruisten. Wenn ein Tier für seine Jungen sorgt, für Junge in der Gruppe oder sogar für Junge einer anderen Spezies, sei solche Fürsorge primär eigennützig. Moralität sei bloß ein evolutionärer Mechanismus zum Zweck der Genreplikation. Gutes, das diesen Zweck übersteigt, sei reine Illusion.[121]

Die Vorstellung, dass Lebewesen nie primär am Wohl anderer orientiert sind, rührt aus einer Wirklichkeitsauffassung, die als *Materialismus* bezeichnet wird. Für die meisten Materialisten ist die Natur alles, was existiert, und allein die Naturwissenschaft erforscht die Wirklichkeit auf angemessene Weise.[122] Weder Gott, noch Werte oder darüberhinausgehende Maßstäbe, über die man die Realität beurteilen könnte, existieren.

Conshohocken PA 2007. Sowie: WRIGHT, Robert, The Moral Animal. The New Science of Evolutionary Psychology, New York 1994.

[117] GHISELIN, Michael T., The Economy of Nature and the Evolution of Sex, Berkeley 1974, S.247.

[118] GHISELIN, The Economy of Nature and the Evolution of Sex, S.247.

[119] Vgl.: WILSON, On Human Nature. Sowie: DAWKINS, Das egoistische Gen.

[120] Vgl.: KROPOTKIN, Petr, Mutual Aid, A Factor of Evolution, Montreal ³1989. Eine großartige Biografie kommt von Oren Harman. Vgl. dazu: HARMAN, Oren, The Price of Altruism. George Price and the Search for the Origins of Kindness, New York 2011.

[121] Vielleicht das bekannteste Argument für diese Position stammt von Dawkins. Vgl. dazu: DAWKINS, Das egoistische Gen. Alister McGrath bietet diesbezüglich eine der besseren Antworten auf Dawkins. Vgl. dazu: McGRATH, Alister, Dawkins's God. Genes, Memes, and the Meaning of Life, Malden, MA 2005.

[122] Eine der besseren Kritiken des naturwissenschaftlichen Materialismus liefert John F. Haught. Vgl. dazu: HAUGHT, John F., Is Nature Enough? Meaning and Truth in the Age of Science, Cambridge 2006.

Für sie ist Materie alles, worauf es ankommt.

Der Materialist beabsichtigt für gewöhnlich die Deutung, dass Altruismus in Wahrheit Egoismus sei, auf alle Lebewesen, menschlich oder nicht menschlich, anzuwenden. Was den Menschen betrifft, so bedeutet dies, dass wir, obwohl wir denken, primär zum Wohle anderer zu handeln, unterbewusst immer und primär zu unserem eigenen Nutzen handeln. Wir haben uns so entwickelt, so das materialistische Argument, dass unsere eigennützigen Motive sogar uns selbst verborgen bleiben. Alle Altruisten seien Egoisten, die sich selbst täuschten.[123]

Wenn der Materialismus Recht hat, dann ist es purer Egoismus, der in der Familie Oord regiert. Die Opfer, die wir für andere bringen, und kleine, liebevolle Gefälligkeiten dienen unwissentlich der Förderung des eigenen, persönlichen Wohlergehens. Alle Oords sind zutiefst egoistisch, genauso wie barmherzige Samariter und Mutter Theresa.[124] Jeder Soldat, der sich auf eine explodierenden Handgranate wirft, um das Leben seiner Kameraden zu retten, ist im Grunde selbstsüchtig. Jede Pflegekraft, die aus freien Stücken in Kauf nimmt, möglichen Infektionen ausgesetzt zu sein, während sie versucht, Patienten zu helfen, ist egoistisch. Jeder Pflegevater, jede Pflegemutter ist im Grunde vom eigenen Vorteil motiviert. Das Gute, das wir in der Zusammenarbeit und den Opfern, die wir für andere bringen, sehen, ist letztlich überhaupt nicht gut. Wir handeln niemals primär zum Wohle anderer.

Schlussendlich behauptet der Materialismus, *gut* sei bloß ein Begriff, den wir verwenden, um über Eigennutz, das Überleben oder Weiterführen unserer genetischen Linie zu sprechen. Wie Richard Dawkins formuliert, sieht die Welt exakt so aus, als gebe es da „kein Gut oder Böse [...], nichts außer blinder, erbarmungsloser Gleichgültigkeit."[125] Das Gute und das Böse seien letztendlich nicht real, so sagen einige Nicht-Gläubige, und dies sei ein weiter Grund, nicht an Gott zu glauben. Extremer Werterelativismus regiert.

Ich muss zugeben, dass ich durchaus ein gewisses Maß an Vernünftigkeit in der materialistischen Denkweise erkennen kann. Ich war selbst für kurze Zeit Atheist, also kann ich nachvollziehen, aus welchen Gründen Menschen sich zur materialistischen Sichtweise hingezogen fühlen. Angesichts der

---

[123] Richard D. Alexander vertritt diese Sichtweise. Vgl. dazu: ALEXANDER, Richard D., The Biology of Moral Systems, New York 1987, S.93f.
[124] Für eine Kritik der Denkweise, dass gute Samariter letztlich doch Egoisten seien, vgl.: ROLSTON, Holmes III, Genes, Genesis, and God. Values and Their Origins in Natural and Human History, Cambridge 1999.
[125] DAWKINS, Richard, Und es entsprang ein Fluß in Eden. Das Uhrwerk der Evolution, München 1998, S.146.

Behauptungen, die einige Gläubige über Gott aufstellen, kann atheistischer Materialismus durchaus eine attraktive Alternative darstellen.

Mittlerweile finde ich jedoch nicht mehr, dass Materialismus vernünftiger ist als auch nur irgendeine Version des Theismus. Für mich macht der Glaube an Gott insgesamt mehr Sinn als atheistischer Materialismus. Meine Unzufriedenheit damit, wie der Materialismus das Gute und das Böse erklärt (oder wegerklärt) ist teilweise der Grund dafür, warum ich den Atheismus für weniger plausibel halte als das Verständnis von Gott, das ich später in diesem Buch vorstellen werde.

Ein schwerwiegendes Problem des Altruismus ist die Tatsache, dass wir alle so leben, als ob das Gute und das Böse real wären. Ich tue das mit Sicherheit, und Sie gewiss auch. Wir alle leben, als ob es im Grunde mehr gibt als blinde, erbarmungslose Gleichgültigkeit. Sogar Richard Dawkins tut das. Wir leben ebenfalls so, als ob wir primär zum Wohle anderer handeln sollten und tun dies manchmal auch. Ein gravierendes Problem des Materialismus ist die Differenz zwischen unserer Lebensrealität und der materialistischen Sichtweise, dass Gutes und Böses schlussendlich irreal seien.[126] Philosophischer Materialismus passt nicht zu der Art, wie wir alle leben.

Materialismus hat aber noch andere Probleme. Einige haben mit dem Missverständnis des Materialismus bezüglich der Motivation von Lebewesen zu tun. Beispielsweise erwachsen nur wenige unserer Handlungen vollkommen aus der Motivation, zu unserem eigenen Wohl zu handeln. Und nur wenige entspringen völlig der Motivation, zum Wohl anderer zu handeln. Stattdessen mischen sich unsere Motive für gewöhnlich. Zum Teil besteht unsere Handlungsmotivation in unserem eigenen Wohl und zum Teil auch im Wohl anderer.

In Anbetracht dieser Erfahrungen ist es wohl sinnvoller zu fragen, was unsere primäre Motivation in dem Mix der Motivationen, unter dem wir stehen, ist. Fast alle von uns erkennen an, dass sich unsere primären Motivationen manchmal auf das Wohl anderer richten. In manchen Fällen mag es so sein, dass wir eine Belohnung erhalten, wenn wir zum Wohl anderer handeln, jedoch war unsere hauptsächliche Motivation in vielen dieser Fälle nicht, uns selbst einen Gefallen zu tun. Gelegentlich wissen wir darum, dass wir primär zum Wohl anderer handeln sollten, auch wenn wir dies in unserem Handeln

---

[126] Eines der besseren Argumente für die Wirklichkeit des ethischen Gesetzes und der natürlichen Welt findet sich bei Craig A. Boyd. Vgl. dazu: BOYD, Craig A., A Shared Morality. A Narrative Defense of Natural Law Ethics, Grand Rapids 2007.

dann nicht einlösen. Der Materialismus bietet keine gute Erklärung für die Motive, die sich primär am Wohle anderer orientieren.

Wieder andere Schwierigkeiten des Materialismus sind ontologischer Natur. Unsere Erfahrung sagt uns beispielsweise, dass wir in einem in Wechselbeziehung stehenden Universum leben. Was ich tue, betrifft andere und mich. Das Gute, das ich erfahre, von dem Guten, das andere erfahren, zu isolieren ist gar nicht möglich. Ich handle manchmal primär um meiner selbst willen; ein andermal handle ich primär zum Nutzen anderer. Oft fördert mein Wohltun das gesamte Wohlergehen in einer Art und Weise, dass ich anderen und zugleich mir selbst helfe.[127] Materialismus hat Mühe, die Wechselseitigkeit und die Verflochtenheit des Wohlergehens zu erklären.

Die Vorstellung, dass die Evolution uns als selbsttäuschende Menschen geschaffen hat, weist eine inhärente Problematik auf. Sie feuert auf diejenigen zurück, die sie erfunden haben. Letzten Endes ist es doch so: Wenn die Evolution die wahren Überzeugungen über das Gute und das Übel untergräbt, weil wir alle Selbsttäuscher sind, dann hat der Altruismuskritiker keinen Grund zu glauben, seine Überzeugungen wären wahrer als die desjenigen, der an den Altruismus glaubt. Schließlich kann es keiner der beiden wissen.

Der Materialismus kann keine endgültige Erklärung für das Gute, Wahrheit und Moralität liefern.[128] Weil er sämtliche transzendente Kriterien von Wahrheit ablehnt, haben wir keinen tragenden Grund, den Behauptungen des Materialismus über die Beurteilung des Guten mit einem gewissen Grad an Objektivität beizumessen. Einige Philosophen bezeichnen diese Schwierigkeit als *grounding issue*. Ohne jegliche metaphysische Fundierung oder Begründung haben Materialisten keine objektive Grundlage, auf der sie das Gute und das Übel beurteilen können.[129] Ohne einen transzendenten Grund kann der Materialist noch nicht einmal festlegen, ob seine Argumente besser sind als die anderer. Der Materialist braucht einen transzendenten Maßstab, an dem er solche Werturteile ausrichten kann.[130] Weil wir alle zwangsläufig solche Werturteile fällen, – wieder eine unleugbare Erfahrungstatsache – kann Materialismus ohne Transzendenz keine zufriedenstellende Erklärung der Wirklichkeit liefern.

---

[127] Ich untersuche das in meinem Aufsatz „A Relational God and Unlimited Love". Vgl. dazu: OORD, Thomas J., A Relational God and Unlimited Love, in: C. A. Boyd (Hg.), Visions of Agape, Farnham 2008, S.135-148. Vgl. ebenso: OORD, Defining Love, S.97-135.

[128] Starke Kritik am Materialismus der neuen Atheisten übt David Fergusson. Vgl. dazu: FERGUSSON, David, Faith and Its Critics. A Conversation, Oxford 2009.

[129] Für ein ähnliches Argument vgl.: HAUGHT, Is Nature Enough?.

[130] Keith Ward erläutert diesen Punkt in einigen seiner Werke. Vgl. dazu unter anderem: WARD, Keith, God, Chance, and Necessity, Oxford 1996.

Die Naturwissenschaft braucht die Transzendenz, um Werte zu erklären. Wir wenden uns an die Metaphysik und die Religion, um den Urgrund des Guten zu erfassen. Für mich und viele andere bietet eine theistische Metaphysik – eine umfassende Theorie von Gott und der Welt – den besten Rahmen für die Erklärung, warum Lebewesen manchmal Gutes tun und warum wir überhaupt einige Handlungen für gut halten.

Die theistische Metaphysik zu Rate zu ziehen, bedeutet nicht, dass die Naturwissenschaft keine Rolle beim Verstehen von Gutem und Moral spielt. Wir müssen uns zur Wehr setzen gegen die Entweder-oder-Entscheidung zwischen Theologie und Naturwissenschaft.[131] Stattdessen denke ich, dass eine angemessene theistische Metaphysik sich aus der Religion und der Naturwissenschaft – und anderen Disziplinen – speist, wenn sie die Wirklichkeit, und damit auch Gut und Übel, bedenkt. Was die Theologie und die Naturwissenschaft angeht, dann heißt es: Sowohl-als-auch, nicht Entweder-oder.

Wenn Metaphysik glaubhaft argumentiert, dann nimmt sie an, dass Gottes liebendes Wesen als Quelle und Maßstab für das Gute in der Welt dient. Wenn wir uns fragen, was als Gut oder Übel, richtig oder falsch oder besser oder schlechter bewertet werden kann, wenden wir uns an Gott. Das tun wir normalerweise unbewusst und ohne darüber nachzudenken. Wir berufen uns auf die Gerechtigkeit Gottes, wenn wir darüber urteilen, was wir als Gutes oder Übel werten können.

Nur zu behaupten, Gott tut Gutes und ist Quelle des Guten, geht jedoch nicht weit genug. Unsere Erfahrung zeigt uns, dass auch andere Lebewesen außer uns Menschen Gutes tun. Meiner Meinung nach handeln auch nichtmenschliche Arten gelegentlich zugunsten ihrer selbst, anderer und der Gesamtheit. Alle Lebewesen können so leben, dass sie das Wohlergehen fördern.[132]

Meistens müssen sich Lebewesen dafür entscheiden, Gutes zu tun. Sie müssen bejahend auf die göttliche Inspiration antworten. Anders als Gott besitzen Lebewesen kein unsterbliches und unveränderliches Wesen, das zwingend zur Liebe veranlagt ist. Aber sie können auf genuin gute Art und Weise handeln, wenn sie bejahend auf Gottes Ruf reagieren.[133]

---

[131] Ein Beispiel für jemanden, der einen entweder/oder-Ansatz zu Naturwissenschaft und Religion vertritt, stellt Sam Harris dar. Vgl. dazu: HARRIS, Sam, The Moral Landscape. How Science Can Determine Human Values, London 2010, S.22.

[132] Eine der besseren, wissenschaftlichen Untersuchungen zu Natur und Ethik stammt von Celia E. Deane-Drummond. Vgl. dazu: DEANE-DRUMMOND, Celia E, The Ethics of Nature, Malden MA 2004.

[133] Ich untersuche dies detaillierter in meinem Aufsatz "Testing Creaturely Love and God's Causal Role". Vgl. dazu: OORD, Thomas J., Testing Creaturely Love and God's Causal Role, in: M. T. Lee/ A. Yong (Hg.), The Science and Theology of Godly Love, DeKalb 2012, S.94-120.

Immer wenn Lebewesen bejahend auf Gott reagieren, dessen liebendes Wesen die Quelle und der Maßstab des Guten ist, dann tun sie in einer den Umständen angemessenen Weise das Gute. Dies kann nützliche Zusammenar-beit, Selbstopfer, Selbststeigerung, Mitleid, Großzügigkeit, Freundlichkeit, Selbstentfaltung, Selbsthingabe, Annehmen der Geschenke anderer oder das Anbieten anderer Dienste, die das übergeordnete Wohlergehen fördern, umfassen. Wir können auf so vielen Wegen Gutes tun!

Wenn Lebewesen Nein zu Gottes Aufruf sagen, tun sie ein Übel. Lebe-wesen können das Tun des Guten verweigern. Einige Ereignisse und Lebensweisen bringen sozusagen eher »Schlecht-Ergehen«[134] anstatt »Wohl-Ergehen« hervor. Christen bezeichnen diese beabsichtigten Handlungen als Sünde.

Wenn man daran glaubt, dass Gott die Quelle des Guten ist, dann sind damit die Rahmenbedingungen zur Bekräftigung der Arbeit von Theologie, Naturwissenschaft und Metaphysik geschaffen. Gott als Quelle des Guten zu denken, bekräftigt die Behauptung der Theologie, dass Gott existiert, Gutes tut und der Urgrund des Guten ist. Gott als Quelle des Guten zu denken, bekräftigt die naturwissenschaftliche Forschung, die auf geschöpflichen Altruismus, Kooperation und Selbstopferung hinweist. Gott als Quelle des Guten zu denken, stellt darüber hinaus die umfassende metaphysische Grundlage bereit, die eine Erklärung für die Wertigkeit liefert, die wir im Handeln Gottes und seiner Geschöpfe finden.

Zusammenfassend lässt sich also sagen, dass der Glaube an Gott die beste Lösung für die Frage nach dem Guten darstellt. Er erlaubt uns, Fragen zu beantworten, die zwangsläufig während unserer Suche nach Antworten auf die großen Fragen des Lebens auftauchen.[135] Außerdem passt er gut zu den Vorstellungen von Wirkmacht und Freiheit, die freien Willen als genuin betrachten. Eine theistische Metaphysik kann uns bei einer Vielzahl an Problemen behilflich sein, die sich uns in den Weg stellen, wenn wir versuchen einen Sinn in unserem Leben zu erkennen. Die beste umfassende Erklärung für

---

[134] Anmerkung der Übersetzer: Analog zur gebräuchlichen Übersetzung des englischen Begriffs »well-being« mit »Wohlergehen« wird der Neologismus »ill-being« an dieser Stelle mit »Schlecht-Ergehen« widergegeben..

[135] Eine überzeugende Verteidigung dieser Denkweise liefert Joseph Bankard. Vgl. dazu: BANKARD, Joseph, Universal Morality Reconsidered. The Concept of God, Cambridge 2013, S.224. Vgl. ebenso: MCINTYRE, Alasdair, After Virtue. A Study in Moral Theory, Notre Dame IN 1984. Sowie: MURPHY, Nancey / Ellis, George F., On the Moral Nature of the Universe. Theology, Cosmology, and Ethics, Minneapolis 1996.

das Gute, Liebe, Mitleid, Großzügigkeit und Kooperation reserviert Plätze für beide: Geschöpfe und den Schöpfer.[136]

Sich an Gott zu wenden beantwortet jedoch nicht alle unsere Fragen. Schließlich gibt es mehr als nur eine Theologie. Gläubige vertreten eine Vielzahl an Vorstellungen zum Wirken Gottes in der Welt.[137] Um unsere Existenz angesichts der Vielfalt der Erfahrungen, die wir bisher thematisiert haben, – Zufall, Regelmäßigkeiten, freier Wille, Gutes und Übel – zu verstehen, müssen wir neue Wege erkunden, das Wirken Gottes in der Welt zu verstehen.

Wir brauchen ein plausibles Providenzmodell.

---

[136] Für eines der besseren Argumente für die Notwendigkeit der Metaphysik und der höheren Plausibilität einer theistischen Metaphysik bei der Erklärung des Guten vgl.: WARD, Morality, Autonomy, and God. Zu einigen der besseren Werke, die für Altriusmus bzw. eine Theologie der Liebe argumentieren, zählen: CHARTIER, Gary, The Analogy of Love. Divine and Human Love at the Center of Christian Theology, Charlottesville VA 2007. GRANT, Colin, Altruism and Christian Ethics, Cambridge 2001. JEANROND, Werner G., A Theology of Love, New York 2010. NEUSNER, Jacob/ Chilton, Bruce (Hg.), Altruism in World Religions, Washington DC 2005. NEWLANDS, George, Theology of the Love of God, Atlanta 1980. POST, Stephen G. u.a., Altruism and Altruistic Love, Oxford 2002. SPONHEIM, Paul R., Love's Availing Power. Imagining God, Imagining the World, Minneapolis 2011. Sowie: YONG, Amos, Spirit of Love. A Trinitarian Theology of Grace, Waco TX 2012.

[137] Zu den besseren Werken, die göttliches Wirken und moderne Naturwissenschaft versöhnen wollen, gehören, abgesehen von denen, die sonst in diesem Buch zitiert werden: COLE-TURNER, Ronald, The New Genesis. Theology and the Genetic Revolution, Louisville KY 1993. KNIGHT, Christopher C., Wrestling with the Divine. Religion, Science, and Revelation, Minneapolis 2001. POWELL, Samuel M., Participating in God. Creation and Trinity, Minneapolis 2003. RUSSELL, Robert J., Cosmology, From Alpha to Omega, Minneapolis 2008. DERS/ Murphy, Nancey/ Peacocke, Arthur R., Chaos and Complexity. Scientific Perspectives on Divine Action, Notre Dame IN 1995. SHULTS, Fount L./ Murphy, Nancey/ Russell, Robert J. (Hg.), Philosophy, Science and Divine Action, Leiden 2009. WEGTER-MCNELLY, Kirk, The Entangled God. Divine Relationality and Quantum Physics, New York 2011. WITHAM, Larry, The Measure of God. Our Century-long Struggle to Reconcile Science and Religion, San Francisco 2005. Sowie: YONG, The Spirit of Creation.

4

Modelle göttlicher Providenz

Ich gehöre zu der Mehrheit der Menschen auf diesem Planeten, die glauben, dass befriedigende Antworten auf die großen Fragen des Lebens das Wesen Gottes und sein Wirken berücksichtigen. Die Theologie spielt dabei eine wichtige Rolle. Wie die Geschichten aus dem ersten Kapitel gezeigt haben, erzählen unsere Antworten auf die großen Fragen des Lebens, wie wir uns das Handeln Gottes, besonders angesichts der Erfahrung von Übel und Zufall, vorstellen.

Theologen bezeichnen das Handeln Gottes in der Welt als Providenz. Es gestaltet sich jedoch schwierig, diesen Begriff präzise zu definieren. Die Heilige Schrift verwendet den Begriff nur selten. Wo wir ihn doch in der Bibel finden, ist er vieldeutig. Diejenigen, die Definitionen für die *Providenz* vorschlagen – frühere und zeitgenössische Theologen – haben für gewöhnlich eine bestimmte Theologie bei ihrer Definition im Sinn. Fürs Erste benutze ich *Providenz* als Begriff, der Gottes Handeln in Beziehung zu seinen Geschöpfen und der geschaffenen Ordnung im Allgemeinen beschreibt.

Mein vorrangiges Ziel in diesem Buch ist es, ein plausibles Modell für Gottes Providenz in unserer Welt aufzuzeigen – und das angesichts von all den Regelmäßigkeiten und dem Zufall, der Freiheit und der Notwendigkeit, dem Gutem und dem Übel.

In den vorangegangenen Kapiteln habe ich erklärt, was ich unter all diesen Dimensionen verstehe. Teilweise habe ich auch die Beziehung Gottes zu den verschiedenen Dimensionen erläutert. In diesem Kapitel betrachte ich nun verschiedene Modelle göttlicher Providenz.

Lassen Sie mich gleich zu Beginn festhalten, dass hier niemand aus der Perspektive Gottes sprechen kann – mich eingeschlossen. Alle Modelle sind provisorisch und sehr wahrscheinlich unvollständig. Immer wenn wir Theorien über verschiedene Bereiche unseres Lebens aufstellen, – egal ob naturwissenschaftlich, philosophisch, religiös, ethisch oder sonstiges – sollten wir das mit einem gesunden Maß an Bescheidenheit tun. Wenn wir Gott bedenken, so tun wir das mit noch größerer Demut und Vorsicht.

Das Nachdenken über die Providenz Gottes heißt, sich um die am schwersten erreichbaren Antworten überhaupt zu bemühen.

Dennoch bin ich überzeugt, dass wir *etwas* darüber, wer Gott ist und wie Gott handelt, wissen können. Als Christ glaube ich, dass wir dieses »etwas« aufgrund der Offenbarung Gottes in Jesus Christus kennen. Christen wie ich sind überzeugt, dass Jesus das Wesen Gottes klarer als irgendetwas oder irgendjemand anderes offenbart. Der Einzige, wie das Johannesevangelium uns sagt, der uns Kunde von Gott bringt, – zumindest bis zu einem gewissen Grad – ist Jesus (vgl. Joh 1,18).

Darüber hinaus glaube ich, dass wir aufgrund der Offenbarung in der Bibel, der Natur, der Tradition, unserem Verstand, den Geisteswissenschaften, den Naturwissenschaften und unseren persönlichen Erfahrungen etwas über Gott wissen können. Das lässt sich gut mit dem gemeinen christlichen Glauben vereinbaren, dass Gott in der ganzen Schöpfung anwesend ist und in ihr wirkt. In den Werken der Schöpfung können wir Gott wahrnehmen. So glauben der Apostel Paulus und Christen an den Gott, in dem wir leben, uns bewegen und sind (vgl. Apg 17,28; Röm 1,20).

Nichtsdestotrotz bin ich überzeugt, dass wir Gott niemals vollkommen verstehen können. Ich bezweifle, dass wir jemals vollends aus Gott schlau werden. Mag sein, dass wir zu tieferem Wissen vordringen, aber ich denke nicht, dass wir ihn jemals ganz verstehen können. Der Korintherbrief liefert hierfür ein veranschaulichendes Bild: Wir schauen in einen Spiegel und sehen nur rätselhafte Umrisse (vgl. 1 Kor 13,12). Weil unsere Sicht getrübt ist, sollten wir Thesen über Gottes providentielles Wirken in der Welt mit Demut und Vorsicht aufstellen.

Über Jahrhunderte hinweg haben Theologen Unmengen an Literatur über das Wirken Gottes in unserer Welt verfasst. Die Theorien, die sie dabei aufstellen, unterscheiden sich voneinander. Teilweise scheinen nur haarfeine Unterschiede die eine Theorie von der anderen abzugrenzen. Andere Unterschiede dagegen sind eher wesentlicher Natur. Die Tatsache, dass hier Uneinigkeit unter Theologen herrscht, sollte uns selbstredend nicht verwundern. Wenn wir in einen Spiegel schauen und nur rätselhafte Umrisse sehen, dann ist es niemanden möglich, eine völlig klare und scharfe Sicht auf die Dinge zu haben.

Verschiedenste Formen der Offenbarung Gottes – die Heilige Schrift eingeschlossen – werden auf vielfältige Weise interpretiert. Das erleichtert die Angelegenheit kaum. Hochgebildete und belesene Theologen mit den besten Absichten sind unterschiedlicher Meinung. Keiner besitzt eine Art Hoheitsrecht, die göttliche Offenbarung – in welcher Form auch immer – unfehlbar zu deuten. Kognitive Prozesse laufen in unterschiedlichen Köpfen unterschiedlich ab. Kein Geschöpf ist in der Lage, alles zu wissen. Aus diesen Gründen ist nicht nur Demut angebracht, sondern auch Toleranz und Großmut.

Um einen Überblick über die verschiedenen Modelle, die Theologen über die Providenz aufgestellt haben, zu erhalten, zeige ich nachstehend eine Tabelle. Auch wenn sie nicht beanspruchen kann, erschöpfend zu sein, präsentiert sie sieben einschlägige Modelle die Aufschluss darüber geben, wie Gläubige Gottes providentielles Handeln denken.[138] Die Tabelle soll uns helfen, die verschiedenen Denkweisen über die göttliche Providenz besser zu verstehen. Und sie soll mir dabei dienen, zu dem neuartigen Modell vorzudringen, das ich für am plausibelsten halte.

1	2	3	4	5	6	7
Gott is die Alleinursache.	Gott ermächtigt und übermächtigt.	Gott ist aus freien Stücken selbstbegrenzend.	Gott ist wesentlich kenotisch.	Gott wirkt als unpersonale Macht.	Gott ist initüerender Schöpfer und gegenwärtiger Beobachter.	Gottes Wege sind nicht unsere Wege.

Tabelle 4.1. Modelle der Providenz Gottes

Ganze Bücher könnten über jedes der Modelle in dieser Tabelle geschrieben werden.[139] Ich werde versuchen jedes Modell zu erklären, indem ich in diesem Kapitel lediglich Grundzüge skizziere. Ich werde die Implikationen der Modelle auch hinsichtlich ihrer jeweiligen Position zu Zufall, freiem Willen, dem Guten, dem Übel, Gottes Liebe und Macht beschreiben.

---

[138] Theologen und Naturwissenschaftler verwenden Modelle, um die Gültigkeit und Fruchtbarkeit konkurrierender Theorien zu untersuchen. Frederick Ferré definiert ein Modell in diesem Sinne als „das, was einer Theorie epistemologische Klarheit und Unmittelbarkeit verleiht, indem es eine Deutung der abstrakten oder unbekannten Theoriestruktur aufzeigt, etwas, das der logischen Form der Theorie entspricht und gut bekannt ist." Siehe dazu: FERRÉ, Frederick, Mapping the Logic of Models in Science and Theology, in: D. M. High (Hg.), New Essays on Religious Language, New York 1969, S.54-96, hier: S.75.

[139] Für ein Buch, das elf Modelle vorschlägt, vgl.: TIESSEN, Terrance, Providence and Prayer. How Does God Work in the World?, Downers Grove IL 2000. Vgl. ebenso: WOOD, Charles M., The Question of Providence, Louisville KY 2008.

Ich hoffe, dass trotz dieser Kürze die Schlüsselideen jedes dieser Modelle ersichtlich werden.

1. GOTT IST DIE ALLEINURSACHE

Die Grundidee dieses Modells ist, dass Gott alle Dinge verursacht. Alles, was wir als zufällige Ereignisse oder Handlungen aus freiem Willen bezeichnen würden, geschieht in Wahrheit aufgrund des Willens Gottes. Gott ist letzten Endes derjenige, der alle Ereignisse geschehen lässt. Alles unterliegt der umfassenden Kontrolle Gottes.

Der Heidelberger Katechismus vertritt dieses Providenzmodell. Er sagt, Gott regiert so, „dass […] Gesundheit und Krankheit, Reichtum und Armut, und alles andere nicht zufällig, sondern aus seiner väterlichen Hand zu uns kommen."[140] „Und alles andere" bedeutet an dieser Stelle „auch alles andere".

Christen aus der reformierten Tradition unterstützen häufig dieses Modell. Einer ihrer Vertreter, B. B. Warfield, beschreibt es folgendermaßen: „Es gibt nichts, was ist, und nichts, was geschieht, das [Gott] nicht zuerst durch seine Schöpfung oder Vorsehung verfügt und anschließend geschehen lassen hat."[141] Das bedeutet laut Warfield, dass Gottes „Wille die letzte Ursache alles Geschehenden ist."[142]

Wie genau Gott alle Dinge kontrolliert, ist ein Mysterium. Gottes Wege sind unergründlich. Obwohl es so scheint, als würden Menschen frei handeln und auch andere Arten geschöpflicher Wirkmacht im Universum zu existieren scheinen, verursacht Gott jedes Ereignis auf für uns unergründliche Weise.[143] Vertreter dieses Modells verwenden – wie der Katechismus auch – den Ausdruck „aus seiner väterlichen Hand", um diesen Geheimnischarakter zu beschreiben. Obwohl es unmöglich ist zu verstehen, wie Gott alle Dinge kontrolliert und Geschöpfe dennoch frei zu handeln scheinen, behaupten die Vertreter dieses Modells, dass dem so sei.

Laut diesem Modell sind alle Ereignisse, die in unserer Welt geschehen, Teil der vor uns verborgenen Providenz Gottes.[144] Durch seine eigene Hand erwirkt Gott seine großen Taten. Alles, was geschieht, entspricht seinem Willen. Auf wundersame und gleichsam unbeschreibliche Weise geschieht

---

[140] SCHIRRMACHER, Heidelberger Katechismus, S.8.
[141] WARFIELD, Benjamin B., Predestination, in: Ders., Biblical Doctrines (The Works of Benjamin B. Warfield; 2), Grand Rapids ²1991, S.21.
[142] WARFIELD, Predestination, S.9.
[143] Vgl.: BAVINCK, Herman, God and Creation (Reformed Dogmatics; 2), Grand Rapids 2004, S.614f. Sowie: TURRETIN, Francis, Institutes of Elenctic Theology (herausgegeben von James T. Dennison Jr.), Phillipsburg 1992, S.500-517.
[144] Vgl.: CALVIN, The Secret Providence of God.

nichts, was seinem Willen widersprechen könnte – auch, wenn es manchmal so scheinen mag.[145]

Paul Kjoss Helseth, ein zeitgenössischer Befürworter des Modells, nennt es „göttliche Omnikausalität". Gott allein bewahre und beherrsche alle Dinge. Deshalb, sagt Helseth, „sind [wir] dazu aufgerufen, unser Vertrauen auf das Wesen und die Versprechen unseres Vaters zu setzen, auch wenn wir keine Ahnung haben, was er da genau tut, wenn er die Einzelheiten seines souveränen Willens austüftelt."[146]

Vertreter des Modells von der Alleinursächlichkeit Gottes vertreten eine bestimmte Vorstellung von der Macht Gottes. Sie verwenden oft das Wort *Souveränität*, wenn sie diese beschreiben und glauben für gewöhnlich, dass Gott Kontrolle ausübt. Befürworter finden Trost in diesem Modell, weil es ihnen versichert, dass alles, was geschieht, – egal, wie schlimm es sein mag – Teil des sorgfältigen Plans Gottes ist.

Einige Stellen in der Bibel scheinen Gott als Alleinursache zu verstehen. Jesaja berichtet beispielsweise davon, dass Gott spricht, dass er es ist,

„der das Licht formt und das Dunkel erschafft,

der das Heil macht und das Unheil erschafft,

Ich bin der HERR, der all dies macht." (Jes 45,7)

Der Prophet Amos stellt eine offensichtlich rhetorische Frage: „Geschieht ein Unglück in der Stadt, ohne dass der HERR es bewirkt hat?" (Am 3,6). Einige denken, dass sich in den Sprichwörtern ein Beleg für die Vereinbarkeit von der Vorstellung von Gott als Alleinursache und der Existenz von Lebewesen, die auch selbst zielgerichtet handeln können, finden lässt:

„Des Menschen Herz plant seinen Weg,

doch der HERR lenkt seinen Schritt." (Spr 16,9)

Das Modell, das Gott als Alleinursache denkt, hat sehr viele Kritiker und ich bin einer von ihnen. Diese Kritiker geben unter anderem zu bedenken, dass die angeführten Bibelstellen anders zu deuten seien. Die Gesamttendenz der Heiligen Schrift versteht Gott nicht als den, der alles determiniert, was geschieht – vor allem nicht das Übel. Darüber hinaus widerspricht die Vorstellung von Gott als Alleinursache unserem allgemeinen Weltverständnis und unseren Intuitionen bezüglich des Zufalls und des freien Willens. Außerdem ergibt es keinen Sinn zu behaupten, Gott sei die Alleinursache für alle

---

[145] Vgl.: Ebd., S.81.
[146] HELSETH, Paul K., God Causes All Things, in: D. W. Jowers (Hg.), Four Views on Divine Providence, Grand Rapids 2011, S.25-52, hier: S.52.

Ereignisse und gleichzeitig zu sagen, Lebewesen könnten ebenso etwas aus eigenem Antrieb verursachen.

Kritiker bemängeln, dass dieses Modell impliziert, dass Gott die Sünde und das Übel verursacht. Es ist schwer – genau genommen unmöglich für mich – zu glauben, dass Gott auf vollkommene Weise liebt, während er die Alleinursache jeder Vergewaltigung, jeder Folter, jeder Krankheit und jedes Terroranschlags sein soll. Dieses Modell geht davon aus, dass Gott jedes einzelne der tragischen Ereignisse verursacht hat, denen wir im ersten Kapitel begegnet sind. Meiner Meinung nach ergibt dieses Modell wenig bis gar keinen Sinn.[147]

2. GOTT ERMÄCHTIGT UND ÜBERMÄCHTIGT[148]

Obwohl ich keinerlei Umfragedaten besitze, um diese Behauptung zu stützen, würde ich vermuten, dass dieses Providenzmodell unter »Durchschnittsgläubigen« am weitesten verbreitet ist. Es geht davon aus, dass Gott die gesamte Schöpfung erschafft und erhält. Gott ermächtigt Menschen, indem er ihnen freien Willen gibt, wenigstens manchmal. Jedoch übermächtigt Gott auch gelegentlich den menschlichen freien Willen oder unterbricht die kausalen Regelmäßigkeiten der Existenz. Gottes Wille ist meistens permissiv und gelegentlich kontrollierend.

Das Modell, das Gott als ermächtigend und übermächtigend denkt, basiert auf der Annahme, dass Menschen frei handeln, und sagt gleichzeitig, dass Gott die menschliche Freiheit teilweise außer Kraft setzt. Manchmal kontrolliert Gott die Menschen vollkommen, indem er sich von der Gabe der Freiheit zurückzieht, sie außer Kraft setzt oder sie nicht schenkt. Dieses Modell erkennt sowohl den Zufall als auch die übernatürliche Kontrolle an. Manchmal geschehen Ereignisse zufällig. Gelegentlich führen aber auch Gott oder der Teufel eigenmächtig ein bestimmtes Ergebnis herbei. Manchmal lädt Gott seine Geschöpfe dazu ein, mit ihm zu kooperieren.

Diejenigen, die dieses Modell göttlicher Providenz vertreten, unterscheiden gewöhnlich allgemeine und spezielle Providenz. »Allgemeine Providenz« meint Gottes Beaufsichtigung des Geschichtsprozesses. Das heißt allerdings nicht, dass Gott die Geschichte vollkommen unterbricht oder sie völlig kontrolliert. »Spezielle Providenz« beschreibt Gott als denjenigen, der

---

[147] Für Bücher, die Calvinismus für problematisch halten, vgl.: THORSEN, Don, Calvin vs. Wesley. Bringing Belief in Line with Practice, Nashville 2013. Sowie: WALLS, Jerry L./ Dongell, Joseph R., Why I Am Not a Calvinist, Downers Grove IL 2004.
[148] Anmerkung der Übersetzer: Analog zur deutschen Übersetzung von »empower« mit »ermächtigen«, wird »overpower« mit »übermächtigen« widergegeben.

Handlungen oder Ereignisse kontrolliert, sodass Gott einen bestimmten Ausgang gewährleisten kann. Gott nutzt spezielle Providenz, um Menschen oder Situationen zu kontrollieren, damit wichtige Ziele erreicht werden können.

Marc Speed vertritt dieses Modell göttlicher Providenz. „Gott setzt sich manchmal über den freien Willen seiner intelligenten Geschöpfe hinweg"[149], meint Speed. Gott tue dies, weil Gott gewisse Menschen brauche, die zu bestimmten Zeitpunkten Gutes tun, und auch Menschen, die Böses zu bestimmten Zeiten tun, um sein langfristiges pädagogisches Ziel für die Menschheit zu erreichen. Gott „muss sicherstellen, dass wichtige/überzeugende Ereignisse geschehen, sodass er sie (sozusagen) zu einem Teil seines ‚Filmstreifens' über die menschliche Geschichte machen kann, um Menschlichkeit zu demonstrieren bei seinem Urteil auf dem weißen Thron."[150] Aus diesem Grund, so Speed, „kann Gott tatsächlich bisweilen den Willen einzelner menschlicher Lebewesen unter gewissen Umständen überlagern und sich darüber hinwegsetzen, um bestimmte Teile seines großen Plans eintreten zu lassen."[151]

Einige Strömungen innerhalb der arminianischen Theologie befürworten dieses Modell.[152] Der arminianische Theologe Jack Cottrell sagt, dass „auch wenn [Gott] seinen Geschöpfen relative Unabhängigkeit verlieh, behielt er sich sein Recht als Schöpfer vor einzugreifen, falls es notwendig werden sollte. Daher ist er nicht nur in der Lage, zuzulassen, dass bestimmte menschliche Handlungen geschehen, sondern auch zu verhindern, dass sie geschehen, wenn er sich dafür entscheidet."[153] Das heißt, dass Gott, so behauptet Cottrell, „vollkommen die Kontrolle behalten"[154] kann.

Roger Olson, ein weiterer arminianischer Theologe, beruft sich auf die Vorstellung, dass Gott das Übel erlaubt, ohne es zu wollen. „Nichts kann ohne die *Erlaubnis* Gottes passieren [, so Olson] jedoch ist das nicht mit der Behauptung gleichzusetzen, er *verursache* oder mache gewiss alles – Gott macht sicherlich nicht das Übel, die Sünde oder das Leid der Unschuldigen."[155]

---

[149] SPEED, Marc, God Is Sovereign. Why God Sometimes Overrides People's Free Will, www.bible-questions-and-answers.com/God-Is-Sovereign.html.

[150] SPEED, Marc, God Is Sovereign.

[151] Ebd.

[152] Eine der besseren Zusammenfassungen arminianischer Theologie findet sich bei Roger E. Olson. Vgl. dazu: OLSON, Roger E., Arminian Theology. Myths and Realities, Downers Grove IL 2006.

[153] COTTRELL, Jack, The Nature of Divine Sovereignty, in: C. H. Pinnock (Hg.), The Grace of God and the Will of Man, Grand Rapids 1989, S.97-120, hier: S.112.

[154] COTTRELL, The Nature of Divine Sovereignty, S.112.

[155] OLSON, Roger E., What's Wrong with Calvinism?, in: My Evangelical Arminian Theological Musings (Blog), Evangelical Channel, 22. März 2013, www.patheos.com/blogs/rogereolson/2013/03/whats-wrong-with-calvinism.

Diejenigen, die dieses Providenzmodell vertreten, verwenden häufig den Begriff *intervenieren* oder *eingreifen*, um zu beschreiben, wie Gott auf verschiedene Weisen handelt. Geben Sie die Wendung »Gott *greift ein*« in eine Suchmaschine ein, werden Sie persönliche Geschichten finden, in denen die Verfasser behaupten, Gott hätte die Ordnung der Natur manipuliert oder die menschliche Freiheit aufgehoben, um ein besonderes Ereignis herbeizuführen. Nach diesem Modell lässt Gott die meisten Ereignisse in unserem Leben zu. Manchmal greift er aber auch ein, um gewisse Ereignisse zu verhindern.

Es ist unklar, was Verfechter dieses Modells meinen, wenn sie davon sprechen, dass »Gott eingreift«. Es ist eine Sache, zu sagen, Gott handelt einflussreich in unserem Leben; etliche Providenzmodelle behaupten das. Jedoch ist es eine andere Sache zu sagen, dass Gott Menschen oder Situationen völlig kontrolliert, indem er sich von den Gaben der Freiheit oder Wirkmacht zurückzieht, sich über sie hinwegsetzt oder er sie seinen Geschöpfen entzieht. Philosophen bezeichnen dieses Handeln Gottes als zureichenden Grund.

Viele Theologen sagen, Gott beeinflusst die natürliche Ordnung und erhält die Gesetzmäßigkeiten und Regelmäßigkeiten der Natur aufrecht. Zu sagen, Gott greift ein, um die Regelmäßigkeiten der Existenz zu manipulieren und besondere Taten zu vollbringen, geht jedoch über die Behauptung, dass Gott einflussreich in unserer Welt wirkt, hinaus. Diese göttliche Intervention manipuliert auf kontrollierende Weise die natürlichen Ursachen oder gesetzesähnlichen Regelmäßigkeiten des Lebens.

Der Philosoph Alvin Plantinga befürwortet einen solchen interventionistischen Gott. Seiner Meinung nach greift Gott manchmal ein. Dabei übermächtigt er die Regelmäßigkeiten der Existenz oder usurpiert sie. „Gott wird intervenieren (wenn das das richtige Wort ist), sobald er einen guten Grund dafür hat, das zu tun"[156], sagt Plantinga. „Aber warum sollten wir annehmen, dass wir als Menschen uns in einer Position befinden, in der wir wissen, wann er einen guten Grund hat, und wann nicht? [Schließlich sind Gottes] Optionen und Möglichkeiten weit außerhalb unseres Erkenntnisbereiches; seine Wege sind unergründlich."[157] Wahrscheinlich geschehe ein Eingreifen Gottes in unserer Welt. Dies sei jedoch grundsätzlich ein Mysterium für den Menschen. Obwohl Gott manchmal eingreifen könne und es auch tue, könnten wir nicht wissen, warum.

---

[156] PLANTINGA, Alvin, Where the Conflict Really Lies. Science, Religion, and Naturalism, Oxford 2011, S.101f.
[157] PLANTINGA, Where the Conflict Really Lies, S.101f.

Plantingas Aussagen helfen uns, einen der Hauptgründe festzustellen, aus dem das Gott-ermächtigt-und-übermächtigt Providenzmodell kritisiert werden kann: die Unstimmigkeit dieser Gedankengänge (*explanatory inconsistency*). Als Antwort auf einen »glücklichen Zufall« oder ein zufälliges Ereignis könnten Vertreter behaupten, Gott hätte es verursacht. Oder sie könnten sagen, es sei das Ergebnis des Zufalls. Um das Übel zu erklären, könnten sie sündige Menschen zur Rechenschaft ziehen. Sie könnten aber auch sagen, Gott erlaubt das Übel als Teil eines geheimnisvollen Plans. Einige beschuldigen eventuell den Teufel, dem Gott es erlaubt, Chaos und Verwüstung anzurichten. In diesem Modell weiß man nie, wen man beschuldigen oder loben soll. Das Ergebnis ist die Unstimmigkeit dieser Gedankengänge.

Diejenigen, die diesen Ansatz der Providenz befürworten, behaupten typischerweise, dass Gott das Übel nicht verursacht. Sie machen menschliche Freiheit, die fehlerhaft gebraucht wird, den Zufall oder dämonische Mächte dafür verantwortlich. Jedoch konnten wir in den Zitaten oben sehen, dass Verfechter auch glauben, Gott lässt das Übel zu oder erlaubt es, weil er schließlich die Art kontrollierender Macht besitzt, die solche Übel auch verhindern könnte.[158]

Obwohl dieses Modell seinen Befürwortern erlaubt zu behaupten, dass Gott nicht die Quelle des Übels ist, macht sein Verständnis göttlicher Macht Gott dennoch dafür verantwortlich, dass er genuines Übel nicht verhindert. Es fällt schwer zu glauben, dass Gott auf vollkommene Weise liebt, wenn Gott dazu in der Lage ist, völlige Kontrolle auszuüben und gleichzeitig genuines Übel nicht verhindert. Gott bleibt schuldfähig.

Vertreter dieses Modells könnten dieser Kritik folgendermaßen entgegentreten: „Was kümmert mich die Unstimmigkeit meiner Gedankengänge? Wir reden hier über Gott!" Jedoch beruft sich diese Antwort einfach auf das Mysterium. Gottes Wege sind unergründlich – schlussendlich ist es das, was dieses Modell behauptet. Solche Ansätze helfen uns nicht dabei, einen Sinn im Leben zu erkennen. Und das ist schließlich das, was wir alle tun wollen. Darüber hinaus sollten wir bei der Verehrung eines vollkommen unergründlichen Gottes misstrauisch werden. Schließlich können wir nie wissen, wer dieser Gott ist!

Wenn dieses Modell der Providenz Gottes das am weitesten verbreitete ist, dann ist es kein Wunder, dass Gläubige verwirrt sind. Wir können keinen

---

[158] Michael D. Robinsons Variante von dem, was er als „augmentierten Armianismus" bezeichnet, behauptet, dass Gott das Übel zulässt. Ich glaube, sein Vorschlag ist Gegenstand einiger meiner Kritikpunkte hier. Vgl. diesbezüglich: ROBINSON, Michael D., The Storms of Providence. Navigating the Waters of Calvinism, Arminianism, and Open Theism, Lanham MD 2003.

Sinn im Leben erkennen, wenn die Gedankengänge so unstimmig sind, wie es bei diesem Modell der Fall ist. Dieses Modell hilft uns nicht zu verstehen, warum genuine Übel geschehen, ob diese durch Zufall entstehen oder durch freien Willen. Wir brauchen ein besseres Modell zur Providenz Gottes.

3. GOTT IST AUS FREIEN STÜCKEN SELBSTBEGRENZEND

Dieses Modell beginnt mit der Prämisse, dass Gott wesentlich die Art von Macht besitzt, die es ihm erlaubt, aus Nichts zu erschaffen (*creatio ex nihilo*) und andere völlig zu kontrollieren. Obwohl er die Fähigkeit besitzt, alles zu kontrollieren, traf Gott die freiwillige Entscheidung, einigen Geschöpfen Freiheit zu schenken. Als er das tat, gab Gott aus freien Stücken seine totale Kontrolle auf. Gott traf diese Entscheidung als er im Anbeginn der Schöpfung alles erschuf. Und (normalerweise) steht Gott zu seinem Wort. Der Großteil der Befürworter dieses Modells meint, Liebe ist Gottes Motiv dafür, dass er den Menschen nicht als Roboter erschaffen hat und, dass er Zufall zulässt. Sie sei außerdem der Grund dafür, dass er die von ihm geschaffene Ordnung nicht völlig kontrolliert.

Einige Vertreter des Modells, das Gott als aus freien Stücken selbst-begrenzend denkt, schleichen sich oft heimlich unter diejenigen, die das (zuvor beschriebene) Modell von einem Gott befürworten, der ermächtigt und übermächtigt. Teilweise distanzieren sie sich aber auch davon. Sie gehen davon aus, dass Gott seinen Geschöpfen Freiheit und Wirkmacht schenkt und die fundamentalen Regelmäßigkeiten/Gesetze des Universums achtet. Sie glauben jedoch zugleich, dass Gott in besonderen Fällen ein Geschöpf oder eine Situation übermächtigen kann. Eine solche Übermächtigung könnte beispielsweise für die Auferstehung Jesu notwendig gewesen sein. Sie könnte erforderlich sein für den endgültigen Sieg Gottes am Ende der Zeiten. Sie könnte sich in den Wundern ereignet haben, die uns Ehrfurcht gebieten, die Gesetze der Natur außer Kraft setzen oder allein durch menschliche Freiheit nicht möglich sind. Dabei kann es sich um biblische Wundererzählungen oder Wunder, die wir heute noch erleben, handeln. Wenn dieses Modell behauptet, dass Gott andere ab und zu kontrolliert, dann unterscheidet es sich nur dem Grade nach, nicht aber dem Wesen nach vom Gott-ermächtigt-und-übermächtigt-Modell.

Verschiedene Stellen in der Bibel unterstützen die Vorstellung, dass Gott seiner Schöpfung Freiheit schenkt. Jedoch verweisen Vertreter dieses Providenzmodells häufig auf Philipper 2,5-11. An dieser Stelle spricht der Apostel Paulus über die soteriologische Selbst-Gabe oder Selbst-Entäußerung Jesu. Das Wort innerhalb dieses Abschnitts, das mit dieser Selbst-Gabe verbunden ist, stammt vom altgriechischen Verb *kenoō*. Das Konzept ist allgemein unter dem Namen Kenosis bekannt. Befürworter des Modells sagen, die Selbsthingabe Jesu offenbart, dass sich Gott selbst aus freien Stücken im Namen der Liebe begrenzt, um seinen Geschöpfen ein höheres Maß an Unabhängigkeit zu verleihen und Freiheit oder Wirkmacht zu gewähren.[159] Dies beinhaltet, wie Thomas Tracy es nennt, Gottes „intentionale Selbstbeschränkung"[160]. Es impliziert, dass Gott alles-kontrollierend sein könnte, Gott sich allerdings meistens dafür entscheidet, nicht vollkommen zu kontrollieren.

Der Naturwissenschaftler und Theologe John Polkinghorne gehört zu den vielen namhaften Verfechtern des Modells, das Gott als aus freien Stücken selbstbegrenzt denkt. Gottes „Schöpfungsakt beinhaltet eine selbst gewählte Begrenzung"[161], so Polkinghorne „und zwar darin, dass er dem Anderen erlaubt, zu sein."[162] Diese kenotische Vision freiwilliger Selbstbegrenzung, sagt Polkinghorne, bedeutet, dass „Gott [...] die Tat eines Mörders oder die zerstörerische Kraft eines Erdbebens nicht [will], aber [...] beidem [erlaubt] zu geschehen – in einer Welt, in der göttliche Macht gewollt selbstbegrenzt ist, um seinen Geschöpfen kausalen Raum zu erlauben."[163]

Philip Claytons Variante dieses Modells ist besonders bemerkenswert, weil er jede Art göttlicher Kontrolle in der Geschichte unseres Universums ablehnt. Claytons Vorschlag könnte man als die »Nicht-mal-ein-einziges-Mal-Version« freiwilliger Selbstbegrenzung bezeichnen. Nachdem Gott das Universum aus Nichts erschuf, so Clayton, entschloss sich Gott aus freien Stücken dazu, Geschöpfe oder Situationen nicht zu kontrollieren – und das niemals![164]

Die göttliche Entscheidung, nicht einzugreifen und Geschöpfe nicht zu übermächtigen, wirft Fragen über das Leid in der Welt auf. Clayton glaubt daran, dass Gott gute Gründe dafür hat, unschuldiges Leiden nicht zu verhindern, obwohl er es tun könnte. Ein solches Leiden „ist eine notwendige Folge des Schöpfungsaktes Gottes, der ein Universum erschafft, in dem sich

---

[159] Eine Vielzahl an Theologen und Philosophen schlägt eine Version der Kenosis-Theologie vor. Vgl. dazu: MURPHY/ Ellis, On the Moral Nature of the Universe. Sowie: MOLTMANN, Gottes Kenosis in Schöpfung und Vollendung der Welt.

[160] TRACY, Thomas F., God, Action, and Embodiment, Grand Rapids 1984, S.44.

[161] POLKINGHORNE, John C., Chaos Theory and Divine Action, in: W. M. Richardson/ W. J. Wildman (Hg.), Religion and Science. ,History, Method, Dialogue, New York 1996, S.243-254, hier: S.249.

[162] POLKINGHORNE, Chaos Theory and Divine Action, S.249. Vgl. ebenso: BOYD Craig A./ Cobb, Aaron D., The Causality Distinction, Kenosis, and a Middle Way. Aquinas and Polkinghorne on Divine Action, in: Theology and Science 4 (2009), S.391-406.

[163] POLKINGHORNE, John C., Kenotic Creation and Divine Action, in: Ders. (Hg.), The Work of Love. Creation as Kenosis, Grand Rapids 2001, S.90-106, hier: S.102.

[164] Vgl. dazu Philip Claytons Aufsatz, in dem er die creatio ex nihilo anerkennt: CLAYTON, Philip, Creation ex Nihilo and Intensifying the Vulnerability of God, in: T. J. Oord (Hg.), Theologies of Creation. Creatio Ex Nihilo and Its New Rivals, New York 2014, S.17-30.

autonome Lebewesen herausbilden können."[165] Clayton meint, würde Gott die Naturgesetze nur ein einziges Mal manipulieren oder sich über die geschöpfliche Freiheit hinwegsetzen, dann „würde Gott sich die Verantwortung einhandeln, in die meisten oder sämtlichen Fälle von Leid einzugreifen."[166] Um aber die Integrität der Welt, die Gott erschaffen hat, aufrechtzuerhalten und der Verantwortung aus dem Weg zu gehen, die mit solchen gelegentlichen Interventionen einhergeht, greift Gott nie ein, um eine Situation oder Person zu kontrollieren – obwohl er es könnte.

Meiner Meinung nach ist das Modell von der freiwilligen Selbstbegrenzung Gottes in vielerlei Hinsicht zu empfehlen, besonders Spielarten wie die von Clayton. Es berücksichtigt die von vielen anerkannte Vorstellung, dass der Zufall real ist. Es nimmt unser grundlegendes Gespür, dass wir zumindest bis zu einem gewissen Grad frei handeln, ernst. Es macht freie Geschöpfe und zufällige Ereignisse in der Welt für das genuine Übel verantwortlich. Es behauptet, dass die Liebe Gottes seine Selbstbegrenzung motiviert. Und in Spielarten wie der von Clayton bietet es einen hohen Grad an Stimmigkeit seiner Gedankengänge (*explorative consistency*). Dieses Modell ist eine große Hilfe innerhalb unserer Bemühungen, einen Sinn in der Welt zu erkennen.

Ich habe allerdings auch Schwierigkeiten mit diesem Modell. Mein größtes Problem betrifft die Freiwilligkeit der Selbstbegrenzung Gottes. Dieses Modell vertritt eine Vorstellung über die Macht Gottes, die davon ausgeht, dass Gott sich davon zurückziehen *könnte*, seinen Geschöpfen Freiheit und Wirkmacht zu schenken – sich darüber hinwegsetzen *könnte* oder sie nicht gewähren *könnte*. Gott *könnte* augenblicklich die Regelmäßigkeiten/Naturgesetze des Universums manipulieren. Gott könnte auf diese Weisen eingreifen, wenn er sich dafür entscheiden würde, weil Gott andere kontrollieren kann.

Dieses Modell impliziert, dass Gott zufällige Ereignisse aufhalten könnte oder freie Entscheidungen verhindern könnte, die genuines Übel verursachen. Gott hätte die schrecklichen Ereignisse in den Geschichten, die wir am Anfang dieses Buches gelesen haben, verhindern können. Aber er hat sie zugelassen. Gott besitzt wesentlich die Art alles-kontrollierender Macht, die das Übel verhindern könnte. Er macht aber selten oder nie von ihr Gebrauch. Gott könnte das Übel verhindern, aber er tut es nicht.

---

[165] CLAYTON, Philip/ Knapp, Steven, The Predicament of Belief. Science, Philosophy, Faith, Oxford 2011, S.66. Vgl. ebenso: CLAYTON, Philip, Adventures in the Spirit. God, World, Divine Action, Philadelphia 2008.
[166] CLAYTON/ Knapp, The Predicament of Belief, S.52.

Der Gott, der andere völlig kontrollieren könnte, sich jedoch aus freien Stücken selbst begrenzt, könnte genuines Übel verhindern. Der Gott, der sich aus freien Stücken selbst begrenzt, könnte prinzipiell und sollte ab und zu auch un-selbstbegrenzend werden. Nichts außer die göttliche Entscheidung hält Gott davon ab, genuines Übel zu verhindern.

Ich kann mir Unmengen von Übeln vorstellen, die ein sich aus freien Stücken selbstbegrenzender Gott verhindern hätte sollen, indem er für einen Augenblick lang diese Selbstbegrenzung aufgibt. Opfer entsetzlicher Übel haben wahrscheinlich auch ihre je eigene Liste solcher Ereignisse. Zu sagen, dass Gott Übel erlaubt oder zulässt, aber nicht will, ist wenig tröstlich. Ein auf vollkommene Weise liebender Gott sollte und würde genuine Übel verhindern, wenn es ihm möglich wäre. Deshalb kann ich nicht glauben, dass der Gott, der in diesem Modell beschrieben wird, vollkommen liebt.

Obwohl ich in vielen Punkten nicht mit Johannes Calvin übereinstimme, kritisiert er zu Recht diejenigen, die sagen, Gott lässt das Übel zu, aber will es nicht. Wir sollten – so Calvin – keine Unterscheidung zwischen Gottes Willen und seinem Zulassen machen.[167] „Aus welchem Grunde soll er denn etwas zulassen, als – weil er es will?"[168] In seinem Genesiskommentar sagt er: „Was anders in aller Welt bedeutet der Ausdruck Zulassung bei dem, der das Recht hat, zu hindern, ja, der alles in seiner Hand hat?"[169] Wenn der Gott, der andere kontrollieren könnte, etwas zulässt, dann will dieser Gott dieses Ereignis auch – zumindest mehr als seine Alternativen.

Befürworter dieses Modells antworten auf diese Kritik gewöhnlich mit einer von zwei Antworten. Die eine antwortet auf die Kritik indem sie sagt, dass Gott bei der Schöpfung des Universums ein freiwilliges Versprechen gegeben hat, andere selten oder nie zu kontrollieren. Gott beabsichtige, dieses Versprechen zu halten, weil Gott ein treuer Gott ist. Die zweite Antwort sagt, dass Gott die natürlichen oder moralischen Regeln unserer Welt und unseres Lebens auf unangemessene Weise manipulieren werden würde, wenn Gott gelegentlich andere kontrolliert. Gott entscheidet sich, nicht einzugreifen, um eine Situation völlig zu kontrollieren, weil so die Natur- oder Moralgesetze ihre Glaubhaftigkeit verlören.

Ich bin weder mit der einen noch der anderen Antwort zufrieden. Erstere zielt auf ein freiwilliges, göttliches Versprechen, das zu Beginn der Schöpfung gegeben wurde und (meistens) durch die Geschichte hindurch gehalten

---

[167] Vgl.: CALVIN, Unterricht in der christlichen Religion, 2:23.8.
[168] Ebd.
[169] CALVIN, Johannes, Auslegung der Heiligen Schrift (Bd. 1: Auslegung der Genesis), Neukirchen 1956, S.43.

wurde. Ich frage mich allerdings, was wichtiger ist: Ein Versprechen zu halten oder verlässlich zu lieben? An der Stelle, an der diese beiden in Konflikt miteinander geraten, entscheide ich mich für die Liebe. Zudem würde ein weiser Gott kein Versprechen geben, von dem die Liebe letztendlich erfordern würde, gebrochen zu werden.[170] Ich finde es problematisch, wenn nicht gar unmöglich, treu einem Gott zu gehorchen – geschweige denn ihn anzubeten –, der genuines Übel zulässt, nur um ein Versprechen zu halten.

Verlässlich zu lieben ist wichtiger als Versprechen zu halten, die der Liebe widersprechen.

Die andere Antwort sagt, dass Gott nicht freiwillig die Regelmäßigkeiten unserer Existenz manipulieren kann, ohne größere negative Konsequenzen dabei zu verursachen. Dies ist eine Variante (*free-process view*), die sich durch eine bestimmte Vorstellung von der Beziehung Gottes zur geschaffenen Ordnung auszeichnet. Diese Variante der freiwilligen Selbstbegrenzung nimmt jedoch allen Vorteilen zum Trotz die Perspektive der Opfer nicht ernst genug. Und wir wissen alle, dass es viele Opfer genuinen Übels gibt. Diese Sichtweise geht davon aus, dass Gott sich dazu entscheidet, nicht in die freien Prozesse unserer Existenz einzugreifen, um das Übel zu verhindern. Ich verstehe allerdings nicht, warum durch gelegentliches Eingreifen das Universum aus dem Lot geraten sollte.

Kurz gesagt: Ich finde dieses Modell von Providenz, das Gott als freiwillig selbstbegrenzt denkt, in vielerlei Hinsicht attraktiv. Mir gefällt, dass es davon ausgeht, dass die Liebe Gott dazu bewegt, anderen Freiheit/Wirkmacht zu verleihen und die Regelmäßigkeiten/Gesetze des Universums aufrechtzuerhalten. Ich kann mich jedoch nicht vollkommen mit diesem Modell anfreunden, weil seine Vorstellung von freiwilliger, göttlicher Selbstbegrenzung ein riesiges Problem aufwirft: Wenn Gott die Fähigkeit besitzt, Freiheit/Wirkmacht *nicht* zu schenken oder die Regelmäßigkeiten/Gesetze des Universums *nicht* aufrechtzuerhalten, dann sollte Gott gelegentlich von diesen Fähigkeiten Gebrauch machen, – im Namen der Liebe – um genuines Übel zu verhindern. Ein liebender Gott würde, wenn er in der Lage dazu wäre, seine Selbstbegrenzung aufheben, um das Übel zu beenden. Zu behaupten,

---

[170] Ich stimme William Alston zu, wenn er sagt, dass Gott nicht auf dieselbe Weise an Versprechen gebunden ist, wie Menschen es sind. Menschliche Versprechen und Verpflichtungen gründen in dem, was ihnen selbst äußerlich ist. Aber Gott ist nicht von etwas gebunden, das ihm äußerlich ist, außer sofern seine Natur dies erforderte. Wenn die Bibel davon spricht, dass Gott Versprechen gibt, muss dies als Ausdruck der ewigen Natur Gottes in Beziehung zu anderen verstanden werden. Vgl. dazu: ALSTON, William, Some Suggestions for the Divine Common Theorists, in: Ders., Divine Nature and Human Language. Essays in Philosophical Theology, Ithaca NY 1989, S.253-274, hier: S.265.

dass ein Gott, der fähig zum Ausüben seiner totalen Kontrolle ist, das Übel nichtsdestotrotz zulässt, lässt entscheidende Fragen unbeantwortet zurück.

4. GOTT IST WESENTLICH KENOTISCH

Spoileralarm: Ich halte dieses Providenzmodell für das überzeugendste. Tatsächlich habe ich es sogar selbst entworfen, weshalb ich es später detaillierter erklären und verteidigen werde. Erlauben Sie mir, Ihnen an dieser Stelle die Grundzüge zu vermitteln.

Das Modell, das Gott als wesentlich kenotisch denkt, sagt, dass Gottes ewiges Wesen andere und anderes nicht kontrollierende[171] Liebe ist. Aufgrund seines Wesens der Liebe verleiht Gott seinen Geschöpfen zwangsläufig Freiheit/Wirkmacht. Gottes Wirken in unserer Welt zeichnet sich dadurch aus, dass er die Schöpfung zum Wohlergehen ermächtigt und inspiriert. Gott erhält zudem notwendigerweise die Gesetzmäßigkeiten des Universums aufrecht, weil diese Regelmäßigkeiten aus Gottes ewigem Wesen der Liebe stammen. Der Zufall in der Welt und der geschöpfliche freie Wille sind genuin. Gott ist keine Art Diktator, der auf mysteriöse Weise die Fäden zieht. Gott kontrolliert andere niemals. Dennoch wirkt Gott Wunder – allerdings ohne dabei Zwang auszuüben. Gott erhält die ganze Schöpfung auf fürsorgliche Weise und beruft sie zu Liebe und Schönheit.

Ich sollte kurz anmerken, dass dieses Modell den Begriff *Kenosis* verwendet, der, wie wir bereits gesehen haben, von einigen Befürwortern des dritten Modells ebenfalls gebraucht wird. Gestehen Sie mir zu, angesichts dieser Ähnlichkeit, eine Unterscheidung der Kenosis innerhalb der beiden Modelle anzustellen. Das Modell, das Gott als freiwillig selbstbegrenzend denkt, geht davon aus, dass die Selbstbegrenzung Gottes freie Entscheidung ist. Es beginnt mit der Vorstellung, dass Gott wesentlich die Fähigkeit besitzt, andere völlig zu kontrollieren, und, dass Gott sich dazu entscheiden könnte, sich nicht selbst zu begrenzen. Jedoch entschloss Gott sich bei der Schöpfung oder innerhalb der Geschichte danach dazu, diese Fähigkeit, andere zu kontrollieren, nicht auszuüben.

Im Gegensatz dazu betrachtet mein Modell, das Gott als wesentlich kenotisch denkt, Gottes Selbstbegrenzung als unfreiwillig. Gottes Wesen

---

[171] Anmerkung der Übersetzer: Im englischen Original wird an dieser Stelle die von Oord geschaffene Wortneuschöpfung »uncontrolling« verwendet. In der hier vorliegenden Übersetzung wird dieser Neologismus mit den Verben »kontrollieren« oder »zwingen«, die Oord synonym gebraucht (vgl. S. 182 „Zwang heißt Kontrolle.“), umschrieben. Häufig wird so »uncontrolling« im Deutschen mit folgenden oder ähnlichen Formulierungen widergegeben: »andere und anderes nicht kontrollierende/zwingende Liebe Gottes«, »nichts und niemanden kontrollierende/zwingende Liebe Gottes«.

der Liebe geht seinem souveränen Willen logisch voraus. Das bedeutet, dass Gottes sich selbstbegrenzende Kenosis primär in Gottes ewigem und unveränderlichem Wesen der Liebe gründet und nicht in einer freiwilligen Entscheidung Gottes. Weil Gottes Wesen Liebe ist, schenkt Gott seinen Geschöpfen Freiheit, Wirkmacht und Selbstorganisation und er erhält die Regelmäßigkeiten der Natur aufrecht.

An dieser Stelle endet der kleine Vorausblick, den ich angekündigt hatte. Mehr zu diesem Modell später…

5. GOTT WIRKT ALS UNPERSONALE MACHT

Die grundlegende Vorstellung dieses Modells ist, dass Gott als unpersonale Macht existiert, die die Schöpfung erschafft und erhält. Zufälligkeit, geschöpfliche Freiheit und die Regelmäßigkeiten bzw. Gesetze der Natur sind real. Gottes stetig beharrlicher Einfluss verletzt nie die Integrität des Universums und seiner Geschöpfe, die Gott in jedem Moment erhält.

Dieses Modell unterscheidet sich von anderen, weil es davon ausgeht, dass Gottes stete und unpersonale Präsenz sich nie verändert. Gott führt keine wechselseitigen, auf Interaktion beruhenden Beziehungen. Aus diesem Grund geschehen niemals Wunder, zumindest keine, bei denen irgendeine Art von Veränderung in der Interaktion Gottes mit seinen Geschöpfen stattfindet. Dies bedeutet zum Beispiel, dass während die Gebetspraxis psychologisch zu helfen vermag, es für den Gott dieses Modells keinen Unterschied macht, ob jemand zu ihm betet oder nicht. Obwohl Gott die notwendige Ursache von allem ist, was geschieht, befürworten die Verfechter dieses Modells üblicherweise die Vorstellung von einer sogenannten »causal closure«, in der natürliche Ursachen – die Gott in jedem Moment erhält – die Wirklichkeit erklären.

Vertreter des Modells von der unpersonalen Macht verwenden feststehende Namen für Gott. Sie nennen Gott den Grund des Seins, actus purus, Tiefe oder Heilige Wirklichkeit. Sie denken Gott als unendliche, unpersonale Letztbegründung und nicht eine bestimmte oder objektive Entität.[172] Diese Namen betonen Gottes Existenz als tragender Grund der ganzen Schöpfung, ohne ihm Wirkmacht oder interaktive Personalität zuzuschreiben.

Paul Tillich, ein einflussreicher Theologe in der Mitte des 20. Jahrhunderts, vertritt dieses Modell. „Der Mensch, der an die Vorsehung glaubt, glaubt nicht, daß ein besonderes göttliches Handeln die Gegebenheiten der

---

[172] WILDMAN, Wesley J., Ground-of-Being Theologies, in: P. Clayton (Hg.), The Handbook of Religion and Science, New York 2006, S.612-632.

Endlichkeit und Entfremdung ändern wird"[173], sagt Tillich. Providenz ist nicht Gottes Handeln, sondern unser eigenes Rückversichern angesichts von Übel und Unglück, dass uns nichts von der Liebe Gottes trennen kann.[174] Letztendlich – so Tillich – ist es „eine Beleidigung der göttlichen Heiligkeit, Gott als Partner gemeinsamen Handelns anzusehen oder als höhere Macht, die man durch Riten und Gebete beeinflußt."[175]

Ein Weg zu sagen, dass Gott erhält, jedoch nicht interagiert, besteht darin, dafür zu plädieren, dass Gott lediglich ein einziges Mal handelt: Man könnte von einer Art zeitlosen Meisterhandlung sprechen.[176] Gordon Kaufman vertritt diese Vorstellung von der Providenz Gottes. Sie beinhaltet „den ganzen Verlauf der Geschichte, von seinem Anfang im kreativen Handeln Gottes bis zu seiner Vollendung, wenn Gott schließlich seine Ziele erreicht."[177] In diesem einen providentiellen Akt gibt Gott „der Welt die Struktur, [die] sie besitzt und den natürlichen und historischen Prozessen ihre Richtung."[178] Danach sagt Kaufman, „gibt es keinen Gott, der mit mir geht und mit mir spricht in enger interpersonaler Communio, der seine volle Aufmerksamkeit meinen Sorgen widmet, der mich wunderhaft aus den Schwierigkeiten herauszieht, in die ich mich selbst hineinbefördert habe, indem er in die Natur und Geschichte eindringt in einer Art ad hoc-Rettungsaktion von ganz oben."[179]

In dem Modell, das Gott als erhaltende, unpersonale Macht denkt, schließt Gott keine wechselseitigen, auf Interaktion beruhenden Beziehungen. Eigentlich hat Gott hier keine Absichten und will auch nicht mit uns in Beziehung treten. Gottes durchdringender Einfluss – das göttliche Kraftfeld, so könnten wir sagen – verändert sich niemals in Inhalt und Konsistenz. Gott ist wie ein diffuses Gas, ähnlich wie das, was frühe Naturwissenschaftler als »Äther« bezeichneten.

Dieses Modell hat ein paar Vorteile. In ihm gelten die Freiheit, die wir erfahren, und die Zufälligkeit, der wir begegnen, als genuin. Gott kontrolliert nicht. Wie Kleber, der alles zusammenhält, spielt Gott eine notwendige Rolle bei der Existenz aller Dinge. Man sollte Gott nicht für die Übel verantwortlich

---

[173] TILLICH, Paul, Systematische Theologie I-III (herausgegeben und eingeleitet von Christian Danz), Berlin/ Boston ⁹2017, S.272.

[174] Vgl.: TILLICH, Systematische Theologie, S.276f.

[175] Ebd., S.2727.

[176] Friedrich Schleiermacher ist dieser Sichtweise nahe. Vgl. dazu: SCHLEIERMACHER, Friedrich, Der christliche Glaube. Nach den Grundsätzen der evangelischen Kirche im Zusammenhange dargestellt. Zweite Auflage 1830/31 (herausgegeben von Rolf Schäfer), Berlin/ New York 2008.

[177] KAUFMAN, Gordon D., On the Meaning of „Act of God", in: Harvard Theological Review 61 (2/1968), S.175-201, hier: S.191.

[178] KAUFMAN, On the Meaning of „Act of God", S.192.

[179] Ebd., S.200.

machen, außer man ist der Auffassung, Gottes bloße Anwesenheit mache ihn schuldfähig.

Allerdings hat das Modell Nachteile, wenigstens für diejenigen, die denken, dass Providenz mehr beinhaltet, als einen Gott, der die Schöpfung erhält ohne mit ihr in Beziehung zu treten. Dieses Modell ignoriert weite Teile der Heiligen Schrift, die zu Hauf bezeugen, wie Gott auf verschiedenste Weise mit seinen Geschöpfen in Beziehung tritt. Biblische Schriftsteller sagen, Gott gibt und nimmt; Gott hat einen Einfluss auf andere und andere haben auch einen Einfluss auf Gott.

Ausgehend vom biblischen Zeugnis und eigenen religiösen Erfahrungen glauben viele, dass Gott zielgerichtet in ihrem Leben handelt – und das an jedem Tag und in jedem Augenblick. Es ist ein zu hoher Preis, den Glauben an Wunder und die Überzeugung, dass durch unser Gebet auch unsere Bitten bei Gott Gehör finden, einfach aufzugeben. Die meisten Gläubigen wollen daran glauben, dass Gott beständig und innovativ zugleich sein kann. Dass Gott ein treuer Gott ist und gleichzeitig ein Gott, der uns antwortet. Mir geht es in dieser Hinsicht ebenso. Das Modell, das ich vertrete, nimmt diese Überzeugungen ernst.

Die Bibel und die christliche Erfahrung schildern Gott in relationalen Begrifflichkeiten. Diese Zeugnisse werden allerdings von diesem Modell nicht zureichend erklärt. Biblische Autoren sprechen von Gott als einem Vater, einem Liebenden oder einem Freund. Im Gegensatz dazu sieht das Modell, das Gott als unpersonale Macht versteht, Gott als eine Art „metaphysischen Eisberg"[180], wie ein Kritiker es formuliert. Wie ein nicht ansprechbarer Eisklotz tritt der Gott dieses Modells nicht in wechselseitig einflussreiche Beziehungen. Gott ist impassibel, was bedeutet, dass Gott von dem, was in der Welt geschieht, unberührt bleibt.

Insgesamt hilft uns diese Denkweise hinsichtlich dessen, was sie über Gottes Treue und Beständigkeit aussagt. Gott erhält die Naturgesetze, schafft die Bedingungen für geschöpfliche Freiheit und macht den Zufall möglich. Jedoch misslingt es diesem Modell, die Vorstellung von einem Gott zu bekräftigen, der personal und interaktiv ist und in Beziehung mit seiner Schöpfung tritt. Es gibt uns nicht die Hoffnung, dass Gott von seinem üblichen Handeln abweicht, um uns zu helfen, wenn wir mit Herausforderungen konfrontiert sind oder, dass Gott sich freut, wenn seine Geschöpfe gut miteinander leben.

---

[180] Clark Pinnock argumentiert so. Vgl. dazu: PINNOCK, Clark H., An Interview with Clark Pinnock, in: Modern Reformation 6/7 (1998), S.23-25.

Schließlich kann dieses Modell auch nicht davon ausgehen, dass Gott unsere Existenz in irgendeiner Weise kümmert.

6. GOTT IST INITIIERENDER SCHÖPFER UND GEGENWÄRTIGER BEOBACHTER

Dieses Modell ist dem zuvor beschriebenen ähnlich. Es geht ebenfalls davon aus, dass Gottes Einfluss auf die Schöpfung immer gleich bleibt und sich niemals verändert. Nachdem er das Universum geschaffen hatte, so dieses Modell, verblieb Gott nicht bei seiner Schöpfung. Gott schuf alle Dinge, setzte die Naturgesetze in Gang und hat sich danach und seitdem zurückgezogen. Um die berühmte Sängerin Bette Midler zu zitieren: „God is watching us from a distance"[181].

Historiker identifizieren häufig einige Denker der Aufklärung mit diesem Modell. Es wird üblicherweise unter dem Namen *Deismus* geführt, obwohl der Deismus vielfältige Formen annehmen kann. Seine Vertreter teilen die Ansicht, dass Gott gegenwärtig nicht in der Welt involviert ist.

Wissenschaftler schildern die Entwicklung des Deismus gewöhnlich im Zusammenhang mit der Geschichte der wissenschaftlichen Revolution. Als die Naturwissenschaft immer mehr Erklärungen für Ereignisse lieferte, die zuvor als von Gott verursacht verstanden worden waren, sahen einige Wissenschaftler keine Notwendigkeit mehr für den Glauben an Gottes kontinuierliches Schaffen, Erhalten und Interagieren mit seinen Geschöpfen. Natur-wissenschaftliche Erklärungen wurden mit offenen Armen von Deisten empfangen. Sie standen Behauptungen über eine Art göttliche Offenbarung, die übersteigt, was durch Verstand und Natur zugänglich ist, skeptisch gegenüber. Zudem argumentieren die Befürworter dieses Modells: Wenn Gott allmächtig und weise ist, dann hätte er ein Universum erschaffen, das in der Lage ist, sehr gut zu funktionieren ohne dabei zusätzliche Flickereien und Verbesserungen zu benötigen.

In diesem Modell ist Gott bloß der Beobachter seiner Schöpfung. Die meisten Vertreter behaupten, dass Gott als Initiator des Universums, alles aus Nichts erschuf und die fundamentalen Gesetze unserer Natur innerhalb seines Schöpfungsaktes einrichtete. Nach diesem initiierenden Schöpfungsakt ließ Gott seine Welt jedoch alleine und überließ sie den zuvor geschaffenen Gesetzen. Die Regelmäßigkeit dieser Gesetze und das initiale »Feintuning« des Universums deuteten daraufhin, dass es eine anfängliche Schöpfung Gottes gab. Weil es jedoch keine empirisch belastbaren Beweise für Wunder in

---

[181] MIDLER, Bette, From a Distance (Lied), in: Dies., Some People's Lives, Los Angeles 1990, L.7.

der Welt gebe, sei dies Zeugnis dafür, dass Gott nun eine Art »Nichteinmischungspolitik« hinsichtlich seiner Schöpfung verfolgt.

Matthew Tindal, ein früher Deist, nannte dieses Modell die natürliche Religion. Er behauptet, dass „es mit dem natürlichen Licht der Vernunft zu verstehen sei, dass es einen Gott gibt […], der die Quelle allen anderen Lebens ist."[182] Indessen stützten sich Ereignisse, die einige als Wunder bezeichnen, so Tindal, eher auf Aberglauben als auf den Verstand.[183] Weder handle Gott willkürlich, sagt er, noch, schalte er sich in der Welt ein.[184] Das scheint auch Charles Darwins Vorstellung vom Wirken Gottes zu sein.[185]

Ein zeitgenössischer Vertreter der Grundlagen dieses Modells ist Zeit Michael Corey. Corey befürwortet eine deistische Evolution, die davon ausgeht, dass Gott den evolutionären Prozess indirekt lenkte, indem er den ersten Atomen und Molekülen die wunderbare Eigenschaft der Selbstorganisation schenkte.[186] Gottes kreatives Handeln sei auf die anfänglichen Momente der Schöpfung beschränkt, so Corey und danach „erlaubte [Gott den ersten Atomen und Molekülen] sich selbstständig nach den natürlichen Prozessen von Ursache und Wirkung zu entwickeln."[187]

Corey ist der Überzeugung, dass das deistische Evolutionsmodell anderen Modellen überlegen ist. Schließlich sei „ein Gott, der kontinuierlich intervenieren muss, um sein schöpferisches Ziel zu erreichen, klar unterlegen […] auf dieselbe Weise, wie ein Autobauer, der clever genug ist, selbstbauende Autos zu entwerfen, viel mehr Eindruck schindet als einer, der bei jedem Schritt des schöpferischen Prozesses direkt involviert sein muss."[188]

Das Modell vom gegenwärtigen Beobachter ist dem Modell von Gott als unpersonaler Macht ähnlich. Der Hauptunterschied besteht in der kausalen Rolle, die Gott in dem jeweiligen Modell spielt. Im Modell, das Gott als unpersonale Macht versteht, ist Gott notwendige, kontinuierliche Ursache aller Dinge. Im Gegensatz dazu betonten Befürworter des Modells von Gott als gegenwärtigem Beobachter den Mangel göttlichen Handelns in der

---

[182] TINDAL, Matthew, Christianity as Old as the Creation. The Gospel a republication of the religion of nature, Whitefish MT 2004, S.232.

[183] Vgl.: TINDAL, Christianity as Old as the Creation, S.232.

[184] Vgl.: Ebd., S.115.

[185] Vgl. dazu: CLARK, Ronald W., The Survival of Charles Darwin, New York 1984, S.121. Vgl. auch: GILLESPIE, Neil C., Charles Darwin and the Problem of Creation, Chicago 1979, S.130f.

[186] Vgl.: COREY, Michael A., Back to Darwin. The Scientific Case for Deistic Evolution, Lanham MD 1994, S.15.

[187] COREY, Back to Darwin, S.15.

[188] Ebd., S.18.

Gegenwart. Um das Leben zu ermöglichen, war das anfängliche Erschaffen Gottes notwendig, aber in der Gegenwart ist das Universum selbstständig.

Das Modell vom gegenwärtigen Beobachter hat Vorteile. Es steht nicht im Widerspruch zu vielem, was Naturwissenschaftler über die Welt sagen. Es glaubt daran, dass die Natur uns Wahres über Gott offenbart. Es nimmt den Verstand ernst und lehnt unsinnige, religiöse Ansichten ab, die auf logischen Widersprüchen und Aberglauben beruhen. Dieses Modell passt zu unseren Intuitionen hinsichtlich des Zufalls und der Freiheit.

Dieses Modell scheint das Problem des Übels in der Welt zu umschiffen. Schließlich kann ein Gott, der weder involviert ist, noch kontrolliert, nicht direkte Ursache der Übel sein, die wir erfahren, und außerdem sollten wir in diesem Fall nicht von Gott erwarten, dass er das Übel verhindert. Ein unbeteiligter Gott ist weder unseres Lobpreises für das Gute würdig, das wir heute erfahren, noch trägt er die Schuld für das Schlechte.

Weil Gottes Handeln auf den Anfang der Schöpfung begrenzt ist, hat dieses Modell jedoch Schwierigkeiten zu erklären, wieso ein allmächtiger Gott eine Welt mit so vielen Übeln erschaffen hätte. Es wirft folgende Frage auf: Ist die Welt, in der wir leben, wirklich die beste, die ein allmächtiger Gott hätte erschaffen können? Lassen Sie mich Coreys Auto-Beispiel verwenden: Könnte ein *wirklich* cleverer Autobauer nicht selbstbauende Autos entwerfen, die zuverlässig funktionieren?

Menschen, die daran glauben, dass Gott in ihrem täglichen Leben wirkt, empfinden ein solches Modell als leer. John Wesley kritisierte beispielsweise den Gott dieses Modells dafür, den, wie er es nennt, »praktischen Atheismus« zu fördern.[189] Während Verfechter dieses Modells an die Existenz Gottes glauben, zieht ihr Glaube kein Wirken Gottes in der Gegenwart in Betracht. Kritiker bezeichnen den Gott dieses Modells daher als »abwesenden Grundherren«, da Gott nie zur Verfügung steht, wenn seine Mieter Hilfe brauchen.[190]

Menschen, die wie ich daran festhalten, dass sie bereits die Gegenwart Gottes in ihrem Leben gespürt haben, wird dieses Modell also nicht ansprechen. Es wird auch bei denen keinen Anklang finden, die wie ich glauben, dass Gott Wunder wirkt. Dieses Modell wird keinen Gefallen finden bei Menschen, die wie ich beten und dabei damit rechnen, dass wenigstens manchmal unsere Gebete Auswirkungen auf Gottes Wirken in der Welt haben. Und es

---

[189] Vgl.: WESLEY, John, On Living Without God. sermon 130, in: Ders., The Works of John Wesley (Bd. 4: Sermons IV [115-151]), Nashville: Abingdon 1987, S.171.
[190] Vgl.: POLKINGHORNE, Science and Providence, S.8.

wird nicht gut bei Menschen ankommen, die wie ich denken, dass einige Formen der Offenbarung einen besonderen Stellenwert besitzen – zum Beispiel die Bibel, weil diese Formen ein klareres Verständnis von Gott vermitteln als die Natur oder der Verstand alleine.

Je mehr Gründe ich aufzähle, aus denen dieses Providenzmodell nicht vielen Menschen zusagen wird, desto klarer wird mir, warum es so unbeliebt ist. Aber mehr noch als sein Mangel an Popularität misslingt es diesem Modell Hoffnung zu schenken, dass Gott einen Unterschied macht in unseren Versuchen, das Übel und den Zufall zu erklären. Es schenkt nicht die Hoffnung, dass Gott in unserer Welt wirkt, um das Übel zu vernichten und Leidende zu trösten.

7. GOTTES WEGE SIND NICHT UNSERE WEGE

Die Varianten dieses letzten Modells unterscheiden sich oft sehr. Jede teilt jedoch den grundlegenden Glauben daran, dass Gott zwar providentiell handelt, wir aber schlussendlich kein Wissen darüber besitzen können, wie Gott wirkt. Keine Sprache, keine Analogie und kein Konzept vermag es, das Wesen der Providenz Gottes zu bestimmen. Es ist ein Mysterium.

Der Fachbegriff, der zuweilen für dieses Modell gebraucht wird, heißt *apophatische Theologie*. Die grundlegende Vorstellung dieser Theologie ist, dass wir Gott oder göttliches Wirken nicht positiv beschreiben können. Diese Negative Theologie behauptet, dass wir lediglich darüber sprechen können, wer oder was Gott nicht ist.

Befürworter des Modells drücken sich eher subtil anstatt klar und offen aus. Sie sagen: »Wir wissen es nicht«. Eine Spielart spricht von Gott als dem »ganz Anderen«. Diejenigen, die sich der Rede von Gott als dem »ganz Anderen« bedienen, tun dies häufig, um jedweden Vergleich zwischen Gott und der Schöpfung auszuschließen. Gott ist kein Wesen mit einzigartigen Eigenschaften, sagen sie. Gottes Eigenschaften – sofern man überhaupt von Eigenschaften sprechen kann – unterscheiden sich vollkommen von der Schöpfung.

Zumindest in seinen frühen Werken vertritt Karl Barth die Denkweise, dass Gott sich radikal von der Schöpfung unterscheidet. Barth sagt, dass ein absolut qualitativer Unterschied zwischen dem Schöpfer und den Geschöpfen existiert.[191] Es gebe keinen Weg der natürlichen Erkenntnis von uns zu

---

[191] Vgl.: BARTH, Karl, Der Römerbrief. Zweite Fassung 1922 (Karl Barth Gesamtausgabe; 47), Zürich 2010, S.63.

Gott. Wir könnten Gott nicht einmal im Paradoxen erkennen.[192] Alles Wissen, das wir von Gott annehmen, sei Ignoranz oder entstamme dem Paradoxon des Glaubens, weil Gott der »ganz Andere« sei.

Barth meint schließlich, dass durch die Offenbarung in Jesus Christus dennoch etwas Wissen über Gott möglich ist. Jedoch bleibe es ein Mysterium, wie wir durch Jesus etwas über den absolut unbegreiflichen Gott wissen können. Nehmen wir Barths fundamentale Behauptung ernst, dass sich Gott von uns in jeder Hinsicht unterscheidet – Gott ist der »ganz Andere« –, dann hält dieser Ansatz die Providenz Gottes für unbegreiflich. Nun ist es aber doch so, dass die Betonung, Jesus Christus sei Gottes Weise der Selbstoffenbarung, gleichzeitig bedeutet, dass der Unterschied zwischen Gott und der Schöpfung nicht unbegrenzt sein kann. Schließlich sehen die meisten Christen Jesus als wahren Mensch und wahren Gott. Der Großteil der Gläubigen glaubt, dass zumindest Menschen nach dem Bild Gottes geschaffen sind.

Einige vertreten dieses Providenzmodell aufgrund des Dekonstruktivismus von Jacques Derrida. Derrida ist einer derjenigen, die die Vorstellung von Gott als »ganz Anderem« (*tout autre*) annehmen. Sie tun dies aber ohne zugleich zu behaupten, dass die Offenbarung Jesu Christi uns Wissen über Gott verschafft. John Caputo, der wohl bekannteste Wissenschaftler, der sich intensiv mit Derrida beschäftigt, meint, dass Derridas Werk nicht gänzlich als negative Theologie verstanden werden sollte. Jedoch ist, so Caputo, in „diesem Scheitern des Wissens [von Gott] das Wissen, dass Gott unbegreiflich ist, ein überragender Erfolg, der Gott in Sicherheit wägt."[193]

Befürworter des Dekonstruktivismus sagen, er helfe uns, Götzendienst zu verhindern. Letztlich können wir keinen Gott verehren, den wir nicht kennen können. Ich denke allerdings, dass dieser Ansatz es nicht schafft, konstruktive Vorschläge zur Erklärung unseres Lebens vorzubringen. Er schafft es nicht, unsere dringlichsten Fragen über das Wirken Gottes in der Welt zu beantworten. Er vermeidet zwar den Götzendienst, aber er bietet auch keinen Inhalt für positive Gottesverehrung.

Eine durchdachte Variante des Modells beruft sich auf das, was Thomas von Aquin primäre und sekundäre Verursachung nennt. Theologen haben

---

[192] Vgl.: BARTH, Karl, Die Lehre von Gott. Die Erkenntnis Gottes 2, §§25-27 (Die kirchliche Dogmatik; 7), Zürich 1986, S.83.
[193] CAPUTO, John D., The Prayers and Tears of Jacques Derrida. Religion Without Religion, Bloomington 1997, S.44. Vgl. ebenso: DERRIDA, Jacques, Acts of Religion, New York 2002.

bislang verschiedene Ansichten des Schemas von der primären und sekundären Kausalität vertreten.[194]

Eine einflussreiche Version dieser Variante geht davon aus, dass Gott als primäre Ursache providentiell durch schöpferisch sekundäre Ursachen wirkt. Wenn man Vertreter fragt, was dieses Schema primärer und sekundärer Kausalität darüber aussagt, *wie* Gott als Ursache wirkt, antworten sie meist, indem sie auf irgendeine Art Mysterium verweisen. Sie behaupten, Gottes Wirken könne nicht als eine Ursache unter anderen gedacht werden, also können wir sie nicht mit anderen Ursachen vergleichen.[195] Wie Thomas es formuliert, „können wir freilich nicht wissen, was er [Gott] ist, sondern höchstens, was er nicht ist."[196] Weiter sagt er, „können wir auch bei Gott nicht untersuchen, wie er ist, sondern nur, wie er nicht ist."[197] Dies bedeute, dass „wir zwar von einer Ähnlichkeit der Geschöpfe mit Gott, nicht aber von einer Ähnlichkeit Gottes mit den Geschöpfen"[198] sprechen können.

Theologe Michael J. Dodds vertritt auch das Schema primärer und sekundärer Kausalität, das wir bei Thomas finden. „Die Idee von primärer und sekundärer Kausalität des Geschöpfes wird nur dann Sinn ergeben, wenn wir uns ins Gedächtnis rufen, dass diese Ursachen nicht derselben Ordnung angehören."[199] Gottes Wege seien den geschöpflichen Wegen vollkommen unähnlich, weil „Gottes Handlungen sich fundamental von denen der Geschöpfe unterscheiden."[200]

Das Schema primärer und sekundärer Kausalität lässt die Behauptung zu, dass Gott durch den Zufall wirkt. Jedoch ist es laut Dodds bei zufälligen Ereignissen so, dass „alles, was Gott will, ausnahmslos geschieht."[201] Gottes kausales Handeln bei zufälligen Ereignissen unterscheidet sich grundlegend von dem, was unserem Verstand zugänglich ist. „Die Wirkung, die Gott beabsichtigt, ereignet sich ausnahmslos, weil keine geschöpfliche Ursache die göttliche Kausalität aufhalten kann. Jene Wirkung geschieht ausnahmslos,

---

[194] Vgl. dazu: GILSON, Etienne, The Christian Philosophy of St. Thomas Aquinas, Notre Dame IN 1994.
[195] Für eine modifizierte, thomistische Erklärung von Primär- und Sekundärkausalität, die nicht Gegenstand der Kritik ist, die ich hier erläutere, vgl.: BOYD/ Cobb, The Causality Distinction, Kenosis, and a Middle Way, S.391-406.
[196] THOMAS VON AQUIN, Summa Theologica. Deutsche Thomas-Ausgabe (Bd. 1: Gottes Dasein und Wesen. I. 1-13), Salzburg/ Leipzig 1934, q.3,1.
[197] Ebd.
[198] THOMAS, Summa Theologica I. 1-13, q.4,3 a.4.
[199] DODDS, Michael J., Unlocking Divine Action. Contemporary Science and Thomas Aquinas, Washington DC 2012, S.191f. Für eine vergleichbare Interpretation des Thomas siehe auch: GILSON, The Christian Philosophy of St. Thomas Aquinas, S.182.
[200] DODDS, Unlocking Divine Action, S.171. Fehlt eine Übersetzung
[201] Ebd., S.224.

wie Gott sie beabsichtigt zu geschehen, egal ob aus Notwendigkeit, Möglichkeit, Freiheit oder Zufall."[202] Kurz gesagt: Wir können Gottes Wirken auf keine denkbare Art und Weise begreifen. Das Schema primärer und sekundärer Kausalität ist meist ein elaborierter Rekurs auf das Mysterium. Die Berufung auf die Unergründlichkeit wird besonders dann offenkundig, wenn es um komplexere Problemstellungen geht. Dodds verweist beispielsweise auf das Mysterium, wenn er das Problem des Übels in der Welt thematisiert, weil das Schema primärer und sekundärer Kausalität dies nicht lösen kann.[203] „Um etwas aus Nichts zu schaffen, muss der Schöpfer unbegrenzt mächtig sein. Das frei zu tun, zeugt von grenzenloser Güte und Liebe [, so Dodds. Jedoch sei] die einzige Antwort auf das Übel und das Leid [...] ist keine logische Lösung, sondern ein Mysterium."[204] Um es anders auszudrücken: Dieses Providenzmodell kann keine befriedigende Antwort auf die Frage geben, warum ein liebender und mächtiger Gott das Übel nicht verhindert.

Das Gottes-Wege-sind-nicht-unsere-Wege-Providenzmodell steht oft dann im Mittelpunkt, wenn andere Modelle scheitern. Diejenigen, bei denen die Modelle der Alleinursache und der Ermächtigung bzw. Übermächtigung Anklang finden, sind besonders anfällig dafür, sich auf das Mysterium zu berufen. Sobald eine Unstimmigkeit in den Gedankengängen oder absolute Widersprüche aufkommen, sagen Befürworter des Modells häufig: »Vergessen wir nicht: Gottes Wege sind nicht unsere Wege.« Das Mysterium wird zur Trumpfkarte und zum Ausweg, wo bevorzugte Providenzmodelle es nicht schaffen, Licht ins Dunkel komplexer Fragestellungen zu bringen.

Das Modell, das sagt »Gottes Wege sind nicht unsere Wege«, ist unter allen Providenzmodellen, das am wenigsten hilfreiche. Der Grund dafür ist, dass es den Anschein erweckt, Antworten zu geben, die letztlich keine Antworten sind. Befürworter mögen zwar sagen, dass Gott wirklichen Einfluss ausübt und in unserer Welt wirkt. Aber schlussendlich sagen sie, dass wir Gottes Einfluss nicht verstehen können. Das Wirken Gottes sei absolut unbegreiflich.

Ich glaube ebenso, dass wir Gott nicht vollkommen begreifen können. Das Mysterium muss eine Rolle spielen, wenn wir darüber diskutieren, wie Gott in der Welt wirkt. Jedoch liefert dieses Modell keinen konstruktiven Vorschlag dazu. Obwohl seine Verfechter bescheiden klingen mögen, wenn sie sagen, dass endliche Geschöpfe nur in Teilen Wissen über Gott besitzen

---

[202] Ebd., S.225.
[203] Vgl.: DODDS, Unlocking Divine Action, S.230-243.
[204] Ebd., S.230.

können, landen sie letztendlich an der Stelle, an der sie implizit oder explizit erklären: Wir können göttliche Providenz nicht verstehen. Wir können ihre Bescheidenheit zwar wertschätzen, sollten uns aber nicht dazu verpflichtet fühlen, ihr Mysteriumsmodell anzunehmen.

Tatsächlich ist das Gottes-Wege-sind-nicht-unsere-Wege-Modell wahrscheinlich nicht mal ein Providenzmodell. Es liefert keinen konstruktiven Vorschlag dazu, wie man sich Gottes Wirken in der Welt vorstellen kann. Stattdessen bestreitet es auf subtile Weise, dass die Theologie zu einem Fortschritt bei der Behandlung des grundlegenden Projektes dieses Buches beitragen kann: unser Leben sinnvoll zu erklären. Ich habe es dennoch in meine Diskussion mitaufgenommen, weil viele, die göttliche Providenz anerkennen, sich explizit oder implizit darauf berufen.

FAZIT

Wie ich bereits zu Beginn dieses Kapitels erwähnte, habe ich hier keine erschöpfende Aufzählung der Modelle zur Providenz Gottes vorgenommen. Jedoch glaube ich, dass die obenstehenden die wichtigsten sind. Die kurzgefassten Überblicke zu jedem Modell verhelfen uns zu einem Überblick über die Schwierigkeiten, die jedes Modell mit sich bringt. Außerdem sollten uns diese Skizzen die relative Adäquatheit oder Inadäquatheit jedes einzelnen Modells bewusstmachen.

In den letzten Kapiteln untersuche ich einzelne Aspekte der Providenzmodelle, die sich nahe der Mitte der Tabelle oben befinden. Ich werde das Modell des wesentlich kenotischen Gottes als das Modell vorbringen, von dem ich denke, dass es Zufall, Regelmäßigkeit, Freiheit, das Gute, das Übel und Gottes Providenz der Liebe, die andere und anderes nicht kontrolliert, am besten erklärt.

5

Die offene und relationale Alternative

In den letzten Jahrzehnten hat sich ein überzeugender Weg abgezeichnet, der Antworten auf die größten Fragen des Lebens geben möchte. Dieser Weg schließt eine Vielzahl an Ideen ein, die unter dem Label »offene und relationale Theologie« geführt werden. Sie deckt ein vielfältiges Meinungsspektrum ab. Unter ihren Anhängern finden sich sowohl konservativ als auch progressiv Denkende. Offene und relationale Theologie bedient sich verschiedener Forschungsbereiche, um einen attraktiven Vorschlag zum providentiellen Wirken Gottes zu unterbreiten.

Offene und relationale Theologie erkennt die Wirklichkeit des Zufalls und der Regelmäßigkeit, der Freiheit und der Notwendigkeit, des Guten und des Übels an. Sie sagt, dass Gott existiert und dass er wahrnehmbar und interagierend in unserer Welt wirkt. Diese drei Kerngedanken sind charakteristisch für alle Spielarten offener und relationaler Theologie:

1. Gott und die Geschöpfe stehen miteinander in Beziehung. Gott bewirkt einen wirklichen Unterschied in der Schöpfung und die Schöpfung bewirkt einen wirklichen Unterschied für Gott. Gott ist relational.

2. Die Zukunft ist nicht festgelegt, weil sie nicht vorherbestimmt wurde. Weder Gott noch die Geschöpfe wissen mit Sicherheit alles, was sich ereignen wird. Die Zukunft ist offen.

3. Liebe ist die Haupteigenschaft Gottes. Liebe ist die eigentliche Brille, durch die wir am besten die Beziehung Gottes zu seinen Geschöpfen

und die Beziehungen, die Geschöpfe mit Gott und untereinander führen sollten, verstehen. Liebe ist am wichtigsten.

Es mag sein, dass manche Befürworter offener und relationaler Theologie ihre Vorstellungen etwas anders formulieren würden, als ich es hier getan habe.[205] Einige ergänzen noch weitere Überzeugungen. Die meisten Vertreter stimmen jedoch mindestens diesen drei Aussagen zu.

Offene und relationale Theologie bietet einen einzigartigen und, wie ich denke, hilfreichen Ansatz zum Verständnis der Providenz Gottes. Diese theologische Bewegung passt zu Modellen, die sich nahe der Mitte der Möglichkeiten befinden, die wir im Kapitel zuvor untersucht haben. Das Providenzmodell, das ich vorschlagen werde, wesentliche Kenosis, ist eine Spielart offener und relationaler Theologie.

Es gibt viele verschiedene Gründe, die Gläubige dazu veranlassen, offene und relationale Theologie anzuerkennen. Diese Gründe geben Aufschluss darüber, warum diese Denkweise über Gott und die wichtigsten Fragen des Lebens so attraktiv ist. Jeder einzelne Grund hilft uns zu verstehen, warum die offene und relationale Perspektive bei der Erklärung göttlicher Providenz so ertragreich ist.

DIE BIBEL

1994 publizierte ein Fünfergespann von Wissenschaftlern – David Basinger, William Hasker, Clark Pinnock, Richard Rice, John Sanders – ein bahnbrechendes und provokatives Werk: *The Openness of God.*[206] Obwohl sie viele Gründe für ihre Befürwortung offener Theologie angeben, verweist der

---

[205] Zu den bedeutenden Werken zur offenen und relationalen Theologie gehören außer denen, die ich in diesem Kapitel zitiere, zudem: BAKER, Vaughn W., Evangelism and the Openness of God. The Implications of Relational Theism for Evangelism and Missions, Eugene OR 2013. BASINGER, David, The Case for Freewill Theism. A Philosophical Assessment, Downers Grove IL 1996. BAKER-FLETCHER, Karen, Dancing with God. The Trinity from a Womanist Perspective, St. Louis 2006. BOYD, Gregory A., God of the Possible. A Biblical Introduction to the Open View of God, Grand Rapids 2000. COBB, John B./ Pinnock, Clark H. (Hg.), Searching for an Adequate God. A Dialogue Between Process and Free Will Theists, Grand Rapids 2000. HASKER, William, The Triumph of God over Evil. Theodicy for a World of Suffering, Downers Grove IL 2008. LODAHL, Michael, God of Nature and of Grace. Reading the World in a Wesleyan Way, Nashville 2003. MONTGOMERY, Brint/ Oord, Thomas J./ Winslow, Karen (Hg.), Relational Theology. A Contemporary Introduction, San Diego 2012. Sowie: RICE, Richard, God's Foreknowledge and Man's Free Will, Minneapolis 1980.

[206] Anmerkung der Übersetzer: »Die Offenheit Gottes«. Vgl. zu diesem Fachbegriff zudem: PINNOCK, Clark H. u. a. (Hg.), The Openness of God. A Biblical Challenge to the Traditional Understanding of God, Downers Grove IL 1994.

Untertitel des Buches auf die tragende Rolle der Bibel: *A Biblical Challenge to the Traditional Understanding of God.*[207]

Die Verfasser von *Openness of God* glauben, dass die übergreifende Botschaft der Bibel am besten zu den drei grundlegenden Vorstellungen offener und relationaler Theologie passt, die ich gerade genannt habe. Sie sind überzeugt, dass Gott Freiheit schenkt und mit seinen Geschöpfen als lebendiger Gott der Geschichte in Beziehung tritt. Obwohl Gott alles weiß, was wissbar ist, kann er zum gegenwärtigen Zeitpunkt nicht mit Sicherheit alles wissen, was in der Zukunft passieren wird. Zukünftige Ereignisse existieren noch nicht und sind daher prinzipiell noch nicht wissbar. Liebe ist die primäre Eigenschaft Gottes und Gott ruft uns auf, ein Leben in Liebe zu führen.

Clark Pinnock ist einer der populäreren Autoren von *The Openness of God* und viele verbinden seinen Namen mit der evangelikal orientierten Variante offener und relationaler Theologie. Pinnock befasste sich ausgehend vom baptistischen Kontext, der von calvinistischen Schriften geprägt ist, mit der offenen Theologie.[208] Ursprünglich hielt Pinnock sich, wie er es formulierte, für „einen Calvinisten, dem alternative evangelikale Interpretationen suspekt und wenigstens leicht häretisch vorkamen."[209]

Beim intensiven Studium der Schrift jedoch gelangte Pinnock zu der Überzeugung, dass er den Kurs seiner spirituellen Reise ändern musste. Er müsse „sorgfältiger auf das hören, was die Bibel wirklich sagt und lehrt."[210] Dies führte ihn zu der Annahme, dass „eine Reform in der Gotteslehre von Nöten sei, und zwar aufgrund der Bibel."[211] Er begann zu glauben, dass die Bibel „die offene Theologie in entscheidender Hinsicht autorisiert".[212]

Die Schriften des Alten Testaments bezeugen eine relationale Gottheit. Gott schließt einen Bund, indem er in wechselseitige, auf Interaktion beruhende Beziehungen eintritt. In diesem Bund mit den Menschen gibt Gott einige Versprechen, deren Erfüllung von den Reaktionen seiner Geschöpfe abhängt. So sagt der HERR beispielsweise: „Und [wenn] mein Volk, über das mein Name ausgerufen ist, sich demütigt und betet, mich sucht und von

---

[207] Anmerkung der Übersetzer: »Eine biblische Herausforderung des traditionellen Gottesverständnisses«.

[208] Bary L. Callen schildert Pinnocks Reise in: CALLEN, Barry L., Clark H. Pinnock. Journey Toward Renewal, an Intellectual Biography, Nappanee IN 2000.

[209] PINNOCK, Clark H. , From Augustine to Arminius. A Pilgrimage in Theology, in: Ders., The Grace of God and the Will of Man, Minneapolis 1995, S.15-30, hier: S.17.

[210] PINNOCK, Clark H., A Response to Rex A. Koivisto, in: JETS 24 (1981), S.153-155, hier: S.153f.

[211] PINNOCK, Clark H., Most Moved Mover. A Theology of God's Openness, Grand Rapids 2001, S.60.

[212] PINNOCK, Most Moved Mover, S.60.

seinen schlechten Wegen umkehrt, dann höre ich es im Himmel. Ich verzeihe seine Sünde und bringe seinem Land Heilung. Doch wenn ihr euch von mir abwendet und meine Satzungen und Gebote, die ich euch gegeben habe, übertretet, wenn ihr euch anschickt, andere Götter zu verehren und euch vor ihnen niederzuwerfen, dann werde ich euch aus meinem Land vertreiben, das ich euch gegeben habe." (2 Chron 7,14.19-20).

Bei diesem Bundesversprechen und auch bei anderen wartet Gott auf die Antwort Israels. Gott ist nicht sicher, für welche Reaktion sie sich entscheiden werden, bis seine Geschöpfe reagieren. Bundesschlüsse wie diesen finden wir in zahlreichen Passagen des Alten Testaments. Sie lassen erkennen, dass Gott nicht immer zuvor weiß, was in der Zukunft passieren wird.

Die Autoren des Alten Testaments berichten außerdem, dass Gott bereut, lernt oder seine Pläne ändert. Tatsächlich ändert Gott manchmal seine Meinung. In der Sintfluterzählung im Buch Genesis sieht Gott beispielsweise „dass auf der Erde die Bosheit des Menschen zunahm" und „da reute es den HERRN, auf der Erde den Menschen gemacht zu haben" (Gen 6,5f.). Wenn Gott die Zukunft erschöpfend kennen würde, würde er nichts bedauern.

In der Erzählung, in der Abraham seinen Sohn Isaak als Opfer darbringen will, erscheint der Engel des Herrn und sagt: „Streck deine Hand nicht gegen den Knaben aus [...]! Denn jetzt weiß ich, dass du Gott fürchtest" (Gen 22,12). Der Herr erfährt etwas aus den Handlungen Abrahams, etwas, das er zuvor nicht wusste. Wenn Gott etwas erfährt, dann heißt das, dass Gott etwas in Erfahrung bringt, um das er vorher nicht wusste.

Der Herr sagt zu Hiskija: „Bestell dein Haus, denn du wirst sterben und nicht am Leben bleiben!" (Jes 38,1). Hiskija aber betet und weint. Der Herr sieht seine Reue und spricht: „Siehe, ich füge deinen Tagen noch fünfzehn Jahre hinzu" (Jes 38,5). Gottes Pläne verändern sich aufgrund der Handlungen Hiskijas.

Das Wort des Herrn veranlasst Jona zu verkünden: „Noch vierzig Tage und Ninive ist zerstört!" (Jona 3,4). Jedoch zeigen der König von Ninive und sein Volk Reue. Sie sagen: „Wer weiß, vielleicht kehrt er um und es reut Gott und er lässt ab von seinem glühenden Zorn" (Jona 3,9). Genau das tut Gott. „Und Gott sah ihr Verhalten; er sah, dass sie umkehrten und sich von ihren bösen Taten abwandten. Da reute Gott das Unheil, das er ihnen angedroht hatte, und er tat es nicht." (Jona 3,10) Tatsächlich berichten vierzig oder mehr Abschnitte des Alten Testaments, dass Gott einen Sinneswandel durchmacht. Das zeigt uns, dass Gott die Zukunft nicht erschöpfend vorherweiß.

Auch mit dem Neuen Testament beschäftigte Pinnock sich ausgiebig. Während dieser Teil der Bibel weniger zum Wissen Gottes über die Zukunft aussagt, finden wir in ihm Berichte über das Leben Jesu und seine Lehre. Christen glauben, dass Jesus die Fülle der Selbstoffenbarung Gottes ist.

Neutestamentliche Schriftsteller berichten, dass Gott selbsthingebende Liebe verwirklicht, die die Liebe zu Feinden und Fremden einschließt. Diese Liebe erzählt uns etwas über Gottes relationale Macht. „Gottes wahre Macht offenbart sich im Kreuz Jesu Christi. "[213], so Pinnock. „In diesem Akt der Selbsthingabe nutzt Gott seine Macht nach Art der Dienerschaft, überwältigt seine Feinde, nicht indem er sie auslöscht, sondern indem er sie liebt."[214] Das heißt, dass „die Macht der Liebe die Art Macht ist, die genuine Beziehungen will[, und dieses Denken] hat sicherlich nichts mit einer verminderten oder minderwertigen Vorstellung von der Macht Gottes zu tun."[215]

Angesichts der Heiligen Schrift, dieser Passagen der Bibel und derjenigen, die Gottes Beziehung zur frühen Kirche beschreiben, gab Pinnock „die Denkweise, der zufolge der in Beziehung zu uns allen als alles-bestimmender Monarch und Gesetzgeber steht"[216] auf. Dies bedeutete, „dass er sich dem Paradigma zuwendete, in welchem Gott primär als Vater, Liebender und Bundespartner in Beziehung mit uns tritt."[217] Laut Pinnock ist „das, was wir in der Schrift finden eine Reihe von Bildern, die dazu geschaffen sind, etwas über das Wesen Gottes zu enthüllen. Sie alle scheinen uns zu sagen, dass die Schöpfung ein dynamisches Projekt ist und, dass Gott persönlich und relational ist."[218] Diese offene und relationale Perspektive, so glaubt er nun, entspricht „dem dynamischen Theismus der biblischen Autoren."[219]

Die offene und relationale Perspektive lehnt die Vorstellung ab, dass Gott alles kontrolliert. „Im biblischen Narrativ findet sich kein Prädestinationsdekret, das hinter der Bühne durchgesetzt wird, um sicherzustellen, dass sich Gottes Wille immer durchsetzt."[220] Das heißt, dass „die Geschichte kein Ausdruck zuvor programmierter Ereignisse ist, keine Videokassette, wo einfach abgespult wird, was zuvor festgelegt ist."[221] Die Geschichte ist offen und die Geschöpfe schreiben sie zusammen mit Gott.

---

[213] PINNOCK, Clark H., God's Sovereignty in Today's World, in: Theology Today 53 (1996), S.15-21, hier: S.20.

[214] PINNOCK, God's Sovereignty in Today's World, S.20.

[215] Ebd.

[216] PINNOCK, Clark H., Foreword, in: Roennfeldt, Ray C., in: Clark H. Pinnock on Biblical Authority. An Evolving Position (Andrews University Seminary Doctoral Dissertation Series; 16), Berrien Springs MI 1993, S.XV-XXIII, hier: S.XXf.

[217] PINNOCK, Foreword, S.XXf.

[218] PINNOCK, Most Moved Mover, S.60.

[219] PINNOCK, Clark H./ Brown, Delwin, Theological Crossfire. An Evangelical/Liberal Dialogue, Grand Rapids 1990, S.96.

[220] PINNOCK, Most Moved Mover, S.41.

[221] Ebd.

Pinnocks Denken veränderte sich teilweise, weil er herausfand, dass „die Bibel libertarische Freiheit voraussetzt, wenn sie zwischenmenschliche Beziehungen, die auf Geben und Nehmen beruhen, postuliert und, wenn sie Menschen für ihre Taten verantwortlich macht."[222] „Gott in seiner Güte gewährt den Menschen die entscheidende Freiheit, um den Willen Gottes für ihr Leben entweder anzunehmen und daran mitzuarbeiten oder dagegen zu arbeiten und er tritt in dynamische, auf Geben und Nehmen beruhende Beziehungen mit uns ein."[223] Dies alles impliziert, dass Gottes Beziehung zur Zeit der unseren ähnlich ist. Gott „erinnert die Vergangenheit, würdigt die Gegenwart und ahnt die Zukunft."[224]

Einer der einflussreicheren Exegeten unserer Zeit, Terence Fretheim, befürwortet ebenfalls offene und relationale Motive, weil er sie im biblischen Text wiederfindet.[225] Fretheim behauptet unter anderem, dass die Schöpfung „kein fertiges Produkt oder statischer Zustand ist, sondern ein dynamischer Prozess, in dem die Zukunft offen für eine Vielzahl an Möglichkeiten ist und, in der das Sich-Einlassen Gottes mit geschöpflichem Handeln entscheidend für geschöpfliche Entwicklungen ist."[226] Jedwede Diskussion über göttliche Allwissenheit im Alten Testament muss begrenzt sein, wenn es um die Rede über die Zukunft geht"[227], sagt er. „Sie ist begrenzt auf eine solche Weise, dass sie genuin göttliche Offenheit gegenüber der Zukunft beinhaltet."[228]

Pinnock und Fretheim gehören zu den Christen, die offene und relationale Theologie aufgrund der Bibelwissenschaft befürworten.[229] Der über-

---

[222] Ebd., S.115.
[223] PINNOCK u.a., The Openness of God, S.7.
[224] PINNOCK, Most Moved Mover, S.41.
[225] Terence E. Fretheim besitzt viele Publikationen, die die biblische Bekräftigung offener und relationaler Theologie dokumentieren. Vgl. daher beispielhaft: FRETHEIM, Terence E., Creation Untamed. The Bible, God, and Natural Disasters, Grand Rapids 2010. DERS., God and World in the Old Testament. A Relational Theology of Creation, Nashville 2005. DERS., The Suffering of God. An Old Testament Perspective, Philadelphia 1984. DERS., Genesis, in: W. Brueggemann (Hg.), The New Interpreter's Bible (Bd. 1: Genesis to Leviticus), Nashville 1994. DERS., Exodus (Interpretation. A Bible Commentary for Teaching and Preaching; 2), Philadelphia1991. DERS., The Bible in a Postmodern Age, in: R. P. Thompson/ T. J. Oord (Hg.), The Bible Tells Me So. Reading the Bible as Scripture, Nampa ID 2011, Kapitel 9. DERS., Divine Foreknowledge, Divine Constancy, and the Rejection of Saul's Kingship, in: Catholic Biblical Quarterly 47 (1985), S.595-602. Sowie: DERS., The Repentance of God. A Key to Evaluating Old Testament God-Talk, in: Horizons in Biblical Theology 10 (1988), S.47-70.
[226] FRETHEIM, Terence E., Creation Untamed, S.150.
[227] FRETHEIM, Terence E., Creation Untamed, S.57.
[228] Ebd.
[229] Neben Pinnock und Fretheim gehören zu den Bibelwissenschaftlern, deren Arbeit offenen und relationalen Theologien besonders nahesteht, William A. Beardslee, Michael Brown, William P. Brown, Walter Bruggemann, C. S. Cowles, Ronald Farmer, J. G. Janzen, John Goldingay, Gerald Janzen, Georg Lyons, David J. Lull, Richard Middleton, Russell Pregeant und Karen Winslow.

greifenden Tendenz nach, so sagen sie, dominieren in der Bibel offene und relationale Aussagen.[230] Christen, die die Bibel als ihre primäre theologische Quelle betrachten, müssen die offene und relationale Perspektive ernst nehmen.

CHRISTLICHE THEOLOGIEN

Ein weiterer überzeugender Grund für die Befürwortung offener und relationaler Theologie stellte für viele die Beschäftigung mit Aussagen aus den christlichen Traditionen dar. Zu diesen Traditionen gehören die adventistische, die arminianische, die lutherische, die mennonitische, die pfingstlerische, die restorationistische und die wesleyanische.[231] Das heißt jedoch nicht, dass jeder, der sich mit diesen Traditionen identifiziert, offene und relationale Theologie betreibt. Vielmehr ist es so, dass Anhänger dieser Traditionen in ihrem offenen und relationalen Denken der Logik bestimmter Aussagen folgen.[232]

Der lutherische Theologe Marit Trelstad sagt beispielsweise: „Lutherische Theologie bietet eine Betonung der Rechtfertigung, die in Gottes unerschütterlicher Liebe und Zusage gründet."[233] Gottes Bund „beschreibt das grundlegende Versprechen und die Wirklichkeit der Beziehung, die Gott der Schöpfung anbietet [und] Bundesliebe ist essentiell für das Wesen Gottes."[234]

---

[230] Zu Debatten um den leidensfähigen und veränderlichen Gott des Alten Testaments, vgl. u.a.: CHILDS, Brevard S., Biblical Theology in Crisis, Philadelphia 1970, S.44-47. Vgl. auch: FRETHEIM, The Suffering of God. Sowie: WESTERMANN, Claus, Theologie des Alten Testament in Grundzügen (ATD Ergänzungsreihe; 6), Göttingen 1985.

[231] Man könnte der Liste noch die (mormonische) Theologie der Heiligen der Letzten Tage hinzufügen, obwohl es unter Wissenschaftlern umstritten ist, ob die Bewegung der Heiligen der Letzten Tage als Teil der christlichen Tradition betrachtet werden kann. Es gibt mormonische Vorstellungen, die sich mit Aussagen der offenen und relationalen Theologie gut vereinen lassen. Vgl. dazu: OSTLER, Blake Exploring Mormon Thought (Bd. 1: The Attributes of God), Draper UT 2001. Siehe auch die Diskussion zwischen dem evangelikalen Clark Pinnock und dem Mormonen David Paulsen. Vgl. dazu: PINNOCK, Clark H./ Paulsen, David L., A Dialogue on Openness Theology, in: D. W. Musser / Ders., (Hg.), Mormonism in Dialogue with Contemporary Christianity, Macon GA 2007, S.489-553.

[232] Ich bin Freunden und Wissenschaftlern aus diversen Facebook-Diskussionsgruppen sehr dankbar dafür, dass sie mir dabei halfen zu durchdenken, wie Mitglieder in christlichen Traditionen bestimmte Vorstellungen behandeln, wenn sie offene und relationale Theologien vertreten. Besonders danken möchte ich David Cole, Chris Fisher, James Goetz, Simon Hall, Randy Hardman, John D. Holloway, Curtis Holtzen, William Lance Huget, Jacob Matthew Hunt, David Huth, Richard Kidd, Richard Livingston, Jay McDaniel, T. C. Morre, Quinn Olinger, Bryan Overbaugh, Matt Perkins, David Saleeba, Neil Short und Rob Thomas.

[233] TRELSTAD, Marit A., Putting the Cross in Context. Atonement Through Covenant, in: M. J. Streufert (Hg.), Transformative Lutheran Theologies. Feminist, Womanist and Mujerista Perspectives, Minneapolis 2010, S.107-122, hier: S.109.

[234] TRELSTAD, Putting the Cross in Context. Atonement Through Covenant, S.109.

Dieser Bund „verschafft kreative Möglichkeiten für neue Möglichkeiten des Werdens [und] verwebt die Menschheit unauflöslich mit Gott."[235]

Zeitgenössische Wiedertäufer berufen sich auf Menno Simons' Betonung des Pazifismus, der Freiheit und des Friedens. Einige Wiedertäufer glauben, Pazifismus, Freiheit und Frieden betonen die Abwesenheit von Zwang und die göttliche Kraft der Inspiration, die typisch für die offene und relationale Theologie sind. Rod Thomas meint beispielsweise, dass die theologische Offenheit, die Jesus verkörpere, und die Vorstellung, dass Gott relational sei, auf der Inspiration als primärer Form der Interaktion beruhen. Dies beinhaltet das, was Thomas als „gewaltfreie Politik"[236] bezeichnet.

Einige zeitgenössische Baptisten schließen aus ihrem Glauben, dass Gläubige sich frei für den Baptismus entscheiden müssen. Dieser Schluss führt sie zu der Befürwortung offener und relationaler Theologie mit ihrem Schwerpunkt auf der geschöpflichen Freiheit. Frank Tupper glaubt beispielsweise, dass wir Gott als inspirierend und ermächtigend denken sollten. Unseren Abba anzubeten, so Tupper, „beinhaltet den Verzicht auf dominierende Macht und überwältigende Kraft als Weg, den Willen Gottes zu erfüllen."[237]

Pfingstler sind überzeugt, dass wir mit Gott kooperieren müssen, wenn wir uns der Gaben des Geistes bedienen. Sie glauben, dass dieses Thema der Schöpfer-Geschöpf-Kooperation innerhalb der offenen und relationalen Theologie maßgeblich ist.[238] Der pfingstliche Theologe Joshua D. Reichard sagt: „Gottes Handeln in der Welt ist nicht primär einseitig, sondern relational."[239] Gott teilt seine Macht mit den Geschöpfen, um seinen göttlichen Willen zu erfüllen.[240] Pfingstlich-charismatische Bekenntnisse, wie die gegenwärtigen Geistgaben und die Möglichkeit der Wunder, so Reichard, besitzen eine inhärente Kompatibilität mit offener und relationaler Theologie.[241]

---

[235] Ebd.

[236] THOMAS, Rod, Rebooting Political Jesus Part 3. Nonviolent Politics, in: Resist Daily (30. Dezember 2013), http://resistdaily .com/rebooting-political-jesus-part-3-nonviolent-politics.

[237] TUPPER, E. Frank, A Scandalous Providence. The Jesus Story of the Compassion of God, Macon GA 1995, S.133.

[238] Neben den Schriften Joshua D. Reichards (siehe unten), vgl.: ARCHER, Kenneth J., Open Theism View. Prayer Changes Things, in: Pneuma Review 5 (2/2002), S.32-53. Sowie: ARCHER, Kenneth J., The Gospel Revisited. Towards a Pentecostal Theology of Worship and Witness, Eugene OR 2011.

[239] REICHARD, Joshua D., Relational Empowerment. A Process-Relational Theology of the Spiritfilled Life, in: Pneuma. The Journal of the Society for Pentecostal Studies 36 (2/2014), S.18.

[240] Vgl.: REICHARD, Relational Empowerment. A Process-Relational Theology of the Spiritfilled Life, S.1-20. Vgl. dazu: DERS., Toward a Pentecostal Theology of Concursus, in: Journal of Pentecostal Theology 22 (2013), S.95-114.

[241] Vgl.: REICHARD, Joshua D., Of Miracles and Metaphysics. A Pentecostal-Charismatic and Process- Relational Dialog, in: Zygon. Journal of Religion and Science 48 (2013), S.274-293. Vgl. dazu Reichards andere Aufsätze, darunter: DERS., Beyond Causation. A Contemporary Theology

Die restorationistische Stone-Campbell-Bewegung[242] betont die Freiheit im Geist. Damit passt diese Bewegung gut zur offenen und relationalen Theologie, die den freien Willen befürwortet.[243]

William Curtis Holtzen, ein Theologe, der in dieser Tradition steht, sagt: „Gottes wahre Macht innerhalb des relationalen Theismus besteht nicht in Verpflichtung oder Zwang, sondern in der Liebe, die ködert, auffordert und Menschen dazu bringt, das zu werden, was Gott sich für sie wünscht und die sie zum Imago Dei transformiert."[244] Holtzen glaubt, dass Gott „verletzlich werden muss, Risiken eingehen muss und Macht mit der Menschheit teilen muss und uns daher die Fähigkeit erlaubt, Gottes Pläne zu verändern oder sich ihnen anzupassen."[245]

Jacob Arminius spricht von der Kooperation zwischen Gott und seinen Geschöpfen. Viele, die diese Sichtweise befürworten, fühlen sich auch zur offenen und relationalen Theologie hingezogen.[246] Obwohl Arminius die Annahme vertrat, dass Gott alles vorherweiß, stimmen andere Aspekte arminianischer Theologie mit Aspekten der offenen und relationalen Theologie durchaus überein. Der arminianische Theologe Roger Olson sagt beispielsweise, dass „freier Wille eine Schlüsselvorstellung arminianischer Theologie darstellt und zuvorkommende Gnade die Quelle freien Willens ist, wenn es um die individuelle Annahme des Evangeliums geht […] Freier Wille besteht *um des Wesens Gottes willen*."[247] Offene und relationale Theologie stimmt

---

of Concursus, in: American Journal of Theology and Philosophy 34 (2013), S.117-134. Vgl. auch: DERS., An 'Improbable Bond of the Spirit'. Historical Perspectives on the Christian Life in Pentecostal-Charismatic and Process-Relational Theologies, in: W. Vondey (Hg.), The Holy Spirit and the Christian Life, New York 2014, S.179-198. Vgl. zudem: DERS., From Causality to Relationality. Toward a Wesleyan Theology of Concursus, in: Wesleyan Theological Journal 49 (1/2014), S.122-138.

[242] Anmerkung der Übersetzer: Die Stone-Campbell-Bewegung ist eine christliche Bewegung, die zur Zeit des sog. »Second Great Awakening« in den USA entstand. Das Ziel der Bewegung war eine Reform der Kirche von innen, die die Vereinigung aller Christen in einem einzigen Leib, ganz im Sinne der »Kirche« des Neuen Testaments, anstrebte.

[243] Vgl.: ALLEN, C. Leonard/ Hughes, Richard T., Discovering Our Roots. The Ancestry of the Churches of Christ, Abilene 1988.

[244] HOLTZEN, William C., Bruce (Not So) Almighty. Divine Limitation and Human Transformation, in: J. Grana (Hg.), Essays of Hope, Fullerton CA 2012), S.47-58, hier: S.56.

[245] HOLTZEN, Bruce (Not So) Almighty, S.56.

[246] Für Darstellungen arminianischer Theologie siehe: BANGS, Carl, Arminius. A Study in the Dutch Reformation, Grand Rapids 1985. Vgl. auch: GUNTER, W. Stephen Arminius and His Declaration of Sentiments. An Annotated Translation with Introduction and Theological Commentary, Waco TX 2012. Vgl. zudem: STANGLIN, Keith D./ McCall, Thomas H., Jacob Arminius. Theologian of Grace, Oxford 2012.

[247] OLSON, Roger E., Is Open Theism a Type of Arminianism?, in: My Evangelical Arminian Theological Musings (Blog), Evangelical Channel (10. November 2012), www .patheos.com/ blogs/rogereolson/2012/11/is-open-theism-a-type-of-arminianism/.

dem zu. Offene und relationale Theologie, so Olson, ist „dem ‚Herzen' des Arminianismus nahe."[248]

Christen, die daran glauben, dass Liebe zentral für ihren Glauben und ihre Lebenspraxis ist, sind eher geneigt, offene und relationale Theologie zu befürworten. Auf ihre je eigene Art und Weise behaupten zahlreiche christliche Traditionen, dass Liebe die Haupteigenschaft Gottes ist. Die Vorstellung, dass Gott mit seinen Geschöpfen auf liebende Weise interagiert, ist weit verbreitet. Viele gehen davon aus, dass Gott uns dazu aufruft, mit seinem Wirken zu kooperieren, indem wir ein Leben in Liebe führen.

Auch die wesentlichen Vorstellungen wesleyanischer[249] Tradition stimmen mit denen der offenen und relationalen Theologie überein. Wesleyaner ahmen John Wesley nach, der göttliche Souveränität im Licht der Liebe Gottes verstehen wollte.[250] Wesley predigte, dass Gott „alles wirkmächtig und mit ganzem Herzen beeinflusst und das, ohne die Freiheit seiner vernünftigen Geschöpfe zu zerstören."[251] Er versteht die Macht Gottes, sagt Randy Maddox, „grundlegend hinsichtlich seiner *Ermächtigung*, und nicht als Kontrolle oder Übermächtigung."[252] Wesleyaner glauben, dass „Gottes Gnade mächtig ist, aber auch ausgeschlagen werden kann, wo es um das menschliche Leben und die Erlösung geht."[253]

Viele, die in der wesleyanischen Tradition verwurzelt sind, folgen Wesleys Beispiel und legen großen Wert auf die Liebe als Mittelpunkt christlicher Theologie.[254] So verfasste Mildred Bangs Wynkoop ihr Meisterwerk, *A Theo-*

---

[248] OLSON, Is Open Theism a Type of Arminianism?.
[249] Anmerkung der Übersetzer: Wesleyanische Kirschen sind Kirchen, die auf der von John Wesley begründeten methodistischen Theologie beruhen. Ihr Schwerpunkt sind besonders die Gesinnung und Lebensführung der Gläubigen.
[250] In Bezug zu hilfreichen wesleyanischen Quellen vgl.: CROFFORD, J. Gregory Streams of Mercy. Prevenient Grace in the Theology of John and Charles Wesley, Lexington KY 2010. Sowie: EDWARDS, Rem B., John Wesley's Values – And Ours, Lexington KY 2012. Vgl. zudem die Quellen der folgenden Fußnoten.
[251] WESLEY, John, On the Omnipresence of God. sermon 118, in: Ders., The Works of John Wesley (Bd. 4: Sermons IV [115-151]), Nashville: Abingdon 1987, S.42.
[252] MADDOX, Randy L., Responsible Grace. John Wesley's Practical Theology, Nashville 1994, S.55.
[253] MADDOX, Responsible Grace. John Wesley's Practical Theology, S.55.
[254] Siehe beispielsweise: CALLEN, Barry L., God as Loving Grace. The Biblically Revealed Nature and Work of God, Nappanee IN 1996. COBB, John B., Grace and Responsibility. A Wesleyan Theology for Today, Nashville 1995. COLLINS, Kenneth J., The Theology of John Wesley. Holy Love and the Shape of Grace, Nashville 2007. CRUTCHER, Timothy J., The Crucible of Life. The Role of Experience in John Wesley's Theological Method, Lexington KY 2010. LECLERC, Diane, Discovering Christian Holiness. The Heart of the Wesleyan-Holiness Theology, Kansas City MO 2010. LODAHL, God of Nature and of Grace. MADDOX, Randy L., Responsible Grace. McCORMICK, K. Steve, The Heresies of Love. Toward a Spirit-Christ Ecclesiology of Triune Love, in: Wesleyan Theological Journal 37 (2002), S.35-47. OORD, Thomas J./ Lodahl, Michael,

logy of Love[255]. In diesem Werk betrachtet sie Heiligkeit unter dem Blickwinkel der relationalen Liebe Gottes.[256] „Wenn jede einzelne Lehre christlichen Glaubens von [Wesley] identifiziert und definiert wird, dann ist die Grundbedeutung, die ausnahmslos als Ergebnis resultiert ‚Liebe'."[257]

John Wesleys „Denken ist wie ein riesiger Rundbau mit Torbogeneingängen rundherum"[258], so beschreibt es Wynkoop. „Egal, in welchen [Torbogen] man eintritt, er führt einen immer in die Halle der Liebe, die sich in der Mitte befindet."[259] Diese Liebe schaffe Freiheit und binde „jede einzelne Lehre zu einem dynamischen Bauwerk zusammen und [offenbart] die theologische Gestalt und Integrität John Wesleys."[260]

Theologen in allen diesen Traditionen ringen mit dem Verständnis von Gottes Vorwissen angesichts seiner göttlichen Liebe und der Freiheit seiner Geschöpfe. Der Großteil lehnt die Vorstellung ab, dass Gott alles zuvor befiehlt oder vorherbestimmt. Aber viele glauben, dass Gott alle zukünftigen Geschehnisse vorherweiß. Gott wüsste mit absoluter Sicherheit, was wir morgen und auch in der gesamten Zukunft tun werden, und dennoch seien wir frei, uns anders zu entscheiden. Diese Theologen unterstützen traditionelle Positionen zur Allgegenwart Gottes, die für gewöhnlich unter den Namen »einfaches Vorauswissen« oder »mittleres Wissen« bekannt sind, die ich später noch erklären werde.[261]

Andere Anhänger dieser Traditionen sind überzeugt, dass man nicht gleichzeitig Gottes Liebe und die Freiheit seiner Geschöpfe betonen und an ein Vorwissen Gottes glauben kann. Gott wüsste die Zukunft nicht in ihrer Gänze vorher. Sie denken, dass Gott die Zeit in ähnlicher Weise erlebt wie wir es als seine Geschöpfe tun. Die Zukunft ist voller Möglichkeiten und, weil Gott allwissend ist, kennt Gott sie alle. Jedoch kann Gott nicht mit

---

Relational Holiness. Sowie: RUNYON, Theodore, The New Creation. John Wesley's Theology Today, Nashville 1998.

[255] Anmerkung der Übersetzer: »Eine Theologie der Liebe«.

[256] Michael Lodahl und ich vertreten dieselbe Meinung, wo es um *Relationale Heiligkeit* geht.

[257] BANGS Wynkoop, Mildred, A Theology of Love. The Dynamic of Wesleyanism, Kansas City MO 1972, S.10.

[258] BANGS Wynkoop, A Theology of Love, S.10.

[259] BANGS Wynkoop, A Theology of Love, S.10.

[260] Ebd., S.10f.

[261] Mehr zum mittleren Wissen lässt sich finden bei: FLINT, Thomas, Divine Providence. The Molinist Account, Ithaca NY 1998. Für mehr Literatur zum einfachen Vorauswissen vgl.: HUNT, David, The Simple-Foreknowledge View, in: J. K. Beilby/ P. R. Eddy (Hg.), Divine Foreknowledge. Four Views, Downers Grove IL 2001, S.65-103. Für eine Kritik einfachen Vorauswissens siehe: ZIMMERMAN, Dean, The Providential Usefulness of "Simple Foreknowledge", in: K. J. Clark/ M. R. Reason (Hg.), Metaphysics, and Mind. New Essays on the Philosophy of Alvin Plantinga, Oxford 2012, S.174-202.

absoluter Gewissheit vorherwissen, welche Möglichkeiten sich tatsächlich ereignen werden.

Obwohl Pinnocks Publikation *The Openness of God* und andere Werke diese Sicht vom Vorwissen Gottes in den Mittelpunkt der gegenwärtigen Diskussion gestellt haben, erkannten sie auch Theologen im neunzehnten und dem frühen zwanzigsten Jahrhundert an.[262] Der methodistische Theologe Lorenzo D. McCabe (1817-1897) verteidigte eindringlich die Sichtweise, dass Gottes Allwissenheit nicht mit erschöpfendem Vorwissen gleichzusetzen sei.[263] „Wenn es um reine Eventualitäten vor ihrer Erschaffung geht[, kann Gott] Theorien, Ideale, Vorlieben, Möglichkeiten oder Wahrscheinlichkeiten besitzen, aber kein sicheres Wissen."[264] „In der göttlichen Allwissenheit, muss es ein Element des Wachstums geben"[265], was heißt, dass neues Wissen für Gott in der Zukunft verfügbar sein wird.

Für den lutherischen Theologen Isaak Dorner (1809-1884) sieht ein konsequentes Verständnis von der Zusammenarbeit Gottes mit seinen Geschöpfen so aus: Gott wüsste um die freien Handlungen seiner Geschöpfe als zukünftige Möglichkeiten, nicht als zukünftige Tatsachen. Er meint, wir könnten uns nicht zufrieden geben mit der Behauptung, dass für Gott nichts als solches vergangen oder zukünftig sein könne.[266] Gottes Wissen setze eine Bewegung, eine Veränderung im Wissen Gottes voraus.[267]

T.W. Brents (1823-1905), ein Denker, der dem Stone-Campbell-Restorationismus angehörte, vertrat die Auffassung, dass Gott sich freiwillig dafür entscheidet, einige Dinge nicht zu wissen. Brents erklärt: „wenn Gott, bevor er Adam das Gesetz im Garten gab, gewusst hätte, dass [Adam] es verletzen würde, dann wäre [Adam] nicht frei; denn er hätte Gottes Vorwissen

---

[262] Für eine Liste der führenden Stimmen offener Theologen aus Geschichte und Zeitgeschichte siehe: SANDERS, John, Who Has Armed Dynamic Omniscience and the Open Future in History?, in: Open Theism Information Site (27. Januar 2014), http://opentheism.info/information/af-rmed-dynamic-omniscience-open-future-history/#_edn11.Tom Lukashow leistete signifikant historische Arbeit zu Befürwortern der offenen Sichtweise der Zukunft. Sein Werk kann im Internet abgerufen werden. Vgl. dazu: LUKASHOW, Tom, Open Theism Time Line, in: scribd (hochgeladen von Terri Churchill; 28. März 2013), www.scribd.com/doc/132763616/Open-Theism-Timeline-by-Tom-Lukashow.

[263] Vgl.: MCCABE, Lorenzo Dow, Divine Nescience of Future Contingencies a Necessity. Being an Introduction to „The Foreknowledge of God, and Cognate Themes", New York 1882. Vgl. auch: DERS., The Foreknowledge of God. And cognate themes in theology and philosophy, Cincinnati 1887.

[264] MCCABE, Divine Nescience of Future Contingencies a Necessity, S.24.

[265] Ebd., S.27.

[266] Vgl.: DORNER, Isaak A., Gesammelte Schriften aus dem Gebiet der systematischen Theologie, Exegese und Geschichte, Berlin 1883, S.1-48.

[267] Vgl.: DORNER, Gesammelte Schriften, S.1-48.

nicht täuschen können."[268] Aus diesem Grund „hielt [Gott] es für angebracht, sich der Kenntnis von allem zu entziehen, das mit der Freiheit menschlichen Willens nicht vereinbar ist."[269]

Der römisch-katholische Theologe Jules Lequyer (1814-1862) befürwortete das, was er für die Logik des freien Willens hielt, die sich aus Gottes Vorwissen erschließt.[270] „Ich glaube, dass Gott nur ein mutmaßliches Wissen von den Handlungen hat, die von menschlicher Aktivität bestimmt sind", meint Lequyer.[271] Gottes Wissen sei zum Teil von geschöpflichen Entscheidungen abhängig.

Der adventistische Gelehrte Uriah Smith (1832-1903) verfasste Kommentare zu den Prophezeiungen des Danielbuches und der Offenbarung und lehnte dennoch das erschöpfende Vorwissen Gottes ab. „Gott schuf [den Menschen], weil er alle intelligenten Wesen, die ihm dienen sollten, als frei moralisch Handelnde erschaffen musste[, so Smith,] damit ein solcher Dienst weder mechanisch noch unter Zwang geschieht, sondern selbstgewählt und frei."[272] „Selbstverständlich war sich Gott darüber bewusst, dass [die Menschen] sündigen *könnten*, jedoch wäre dies vollkommen verschieden davon zu sagen, er habe gewusst, dass [die Menschen] sündigen *würden*."[273]

Etliche methodistische Theologen des frühen zwanzigsten Jahrhunderts verwarfen umfassendes Vorwissen.[274] Einer der bekanntesten unter ihnen, Edgar S. Brightman (1884-1953), formulierte seine Ablehnung erschöpfenden, definitiven Vorwissens folgendermaßen: „Man kann von Gott nicht behaupten, er habe vollständiges Vorwissen. Obwohl ein göttlicher Verstand alles wissen würde, das wissbar und wert zu wissen ist, die Konsequenzen aller möglichen Entscheidungen eingeschlossen, so würde er doch nicht wissen, welche Entscheidungen ein freier Verstand treffen würde."[275] Gott kann

---

[268] BRENTS, Thomas W., The Gospel Plan of Salvation, Cincinnati 1874, S.96.
[269] BRENTS, The Gospel Plan of Salvation, S.96.
[270] Vgl.: VINEY, Donald W., Jules Lequyer and the Openness of God, in: Faith and Philosophy 14 (2/1997), S.212-35.
[271] Jules Lequyer zitiert nach: HARTSHORNE, Charles/ Reese, William L., Philosophers Speak of God, Chicago 1953, S.230.
[272] SMITH, Uriah, Looking unto Jesus or Christ as Type or Antitype, Battle Creek MI 1898, S.49.
[273] SMITH, Looking unto Jesus or Christ as Type or Antitype, S.49.
[274] Vgl. Randy L. Maddox' Aufsatz zu Methodisten, die erschöpfendes Vorwissen ablehnten in: MADDOX, Randy L., Seeking a Response-Able God. The Wesleyan Tradition and Process Theology, in: B. P. Stone/ T. J. Oord (Hg.), Thy Nature and Thy Name Is Love. Wesleyan and Process Theologies in Dialogue, Nashville 2001, S.111-142.
[275] BRIGHTMAN, Edgar S., The Finding of God, New York 1931, S.136. Vgl. dazu: BRIGHTMAN, Edgar S., The Problem of God, New York 1930.

es nicht wissen, weil Gottes „Bewusstsein eine unendliche Zeitbewegung ist, die Seele der ganzen fortlaufenden Wirklichkeit."[276]

Im späten zwanzigsten Jahrhundert folgten einige der neu aufkommenden Tradition der Prozesstheologie als Weg zur offenen und relationalen Theologie.[277] Prozesstheologie ist bekanntermaßen schwer zu definieren und Wissenschaftler streiten darüber, wie man ihren Kerngehalt am besten beschreiben könnte.[278] Es lässt sich jedoch festhalten, dass christliche Prozesstheologen üblicherweise die zentrale Stellung der Liebe für die Theologie, genuin geschöpfliche Freiheit, Zufälligkeit und Notwendigkeit in der Welt anerkennen und der Auffassung sind, dass Gottes derzeitiges Wissen keine zukünftigen Ereignisse beinhaltet.[279] Sie sind also offene und relationale Theologen.

Die meisten Prozesstheologen stimmen mit Charles Hartshorne überein, der für einen *Zuwachs im Wissen Gottes* argumentiert.[280] „Der Schöpfungsprozess bringt neue Wirklichkeiten, um die man wissen kann, hervor."[281] Das bedeutet, „Gott weiß noch nicht oder nicht ewiglich, was wir morgen tun, denn, bis wir uns entscheiden, gibt es keinerlei Instanzen, die unsere zukünftigen Entscheidungen offenlegen."[282]

---

[276] BRIGHTMAN, The Finding of God, S.132.

[277] Prozesstheologie nimmt die verschiedensten Formen an. Zusätzlich zu denen von Cobb, Griffin und Harthorne, deren Werke oben genannt werden, repräsentieren diese Bücher einen Teil dieser Vielfalt. Vgl. dazu: ARTSON, Bradley S., God of Becoming and Relationship. The Dynamic Relationship of Process Theology, Woodstock VT 2013. BRACKEN, Joseph A., Does God Roll Dice?. Divine Providence for a World in the Making, Collegeville MN 2012. CLAYTON, Philip, Adventures in the Spirit. COLEMAN, Monica A., Making a Way out of No Way. A Womanist Theology, Minneapolis 2008. EPPERLY, Bruce, Process Theology. A Guide for the Perplexed, London 2011. FABER, Roland, God as Poet of the World. Exploring Process Theologies, Louisville KY 2004. KELLER, Catherine, Face of the Deep. A Theology of Becoming, New York 2003. DIES., On the Mystery. Discerning God in Process, Minneapolis 2008. McDANIEL, Jay/Bowman, Donna (Hg.), Handbook of Process Theology, St. Louis 2006. OGDEN, Schubert, The Reality of God and Other Essays, Norwich 1967. SUCHOCKI, Marjorie H., God, Christ, Church. A Practical Guide to Process Theology, New York 1993. Sowie: WILLIAMS, Daniel D., The Spirit and the Forms of Love, New York 1968.

[278] John B. Cobb. Junior, ein führender Vertreter der Prozesstheologie, identifiziert keinen Kerngehalt in der Prozesstheologie. Sein Kollege, der ebenfalls Befürworter der Prozesstheologie ist, David Ray Griffin, listet zehn Kernlehren. Vgl. dazu: GRIFFIN, David R., Reenchantment Without Supernaturalism. A Process Philosophy of Religion, Ithaca NY 2001.

[279] Für eine Einführung in die Prozesstheologie vgl.: COBB, John B., The Process Perspective. Frequently Asked Questions About Process Theology (herausgegeben von Jeanyne B. Slettom), St. Louis 2003. Vgl. auch: EPPERLY, Process Theology. Sowie: McDANIEL/Bowman (Hg.), Handbook of Process Theology.

[280] HARTSHORNE, Charles, Omnipotence and Other Theological Mistakes, Albany 1984, S.27.

[281] HARTSHORNE, Omnipotence and Other Theological Mistakes, S.39.

[282] COBB, John B., The Process Perspective, S.31.

Prozesstheologe John B. Cobb schließt sich Hartshorne diesbezüglich an. „Wenn man die Bibel freimütig liest, steht es außer Frage, dass geschöpfliche Ereignisse einen Einfluss auf Gott haben, der nicht schon vorherbestimmt ist. Die Bibel spricht oft davon, dass Gott den Menschen begegnet und davon, dass diese Begegnung sogar Gottes Meinung ändern kann."[283] Die Bibel ergibt laut Cobb wenig Sinn, wenn Gott ewiglich alle Geschehnisse als bereits abgeschlossene kennt.

Andere theologische Strömungen und Theologen vertreten Überzeugungen, die mit der offenen und relationalen Theologie übereinstimmen oder mit ihnen gleichzusetzen sind. Mein Ziel in diesem Abschnitt war es jedoch, zwei Aussagen zu treffen. Erstens: Die Vorstellungen, die das Herzstück zahlreicher christlicher Traditionen bilden, veranlassen manche ihrer Befürworter dazu, die offene und relationale Theologie anzuerkennen. Zweitens: Etliche Theologen aus vergangenen Tagen vertraten bereits die Vorstellungen offener und relationaler Theologie, obwohl sie als Denkform ein zeitgenössisches Phänomen ist. Einige bedeutende Theologen aus der Vergangenheit sprachen sich sogar dafür aus, dass Allwissenheit nicht bedeutet, dass Gott alle zukünftigen Ereignisse mit Sicherheit vorausweiß.

PHILOSOPHIE

Ein dritter Grund, der viele überzeugt, die offene und relationale Theologie zu befürworten, ist philosophischer Natur. Philosophen unterteilen ihre Disziplin in verschiedene Traditionen, Bereiche und Schwerpunkte. In der gegenwärtigen Szene dominieren analytische und kontinentale philosophische Ansätze. Von diesen beiden beschäftigen sich die analytischen Philosophen am unmittelbarsten mit den Themen offener und relationaler Theologie, darunter besonders mit der Frage nach göttlichem Vorwissen.

Eine Vielzahl bedeutender Philosophen unterstützen die offene und relationale Sichtweise, wenn es um das Wissen Gottes geht. William Hasker ist einer der bekanntesten. Hasker kam schon sehr bald in seinem Leben zu der Überzeugung, dass Menschen freien Willen im Sinne libertarischer Freiheit besitzen. Diese Überzeugung nahm eine Schlüsselrolle bei seiner Anerkennung offenen und relationalen Denkens ein.

Als Student am Wheaton College entdeckte Hasker Probleme, die sich bei der Annahme libertarischer Freiheit und dem gleichzeitigen Glauben an traditionelle, theologische Vorstellungen ergeben. „Ich war hin und her gerissen zwischen meiner Liebe und Bewunderung für Augustinus (die ich auch

---

[283] Ebd.

heute noch hege) und den zutiefst problematischen Aspekten seiner Lehre der Prädestination. Schließlich folgerte ich, dass der Gott der Heiligkeit, Liebe und Gerechtigkeit, an den Augustinus und ich beide glaubten, schlicht nicht der Verfasser eines ewigen, bedingungslosen Erlasses der Verdammnis sein kann."[284]

In diesen frühen Jahren vertrat Hasker die Ansicht des einfachen Vorauswissens der Allwissenheit Gottes. Sie geht davon aus, dass Menschen genuin frei sind, und Gott dennoch alle freien Entscheidungen in der Zukunft und die Folgen dieser Entscheidungen vorherweiß. Die meisten, die das einfache Vorauswissen befürworten, denken, dass Gott stets alle zukünftigen, freien Handlungen vorherweiß.

Zu einem späteren Zeitpunkt seines Lebens wurde Hasker mit der Vorstellung vom mittleren Wissens Gottes bekannt gemacht. Sie ist auch unter dem Namen Molinismus bekannt. Der Molinismus geht davon aus, dass Gott alle Entscheidungen, die freie Geschöpfe treffen, kennt, bevor sie sich dazu entscheiden. Gott weiß zudem, was freie Geschöpfe in irgendeiner möglichen Situation getan hätten, auch wenn die Entscheidungen in Wirklichkeit nie so ausgefallen sind. Philosophen nennen diese Handlungen, die Geschöpfe hätten tun können, *kontrafaktische Freiheitskonditionale*.

Haskers Reaktion auf den Molinismus war und bleibt negativ. „Bereits am Anfang kam mir diese Theorie vollkommen unplausibel vor"[285], sagt er. In den Augen Haskers „gibt es nichts, was entweder in den Umständen oder in der Natur und dem Wesen des Entscheidenden liegen könnte, das im Voraus die Entscheidung bestimmt, die getroffen werden wird."[286] Bis ein frei Handelnder eine tatsächliche Entscheidung trifft, kann Gott diese Entscheidung nicht vorherwissen. Er kann nur um die verschiedenen Möglichkeiten wissen.

1973 rückte Hasker von der Perspektive des einfachen Vorauswissens ab. In diesem Jahr las er Nelson Pikes Argumentation für die Unvereinbarkeit von göttlichem Vorauswissen und menschlicher Freiheit.[287] „Seine Erörterung kam mir sofort äußerst überzeugend vor und ich bin von diesem ersten Eindruck nie abgewichen"[288], berichtet er. „Keiner der genialen Wege, diese Argumentation zu umgehen, erschien mir bisher zufriedenstellend zu

---

[284] HASKER, William, Providence, Evil and the Openness of God, New York 2004, S.98.
[285] HASKER, Providence, Evil and the Openness of God, S.99.
[286] Ebd.
[287] Vgl.: PIKE, Nelson, God and Timelessness, New York 1970.
[288] HASKER, Providence, Evil and the Openness of God, S.100.

sein."[289] Wir kennen die Alternative, die Hasker zu bedenken begann, nun unter dem Begriff der *open view*.

Hasker begann zudem die traditionelle Vorstellung von der Beziehung Gottes zur Zeit, besonders der zeitlosen Ewigkeit, infrage zu stellen. In dieser Zeit schrieb er ein Werk, welches die Schwierigkeiten dieser Lehre untersuchte.[290] Dieses Werk endete schlussendlich in einem Buch (*God, Time, and Knowledge)* und führte dazu, dass Hasker göttliche Überzeitlichkeit ablehnte.[291]

Die Vorstellung, dass Gott wesentlich überzeitlich ist, ergibt für Hasker in philosophischer Hinsicht keinen Sinn. Und sie entspricht sicher nicht der biblischen Rede von Gott. „Für mich persönlich war die entscheidende Überlegung, dass ein zeitloser Gott in der Lage wäre, uns menschliche Wesen als lediglich zeitlose Repräsentationen zu kennen"[292], erklärt er. „Dies schmälert gravierend den Personalismus und die Intimität, die so entscheidend in unserer Beziehung zu Gott sind."[293]

Außerdem kam Hasker zu der Überzeugung, dass die neuplatonisch inspirierte Metaphysik, und nicht die Bibel, die traditionelle christliche Denkweise über Gottes Beziehung zur Zeit bestimmt hatte. Ganz im Gegensatz zum Neuplatonismus besage eine angemessenere Denkweise, dass Gott den Verlauf der Zeit in einer Weise erlebt, die der der Geschöpfe ähnlich ist: also Moment für Moment.

„Gottes Wissen von der Zukunft, obwohl es unvergleichlich größer sein mag als sämtliches Wissen, das wir besitzen könnten, ist nicht das erschöpfende, sichere und unendlich detaillierte Wissen, das vom Großteil der theologischen Tradition postuliert wird"[294], sagt Hasker. „Obwohl ich diese Schlussfolgerung nun anerkenne, war der Weg zu ihr doch gekennzeichnet von einer gewissen Zurückhaltung und nur durch ausgedehnte Reflexion möglich."[295]

Hasker und andere relationale Denker glauben, dass Gottes vermeintliches Vorauswissen tatsächlicher Ereignisse mit geschöpflichem freiem Willen nicht zu vereinbaren ist. Jedoch behaupten sie nicht, dass Gottes Vorauswissen kausale Macht ausüben würde, um zu bestimmen was geschehen

---

[289] Ebd.
[290] William Haskers Schrift wurde schlussendlich veröffentlich unter dem Titel: HASKER, William, Concerning the Intelligibility of 'God Is Timeless', in: New Scholasticism 57 (1983), S.170-195.
[291] Vgl.: dazu: HASKER, William, God, Time, and Knowledge, Ithaca 1989.
[292] HASKER, Providence, Evil and the Openness of God, S.100.
[293] Ebd.
[294] Ebd., S.101.
[295] Ebd.

wird. Offene und relationale Denker sind überzeugt, dass die Vorstellung des umfassenden Vorauswissens heißt, dass die Zukunft gänzlich entschieden und bereits festgelegt ist. Freier Wille ergibt nur dann Sinn, wenn die Zukunft nicht vollständig entschieden und nicht festgelegt ist. Er setzt nämlich voraus, dass verschiedene Optionen zur Wahl stehen und Geschöpfe die Fähigkeit besitzen müssen, anders zu handeln, als man es hätte tun können. Damit es den freien Willen wirklich geben kann, muss die Zukunft offen sein, nicht festgelegt.

Die meisten, die offene und relationale Theologie aus philosophischen Gründen vertreten, lehnen neben der Annahme, dass Gott die tatsächliche Zukunft weiß, noch andere Vorstellungen von Gott ab, die in der Geschichte des Christentums weit verbreitet sind. Die Mehrheit bestreitet traditionelle Denkweisen über Gottes Überzeitlichkeit, Einfachheit, Leidensunfähigkeit und Unveränderlichkeit. Diese Eigenschaften stehen in Wechselbeziehung zueinander, zumindest lose, und eine davon zu verwerfen, bedeutet oft auch alle anderen zu verwerfen.

So ist das offene und relationale Verständnis vom Vorauswissen Gottes, wie Hasker feststellte, gebunden an Gottes Beziehung zur Zeit. Der Prozessphilosoph Alfred North Whitehead ist für seine These bekannt, dass Gott immerwährend im Zeitverlauf existiert. Heute noch beeinflussen Whiteheads Beiträge aus dem frühen zwanzigsten Jahrhundert die Wissenschaftler.

Einige, die der Prozesstradition eher fernstehen, vertreten nun jedoch ebenfalls diese Position. Nicholas Wolterstorff erklärt beispielsweise, dass zumindest einige der Eigenschaften Gottes miteinander in zeitlichen Ordnungsbeziehungen stehen. Demnach besitzt Gott ebenfalls eine Form von Zeitlichkeit. Sein Leben und seine Existenz selbst sind zeitlich. Darüber hinaus bemerkt er, dass die Ereignisse, die wir in Bezug auf Gottes Zeitlichkeit finden, in denselben zeitlichen Bereich gehören, wie das, was auch unsere Zeitlichkeit beinhaltet.[296] Gott existiert immerwährend in der Zeit.

Lange Zeit waren Prozessphilosophen und Theologen die prominentesten Vertreter innerhalb der Neubewertung der klassischen Lehre von der göttlichen Leidensunfähigkeit.[297] Diese Lehre besagt, dass die Geschöpfe Gott

---

[296] Vgl.: WOLTERSTORFF, Nicholas, God Everlasting, in: C. Orlebeke/ L. Smedes (Hg.), God and the Good. Essays in Honor of Henry Stob, Grand Rapids 1975, S.181-203. Vgl. dazu ebenso: God and Time. Four Views, Downers Grove IL 2001. Vgl. auch: DERS./ Woodruff, David M. (Hg.), God and Time. Essays on the Divine Nature, New York 2002. Sowie: YONG, Amos, Divine Knowledge and Relation to Time, in: T. J. Oord (Hg.), Philosophy of Religion. Introductory Essays, Kansas City MO 2003, S.136-152.
[297] Vgl. dazu besonders: HARTSHORNE, Charles, Man's Vision of God, and the logic of theism, New York 1941.

nicht wesentlich affizieren – Es bewegt Gott nicht, was seine Geschöpfe tun. In der traditionellen Vorstellung führt Gott mit der Schöpfung nur eine Art vernunftgeleitete Beziehung, keine wirkliche und sich wechselseitig beeinflussende Beziehung. Der leidensunfähige Gott ist nicht relational, er ist gewissermaßen unempfänglich für geschöpfliche Kausalität.[298]

Bis zum Ende des zwanzigsten Jahrhunderts schien die Mehrheit christlicher Gelehrter die klassische Sichtweise der Leidensunfähigkeit Gottes abzulehnen. Die meisten gingen davon aus, dass Gott relational zu bestimmen sei, weil Gott andere affiziert und andere Gott affizieren. Ronald Goetz erklärte sogar, dass die Lehre vom leidenden Gott – also, dass Gott relational und leidensfähig sei und nicht unberührbar und impassibel – zur neuen Rechtgläubigkeit unter Christen geworden sei.[299]

Richard E. Creel gehört zu den zeitgenössischen Philosophen, die der Ansicht sind, dass Gott relational ist und nicht leidensunfähig. Wenn Gott liebt, so Creel, dann muss Gott mit denen mitfühlen, die Gott liebt. „Jedes Wesen, das den Freuden und Leiden anderer leidensunfähig oder gleichgültig gegenübersteht, ist lieblos und daher des Titels ‚Gott' nicht würdig."[300] Ein personaler Gott tritt in Dialog mit anderen, was bedeutet, dass Gott „eine solche Interaktion bei Entscheidungen über und in Reaktion auf [seine Geschöpfe] berücksichtigen"[301] müsse. Wenn Gott eine solche Interaktion wirklich berücksichtigt, dann affizieren Geschöpfe Gott.

Eng verwandt mit der Leidensfähigkeit Gottes ist die Veränderlichkeit Gottes. Die klassische Lehre von der Unveränderlichkeit Gottes besagt, dass Gott sich niemals in irgendeiner Hinsicht verändert. Charles Hartshornes Vorstellungen zu diesem Thema können aus historischer Perspektive

---

[298] Vgl.: CREEL, Richard E., Immutability and Impassibility, in: P. L. Quinn/ C. Taliaferro (Hg.), A Companion to Philosophy of Religion, Oxford 1997, S.313-321, hier: S.314.

[299] Vgl. dazu: GOETZ, Ronald, The Suffering God. The Rise of a New Orthodoxy, in: Christian Century 103 (1986), S.385-389. Jürgen Moltmann ist sehr bekannt für seine Betonung des leidenden Gottes geworden. Seine Aussage deckt sich mit den Vorstellungen, dass Gott passibel oder relational ist. Vgl. dazu: MOLTMANN, Jürgen, Der gekreuzigte Gott, Das Kreuz Christi als Grund und Kritik christlicher Theologie, Gütersloh ⁷2002. In jüngerer Zeit erklärte Wesley Hill diesbezüglich, dass Impassibilität sich nun wieder allgemeiner Beliebtheit erfreue. Hills Charakterisierung des Motivs vom leidenden Gott ist jedoch nicht tragfähig genug, um zu erklären, dass Gott sowohl passible als auch impassible Aspekte besitzt, was von den meisten offenen und relationalen Theologen so gedacht wird. Vgl. jedoch dazu: HILL, Wesley, The New 'New Orthodoxy'. Only the Impassible God Can Help, in: First Things (15. Januar 2015), www.firstthings.com/web-exclusives/2015/ 01/the-new-new-orthodoxy.

[300] CREEL, Immutability and Impassibility, S.315.

[301] Ebd., S.315. Für ein etwas anderes und früheres Argument Richard Creels vgl.: CREEL, Richard E., Divine Impassibility. An Essay in Philosophical Theology, Eugene OR ²2005.

als die einflussreichsten unter offenen und relationalen Denkern gelten.[302]
Hartshorne lehnte die unterer anderem von Thomas von Aquin vertretene
Denkweise ab, die davon ausgeht, dass Gott purer Akt ohne Möglichkeit zur
Veränderung sei. Für Thomas ist Gott in jeglicher Hinsicht unveränderlich.
Für Hartshorne hingegen ist Gott in einigen Punkten unveränderlich und in
anderen veränderlich.

Hartshorne erklärt, dass Gottes ewiges Wesen sich nie verändert. Es ist
unveränderlich. Jedoch verändert sich die Lebenserfahrung Gottes in jedem
Moment der Beziehungen mit anderen. Sie ist veränderlich. Als das höchste
nur denkbare Sein ist Gottes Wesen auf vollkommene Weise unveränderlich.
Aufgrund von Erfahrungen jedoch verändert sich Gott als das vollkommenste
nur denkbare Sein, wenn er neue Information und Erfahrungen sammelt.[303]

Wenn Gott eine lebendige Person ist, die in jedem Augenblick Erfahrungen sammelt, dann könnte Gottes Erfahrung in dem einen Moment übertrof-
fen werden von Gottes Erfahrung im nächsten. In dieser Hinsicht verändert
sich Gott. Allerdings ist diese Veränderung eine vollkommene Veränderung.
„Der sich hinsichtlich seines Erfahrungsschatzes unterscheidende ‚Zukunfts-
gott' wird ebenso vollkommen sein. Diese Form der Vollkommenheit wird
einen höheren Grad an Wirklichkeitsbezug aufweisen."[304], meint Hartshorne.

Zusammenfassend lässt sich sagen, dass christliche Philosophen, die
eine offene und relationale Theologie vertreten, traditionelle Vorstellungen
von Gott überdenken.[305] Den übergreifenden christlichen Überzeugungen

---

[302] Für eine Zusammenfassung der philosophischen Vorstellungen Harthornes über Gott vgl.:
VINEY, Donald W., Charles Hartshorne and the Existence of God, Albany 1985.

[303] Vgl.: HARTSHORNE, Charles, The Divine Relativity. A Social Conception of God, New Haven 1948.

[304] HARTSHORNE, Charles, The Logic of Perfection, LaSalle IL 1962, S.66. Vgl. dazu: OORD,
Thomas J., Attaining Perfection. Love for God and Neighbor, in: D. Leclerc/ M. A. Maddix
(Hg.), Spiritual Formation. A Wesleyan Paradigm, Kansas City MO 2011, S.65-73.

[305] Für andere philosophisch orientierte Werke zu offenem und relationalem Denken vgl.:
BASINGER, The Case for Freewill Theism. DOMBROWSKI, Daniel A., Analytic Theism, Hartshorne,
and the Concept of God, Albany 1996. GEACH, Peter, Providence and Evil. The Stanton Lectures
1971-2, Cambridge 1977. HARTSHORNE, Man's Vision of God, and the logic of theism. HASKER,
Providence, Evil and the Openness of God. DERS., God, Time, and Knowledge. LUCAS, John R.,
The Future. An Essay on God, Temporality, and Truth, London 1989. MALONE-FRANCE, Derek,
Deep Empiricism. Kant, Whitehead, and the Necessity of Philosophical Theism, Lanham MD
2006. O'CONNOR, Timothy, Theism and Ultimate Explanation. The Necessary Shape of Contingency, London 2012. RHODA, Alan, Beyond the Chessmaster Analogy. Game Theory and Divine
Providence, in: T. J. Oord (Hg.), Creation Made Free. Open Theology Engaging Science, Eugene OR 2009, S.151-175. DERS., The Philosophical Case for Open Theism, in: Philosophia 35
(2007), S.301-311. DERS./ Boyd, Gregory A./ Belt, Thomas G. Open Theism, Omniscience, and
the Nature of the Future, in: Faith and Philosophy 23 (2006), S.432-459. SHIELDS, George W./
Viney, Donald W., The Logic of Future Contingents, in: Ders. (Hg.), Process and Analysis. Whitehead, Hartshorne, and the Analytic Tradition, Albany 2004, S.209-246. SWINBURNE,

bleiben sie jedoch treu - hierzu gehört besonders der Glaube an einen liebenden Gott, der seine Schöpfung erhält, allwissend, mächtig und heilig ist.
In Anbetracht dieser Zusagen bleiben sie traditionell. Vom Verständnis zahlreicher Philosophen und Theologen der Vergangenheit unterschieden ist die
Art und Weise, wie offene und relationale Philosophen Gottes Eigenschaften
verstehen.

NATURWISSENSCHAFT
An vierter Stelle betrachten wir nun die Naturwissenschaft. Für einige ist
sie der Grund, der sie zur Befürwortung offener und relationaler Theologie
veranlasste. Viele, die sich im Dialog der Naturwissenschaft mit der Religion
engagieren, fühlen sich zu offenen und relationalen Sichtweisen hingezogen.
Das liegt vor allem daran, dass viele Aspekte der Naturwissenschaft mit Vorstellungen der offenen und relationalen Theologie gut zu vereinen sind. Nach
Meinung dieser Naturwissenschaftler und Religionswissenschaftler ist es
sinnvoll, davon zu sprechen, dass ein offener und relationaler Gott ein offenes und relationales Universum erschafft.[306]

John Polkinghorne fand in erster Linie durch sein Studium der Naturwissenschaften zur offenen und relationalen Theologie. Nachdem er seine
Promotion in der Physik an der Universität von Cambridge erfolgreich abge-
schlossen hatte, begann Polkinghorne eine Karriere in den Naturwissenschaften und veröffentlichte sein erstes Buch über Teilchenphysik. Er arbeitete
mit einigen der führenden Wissenschaftler seiner Zeit zusammen und trug
viel zur Forschungsarbeit innerhalb der Naturwissenschaften bei, besonders
innerhalb der theoretischen Elementarteilchenphysik. Darüber hinaus war er
als Hochschuldozent an renommierten Universitäten des Vereinigten König-
reichs tätig.

Im Alter von etwa fünfzig Jahren entschied Polkinghorne sich dazu,
sein Labor zu verlassen und eine Ordination in der Church of England

---

Richard, The Coherence of Theism, Oxford 1977. TUGGY, Dale, Three Roads to Open Theism,
in: Faith and Philosophy 24 (2007), S.28-51. VINEY, Donald W., God Only Knows?. Hartshorne
and the Mechanics of Omniscience, in: R. Kane/ S. Phillips (Hg.), Hartshorne, Process Philosophy and Theology, Albany 1989, S.71-90. WARD, Keith, Divine Action. Examining God's Role
in an Open and Emergent Universe, San Francisco 1991. Ders., God, Chance, and Necessity.
Sowie: HOLTZEN William C./ Sirvent, Roberto, By Faith and Reason. The Essential Keith Ward,
London 2012.
[306] Für philosophische Artikel über Naturwissenschaften von Philosophen, die die offene Sichtweise bekräftigen, vgl.: OORD, Thomas J./ Hasker, William/ Zimmerman, Dean (Hg.), God in an
Open Universe. Science, Metaphysics, and Open Theism, Eugene OR 2011. Für theologische
Artikel offener und relationaler Denker, vgl.: OORD, Thomas J. (Hg.), Creation Made Free. Open
Theology Engaging Science, Eugene OR 2009.

anzustreben. „Ich hatte einfach das Gefühl, dass ich meinen Teil zur Teil-
chentheorie beigetragen hatte, und die Zeit war reif, etwas anderes zu tun."[307]
In den folgenden Jahrzehnten diente er als Dekan und Geistlicher in Trinity
Hall, Queens College, in Cambridge und erlangte dazu noch einigen Erfolg
als Autor. Als führende Stimme unter allen, die sich zugunsten einer Versöh-
nung von Naturwissenschaft und Theologie engagieren, versuchte er „zwei-
äugig zu sehen und so zugleich mit dem Auge der Naturwissenschaft als auch
mit dem Auge der Religion zu sehen und eine solche beidäugige Sicht ermöglicht es [ihm], mehr zu sehen als mit je nur einem Auge allein möglich
gewesen wäre."[308]

Seine Bildung im Bereich der Physik veranlasste Polkinghorne dazu, die
Welt aus einem bestimmten Blickwinkel zu betrachten. Wie ich weiter vorne
in diesem Buch erklärt habe, deutet Physik daraufhin, dass Ereignisse in unserer Welt zumindest teilweise zufällig und unvorhersehbar geschehen. Die
Natur-wissenschaft des zwanzigsten Jahrhunderts wurde Zeuge, als die Vorstellung von der Welt als mechanischem Uhrwerk aufgrund der Entdeckung
der inhärenten Unberechenbarkeit unserer Welt ihre Gültigkeit verlor. Diese
Unberechenbarkeit wurde zuerst auf der subatomaren Ebene festgestellt. Es
zeigte sich allerdings anhand der Chaostheorie, dass diese allem innewoh-
nende Unberechenbarkeit tatsächlich unseren gesamten Alltag prägt.

Polkinghorne kam zu der Überzeugung, dass die Zufälligkeit, von der
unsere Welt gekennzeichnet ist, uns etwas über die Offenheit der Wirklichkeit selbst mitteilt. Dieser Glaube entstammt seiner Beschäftigung mit dem
philo-sophischen Realismus, der davon ausgeht, dass wir anhand unserer Beobachtungen zutreffende Aussagen über die Welt tätigen können.[309] Nehmen
wir an, dass das, was wir wissen oder nicht wissen können, als verlässliche
Richtschnur für das, was der Fall ist, gelten könnte. Oder, um es philo-sophi-
scher auszudrücken: „[D]ie Überzeugung [besteht darin], daß die Intelligibi-
lität ein zuverlässiger Wegweiser für eine Ontologie ist".[310]

Die realistische Position ist überzeugend, weil sie beim Versuch, das
Leben sinnvoll zu erklären, die Wirklichkeit bedenkt. Als kritischer Realist
glaubt Polkinghorne, dass die Wirklichkeit zumindest ähnlich wie das ist,

---

[307] POLKINGHORNE, John C., From Physicist to Priest. An Autobiography, London 2007, S.71.
[308] POLKINGHORNE, From Physicist to Priest, S.134.
[309] Für eine Analyse von Polkinghornes Realismusverständnis in Beziehung zu anderen Vorstellungen vgl.: GREGERSEN, Niels H., Critical Realism and Other Realisms, in: R. J. Russell
(Hg.), Fifty Years in Science and Religion. Ian G. Barbour and His Legacy, Burlington VT 2004,
S.77-96.
[310] POLKINGHORNE, John C., An Gott glauben im Zeitalter der Naturwissenschaften. Die Theologie
eines Physikers, Gütersloh 2000, S.109.

was sie zu sein scheint.[311] Sobald ein Realist intrinsische Unberechenbarkeiten feststellt, hält er sie „für Anzeichen einer genuin ontologischen Offenheit"[312], sagt Polkinghorne.

Aus der Naturwissenschaft leitete Polkinghorne ab, dass unsere Beobachtung zutreffende Aussagen über die Wirklichkeit ermöglichen; aus der Theologie, dass Gott schöpferisch in der Welt wirkt. So wuchs in Polkinghorne die Überzeugung, dass Gott selbst einer offenen Zukunft gegenübersteht. „Wenn ich auf diese Weise in einer Welt handeln kann, die offen für die Zukunft ist, sehe ich keinen Grund anzunehmen, dass Gott, der Schöpfer eben jener Welt, in einer analogen Weise innerhalb des Geschichtsverlaufs nicht providentiell handeln kann."[313]

In Übereinstimmung mit offener und relationaler Theologie sagt Polkinghorne, dass Gott kein kosmischer Tyrann ist, der selbst die Strippen in der Hand hat und seinen Geschöpfen keine von ihm unabhängige Macht zugesteht. Gott ist jedoch auch kein deistischer Betrachter, der nur am Rand steht und alles einfach geschehen lässt. Stattdessen „ist der christliche Gott der Gott der Liebe, der seine Geschöpfe weder verlässt, noch sie davon abhält, sie selbst zu sein und sich selbst zu entwickeln."[314]

Die Vorstellung, dass Geschöpfe eine Rolle bei ihrer eigenen Entwicklung spielen, ist Polkinghornes Art, die Evolution theologisch zu deuten. „Gott interagiert mit seinen Geschöpfen, aber er setzt sich nicht einfach über das Geschenk der Unabhängigkeit, das er seinen Geschöpfen machte, hinweg."[315] Evolution erfordert die Beteiligung beider Seiten – der Geschöpfe und des Schöpfers. Die geschaffene Ordnung entstammt der Schöpfungstätigkeit Gottes und sozusagen der »Co-Schöpfungstätigkeit« seiner Geschöpfe – Wir Geschöpfe sind an der Schöpfung beteiligt.

Polkinghorne ist einer der zahlreichen Denker unserer Zeit, die kenotische Theologie befürworten. Die kenotische Theologie beeinflusst auch sein Verständnis vom Vorauswissen Gottes. Er glaubt, „indem er [Gott] eine offene Welt im Werden schuf"[316] „vollzieht sich nicht nur die Kenosis der göttlichen Macht, sondern auch die Kenosis des göttlichen Wissens"[317]. Das

---

[311] Polkinghorne erklärt, was er unter kritischem Realismus versteht, in: OORD, Thomas J. (Hg.), The Polkinghorne Reader, S.21-24.
[312] POLKINGHORNE, From Physicist to Priest, S.139f.
[313] POLKINGHORNE, From Physicist to Priest, S.140.
[314] Ebd., S.140f.
[315] Ebd., S.141.
[316] POLKINGHORNE, An Gott glauben, S.75.
[317] Ebd.

bedeutet, dass „Gott jetzt noch nicht die Zukunft kennen kann [...], da die Zukunft ja noch gar nicht existiert, sodass sie gekannt werden könnte"[318].

Gottes Mangel an Vorauswissen ist jedoch nicht etwa ein Hinweis auf Unvollkommenheit im Wesen Gottes. Es heißt lediglich, dass seine Beziehung zur Zeit der Beziehung der Schöpfung zur Zeit ähnlich ist. „Der ewige Gott hat, indem er eine zeitliche Welt ins Sein ruft, Ja dazu gesagt, auch mit der Wirklichkeit der Zeit in Beziehung zu treten."[319] Ewigkeit und Zeitlichkeit im Wesen Gottes zu postulieren – wenngleich unter verschiedenen Aspekten – ist seitdem eine maßgebliche Vorstellung in weiten Teilen zeitgenössischer Theologie.[320] Offene und relationale Theologien befinden sich in der günstigen Lage, die Zufälligkeit, die von vielen in der Welt erfahren wird, im Allgemeinen und die Evolution im Speziellen anerkennen zu können. Sie gehen davon aus, dass Gott nicht alles kontrolliert und dass die Schöpfung von genuiner Kausalität geprägt ist. In Einklang mit dem Großteil der Naturwissenschaften sagen sie, dass Kausalität vorwärtsgerichtet ist. Offene und relationale Theologien betrachten alle existierenden Dinge als von der Linearität der Zeit gekennzeichnet. Konkret heißt das: Wirkungen können ihren Ursachen nicht vorausgehen.

Polkinghorne vertritt seine eigene Variante offenen und relationalen Denkens. Andere Wissenschaftler, die sich maßgeblich im Gespräch zwischen Naturwissenschaft und Theologie engagieren, bieten ebenfalls ihre je eigenen Versionen offener und relationaler Theologie an. Unter ihren prominenten Vertretern finden sich die Stimmen von Ian Barbour[321], Philip Clayton[322], John Haught[323] und Arthur Peacocke[324]. Sie alle legen nicht nur

---

[318] Ebd.
[319] POLKINGHORNE, From Physicist to Priest, S.141.
[320] Vgl.: Ebd.
[321] Unter den zahlreichen Werken Ian Barbours siehe besonders: BARBOUR, Nature, Human Nature, and God. Vgl. auch: DERS., When Science Meets Religion. Enemies, Strangers, or Partners?, New York 2000. Vgl. zudem: DERS., Religion in an Age of Science (Gifford Lectures 1989-1991; 1), Norwich 1990. Sowie: DERS., Issues in Science and Religion, Upper Saddle River NJ 1966.
[322] Unter Philip Claytons zahlreichen Werken siehe besonders: CLAYTON, Adventures in the Spirit. Vgl. auch: DERS., Explanation from Physics to Theology. An Essay in Rationality and Religion, New Haven CT 1989. Vgl. zudem: DERS., God and Contemporary Science. Sowie: DERS./ Schloss (Hg.), Evolution and Ethics.
[323] Unter John Haughts zahlreichen Werken siehe besonders: HAUGHT, John F., Christianity and Science. Toward a Theology of Nature (Theology in Global Perspective Series; 1), Maryknoll NY 2007. Vgl. auch: DERS., Is Nature Enough?. Vgl. zudem: DERS., Deeper Than Darwin. The Prospects for Religion in the Age of Evolution, Cambridge MA 2003. Sowie: DERS., God After Darwin. A Theology of Evolution, Cambridge MA ²2007.
[324] Unter Arthur Peacockes zahlreichen Werken siehe besonders: PEACOCKE, Arthur, Paths from Science Toward God. The End of All Our Exploring, London 2001. Vgl. auch: DERS., God and Science. A Quest for Christian Credibility, Norwich 1996.Sowie: DERS., Theology for a Scientific Age.

theologische Argumente über Gottes Wissen, Präsenz, Macht und seine Liebe vor. Sie berücksichtigen und bestätigen außerdem einschlägige Positionen der Naturwissenschaften, besonders der Physik und der Biologie.

Selbstverständlich ist man sich auch unter offenen und relationalen Wissenschaftlern nicht immer über jede Einzelheit einig. Abweichungen ergeben sich beispielsweise aus unterschiedlichen Interessen, ihrer Expertise, ihren Neigungen und den Hauptanliegen, die sie besitzen. Leichter verstehen lässt sich das mithilfe eines Bildes: Man könnte sagen, der offene und relationale »Regenschirm« ist groß genug, um darunter einer reichen Vielfalt an Vorstellungen Platz zu bieten.

Nachdem wir nun die verschiedenen Gründen betrachtet haben, die Wissenschaftler dazu veranlassten, die offene und relationale Theologie zu befürworten, möchte ich mich nun einer ganz bestimmten Vorstellung von der Providenz Gottes widmen. Sie stammt von John Sanders, der wie ich ein Vertreter der offenen und relationalen Theologie ist. Ich möchte Sanders' Modell nicht nur untersuchen, um herauszustellen, wie hilfreich es sein kann. Ich will es auch deshalb thematisieren, weil es äußerst einflussreich war und ist. Außerdem behandle ich Sanders' Providenzmodell, weil ich zeigen möchte, inwiefern es Ähnlichkeiten und auch Unähnlichkeiten im Vergleich zu meinem alternativen Modell wesentlicher Kenosis aufweist.

6

Steht die Liebe an erster Stelle?

Im vorangegangenen Kapitel haben wir Gründe untersucht, die einige dazu bewegten, eine offene und relationale Theologie zu vertreten. Einige von ihnen beschäftigten sich mit der Bibel, andere mit der Theologie oder der Philosophie und wieder andere mit den Naturwissenschaften. Aber egal aus welchem Grund Menschen sich für diese Theologie entscheiden, allen gemein bleibt das Nachdenken über Gottes Wirken in unserer Welt. Die vielfältigen Fragestellungen hinsichtlich der Providenz Gottes sind gewissermaßen der Motor offener und relationaler Theologie.

Der offene Theologe John Sanders veröffentlichte eine der umfassendsten und bekanntesten Providenztheologien, die aus der Perspektive offenen und relationalen Theologie verfasst sind. Sein Werk *The God Who Risks* trägt den Untertitel *A Theology of Divine Providence*. Zu Recht wurde dieses Buch als maßgeblicher Beitrag zur Providenztheologie gelobt.[325]

In diesem Kapitel werde ich die wesentlichen Vorstellungen Sanders' erkunden. Obwohl ich in den meisten Punkten mit ihm übereinstimme, hebe ich auch die Bereiche hervor, zu denen ich eine andere Meinung vertrete. Ich tue das, um Sanders' Auffassungen meinem Vorschlag offener und relationaler Theologie gegenüberzustellen. Meine Variante offener und relationaler Theologie und das Providenzmodell, das ich ausgehend von ihr entworfen habe – und das ich als »wesentliche Kenosis« bezeichne – ist Sanders'

---

[325] Viele loben Sanders' Buch in den höchsten Tönen. William Abraham sagt beispielsweise, dass „Sanders' Buch eine maßgebliche Behandlung der Providenztheologie darstellt." Vgl. dazu die Würdigung Abrahams auf dem Backcover von: Sanders, John, The God Who Risks. A Theology of Providence, Downers Grove IL 22007.

Version ähnlich. Jedoch unterscheidet sich meine Variante auch in einigen entscheidenden Punkten.

Mein Hauptanliegen bleibt auch hier wieder, Fortschritte zu machen, die dabei helfen sollen, unser Leben sinnvoll zu erklären.

DER GOTT, DER ETWAS RISKIERT

Sanders bekräftigt die meisten, wenn nicht alle, Grundaussagen offener und relationaler Theologie, die ich im vorherigen Kapitel erwähnt habe. In *The God Who Risks: A Theology of Divine Providence* bekundet Sanders, dass er Providenz als „den von Gott gewählten Weg, um mit uns in Beziehung zu treten und für unser Wohlergehen zu sorgen"[326] versteht. Er schlägt ein – wie er es nennt – „Risikomodell der Providenz"[327], vor. Dieses Modell geht davon aus, dass Gott sich freiwillig dafür entscheidet, eine Welt mit freien Geschöpfen zu erschaffen. Gottes Schöpfungsvorhaben beinhaltet das Versprechen, seinen Geschöpfen gegenüber offen zu sein. Dieses Versprechen „ist kein detailliertes Skript, sondern eine umfassende Absicht, die eine Vielzahl an Möglichkeiten zulässt und dabei genauestens berücksichtigt, wie diese erreicht werden könnte."[328]

Als offener und relationaler Theologe lehnt Sanders die Vorstellung ab, dass Gott andere ständig kontrolliert. „Gott gewährt den Menschen genuine Freiheit, um an diesem Vorhaben teilzuhaben, ohne sie zur Teilnahme zu zwingen."[329] Genuin freie Geschöpfe zu erschaffen bedeutet, dass Gott die Fähigkeit aufgibt, alle Geschöpfe zu jedem Zeitpunkt zu kontrollieren.

Gott handelt providentiell, aber sein göttlicher Plan verfolgt „eine umfassende Absicht mit flexiblen Strategien, die eine Vielzahl an Möglichkeiten zulassen."[330] Um Ziele verschiedener Art zu erreichen, arbeitet Gott mit seinen Geschöpfen zusammen. In diesem providentiellen Wirken, sagt Sanders „tritt Gott wirklich in eine wechselseitige Beziehung mit den Menschen ein, indem er sie liebt, für sie sorgt und ihre Mitarbeit bei der Erfüllung der Zwecke Gottes für seine Schöpfung anfordert."[331]

Die Providenz Gottes beinhaltet ein Risiko. Dies besteht laut Sanders darin, dass Gott „nicht alles bekommt, was er sich wünscht."[332] Das jedoch sei das Wesen der Liebe: „Die Liebe geht Risiken ein und ist gewillt, zu warten

---

[326] SANDERS, The God Who Risks, S.12.
[327] Ebd., S.16.
[328] Ebd., S.244.
[329] Ebd., S.174.
[330] Ebd., S.15.
[331] Ebd., S.38.
[332] Ebd., S.207.

und es erneut zu versuchen, sofern erforderlich."[333] Liebe könne aber auch zurückgewiesen werden, wenn die Geschöpfe Gottes Einladung ausschlagen. Das bedeute nicht, dass Gott hilflos ist. Es gebe vieles, was der Liebende dafür tun könne. „Aber es gibt keine Erfolgsgarantie."[334]

Sanders gibt zu, dass sein Risikomodell nicht jeden ansprechen wird. Etliche Gläubige bevorzugen Garantien.[335] Allerdings ist die Alternative zu einem Modell, in dem Gott Risiken in Kauf nimmt, eine Form von theologischem Determinismus. Ergebnisse können nur dann garantiert werden, wenn Gott andere kontrolliert. Man kann Robotern vertrauen, ihren Aufgaben nachzukommen. Aber freie Geschöpfe können die Pläne Gottes vereiteln.

Sanders bekräftigt offene und relationale Vorstellungen vom Wissen Gottes und seiner Beziehung zur Zeit. „Gott ist vielmehr unvergänglich durch die Zeit als zeitlos ewig."[336] Gott weiß alles, was zu wissen möglich ist – angesichts der Welt, die er zu erschaffen wählte. Die Zukunft ist für Gott nicht vollkommen wissbar, weil sie durch Entscheidungen seiner Geschöpfe bedingt ist. Sanders nennt dies „dynamische Allwissenheit"[337]. Das bedeutet konkret: „Gott kennt die Vergangenheit und die Gegenwart mit umfassender, definitiver Gewissheit und er kennt die Zukunft als teilweise definiert (geschlossen) und teilweise undefiniert (offen)."[338]

Liebe motiviert das Wirken Gottes in unserer Welt. „Liebe ist die überragendste Wesenseigenschaft Gottes"[339], erklärt Sanders. Und „die Zusage, seine Geschöpfe zu lieben und mit ihnen eine reziproke Liebesbeziehung einzugehen, ist grundsätzlicher Natur."[340] Gott nimmt seine verlässliche Zusage nicht zurück, sondern antwortet in jeder Situation mit einer Strategie, die diese Zusage einlöst. Sanders behauptet, dass „Gott seine Geschöpfe liebt und sich danach sehnt, sie mit allem zu segnen, was zu ihrem Wohl beiträgt. [Die Beziehung, die Gott anbietet] ist keine, die von Kontrolle und Dominanz geprägt ist, sondern von der Macht der Liebe und Verletzlichkeit."[341]

Viele kritisieren offene und relationale Theologen für die Verwendung geschöpflicher Analogien, wenn sie sich eine Vorstellung von ihrem Schöpfer machen. Der Fachbegriff dafür ist *Anthropomorphismus*, was

---

[333] Ebd., S.179.
[334] SANDERS, The God Who Risks, S.179.
[335] Vgl.: Ebd., S.175.
[336] Ebd., S.15.
[337] Ebd.
[338] Ebd.
[339] Ebd., S.181.
[340] Ebd., S.244.
[341] Ebd., S.71.

»menschenähnlich« heißt. Offene Theisten machen von geschöpflichen Bildern, geschöpflichen Analogien und geschöpflicher Sprache Gebrauch, um Gott zu beschreiben, der selbst kein Geschöpf ist.

Sanders antwortet auf diese Kritik, indem er auf die biblischen Schriftsteller verweist, die sehr häufig anthropomorphe Sprache verwenden. Aus diesem Grund fühlen sich biblisch orientierte, offene und relationale Theologen berechtigt, wenn sie dieser aus der Bibel abgeleiteten Praxis folgen. Darüber hinaus offenbart die Schrift, dass Gott uns in manchen Aspekten gleicht und in anderen nicht. Unsere Sprache sagt etwas darüber aus, wie Gott wahrhaftig ist. Schließlich sind wir der Bibel zufolge alle nach dem Bild Gottes geschaffen.

Am klarsten offenbart sich Gott in Jesus Christus, der selbst zugleich wahrer Mensch und wahrer Gott ist. Sanders führt auch christologische Argumente für die offene und relationale Theologie an. „Wenn Jesus Christus die Fülle der Offenbarung des Wesens Gottes und dessen, was Menschen in Beziehung zu Gott sein sollten, ist, dann sollten wir der Art und Weise, wie sich das Wirken Gottes im Leben Jesu vollzieht, besondere Aufmerksamkeit schenken."[342] Wenn wir Jesus betrachten, erklärt Sanders, „sehen wir den eigentlichen Charakter Gottes, der weder ein allmächtiger Tyrann noch ein machtloser Schwächling ist."[343]

Jesus zeigt uns, dass Gott aufs Engste mit uns in Beziehung tritt, indem er Liebe gibt und empfängt. „Gott ist uns innig und nahe, nicht fern und unnahbar"[344], sagt Sanders. Weil seine Geschöpfe Gott affizieren, liegt der Schwerpunkt evangelikaler Theologie auf „einer personalen Beziehung mit Gott"[345]. Es sei Gottes Wesen, auf seine Geschöpfe zu reagieren und empfänglich für das zu sein, was sie sagen und tun.[346]

Was seine Geschöpfe tun, macht einen Unterschied für Gott.

Laut jesuanischem Zeugnis lehnt Gott das Übel ab. „Wenn Jesus das Musterbeispiel der Providenz ist, dann lehnt Gott die Sünde, das Übel und das Leid grundsätzlich ab"[347], so Sanders. Jesu Leben, Tod und Auferstehung offenbaren, dass „Gott nicht die alles-determinierende Macht ist, die für alles verantwortlich ist, was uns zustößt – das Leid eingeschlossen."[348] Vielmehr

---

[342] SANDERS, The God Who Risks, S.93.
[343] Ebd., S.94.
[344] Ebd., S.115.
[345] SANDERS, John, Divine Providence and the Openness of God, in: B. A. Ware (Hg.), Perspectives on the Doctrine of God. Four Views, Nashville 2008, S.196-240, hier: S.196f.
[346] Vgl.: SANDERS, The God Who Risks, S.116.
[347] Ebd.
[348] Ebd., S.193.

„gewinnt der allmächtige Gott unsere Herzen durch die Schwäche des Kreuzes und die Macht der Auferstehung", erklärt Sanders. „Liebe zwingt sich dem Geliebten nicht gewaltsam auf."[349] Will man es zusammenfassen so „ist Gottes Weg die Liebe."[350] Im Werk von John Sanders finden wir ein überzeugendes Modell zum Wirken Gottes in unserer Welt.

PROBLEME DER DENKWEISE SANDERS'

Bis zu diesem Punkt in der Zusammenfassung seiner Variante offener und relationaler Theologie stimme ich vollkommen mit Sanders überein. Es kann sein, dass ich einige Aspekte geringfügig anders formuliere, aber wir beide bekräftigen die Grundannahmen offener und relationaler Theologie. In sehr vielen Punkten sind wir uns einig.

Nichtsdestotrotz lehne ich Sanders' Aussagen darüber, wie sich Gottes Liebe und seine Macht zueinander verhalten, ab. Außerdem bin ich nicht damit einverstanden, wenn er behauptet, Gott erlaube oder lasse genuines Übel zu. Diese Meinungsverschiedenheiten sind von Bedeutung, wenn es um das Verständnis des fürsorglichen Handelns Gottes in unserer Welt angesichts von Zufall und Übel geht.

In *The God Who Risks* erwähnt Sanders häufig, dass Gott genuines Übel zulässt, obwohl er es hätte verhindern können.[351] „Das Übel wird zugelassen, aber ist nicht von Gott erwünscht"[352], sagt er. „Gott lässt Dinge zu, und zwar gute und schlechte, die er nicht so beabsichtigt."[353] Generelle Souveränität lasse auch „sinnloses Übel zu."[354] Und „Gott hat die Macht, Sünde und Übel in ihrem Ursprung zu verhindern."[355]

Wenn Sanders vom Übel spricht, meint er offenbar genuines Übel. Genuine Übel verfolgen keinen bestimmten Zweck; sie sind grundlos oder sinnlos. „Mancherlei Übel sind schlicht sinnlos, weil sie nicht dazu dienen, ein

---

[349] Ebd.
[350] SANDERS, The God Who Risks, S.193.
[351] Ein zugängliches Werk, das die Theodizee offener Theologie mit anderen Theodizeen vergleicht, ist Richard Rices Buch *Suffering and the Search for Meaning*. Vgl. dazu: RICE, Richard, Suffering and the Search for Meaning. Contemporary Response to the Problem of Pain, Downers Grove IL 2014. Für andere bedeutende Werke zur Theodizee aus der Perspektive des offenen Theismus vgl.: BOYD, Gregory A., Satan and the Problem of Evil. Constructing a Trinitarian Warfare Theodicy, Downers Grove IL 2001. Vgl. auch: HASKER, Providence, Evil and the Openness of God. Vgl. zudem: DERS., The Triumph of God over Evil. Sowie: RHODA, Alan, Gratuitous Evil and Divine Providence, in: Religious Studies 46 (2010), S.281-302.
[352] SANDERS, The God Who Risks, S.198.
[353] Ebd., S.226.
[354] Ebd., S.226.
[355] Ebd., S.230.

höheres Gut zu erreichen"[356], sagt Sanders. „Es geschehen entsetzliche Ereignisse, von denen Gott nicht wollte, dass sie passieren."[357]

Jedoch hat Gott einen Grund, das Übel nicht zu verhindern, sagt Sanders. Dieser Grund hat mit „der Natur des göttlichen Vorhabens"[358] zu tun. Das göttliche Vorhaben zeichnet sich durch das aus, was Sanders »generelle Souveränität« nennt. Gottes generelle Souveränität „zieht nicht jedes einzelne Übel zu erklären in Betracht[, weil] Gott nur für die Strukturen verantwortlich ist, in denen wir uns bewegen, und für jene bestimmten Taten in der Geschichte, die Gott zu tun erwählt."[359] Gottes Schöpfungsvorhaben ermöglicht die Strukturen der Existenz, in denen Übel und Leid vorkommen könnten. Dennoch, so Sanders, beabsichtigt oder verursacht Gott nicht direkt das Übel.

Laut Sanders ist Gott letztverantwortlich für das Übel. „Man könnte sagen, dass Gott, indem er die Existenz anderer zulässt, die tatsächlich Übel verursacht haben, für das Erschaffen einer Welt, in der solches Übel erwirkt werden kann, Verantwortung trägt. Gott könne jedoch nicht für das tatsächliche Übel der Geschöpfe beschuldigt werden, da er es nicht beabsichtigt."[360] Sanders scheint hier zwischen Gottes endgültiger Entscheidung, einen bestimmten Typos von Universum mit Freiheit, Strukturen und Prozessen zu erschaffen, und der Überzeugung, dass Gott bestimmte Übel nicht will, zu unterscheiden.

Aber ist diese Unterscheidung letztlich bedeutsam?

Kritiker könnten einwenden, dass der Gott, den Sanders beschreibt, sich nicht wie ein liebender Mensch verhält, und schon gar nicht wie ein auf vollkommene Weise liebender Gott. Eine liebende Mutter würde jede Art sinnlosen Leidens ihres Kindes verhindern, wenn sie es könnte. Sie würde nicht danebenstehen und zulassen, dass andere ihr Kind angreifen. Liebende Eltern verhindern Übel, wo sie können.

Sanders meint, Gott handle manchmal wie liebende Eltern es tun und manchmal nicht. „Anders als ein menschlicher Vater ist Gott auf einzigartige Weise dafür verantwortlich, die ontologischen, moralischen und relationalen Strukturen des Universums zu erhalten."[361] Oder anders formuliert: Gott verhindert genuines Übel in bestimmten Fällen nicht, weil er mit dem großen Ganzen beschäftigt ist.

---

[356] Ebd., S.272.
[357] Ebd., S.276.
[358] SANDERS, The God Who Risks, S.272.
[359] Ebd., S.273.
[360] Ebd., S.233.
[361] Ebd.

Sanders ist außerdem überzeugt, dass Gott nicht wie ein Lehrer handelt, von dem wir erwarten, dass er Unruhe in einem chaotischen Klassenzimmer unterbindet. Wir könnten beispielsweise annehmen, dass ein liebevoller Lehrer, wenn er dazu in der Lage ist, einen Schüler davon abhält, einen anderen zu mobben. Mobbing ist ein Übel, dem eine liebende Person – wenn möglich – entgegenwirken will.

In Anbetracht der Klassenzimmer-Analogie behauptet Sanders, dass der allmächtige Gott gegen „jede Tat [eines Schülers Einspruch erheben könnte. Aber wenn Gott] das zur Gewohnheit werden lassen würde, dann würde sich der Geliebte in einen Automaten verwandeln und so alleine dastehen. Gott kann nicht alles Übel in der Welt verhindern und gleichzeitig den Zustand der Gemeinschaft mit seinen Geschöpfen aufrechterhalten, den er als übergeordneten Zweck in der Schöpfung verfolgt."[362] Gott verhindert bestimmte Übel nicht, weil Gott das gesamte Universum mit all seinen Strukturen und Prozessen verwalten muss.

Wichtig ist, dass Sanders von »Gewohnheiten« spricht, wenn er sagt, dass Gott Einspruch gegen bestimmte Handlungen erheben könnte. Damit deutet er an, dass er glaubt, Gott kann und verhindert auch von Zeit zu Zeit bestimmte Handlungen, indem er andere oder Situationen kontrolliert.[363] So erwähnt er, dass „in der Beziehung zwischen Gott und Mensch Gott gelegentlich alleine entscheidet, was passieren wird."[364] Es gebe „bestimmte Taten in der Geschichte, die Gott zu tun erwählt."[365] „Manchmal entscheidet Gott eigenmächtig, was sein soll."[366] Zudem „gibt es einige Dinge, bei denen Gott sich das Recht vorbehält, sie eigenmächtig durchzuführen."[367] Wenn er annimmt, dass Gott in Beziehung zu seinen Geschöpfen handelt, was diese Zitate ja implizieren, dann scheinen die göttlichen Taten, die Sanders erwähnt, zu erfordern, dass Gott seine Geschöpfe vollkommen kontrolliert.

Die gesamte Argumentationslinie Sanders' lässt sich folgendermaßen zusammenfassen: Gott entschied sich dafür, eine Welt zu erschaffen, in der freie Geschöpfe existieren und in einer Gottesbeziehung leben, die keinen Zwang

---

[362] SANDERS, The God Who Risks, S.269.

[363] Sowohl im privaten als auch im öffentlichen Bereich seit der Publikation von *The God Who Risks* hat Sanders mittlerweile gesagt, dass er nicht mehr daran glaubt, dass es notwendig ist anzunehmen, dass Gott gelegentlich in die Natur eingreift oder sie manipuliert. Aber weil seine Aussagen in diesem Buch in diese Richtung deuten und weil, wie ich bald erörtern werde, Sanders glaubt, dass die Allmacht in der Natur Gottes seiner Liebe logisch vorausgeht, fühle ich mich verpflichtet, seine Gedanken an dieser Stelle zu kritisieren.

[364] Ebd., S.174.

[365] Ebd., S.273.

[366] Ebd., S.198.

[367] Ebd., S.247.

kennt. Manchmal sind freie Geschöpfe für genuines Übel verantwortlich. Gott kann bestimmte Taten kontrollieren und so genuines Übel verhindern. Das tut Gott jedoch für gewöhnlich nicht. Er entscheidet sich also freiwillig dafür, das Übel nicht zu verhindern. Gott lässt es zu. Andere zu häufig zu kontrollieren würde letztlich in einer Welt voller roboterähnlicher, unfreier Geschöpfe resultieren. Gott verwaltet das Ganze und greift selten ein, und wenn überhaupt, dann nur, um bestimmte Übel zu verhindern.

Sofern ich Sanders' Sicht korrekt dargestellt habe, frage ich mich, wie die Opfer des Übels, denen wir im ersten Kapitel begegnet sind, auf sie reagieren würden. Wie würden die Opfer des Anschlags auf Boston, die Frau, die durch den losen Stein getötet wurde, die Eltern des Kindes, das mit schweren Behinderungen zur Welt kam oder auch Zamuda, die vergewaltigt wurde und deren Familie ermordet wurde, auf diese Erklärung reagieren? Ich bezweifle, dass sie sie zufrieden stellen würde.

Sanders geht davon aus, dass Gott solcherlei Fälle echten Übels verhindern könnte. Aber Gott entscheidet sich dazu, es nicht zu tun. Gottes Entscheidung, genuine Übel zuzulassen, ist auf unerfindliche Weise gut für die gesamte Schöpfung. „Gott entscheidet sich dafür, die Bedingungen, die er etabliert hat, nicht aufzukündigen"[368], um es mit Sanders' Worten zu sagen. Anstatt diese Übel zu verhindern, entscheidet Gott sich dafür, „den Zustand der Gemein-schaft mit seinen Geschöpfen aufrechtzuerhalten, den er als übergeordneten Zweck in der Schöpfung verfolgt."[369]

Sanders scheint der Auffassung zu sein, dass Gott die Gesamtheit der Schöpfungsbedingungen nicht aufrechterhalten kann, sobald er bestimmte Grausamkeiten und Schreckenstaten verhindert.

Dass Gott Übel nicht verhindert, so glaubt Sanders, ergibt sich aus der Freiwilligkeit der Verpflichtungen Gottes. „Gott gibt seine Macht nicht auf, sondern verspricht, an den geschöpflichen Strukturen, die er geschaffen hat, festzuhalten"[370], so Sanders. Diese „göttliche Selbstbeschränkung sollte als Beschränkung aus Liebe in Sorge um seine Geschöpfe verstanden werden."[371]

Jedoch bezweifle ich, dass die freiwillige Selbstbeschränkung, die Sanders annimmt, in den Ohren Zamudas und anderer Opfer genuinen Übels liebevoll klingt. Ich kann mir nicht vorstellen, dass Gott zu Zamuda sagt, »Ich hätte deine Vergewaltigung und den Tod deiner Familie verhindern können,

---

[368] SANDERS, The God Who Risks, S.233.
[369] Ebd., S.269.
[370] Ebd., S.241.
[371] Ebd.

aber ich habe freiwillig darauf verzichtet. Trotz alledem, bitte halte daran fest, dass ich dich liebe.«

Ich bin überzeugt, dass Zamuda und andere Opfer denken, dass aufrichtige Sorge heißt, das von ihnen erlittene, genuine Übel zu verhindern, wenn ein solches Verhindern möglich gewesen wäre.

Sanders glaubt, dass es Gott möglich ist, solche Übel zu verhindern und dass er entsetzliches Leid augenblicklich beenden kann. Der Gott, der durch die gesamte Geschichte hindurch fähig ist, andere zu kontrollieren, ist jedoch scheinbar nicht der Auffassung, dass das Leid, das wir in der Welt und unserem ganz persönlichen Leben mitansehen, schlimm genug ist, um es zu verhindern. Offenbar wäre es schlimmer gewesen, wenn Gott diese Übel verhindert hätte als sie zuzulassen.

Ich bin dagegen überzeugt, dass der souveräne und liebende Gott, wenn er vieles einfach eigenmächtig verfügen kann, sinnloses Unheil, Vergewaltigung und den Tod abwenden sollte. Der Gott, der quasi bei jeder Tat sein Veto einlegen kann, sollte das bei Taten genuinen Übels auch tun. Es nicht zu tun, heißt, dass Gott moralisch dafür verantwortlich ist. Wenn Gott es unterlässt, genuines Übel zu verhindern, passt dies in meinen Augen nicht zu einem Gott, der – wie Sanders ihn bestimmt – „die Sünde, das Übel und das Leid grundsätzlich ablehnt"[372]. Vielmehr klingt es so, als wäre Gottes primäre Zusage, sich nie oder nur selten in die Strukturen, Bedingungen und Prozesse der Schöpfung einzumischen. Dieser Gott klingt eher wie ein Projektmanager und nicht wie der Gott, der alle seine Geschöpfe liebt und sich um sie kümmert.

Dabei geht es auch um die Frage, ob Zamudas Vergewaltigung und die anderen Gräuel, die wir im ersten Kapitel betrachtet haben, als genuine Übel zu bestimmen sind. Genuine Übel sind Ereignisse, die, wenn man *alle* Umstände in Betracht zieht, die Welt schlechter machen, als sie es ohne diese Ereignisse gewesen wäre. Sanders glaubt, dass Gott sinnlose Übel zulässt. Er denkt also scheinbar, dass es genuines Übel wirklich gibt. Wahrscheinlich würde er die Grausamkeiten, denen wir im ersten Kapitel begegnet sind, ebenfalls als genuine Übel bezeichnen.

Die Spielart offener und relationaler Theologie, die Sanders vertritt, versteht diese Abscheulichkeiten jedoch nicht wirklich als *genuine* Übel, jedenfalls nicht in Anbetracht der gesamten Schöpfung. Seine Gedanken implizieren, dass Gott, obwohl er intervenieren und sie verhindern könnte, lieblos

---

[372] SANDERS, The God Who Risks, S.116.

wäre, wenn er es täte. In bestimmten Fällen zu intervenieren, würde bedeuten, sich in die generellen Strukturen und Prozesse der Welt einzumischen.

Hätte Gott all die Vergewaltigungen, Morde und Völkermorde, von
denen die Geschichte uns Zeugnis gibt, verhindert, wäre das aus der Perspektive Gottes falsch gewesen . Den Anschlag auf den Boston-Marathon zu
verhindern wäre aus der Perspektive Gottes falsch gewesen, obwohl es möglich gewesen wäre. Solches Übel zu verhindern ist in Sanders' Sichtweise
nicht liebevoll, weil es eine Einmischung in die Prozesse der Welt mit sich
gebracht hätte. Anscheinend wäre es schlimmer gewesen, – in Anbetracht aller Umstände – die entsetzlichsten Übel der Geschichte zu verhindern als sie
zuzulassen.

Mir persönlich fällt es schwer mir vorzustellen, dass die Welt unter allen
Umständen eine schlechtere gewesen wäre, wenn Gott Vergewaltigung und
Mord verhindert hätte. Ich bin nicht davon überzeugt, dass das Schöpfungsvorhaben von Gott erforderte, genuine Übel zuzulassen – den Anschlag auf
den Boston-Marathon, die Frau, die von einem hochgeschleuderten Stein
getötet wird, den belastenden Zustand der kleinen Eliana Tova, die Vergewaltigung Zamudas und den Mord an ihrer Familie und zahllose andere
Gräueltaten eingeschlossen. Das hört sich in meinen Ohren ganz und gar
nicht nach Gott an, der, wie Sanders behauptet, seine Geschöpfe „mit allem
segnen [will], das zu ihrem Vorteil ist."[373]

Sanders' Position scheint anzudeuten, dass anderen aus freien Stücken
Freiheit zu schenken, immer das Liebevollste ist, das Gott tun kann. Aber ist
das wirklich so? Ist es immer eine liebevolle Tat, Freiheit zu schenken, wo
man sie auch entziehen könnte?

Wenn wir anderen Freiheit entziehen könnten, um grausames Übel zu
verhindern, dann würden die meisten von uns sagen, dass das richtig ist. Obwohl es unser allgemeiner Grundsatz sein mag, »frei zu leben und leben zu
lassen«, können wir uns doch Situationen vorstellen, in denen es viel eher
dem Weg der Liebe entsprechen würde, andere aufzuhalten, wenn wir es
könnten. Wir sperren abgebrühte Verbrecher ein, weil wir glauben, dass es
zum Wohl aller ist, wenn wir ihre Freiheit begrenzen. Wir beschränken die
Freiheit schwer psychisch erkrankter Menschen, zumindest vorübergehend,
zu ihrem eigenen Wohl und dem Wohle aller.

Hätten wir diejenigen aufhalten können, die Zamuda aus freiem Entschluss vergewaltigten und ihre Familie töteten, hätten wir es getan. Hätten
wir vorübergehend die Freiheit der Tsarnaev-Brüder begrenzen können und

[373] SANDERS, The God Who Risks, S.71.

so den Anschlag auf den Boston-Marathon verhindern können, wir hätten es getan. Wir können uns viele solcher Szenarien vorstellen, in denen es eine Tat aus Liebe gewesen wäre, Freiheit bis zu einem gewissen Grad einzuschränken. Obwohl wir andere nicht völlig kontrollieren können, glauben wir dennoch manchmal, dass die Liebe es gebietet, sie in ihrer Freiheit einzuschränken, sofern das möglich ist.

Der Gott, der alles genuine Übel eigenmächtig verhindern könnte, ist verantwortlich dafür, das genuine Übel *zuzulassen*. Derjenige, der genuines Übel aufhalten kann, indem er den Verursacher des Übels zurückhält, ist moralisch verantwortlich – oder besser haftbar – dafür, dass er schmerzhafte Konsequenzen zulässt. Wir halten diejenigen, die nicht eingreifen, um schreckliche Ereignisse und Gräuel zu verhindern, nicht für moralische Vorbilder, wenn sie diese hätten verhindern können.

Sanders' Position ähnelt sehr der sogenannten *free process defense*, die eine Antwort auf die Frage nach dem Übel geben will.[374] Diese besagt, dass Gott eine dynamische Welt mit verschiedenartigen Prozessen, Bedingungen und Strukturen erschaffen hat. Die Existenz, die Gott erschuf, beinhaltete die Möglichkeit der Freiheit und ein gewisses Maß an Spontaneität. Die freien Prozesse der Welt zeichnen sich durch Freiheit und Kreativität aus.[375] Sie erlauben jedoch auch Schmerz, Leid und Zerstörung.

Im ersten Kapitel hörten wir beispielsweise die Geschichte der Frau, die von einem aufgewirbelten Stein, der durch die Autoscheibe schlug, getötet wurde. Und wir hörten die Geschichte der kleinen Eliana Tova, deren winziger Körper zum Opfer genetischer Anomalien wurde. Die *free process defense* behauptet, dass diese Übel möglich sind, weil Gott ein offenes, dynamisches Universum geschaffen hat, das neuartige, freie und zufällige Ereignisse ermöglicht.

Es gibt zwei Spielarten der *free process defense*. Die beiden unterscheiden sich hinsichtlich der Frage, ob Gott die offenen Systeme, Prozesse und Bedingungen des Lebens völlig kontrollieren kann, um genuines Übel zu verhindern. Sanders und einige Theologen, die die *free process defense* unterstützen, vertreten die Variante, die davon ausgeht, dass Gott die Prozesse, Bedingungen und Gesetze des Universums vorübergehend aufheben kann, um genuines Übel zu verhindern. Aber wenn Gott Todesfälle oder

---

[374] Für eine gute Übersicht zur *free process defense* vgl.: DeWeese, Garry, Natural Evil. A "Free Process" Defense, in: C. Meister/ J. K. Dew Jr. (Hg.), God and Evil. The Case for God in a World Filled with Pain, Downers Grove IL 2013, S.53-64.
[375] John Polkinghorne verteidigt eine Version der *free process defense*. Vgl. dazu: Polkinghorne, Science and Providence.

schwerwiegende physische Defekte, wie die in unseren Beispielen, hätte verhindern können, dann liebt Gott entweder nicht auf vollkommene Weise oder diese Tragödien sind keine genuinen Übel. Ich glaube, dass keines von beidem stimmen kann.[376]

Schlussendlich ist Sanders überzeugt, dass offene und relationale Theologie zu recht die Vorstellung vertritt, dass wir eine personale Beziehung mit Gott eingehen können. Dem stimme ich zu. Liebe beinhaltet zugleich personale und gemeinschaftliche Interaktion und es leuchtet ein, dass Gott beides auf vollkommene Weise tun kann. Sanders glaubt augenscheinlich, dass Gott die Abscheulichkeiten in den tragischen und schrecklichen Geschichten, die wir gehört haben, zum Wohle des großen Ganzen zuließ. Es wäre schlimmer gewesen, sie zu verhindern. Sanders' Einstellung wirft die Frage auf, ob Gott sich wirklich um die Schicksale einzelner Menschen und einzelnen Leids kümmert.

Die Theodizee, die Sanders vorschlägt, deutet einen Mangel göttlicher Sorge an. Eigentlich sollte die Fürsorge Gottes doch verhindern, dass Einzelne zu Opfern des Übels werden. Dass Gott sich kümmert, heißt, dass Gott eben nicht selektiv handelt, um Leid zu verhindern. Dies bietet den Vorteil, Fragen darüber, wieso Gott manchen hilft und manchen nicht, zu überwinden. Diese Theodizee schafft es jedoch nicht, einen Gott zu präsentieren, der aus Liebe einschreitet, um Einzelne vor individuellen Tragödien zu bewahren. Sie sagt zu den Zamudas dieser Welt: »Ich hätte euch euer Leid ersparen können, aber das hätte bedeutet, dass ich denen, die euch verletzten, ihre Freiheit hätte nehmen müssen. Ihre Freiheit außer Kraft zu setzen hätte bedeutet, sich in die Schöpfung einzumischen. Ich habe entschieden, das nicht zu tun.«

Letztlich kann Sanders das Problem des Übels nicht lösen.

Ohne eine Lösung für dieses Problem können wir zahlreiche Ereignisse in unserer Welt nicht sinnvoll erklären. Sanders' Gesamtvariante offener und relationaler Theologie ist in weiten Teilen hilfreich und ich stimme dem Großteil seiner Thesen zu. Aber sie schafft es nicht, diese entscheidende Frage hinreichend zu beantworten: Warum verhindert ein mächtiger und liebender Gott nicht *alles* Übel, das genuines Übel ist, vor allem nicht die konkreten Schreckensszenarien in unserem persönlichen Leben?

---

[376] Ich werde die andere Form der der *free process defense* im folgenden Kapitel darstellen.

136

WELCHE EIGENSCHAFT STEHT AN ERSTER STELLE IM WESEN GOTTES?

Im folgenden Kapitel schlage ich eine Lösung für das Problem des Übels vor, wenn ich das Providenzmodell wesentlicher Kenosis vorstelle. Sanders' Vorstellung noch etwas genauer zu untersuchen, kann uns jedoch helfen zu verstehen, warum Sander das Problem des Übels nicht lösen kann. Diese weiterführende Untersuchung könnte auch dazu verhelfen, wieder ein Stückchen in Richtung eines angemesseneren Providenzmodells voranzuschreiten.

Der Kern des Problems ist folgender: Sanders' Variante offener und relationaler Theologie macht die Liebe nicht zur primären und beherrschenden Eigenschaft Gottes. Die Liebe steht nicht an erster Stelle.

Diese Kritik mag seltsam klingen. Wie die meisten offenen und relationalen Theologen behauptet Sanders, dass die Liebe Gottes Haupteigenschaft ist. „Liebe ist die überragendste Charaktereigenschaft Gottes"[377], sagt er. Und „Gottes Weg ist die Liebe."[378] Wie in sämtlichen offenen und relationalen Theologien spielt Liebe eine zentrale Rolle in Sanders' Vorschlag zur Providenz.

Andere Aussagen Sanders' deuten jedoch daraufhin, dass die göttliche Souveränität bei der initialen Schöpfung Gottes Vorrang vor der Liebe hatte und sie alle anderen Eigenschaften im Wesen Gottes überragte. Gottes Macht geht der göttlichen Liebe in seiner Entscheidungsfindung logisch voraus.

Das verdeutlichen die folgenden Aussagen Sanders':

Wenn Gott eine Welt will, in der er streng alles, was geschieht, kontrolliert, dann ist es Gottes freie Entscheidung dies zu tun.[379]

Gott entscheidet sich in seiner Souveränität dazu, die Welt nicht ohne unser Zutun zu regieren.[380]

Es war allein Gottes Entschluss, es auf diese Weise zu tun und keinen Gebrauch von seiner minutiösen Providenz zu machen.[381]

---

[377] SANDERS, The God Who Risks, S.181.
[378] Ebd., S.116.
[379] Vgl.: Ebd., S.185.
[380] Vgl.: Ebd., S.52.
[381] Vgl.: Ebd., S.198.

Es ist Gottes freie und souveräne Entscheidung, nicht alles zu bestimmen, was sich in der Geschichte ereignet.[382]

In seiner souveränen Freiheit entschied Gott sich dazu, menschliche Angelegenheiten nicht streng zu kontrollieren.[383]

In *souveräner Freiheit* entschied Gott sich dafür, einige seiner Handlungen von unseren Bitten und Taten abhängig zu machen.[384]

Das Argument, das Sanders vorbringt, heißt konkret, dass nichts Gottes Entscheidungen grundlegend einschränkt, wenigstens bei der anfänglichen Schöpfung nicht. Gottes souveräne Freiheit ist unbeschränkt. Das passt zu seiner Vorstellung, dass Gott selbst die Macht besitzt, genuines Übel zu verhindern, aber es stattdessen zulässt, wie wir bereits gesehen haben.

Sanders glaubt offenbar, dass wir unter drei Optionen eine wählen müssen, wenn wir über Gottes Schöpfung und sein providentielles Handeln nachdenken. Die erste Option ist eine Form der Prozesstheologie. Sanders ist skeptisch gegenüber Prozesstheologien, die davon ausgehen, wie er es ausdrückt, dass Gott „durch und durch bedingt [ist] durch seine Geschöpfe."[385] Er möchte es vermeiden zu behaupten, dass Gott aufgrund irgendeiner Notwendigkeit oder seines Wesens von der Welt abhängig ist. Sanders glaubt, dass Gott eigenmächtig an der Welt handeln kann und er bezweifelt, dass Prozesstheologen dem zustimmen können.[386] Lassen Sie uns dieser ersten Option den Namen »Die Welt bedingt Gott« geben.

Die zweite Option, die Sanders umgehen will, ist eine Form von Calvinismus. Er ist misstrauisch gegenüber calvinistischen Theologien, die davon ausgehen, wie er formuliert, dass „das Wesen Gottes notwendigerweise eine Welt erschaffen muss, in der Gott alles determiniert."[387] Dieses Denken setzt voraus, dass Gottes immerwährende providentielle Kontrolle eine Manifestation seines göttlichen Wesens ist. Geschöpfe sind nicht wirklich frei und Zufall ist eine Illusion. Lassen Sie uns diese zweite Option »Gott kontrolliert die Welt kontinuierlich« nennen.

---

[382] Vgl.: Ebd., S.174.
[383] Vgl.: Ebd., S.198.
[384] Vgl.: Ebd., S.14.
[385] SANDERS, The God Who Risks, S.162.
[386] Vgl.: Ebd.
[387] Ebd., S.231.

Die Option, die Sanders bevorzugt, sagt, dass Gott in seiner Souveränität Freiheit schenkt, aber auch das Übel zulässt. Souveräne Aktivität stellt
den Rahmen für das Schöpfungsprojekt dar. „Das göttliche Wesen ist frei,
eine Schöpfung ins Werk zu setzen, das liebende Beziehungen mit seinen
Geschöpfen beinhaltet"[388], meint Sanders. Gott hätte jedoch auch eine Welt
ohne freie Geschöpfe erschaffen können. Und Gott könnte (und tut dies
wahrscheinlich auch ab und zu) Geschöpfe und Situationen kontrollieren,
um ein bestimmtes Ergebnis hervorzubringen. Lassen Sie uns Sanders' dritte
Option folgendermaßen bezeichnen: »Gott entschied in seiner Souveränität,
nicht aus Notwendigkeit, eine Welt mit freien Geschöpfen zu erschaffen.«

Entgegen diesen Optionen bevorzuge ich eine vierte. Wir könnten sie
wie folgt beschreiben: »Gottes liebendes Wesen verlangt von Gott, eine Welt
mit Geschöpfen zu erschaffen, die Gott nicht kontrollieren kann«. Diese Option ist Teil des Modells wesentlicher Kenosis, welches ich im nächsten Kapitel beschreiben werde. Lassen Sie mich jedoch an dieser Stelle die von mir
bevorzugte Option mit Sanders' Sicht vergleichen. Er behauptet, dass Gott in
seiner Souveränität, nicht aus Notwendigkeit, entschied, eine Welt mit freien
Geschöpfen zu erschaffen.[389]

Offene und relationale Theologie geht davon aus, dass ein relationaler
Gott der Liebe mit seinen Geschöpfen kooperiert. Gottes Liebe geht die Risiken einer Beziehung ein, wie Sanders es ausdrückt. Weil Liebe andere nicht
kontrolliert, bietet das Risikomodell der Providenz nicht die Garantien, die
der göttliche Determinismus bietet. Gottes Beziehung mit seinen Geschöpfen, so Sanders, „ist keine, die geprägt ist von Kontrolle und Dominanz, sondern von der Macht der Liebe und Verletzlichkeit."[390] Gott „zwingt [seine
Geschöpfe] nicht, sich ihm zu fügen."[391] Sanders' Gedanken könnte man
also so zusammenfassen: „Liebe zwingt sich dem Geliebten nicht gewaltsam
auf."[392] Ich gebe ihm Recht.

Wenn Gottes überragendste Eigenschaft Liebe ist und Liebe zu Kooperation

---

[388] Ebd.

[389] Die Position, dass Gottes liebende Natur es von Gott erfordert, eine Welt mit Geschöpfen
zu erschaffen, die er nicht kontrollieren kann, kann sich entweder auf die traditionelle Sichtweise beziehen, dass Gott anfänglich etwas aus Nichts erschuf (*creatio ex nihilo*) oder auf die
Sichtweise, dass Gott beständig erschafft und zwar aus dem, was er zuvor erschuf (*creatio ex
creatione*). Ich erkläre Letzteres in meinem Artikel God Always Creates out of Creation in Love.
Vgl. dazu: OORD, Thomas J., God Always Creates out of Creation in Love. Creatio ex Creatione
a Natura Amoris, in: Ders. (Hg.), Theologies of Creation. Creatio ex Nihilo and Its New Rivals,
New York 2014, S.109-122.

[390] SANDERS, The God Who Risks, S.71.

[391] Ebd., S.174.

[392] Ebd., S.193.

mit Gott einlädt, ohne sich gewaltsam aufzuzwingen, ergibt es allerdings wenig Sinn zu behaupten, Gottes souveräne Freiheit erlaube es ihm, auf lieblose Weise zu schaffen. So erscheint es wenig sinnvoll zu sagen, Gott habe sich freiwillig dagegen entschieden, minutiöse Providenz auszuüben. Wenn Liebe an erster Stelle steht und andere nicht zwingt, sich zu fügen, dann ist es auch sinnlos zu behaupten Gott sei frei in seiner souveränen Entscheidung, nicht alles zu bestimmen. Wenn Liebe an erster Stelle steht, kann Gott keine minutiöse Providenz ausüben oder alles determinieren.

Um es als Frage in Sanders' eigener Sprache zu formulieren: Warum sollten wir davon ausgehen, dass ein liebender Gott, der sich dem Geliebten nicht gewaltsam aufzwingt, sich wahrhaft frei dazu entscheiden kann, streng alles zu kontrollieren, was geschieht? Warum sollten wir glauben, ein liebender Gott könne frei entscheiden, andere völlig zu kontrollieren, auch wenn Gott diese Freiheit nie ausübt? Wenn Liebe sich dem Geliebten nicht aufzwingt und Gott die Liebe ist, dann *kann* Gott den Geliebten zu nichts zwingen.

Lassen Sie mich meine Behauptung an folgendem Beispiel illustrieren: Meerjungfrauen können keinen Marathon laufen.

Sie können keinen Marathon laufen, weil sie keine Beine haben. Es gehört zum Wesen einer Meerjungfrau, keine Beine zu besitzen. Wir können uns vielleicht vorstellen, wie eine Meerjungfrau ihre Flosse bewegt, wenn sie versucht auf dem Land zu gehen. Einen Marathon zu laufen erfordert allerdings Beine und Meerjungfrauen haben keine. Folglich können keine marathonlaufenden Meerjungfrauen existieren.

Genauso wenig ergibt es Sinn, davon zu sprechen, dass Gott Ereignisse kontrollieren könnte, wenn die alle anderen überragende Eigenschaft Gottes Liebe ist, die andere und anderes nicht kontrolliert. Wenn Gottes Liebe kooperiert, anstatt zu kontrollieren und wenn Gott Gewissheiten aufs Spiel setzt und sie nicht erzwingt, dann verhindert Liebe als logisch primäre Eigenschaft, dass Gott alles bestimmt. Gott kann den Geliebten zu nichts zwingen, weil, wie Sanders richtig erklärt, Liebe sich nicht gewaltsam aufzwingt.

Lassen sie mich das so veranschaulichen: Meerjungfrauen können keinen Marathon laufen, weil zum Wesen der Meerjungfrau die Beinlosigkeit gehört. Gott kann keine kontrollierbaren Geschöpfe erschaffen, weil Gottes Wesen nicht kontrollierende Liebe ist.

Sanders' Hauptproblem ist, dass er Liebe nicht als die logisch primäre Eigenschaft in Gottes Wesen annimmt. Leider glaubt Sanders, dass Gottes „Wesen nicht die Art Welt vorgibt, die Gott schaffen muss."[393] Wenigstens bei

---

[393] SANDERS, The God Who Risks, S.185.

der Schöpfung und eventuell auch beim In-Beziehung-treten, steht in Sanders' Modell die Liebe nicht an erster Stelle.

Im Gegensatz dazu glaube ich *tatsächlich*, dass Gottes Wesen die Art von Welt vorgibt, die Gott erschaffen musste.[394] Gott musste gemäß seines göttlichen Wesens handeln und die alle anderen überragende Eigenschaft seines Wesens ist die Liebe. Aus diesem Grund glaube ich, dass die Liebe Gottes letztgültiger Wegweiser bei der Erschaffung der Welt ist. In meinen Augen geht die Liebe der Macht im Wesen Gottes logisch voraus. Wenn die Liebe die Souveränität überragt, hat das Konsequenzen dafür, wie wir uns Gottes fortwährendes Schaffen und In-Beziehung-treten mit seinen Geschöpfen vorstellen sollten.

Wenn Liebe Kooperation statt Kontrolle will, Gewissheiten aufs Spiel setzt anstatt sie zu erzwingen und andere nicht dazu zwingt, sich zu fügen, dann kann ein auf vollkommene Weise liebender Gott nicht souverän jedes Ereignis kontrollieren, kann er keine minutiöse Providenz ausüben oder alles absolut determinieren. Gott kann andere nicht kontrollieren, weil Liebe, wie Sanders korrekt behauptet, sich dem Geliebten nicht gewaltsam aufzwingt. Wir sollten demnach nicht davon sprechen, dass Gott sich in seiner Souveränität für die Erschaffung einer freien Welt entscheidet, sondern vielmehr, dass Gottes liebendes Wesen es erfordert, indeterminierte Geschöpfe zu erschaffen und das in jeder Welt, die er erschafft.[395]

Obwohl ich mit dem Großteil von Sanders' Variante offener und relationaler Theologie einverstanden bin, besteht sein Fehler meiner Meinung nach darin, dass er seine Behauptung, dass Gottes überragendste Eigenschaft

---

[394] Sanders ist sich der Möglichkeit bewusst, dass das Wesen Gottes Gott davon abhalten könnte, gewisse Dinge zu tun. Er merkt biblische Textstellen an, die dieses Verständnis stützen. Als Antwort auf solche Passagen sagt Sanders jedoch: „Obwohl es keinen Versuch unter biblischen Autoren gibt, die Vorstellung, dass Gott alles zu tun vermag, mit der Idee, dass Gott nicht alles bekommt, was er will, zu versöhnen, muss man im Kopf behalten, dass beide Aussagereihen innerhalb des Rahmens der Beziehung Gottes zu den Menschen geschehen, auf die sich diese Aussagen richten" (Ebd., S. 193). Damit deutet er an, dass er glaubt, dass solche Aussagen sich relativ zu gewissen Zeiten und Orten verhalten. Er scheint wenigstens zu glauben, dass die Aussagen der Schrift, die von Gottes Unfähigkeiten berichten, nicht die Umstände in Gottes ewigem Wesen beschreiben.

[395] In einer Fußnote gibt Sanders zu, dass er hier spekuliert, wenn er davon spricht, ob das Wesen Gottes es von ihm erforderte, eine Welt zu erschaffen. Er sagt, dass er seine Spekulation auf seine vorherige Doktrin über die Schöpfung stützt (vgl.: Ebd., S. 328). Weil Sanders die *creatio ex nihilo* anerkennt, vermute ich, dass er diese Theorie der initialen Schöpfung bedenkt, wenn er von seiner vorherigen Schöpfungsdoktrin spricht. Meine alternative Position sagt, dass Liebe der Souveränität Gottes vorausgeht. Jedoch ist meine Theorie wesentlich neutral gegenüber der Thematik von der *creatio ex nihilo*. Man kann die Schöpfung aus Nichts bestätigen oder ablehnen, wenn man mir recht gibt, dass Gottes Liebe seine überragendste Eigenschaft ist und Gott deshalb keine Welt frei von Freiheit oder Wirkmacht erschaffen konnte.

Liebe ist, nicht konsequent zu Ende denkt. Er ist überzeugt, dass Gottes souveräner Wille seinem liebenden Wesen logisch vorausgeht, zumindest bei der anfänglichen Schöpfung. Angesichts seiner Aussagen, in denen er behauptet, Gott würde teilweise eigenmächtig handeln, um bestimmte Ergebnisse hervorzubringen und erlaube genuines Übel, impliziert sein Denken zudem, dass der souveräne Wille der Liebe auch in der Geschichte logisch vorangeht.[396]

Für Sanders steht die Liebe im Wesen Gottes nicht an erster Stelle.

Meine Kritik an Sanders führt zu meiner alternativen Version offener und relationaler Theologie, die ich als »wesentliche Kenosis« bezeichne. Das Herzstück der wesentlichen Kenosis bildet die Überzeugung, dass die andere und anderes nicht kontrollierende Liebe logisch alle anderen Eigenschaften im Wesen Gottes überragt. Dieser Theologie wenden wir uns nun zu.

---

[396] Ich schätze John Sanders' Antwort auf die Aussagen in diesem Kapitel. Sie verhalf mir dazu, meinem Denken mehr Klarheit zu verschaffen, obwohl es nichts grundlegend an meiner Kritik verändert hat. Sie finden diese hilfreiche Antwort im Fazit meinesBlogEssays *Problems with Sanders's View of Providence*. Vgl. dazu: OORD, Thomas J., Problems with Sanders's View of Providence, in: Ders. (Blog), 21. Juni 2014, http://thomasjayoord.com/index.php/blog/archives/problems_with_sanderss_view_of_providence/#.U-KJI-NdV8E.

7

Das Modell der wesentlichen Kenosis

D en Anfang unserer Bemühungen um eine sinnvolle Erklärung unseres Lebens machten Geschichten genuinen Übels aus dem echten Leben. In jeder Geschichte waren Momente des Zufalls und des freien Willens präsent. Dabei sind wir unbefriedigenden Erklärungen begegnet. Sie versuchten eine Antwort auf die Frage, warum ein liebender und mächtiger Gott diese abscheulichen Ereignisse nicht verhinderte, zu geben und konnten uns nicht überzeugen. Wir brauchen überzeugende Antworten auf die Fragen des Lebens, die uns umtreiben.

Genuin zufällige Ereignisse und Unglücksfälle sind keine Seltenheit in unserer Welt. Von Quantenereignissen über genetische Mutationen bis hin zu zwischenmenschlichen Interaktionen und noch darüber hinaus ist unsere Existenz geprägt vom Zufall. Daneben finden wir auch Struktur, Ordnung und Beständigkeit in der Schöpfung. Gesetzesähnliche Regelmäßigkeiten prägen unser tägliches Leben und die Welt, die Gegenstand naturwissenschaftlicher Untersuchungen ist. Unser Leben, wie wir es erfahren, hängt von Regelmäßigkeiten ab. Jedoch regieren weder der Zufall noch die Regelmäßigkeit absolut. Die gesetzesähnlichen Regelmäßigkeiten unserer Welt – verbunden mit spontaner Zufälligkeit – bieten Raum für kreative Neuerung und verlässliche Beständigkeit.

Menschen (und vielleicht auch andere komplexe Lebewesen) handeln frei, obwohl jede Art geschöpflicher Freiheit begrenzt ist. Die meisten, wenn nicht alle Menschen, besitzen libertarischen freien Willen, auch wenn ihn einige bestreiten. Wir finden vielleicht keine voll entwickelte Freiheit unter simpleren Entitäten und weniger komplexen Organismen, aber wir können durchaus Selbstorganisation und in einigen Fällen auch ein gewisses Maß an

Wirkmacht (Akteurskausalität) feststellen. Werden sie falsch gebraucht, verursachen Freiheit und Wirkmacht genuines Übel. Allerdings kann das Übel auch durch Zufall bedingte Ursachen haben.

Unser Leben dreht sich nicht nur um das Übel. Wir begegnen auch sehr viel Gutem in unserem Leben. Für mich und viele andere ist es sinnvoll davon zu sprechen, dass Gott die Quelle des Guten ist. Erklärungen unseres Lebens, in denen Gott eine entscheidende Rolle spielt, sind im Allgemeinen zufriedenstellender. Es ergibt Sinn, dass Gott die freien Entscheidungen seiner Geschöpfe und zufällige Ereignisse bei seinem fortwährenden schöpferischen Wirken und providentiellen Handeln nutzt. Nichtsdestotrotz fragen gläubige Menschen zu recht, warum dieser Gott genuine Übel nicht verhindert, die von freien Entscheidungen und zufälligen Ereignissen verursacht werden.

Menschen, die an Gott glauben, schlagen verschiedene Theorien – Providenzmodelle – vor, um das Handeln Gottes zu erklären. Providenzmodelle, die Zufall und Freiheit in der Welt leugnen, passen nicht zu dem Leben, das wir führen. Modelle, die davon ausgehen, dass Gott unpersonal, unbeteiligt oder von der Schöpfung unberührt bleibt, können nur schlecht die religiösen Erfahrungen, das Gute, die Liebe oder die Bibel erklären. Modelle, die behaupten, dass Gott andere gelegentlich völlig kontrolliert oder es im Prinzip tun könnte, schaffen es nicht, annehmbare Antworten auf die Frage nach dem Übel zu geben. Providenzmodelle, die sich bloß auf das Mysterium oder einen unberechenbaren Gotteswillen berufen, sind noch weniger hilfreich. Obwohl wir nie vollkommen den Willen Gottes verstehen werden, brauchen wir ein plausibles Providenzmodell, wenn wir unsere Wirklichkeit sinnvoll erklären wollen.

Offene und relationale Theologie bietet hilfreiche Antworten auf die Fragen des Lebens. Sie bekräftigt genuinen Zufall und gesetzesähnliche Regelmäßigkeit. Diese Theologie befürwortet Selbstorganisation, Wirkmacht und libertarischen freien Willen. Offene und relationale Theologie geht davon aus, dass Werte real sind, genuines Übel eingeschlossen; dass der gute Gott gut ist; und, dass es Geschöpfen möglich ist, das Gute zu tun. Der wirkmächtige und relationale Gott dieser Theologie weiß alles, was wissbar ist, aber die Zukunft bleibt gleichermaßen authentisch offen für Schöpfer und Geschöpfe zugleich.

Obwohl offene und relationale Theologien attraktiv sind, bleiben ungelöste Fragen. Selbst eine der bis dato umfassendsten Varianten offener und relationaler Theologie schafft es nicht, die Frage nach dem Übel zu klären. Diese Variante offener und relationaler Theologie scheitert vor allem deshalb, weil sie voraussetzt, dass Gott sinnloses Übel zulässt. Sie denkt die Allmacht Gottes – nicht die Liebe – als logisch erstes Attribut im Wesen Gottes.

In vorangegangenen Kapiteln versprach ich eine Version offener und relationaler Theologie, die ich wesentliche Kenosis nenne. Ich behauptete, dass diese Theologie bleibende Fragen beantworten und ein Providenzmodell vorschlagen würde, das Zufälligkeit und Regelmäßigkeit, freien Willen und Notwendigkeit, das Gute und das Übel, und mehr berücksichtigen würde.

Außerdem kündigte ich an, dass dieses Modell einen Schwerpunkt auf Gottes Zusage der verlässlichen Liebe für seine gesamte Schöpfung legen würde, weil Gottes Wesen andere und anderes nicht kontrollierende Liebe ist – und, dass es eine plausible Lösung für das Problem des Übels aufzeigen würde.

Es ist nun an der Zeit, dieses Versprechen einzulösen.

KENOSIS

Lassen Sie mich mit Jesus Christus und der Kenosis beginnen. Die Verbform von *kenōsis* taucht ungefähr ein halbes Dutzend Mal im Neuen Testament auf. Eine der am häufigsten diskutierten Stellen findet sich im Brief des Apostels Paulus an die Gläubigen der Stadt Philippi. Dieser Text ist aufgrund seiner Aussagen über Gott, Jesus und darüber, wie wir leben sollten, besonders wirkmächtig.

Ich zitiere ihn hier und zwar zusammen mit den Versen, die den Begriff *kenōsis* rahmen. So lässt sich der Kontext des Verbs aufzeigen, der bei der Suche nach der Bedeutung des Wortes helfen soll:

Jeder achte nicht nur auf das eigene Wohl, sondern auch auf das der anderen. Seid untereinander so gesinnt, wie es dem Leben in Christus Jesus entspricht:

Er war Gott gleich,
hielt aber nicht daran fest, Gott gleich zu sein,
sondern er entäußerte sich [*ekenōsen* = kenosis]
und wurde wie ein Sklave
und den Menschen gleich.
Sein Leben war das eines Menschen;
er erniedrigte sich
und war gehorsam bis zum Tod, bis zum Tod am Kreuz.
Darum hat ihn Gott über alle erhöht
und ihm den Namen verliehen,
der größer ist als alle Namen,
damit alle im Himmel,
auf der Erde und unter der Erde ihr Knie beugen
vor dem Namen Jesu
und jeder Mund bekennt:
Jesus Christus ist der Herr zur Ehre Gottes, des Vaters.

Darum, meine Geliebten, ihr wart ja immer gehorsam, nicht nur in meiner Gegenwart, sondern noch viel mehr jetzt in meiner Abwesenheit: Wirkt mit Furcht und Zittern euer Heil! Denn Gott ist es, der in euch das Wollen und das Vollbringen bewirkt zu seinem Wohlgefallen. (Phil 2,4-13)

Diese Passage beginnt mit ethischen Anweisungen des Paulus: Jeder achte nicht nur auf das eigene Wohl, sondern auch auf das der anderen. Er verweist auf Jesus Christus, der als göttliches Beispiel agiert, indem er am Nächsten orientierte Liebe in seinem Handeln verwirklicht. Die Liebe Jesu wird, so Paulus, in seiner reduzierten Macht und seinem Dienst am anderen offenbar. Die Schwäche des Kreuzes ist ein besonders eindringliches Beispiel Jesu, zum Wohle anderer zu handeln.[397] Jesus verkörpert die Liebe Gottes, die sich am Wohl des Nächsten orientiert. Indem die Menschen diesem Beispiel Jesu folgen, können sie das Heil suchen. Paulus hält seine Leser dazu an, ernsthaft das Heil zu suchen.

Jeder Vers in der Bibel muss ausgelegt werden, um verstanden werden zu können. Theologen interpretieren diese Stelle auf verschiedene Weise und verknüpfen sie mit unterschiedlichen Themen. Im Nachdenken über die Bedeutung des Begriffs *kenōsis* betrachteten Theologen vorheriger Jahrhunderte besonders den Satz, der direkt vor *kenōsis* in dieser Passage vorkommt: „Er [Jesus] war Gott gleich, hielt aber nicht daran fest, Gott gleich zu sein" (Phil 2,6). Sie glaubten, dieser Satz liefere einen Anhaltspunkt für die Menschlichkeit und Göttlichkeit Jesu.

Bei einem Konzil in Chalcedon im fünften Jahrhundert hielten christliche Theologen die Aussage fest, dass Jesus Christus zwei Naturen besitzt, die sich unter der Wahrung der Eigentümlichkeiten in einer Person bzw. einer Hypostase vereinigen (vgl. DH 302). Jesus ist der Gottmensch, so formulierten es viele, die an diesem Konzil teilnahmen. Er ist vollkommener Gott und vollkommener Mensch. Die frühen Kirchenoberhäupter gelangten zu dieser Ansicht, nachdem sie andere Möglichkeiten Jesus als Christus zu verstehen, abgelehnt hatten.

In der Folgezeit dachten Theologen darüber nach, welche göttlichen Eigenschaften Jesus im menschlichen Leben bewahrte und welche er, offensichtlich als Ergebnis seiner »Selbstentleerung«, nicht beibehielt. Das chalcedonische Glaubensbekenntnis bietet wenig bis gar keine Hilfe bei der Beantwortung der Einzelheiten dieser Fragestellung und auch heute noch

---

[397] Jürgen Moltmann gelangte aufgrund dieser Vorstellung zu einiger Berühmtheit. Vgl. dazu: MOLTMANN, Der gekreuzigte Gott.

beschäftigt Theologen die Frage nach dem Verhältnis von Gottheit und Menschheit in Jesus Christus.[398]

In den letzten Jahrzehnten verschoben sich allerdings die Debatten rund um die Kenosis.[399] Anstatt die Kenosis in der Diskussion um die göttlichen Eigenschaften Jesu anzusprechen, verwenden Theologen den Begriff *Kenosis* heute primär zur Beschreibung der Art und Weise, wie Jesus das Wesen Gottes *offenbart*. Anstatt sich vorzustellen, wie Gott in der Inkarnation auf bestimmte Eigenschaften verzichtete, denken mittlerweile viele, dass die Kenosis Jesu uns zeigt, wer Gott ist und wie er handelt.

Diese zeitgenössische Schwerpunktverlagerung hin zu einer Vorstellung von Kenosis, die Jesus als Selbstoffenbarung des Wesens Gottes denkt, führt von den Sätzen weg, die dem Wort *kenōsis* vorangehen. Etliche Theologen folgen dem Beispiel einiger Bibelwissenschaftler und lesen *kenōsis* nun vorwiegend im Licht von Wendungen wie „wurde wie ein Sklave" (Phil 2,7), „er erniedrigte sich" (Phil 2,8) und „Tod am Kreuz" (Phil 2,8). Diese Wendungen folgen auf den Begriff *kenōsis* und heben besonders die reduzierte Macht Jesu und seinen Dienst an den Menschen hervor.[400] Sie deuten darauf hin, dass Gottes Macht wesentlich darauf abzielt, seine Geschöpfe vom Tun des Guten zu überzeugen, und zugleich verletzlich ist. Die Macht Gottes ist weder übermächtigend noch unnahbar. Gottes Macht, die andere und anderes nicht kontrolliert, zeigt sich besonders im Kreuz Christi, das die »kreuzesförmige« Macht Gottes repräsentiert (vgl. 1 Kor 1,18-25).[401] Im ganzen

---

[398] Zur historischen Debatte um die Kenosis und die zwei Naturen Jesu vgl.: BROWN, David, Divine Humanity. Kenosis and the Construction of a Christian Theology, Waco TX 2011. Sowie: THOMPSON, Thomas R., Nineteenth-Century Kenotic Christology. Waxing, Waning and Weighing of a Quest for a Coherent Orthodoxy, in: C. S. Evans (Hg.), Exploring the Kenotic Christology. The Self-Emptying of God, Vancouver 2006, S.74-111.

[399] Für zeitgenössische, hilfreiche Texte zur Kenosis vgl. u.a.: BROWN, Divine Humanity. Vgl. zudem: COLYER, Peter J., The Self-Emptying God. An Undercurrent in Christian Theology Helping the Relationship with Science, Cambridge 2013. Vgl. auch: EVANS, C. Stephen (Hg.), Exploring Kenotic Christology. The Self-Emptying of God, Vancouver 2006. Sowie: POLKINGHORNE, John C., The Work of Love. Creation as Kenosis, Grand Rapids 2001.

[400] Siehe die Werke von Bibelwissenschaftlern wie: REED, Jonathan, In Search of Paul. How Jesus's Apostle Opposed Rome's Empire with God's Kingdom, San Francisco 2004, S.290. DUNN, James D., Christology in the Making. An Inquiry into the Origins of the Doctrine of the Incarnation, London ²1989, S.116. GORMAN, Michael J., Inhabiting the Cruciform God. Kenosis, Justification, and Theosis in Paul's Narrative Soteriology, Grand Rapids 2009. MACLEOD, Donald, The Person of Christ. Contours of Christian Theology, Leicester 1998, S.215. MARTIN, Ralph P., Carmen Christi. Philippians 2:5-11 in Recent Interpretation and in the Setting of Early Christian Worship, Grand Rapids ²1983, S.170. Sowie: WRIGHT, Nicholas T., The Climax of the Covenant. Christ and the Law in Pauline Theology, Minneapolis 1993, S.84.

[401] Zur Beziehung von Gottes Heiligkeit und Kreuzförmigkeit, vgl.: GORMAN, Michael, "You Shall Be Cruciform for I Am Cruciform". Paul's Trinitarian Reconstruction of Holiness, in

zweiten Kapitel des Philipperbriefes beschreibt Paulus Ausdrucksformen der am Wohl des Nächsten orientierten Liebe.

Ich folge dem aktuellen Trend, der Kenosis primär als qualifizierte Macht Jesu, als Orientierung am Nächsten und Liebesdienst interpretiert. Diese Auslegung scheint im Allgemeinen fruchtbarer zu sein als Diskussionen über die Kommunikation der beiden Naturen Christi, obwohl ich denke, dass solche Debatten durchaus ihren Sinn haben. Meine Deutung hilft außerdem, Gottes wesentliche Macht in Anbetracht seines liebenden Wesens und seiner Orientierung an der Schöpfung zu betrachten. Daher denke ich, wenn ich von Kenosis spreche, weniger daran, wie Gott Mensch wurde, sondern eher daran, wie man Gottes Wesen im Licht inkarnierter Liebe verstehen kann. Denn Jesus ist, wie der Verfasser des Hebräerbriefs es formuliert, „das Abbild seines [Gottes] Wesens" (Hebr 1,3).

Im Licht der kenotischen Liebe Jesu können wir etwas über Gottes Wesen erfahren.

Theologen diskutieren außerdem darüber, wie man den Begriff *kenōsis* am besten übersetzt. Während die Mehrheit überzeugt ist, dass er uns etwas über Gott verrät, weiß niemand genau, was mit dem Wort exakt gemeint ist. *Kenōsis* erscheint inmitten eines Textes, den Exegeten als Gedicht oder Hymnus klassifizieren. Diese Gattung erlaubt ein besonders breites Auslegungsspektrum. Wissenschaftler deuten *kenōsis* auf unterschiedliche Weise als »Selbstentäußerung bzw. Selbstentleerung«, »Selbstrückzug«. »Selbstbegrenzung« oder »Selbstgabe«.

Einige dieser Übersetzungen sind weniger hilfreich als andere. »Selbstentäußerung bzw. Selbstentleerung« ergibt beispielsweise in seiner wörtlichen Bedeutung wenig Sinn. Zu sagen, dass Gott sich entäußert habe oder entleert sei, klingt, als wäre Gott ein Container, dessen Inhalte ausgeschüttet werden. So behauptet der Bibelwissenschaftler Gordon Fee, dass die Vorstellung von der Selbstleerung Gottes bestenfalls bildlich aufzufassen sei, denn: „Die Vorstellung, dass Christus ‚sich selbst *von* etwas entleere' ist dem persönlichen Anliegen des Paulus ziemlich fern."[402] Kenosis sei kein Ablegen von etwas, erklärt der Exeget Michael Gorman.[403] Dagegen ist relationale

---

Holiness and Ecclesiology, in: K. E. Brower/ A. Johnson (Hg.), The New Testament, Grand Rapids 2007, S.148-166.

[402] FEE, Gordon D., The New Testament and Kenosis Christology, in: C. S. Evans (Hg.), Exploring Kenotic Christology. The Self-Emptying of God, Vancouver 2006, S.25-44, hier: S.29. Vgl. ebenso: DERS., Paul's Letter to the Philippians (NICNT), Grand Rapids 1995, S.210.

[403] Vgl.: GORMAN, Inhabiting the Cruciform God, S.22.

Sprache deutlich hilfreicher als die Rede vom Container, wenn Kenosis primär mit der Liebe in Verbindung gebracht wird.

Jürgen Moltmann verwendet zur Beschreibung der Kenosis den Begriff »Selbstrückzug«. Gott zog „sich in sich selbst zurück, um ihr Platz machen und einen Raum für [die Welt] einzuräumen"[404], so Moltmann. In der Kenosis zog Gott seine Allgegenwart von der Welt zurück, „um Raum für die begrenzte Gegenwart der Schöpfung einzuräumen"[405]. So postuliert Moltmann, dass „der allmächtige und allgegenwärtige Gott seine Gegenwart zurücknimmt und seine Macht einschränkt."[406] Dies beinhalte „eine Begrenzung der Allmacht, Allgegenwart und Allwissenheit der Gottheit um der Lebensräume der Geschöpfe willen."[407]

Moltmanns Absicht ist löblich, weil er versucht, göttliche Liebe und geschöpfliche Freiheit zu erklären.[408] Jedoch ist die Rede vom Selbstrückzug in vielerlei Hinsicht problematisch. Sobald man behauptet, Gott zieht sich aus dem Universum zurück, so nimmt man, wörtlich verstanden, Gott nicht mehr als allgegenwärtig wahr. Wenn man sagt, Gott beschränkt sein Wissen selbst, dann deutet man an, dass Gott nicht alles Wissbare weiß und leugnet damit seine Allwissenheit. Die These, dass Gott seine Macht selbst beschränkt, weist daraufhin, dass Gott nicht alles tut, was er tun könnte. Damit setzt sich die Theologie vom Selbstrückzug Gottes der Kritik aus, dass sie eine Gottheit propagiert, die nicht vollkommen in Beziehung mit der Schöpfung tritt. Es wirft ernsthafte Schwierigkeiten auf, wenn man Kenosis als Rückzug versteht.

Das am weitesten verbreitete Verständnis der Kenosis ist wohl, dass Gott sich aus Liebe freiwillig zum Wohle anderer selbst begrenzt. Jeff Pool beschreibt diese Vorstellung von der Kenosis als „willentliche göttliche Selbstbegrenzung[, weil] Gott das göttliche Selbst beschränkt."[409] Vincent Brümmer vertritt die Vorstellung von der willentlichen Selbstbegrenzung und meint, dass Gottes Macht nicht aus einer „Begrenzung oder einer Abhängigkeit, die Gott

---

[404] MOLTMANN, Jürgen, Gottes Kenosis in Schöpfung und Vollendung der Welt, in: TwP 3,1 (2009), S.3-14; hier: S.10.

[405] Ebd.

[406] MOLTMANN, Jürgen, Gott in der Schöpfung. Ökologische Schöpfungslehre, Gütersloh ⁴1993, S.99.

[407] MOLTMANN, Gottes Kenosis, S.10.

[408] Moltmann verbindet sein Kenosis-Verständnis häufig mit der Vorstellung von Zimzum, ein Konzept, das er in einigen seiner Bücher untersucht. Zimzum heißt, dass Gott sich in sein göttliches Selbst zurückzieht. Es ist Gottes Selbstbegrenzung für den anderen. Vgl. dazu: MOLTMANN, Gott in der Schöpfung, S.98. Vgl. ebenso: CASE-WINTERS, Anna, Reconstructing a Christian Theology of Nature. Down to Earth, Burlington VT 2007, S.125-144.

[409] POOL, Jeff B., God's Wounds. Hermeneutic of the Christian Symbol of Divine Suffering (Bd. 1: Divine Vulnerability and Creation), Cambridge 2009, S.139.

von außen auferlegt wird"[410] herrührt. Polkinghorne erklärt: „Göttliche Macht ist willentlich selbstbegrenzt."[411] Es ist wichtig, dass in jedem dieser Fälle Selbstbegrenzung freiwillig gedacht wird. Grundsätzlich behält Gott die Fähigkeit bei, andere zu kontrollieren, aber er beschränkt sich willentlich selbst.

Es entstehen etliche Probleme, wenn wir Kenosis als freiwillige Selbstbegrenzung Gottes verstehen – wir haben sie bereits im vorangegangenen Kapitel angesprochen.[412] Das Kernproblem besteht darin, dass freiwillige Selbstbegrenzung davon ausgeht, dass Gott die Macht, die er wesentlich besitzt, nicht immer zum Zwecke des Guten einsetzt.[413] Wir sehen das ganz deutlich, wenn Polkinghorne ausbuchstabiert, was freiwillige Selbstbegrenzung für die Frage nach dem Übel bedeutet. „Gott will die Tat eines Mörders oder die zerstörerische Kraft eines Erdbebens nicht, aber er erlaubt beidem zu geschehen – in einer Welt, in der göttliche Macht gewollt selbstbegrenzend ist, um seinen Geschöpfen kausalen Raum zu gewähren."[414]

Theologen, die Kenosis als freiwillige Selbstbegrenzung verstehen, glauben, dass Gott sich aus freien Stücken dazu entschließt, genuines Übel nicht zu verhindern.[415] Vielmehr lässt Gott es zu. Wir liegen jedoch richtig, wenn wir denken, dass der Gott, der sich freiwillig selbst begrenzt, sich aus Liebe gerade nicht selbst zurücknehmen sollte, um genuines Übel zu verhindern. Anders formuliert: Die Kenosis macht, wenn sie als freiwillige Selbstbegrenzung verstanden wird, Gott dafür verantwortlich, dass er genuines Übel nicht verhindert. Kenosis als freiwillige Selbstbegrenzung kann angesichts des genuinen Übels nicht sinnvoll erklärt werden.

Diese drei Interpretationen der Kenosis – Selbstentäußerung bzw. Selbstentleerung, Selbstrückzug und freiwillige Selbstbegrenzung – sind mit erheblichen Schwierigkeiten verbunden. Einige vertragen sich nicht mit relationalen Vorstellungen der am Nächsten orientierten Liebe, die der Gesamtaussage des biblischen Textes entsprechen zu scheinen. Wieder andere

---

[410] BRÜMMER, Vincent, What Are We Doing When We Pray?. A Philosophical Enquiry, London 1984, S.67.
[411] POLKINGHORNE, Kenotic Creation and Divine Action, S.102.
[412] Der Ansatz freiwilliger, göttlicher Selbstbegrenzung steht in einer Reihe mit der voluntaristischen, vielmehr als der intellektualistischen/natürlichen Tradition philosophischer Theologie. Ich habe diese Traditionen kurz in Kapitel Zwei untersucht.
[413] Anna Case-Winters argumentiert diesbezüglich ähnlich. Vgl. dazu: CASE-WINTERS, Anna, God's Power. Traditional Understandings and Contemporary Challenges, Louisville KY 1990, S.204.
[414] POLKINGHORNE, Kenotic Creation and Divine Action, S.102.
[415] Für eine der besseren wissenschaftlichen Untersuchungen zur Macht Gottes im Verhältnis zum Übel vgl.: SØVIK, Atle Otteson, The Problem of Evil and the Power of God. On the Coherence and Authenticity of Some Christian Theodicies with Different Understandings of God's Power, Oslo 2009.

implizieren, dass Gott nicht gleichzeitig überall sein kann oder nicht so wirkmächtig ist, wie er sein könnte. Und jede davon lässt die Frage nach dem Übel in der Welt unbeantwortet zurück. Diese Darstellungen der Kenosis bieten wenig Hilfe beim Verstehen des Verhältnisses zwischen Gottes Macht und Liebe im Angesicht des Übels.

Obwohl keine Übersetzung perfekt ist, könnte »Selbstgabe« die hilfreichste Übertragung des Wortes *kenosis* sein. Kenosis als Selbstgabe zu verstehen und daher auch als Liebe, die andere ermächtigt, hat den Vorteil, dass ein solches Verständnis gut zur eröffnenden Passage der Philipperstelle passt, die ja das Handeln zum Wohle anderer betont. Es passt ebenso zum Höhepunkt der Passage, der darin besteht, dass Gott seinen Geschöpfen ermöglicht, dem Beispiel Jesu zu folgen, indem sie ein Leben in Liebe führen. Andere zu befähigen erfordert die eigene Handlung der Ermächtigung anderer.

Kenosis, übersetzt »als sich selbst gebende, andere ermächtigende Liebe«, korrespondiert sehr gut mit anderen Textstellen, die sich immer wieder über die ganze Bibel verteilt finden. Als Leser der Bibel entdecken wir beispielsweise häufig Passagen, die sagen, dass Gottes Handeln notwendig für das geschöpfliche Leben und die Liebe ist. Ich könnte zahllose solcher Beispiele anführen, jedoch formuliert dies der erste Johannesbrief bereits hinreichend: „Wir wollen lieben, weil er uns zuerst geliebt hat" (1 Joh 4,19). Im Johannesevangelium heißt es außerdem: „Getrennt von mir könnt ihr nichts vollbringen" (Joh 15,5), was darauf hinweist, dass wir auf Gottes Gabe der Wirkmacht angewiesen sind. Paulus verfällt zwar etwas in Übertreibungen, veranschaulicht dies aber recht gut, wenn er sagt: „Alles vermag ich durch den, der mich stärkt" (Phil 4,13). Die gesamte Schöpfung braucht Gottes schöpferische, Leben schenkende und zur Liebe ermächtigende Gegenwart, so Paulus, „denn in ihm leben wir, bewegen wir uns und sind wir" (Apg 17,28). Diese Liebe offenbart sich in größtmöglicher Deutlichkeit am Kreuz. Victor Furnish schreibt dazu: „Die rettende Macht Gottes, die sich im Kreuz offenbart, ist die Macht der sich selbst schenkenden Liebe Gottes."[416] Ein Hauptvorteil, Kenosis als Selbstgabe und andere ermächtigende Liebe zu verstehen, liegt darin, dass dieses Motiv in vielerlei Gestalt im Alten und Neuen Testament erscheint; sogar dort, wo der Begriff *kenosis* gar nicht auftaucht.

Kenosis als sich selbst schenkende, andere ermächtigende und bestärkende Liebe muss nichtsdestotrotz noch näher erläutert werden. Göttliche Selbstgabe bedeutet nicht, dass Geschöpfe wirklich göttlich werden. In seiner

---

[416] FURNISH, Victor Paul, The Theology of the First Letter to the Corinthians, Cambridge 1999, S.74.

Selbstgabe verleiht Gott der Schöpfung keine Göttlichkeit und macht seine Geschöpfe damit zu Gottheiten. Menschen können zwar christusähnlich werden und Anteil an der göttlichen Natur erhalten (vgl. 2 Petr 1,4), aber sie bleiben doch Geschöpfe. Gottes Selbstgabe verwandelt seine Geschöpfe nicht in Götter.

Gott als jemanden zu denken, der wesentlich sich selbst schenkende, andere ermächtigende und bestärkende Liebe ist, heißt auf der anderen Seite aber auch nicht, dass Gott sein göttliches Selbst verliert, wenn er anderen seine Liebe schenkt. Seine Selbstgabe macht Gott nicht im wörtlichen Sinne des Wortes selbstlos. Es ist wichtig, diesen Punkt klar zu benennen, denn wenn Geschöpfe der im Folgenden zitierten Aufforderung nachkommen, behalten sie in diesem Liebesakt ihr Selbst: „Ahmt Gott nach als seine geliebten Kinder und führt euer Leben in Liebe, wie auch Christus uns geliebt und sich für uns hingegeben hat als Gabe und Opfer, das Gott gefällt!" (Eph 5,1 f.). Anhänger des buddhistischen, nicht des christlichen Glaubens ersehnen den Verlust des Selbst. Gott verliert nicht sein göttliches Selbst, wenn er sich selbst gibt.

Kenosis als sich selbst verschenkende, andere ermächtigende Liebe fördert zudem die gesunde Selbstliebe. Sich selbst schenkende Liebe beinhaltet zuweilen auch Selbstopfer. Leider glaubten viele Christen lange, dass sich selbst schenkende Liebe dem Handeln zum eigenen Wohlergehen widerspricht. Ganz im Gegensatz dazu unterstützt Kenosis als sich selbst schenkende Liebe die Wahrheit, dass Selbstliebe einen berechtigten Platz innerhalb der christlichen Ethik einnimmt. Liebe dezentriert Selbstinteresse, aber sie zerstört es nicht.

Der Kontext, in dem wir *kenōsis* finden, zeigt, dass das Anliegen des Paulus darin besteht, seine Leser zur Förderung dessen anzuhalten, was viele als »Gemeinwohl« bezeichnen. Sich selbst schenkende Kenosis fördert das allgemeine Wohlergehen. Darüber hinaus ehren diejenigen, die die Taten Christi nachahmen, um das Wohlergehen zu fördern, letztlich Gott. Jesu Kenosis in Leben und Tod offenbart, dass Gott sich selbst verschenkende, andere ermächtigende Liebe realisiert. Mit anderen Worten: Die Kenosis Jesu offenbart, dass Gott sich selbst gibt, um allgemeines Wohlergehen zu fördern.[417] Die Philipperstelle schließt, indem sie andeutet, dass Gottes kenotische Liebe

---

[417] Einige unterscheiden zwischen *kenōsis* und *plērōsis*. Letzteres ist Ausdruck der Fülle des Gebens, während einige *kenōsis* hinsichtlich eines Zurückziehens interpretieren. Mein Verständnis der *kenōsis* als sich selbst schenkende, andere ermächtigende Liebe überwindet die Notwendigkeit, *kenōsis* mit *plērōsis* zu ergänzen.

uns ermächtigt, das Gute zu fördern, indem wir das von ihm geschenkte Heil in unserem Leben verwirklichen.[418]

WESENTLICHE KENOSIS UND DER PRIMAT DER LIEBE

Nachdem wir geklärt haben, was wir unter *kenōsis* verstehen, bedarf es in unserer Rede von der wesentlichen Kenosis nun einer näheren Untersuchung des Adjektivs *wesentlich*. Wesentliche Kenosis berücksichtigt die sich selbst schenkende, andere ermächtigende Liebe Gottes, die sich in Jesus Christus offenbart, als logisch vorrangig in Gottes ewigem Wesen. In Gott steht die Liebe an erster Stelle.

Wesentliche Kenosis sagt, dass Gottes Liebe eine notwendige und ewige Eigenschaft im Wesen Gottes ist. „[Gottes] [Liebe][419] währt ewig", wie der Psalmist es (im ganzen Psalm 136) wiederholt, weil Gottes liebendes Wesen ewig ist.

Wenn man behauptet, dass Kenosis eine notwendige, ewige und logisch primäre Eigenschaft Gottes ist, dann bedeutet das, dass Gott notwendigerweise Kenosis zum Ausdruck bringt. Das zu tun ist ein Teil dessen, was es bedeutet, Gott zu sein. Der aus drei Wörtern bestehende Satz des Johannes, „Gott ist Liebe" (1 Joh 4,8.16), kann leicht als Bestätigung dieser Sichtweise gelesen werden. »Gott ist Liebe« heißt, dass Liebe notwendiger Ausdruck des zeitlosen Wesens Gottes ist. Gott drückt seine Liebe unermüdlich in seinem Streben nach allgemeinem Wohlergehen aus (*Shalom*).

Gott muss lieben. Um es doppelt verneint zu formulieren: Gott kann nicht nicht lieben. Kenotische Liebe ist ein wesentliches Attribut des ewigen Wesens Gottes.[420] Gott liebt notwendigerweise. Die Liebe, die Geschöpfe verwirklichen können, ist sporadisch, gelegentlich und begrenzt, weil Geschöpfe kein ewig liebendes Wesen besitzen. Gottes ewiges Wesen jedoch ist die Liebe. Das bedeutet, dass Gott genauso wenig aufhören könnte zu lieben wie zu existieren. Gottes Liebe ist unkontrollierbar, nicht nur in dem Sinne, dass Geschöpfe die göttliche Liebe nicht kontrollieren können, sondern auch in dem Sinne, dass Gott nicht aufhören kann zu lieben. Viele Gläubige drücken das so aus: Liebe ist »das Herz Gottes«.

Weil Gott wie Gott handeln muss, muss Gott lieben.

---

[418] Jeffery F. Keuss untersucht einige Dimensionen davon. Vgl. dazu: KEUSS, Jeffery F., Freedom of the Self. Kenosis, Cultural Identity, and Mission at the Crossroads, Eugene OR 2010.

[419] Anmerkung der Übersetzer: Oord verwendet eine Bibelausgabe, die im Englischen „love" übersetzt. In der deutschen Einheitsübersetzung wird „Huld" übersetzt. Ausgehend vom hebräischen Text ist eine Übersetzung mit „Liebe" lexikalisch gedeckt.

[420] Frank Macchia vertritt Ähnliches. Vgl. dazu: MACCHIA, Frank, Baptized in the Spirit. A Global Pentecostal Theology, Grand Rapids 2006, S.259.

Dies führt uns zu einer wichtigen Folge bezüglich der Beziehung zwischen Gottes Liebe und seiner Freiheit. Gott ist nicht frei in der Entscheidung, *ob* er lieben will, weil Gottes Wesen Liebe ist. Hierin stimmt wesentliche Kenosis mit Jacob Arminius überein, der sagt, Gott sei nicht aus freien Stücken gut; das heißt, er ist nicht gut im Sinne einer frei von ihm gewählten Eigenschaft, sondern im Sinne einer wesentlichen Notwendigkeit. Denn wäre Gott aus freien Stücken gut, könnte er auch nicht gut sein oder werden.[421] Tatsächlich verurteilte Arminius sogar die Vorstellung, dass Gott aus freien Stücken gut ist, als Blasphemie. In ähnlicher Weise besagt auch die wesentliche Kenosis, dass Gottes liebevolle Güte ein notwendiger Teil seines unveränderlichen Wesens ist. Es ist Gott nicht möglich, lieblos zu sein, weil das bedeuten würde, dass er nicht Gott ist.

Nichtsdestotrotz geht wesentliche Kenosis davon aus, dass Gott frei entscheidet, wie er diese Liebe jeden Augenblick aufs Neue mit Leben füllt. In dieser Hinsicht ist Gott vollkommen frei. In jedem Moment entscheidet Gott aus freien Stücken, auf die eine Art statt auf die andere zu lieben, weil verschiedene Optionen verfügbar sind. Gott ist frei, wenn er aus verschiedenen Möglichkeiten einen Weg auswählt, *Shalom* zu fördern.

Die These, dass Gott notwendigerweise liebt, ist eine signifikante Errungenschaft der offenen und relationalen Theologie. Aber weil sie eine offene Zukunft bejaht, in der die eigentlichen Ereignisse von Gott nicht gewusst werden können, bevor sie geschehen, behauptet sie auch, dass Gott frei entscheidet, wie sich seine Liebe unter verschiedenen möglichen Varianten konkretisieren soll.[422] Ein Gott, der zwangsläufig liebte und eine vollständige Zukunft vorherwüsste, könnte nicht frei handeln. Obwohl „die [Liebe][423] des Herrn [nicht] erschöpft [ist]", ist sie „neu an jedem Morgen" (Klg 3,22-23)!

Gott liebt notwendigerweise, aber er entscheidet frei, *wie* er in jedem neuem Moment liebt.

Wir Geschöpfe unterscheiden uns von Gott in vielerlei Hinsicht. Christen war es stets ein Anliegen, diese Unterschiede hervorzuheben. Obwohl wir nach dem Bild Gottes geschaffen sind, sind wir nicht göttlich. Idolatrie lässt sich unter anderem dadurch verhindern, dass wir betonen, dass Gott der

---

[421] Vgl.: ARMINIUS, Jacob, The Works of James Arminius. Volume 2 (übersetzt von James Nochols), Grand Rapids ²1991, S.33f.
[422] Diese These ist essentiell für die Überwindung der legitimen Kritik von William L. Rowe gegen nicht offene und relationale Theologien, in denen ein guter Gott notwendigerweise die beste aller möglichen Welten erschafft. Vgl. dazu: ROWE, William L., Can God Be Free?, Oxford 2004.
[423] Anmerkung der Übersetzer: Oord verwendet eine Bibelausgabe, die im Englischen „love" übersetzt. In der deutschen Einheitsübersetzung wird „Huld" übersetzt. Ausgehend vom hebräischen Text ist eine Übersetzung mit „Liebe" lexikalisch gedeckt.

einzige ist, der unserer Anbetung würdig ist. Gott ist Gott und die Schöpfung ist es nicht.

Der Unterschied zwischen Gott und der Schöpfung besteht darin, dass freie Geschöpfe frei entscheiden können, ob sie lieben und wie sie diese Liebe ausdrücken. Sie besitzen kein ewiges Wesen, in der Liebe alle anderen Eigenschaften überragt und notwendiger Bestandteil ihres Wesens ist. Aus diesem Grund können Geschöpfe sündigen oder Übel tun. Gottes Wesen jedoch ist Liebe. Das bedeutet, dass Gott weder sündigen noch Übel tun kann. Gott kann uns aber zugleich lieben wollen als auch notwendigerweise lieben, weil Liebe sein Wesen ist.[424]

Liebe ist die alles andere überragende Eigenschaft Gottes. Gottes kenotische Liebe geht seiner Macht im göttlichen Wesen logisch voraus. Diese logische Priorität bestimmt näherhin, wie wir uns das Wirken Gottes in und mit seiner Schöpfung vorstellen sollten. Wie John Wesley sagt: Gottes „regierende Eigenschaft"[425] ist Liebe, weil, wie sein Bruder Charles sang: „God's name and nature is love"[426]. Wir sollten C. H. Dodd recht geben, wenn er sagt: „Zu sagen, dass ‚Gott Liebe ist' impliziert, dass all sein Wirken liebendes Wirken ist. Wenn er erschafft, dann erschafft er aus Liebe; wenn er herrscht, dann herrscht er aus Liebe; wenn er urteilt, dann urteilt er aus Liebe. Alles, was Gott tut, ist Ausdruck seines Wesens, das Liebe ist."[427] Gottes Eigenschaften – besonders seine Macht – sind am besten im Licht seiner Liebe zu verstehen.

Zu behaupten, dass Liebe das vorrangige Gottesattribut ist, heißt nicht, dass wir andere göttliche Eigenschaften außer Acht lassen, wie beispielsweise seine Souveränität, seine Allwissenheit, seine Ewigkeit oder seine Allgegen-wärtigkeit. Auch sollten wir nicht meinen, die anderen Attribute seien unwichtig. Jedoch verrät die Art und Weise, wie wir über Gott sprechen, wie wir diese Eigenschaften explizit oder implizit priorisieren. Dies wurde in einigen Aussagen von John Sanders im letzten Kapitel offenkundig. Sie verdeutlichten, dass er Gottes souveräne Entscheidung implizit als der Liebe logisch vorausgehend denkt.

---

[424] An dieser Stelle möchte ich Nicholas Carpenter danken für seine Erörterung, die mich zu der Erkenntnis führte, dass die Vorstellung von einem notwendigerweise liebenden Gott nicht ausschließt, dass Gott andere auch lieben will. Weil Gottes Natur die Liebe ist, kann Gott beides: seine Geschöpfe lieben wollen und sie notwendigerweise lieben.

[425] WESLEY, John, Explanatory Notes upon the New Testament, Salem OH 1975, S.637.

[426] WESLEY, Charles, A Collection of Hymns for the Use of the People Called Methodists (The Works of John Wesley; 7), Nashville 1983, S.250-252.

[427] DODD, Charles H., The Johannine Epistles, London 1946, S.112.

Die überwiegende Mehrheit der Theologen nimmt die Liebe, die andere nicht kontrolliert, eigentlich nicht als Gottes vorrangige Eigenschaft an. So werden wir Zeugen für die logische Priorisierung der souveränen Entscheidung Gottes, wenn Theologen davon sprechen, dass Gott frei entscheidet, ob er liebt. Sich zu entscheiden, ob man liebt, impliziert, dass die Entscheidung logisch an erster Stelle für Gott steht. Wenn göttliche Liebe logisch der göttlichen Entscheidung vorausgehen würde, dann liebt Gott notwendigerweise, weil Liebe an erster Stelle steht. Wesentliche Kenosis ist somit etwas Besonderes, wenn sie sagt, dass die nichts und niemanden kontrollierende Liebe in Gottes Wesen logisch vorrangig ist.

Wesentliche Kenosis behauptet, dass die Liebe in Gott an erster Stelle steht.

Wesentliche Kenosis bewegt sich zwischen zwei verwandten Sichtweisen zu Gottes Liebe und seiner Macht. Die eine meint, dass Gott sich aus freien Stücken selbst begrenzt. Gott könnte andere völlig kontrollieren, aber entscheidet sich (für gewöhnlich) nicht dazu, das zu tun. Wie wir sehen konnten, kann die Rede von der freiwilligen Selbstbegrenzung die Frage danach, warum Gott nicht im Namen der Liebe seine Selbstbegrenzung aufheben kann, um genuines Übel zu verhindern, nicht angemessen beantworten. Sie birgt jedoch noch mehr Schwierigkeiten.

Freiwillige Selbstbegrenzung impliziert, dass Gottes Liebe nicht die logisch primäre Eigenschaft im Wesen Gottes ist. Daher sieht sich diese Sichtweise mit zusätzlichen Problemen konfrontiert. Wenn Liebe nicht die logisch primäre Eigenschaft ist, dann haben wir keinen Grund zu der Annahme, dass Gott sich nicht gelegentlich dazu entscheidet, uns zu hassen. Wenn die souveräne Entscheidung logisch vor der sich selbst schenkenden Liebe steht, dann haben wir keinen Grund zu der Annahme, dass Gott nicht sündigen wird. Wenn das Wesen Gottes nicht zuallererst und an grundlegender Stelle Liebe ist, dann hält nichts Gott davon ab, auch böse zu handeln. Zahllose Problematiken tun sich auf, wenn wir glauben, dass der göttliche Wille logisch seiner göttlichen Liebe vorausgeht. Die meisten Theologen berufen sich auf das Mysterium, wenn sie diesen Schwierigkeiten begegnen.

Vorbehaltlos können wir aber nur auf den Gott vertrauen, in dessen Wesen die Liebe wesentlich, ewig und logisch vorrangig ist.

Die andere Perspektive, die der wesentlichen Kenosis nahesteht, sagt, dass externe Mächte oder Welten Gott wesentlich begrenzen. Diese Sichtweise vermittelt den Eindruck, dass außenstehende Akteure und Mächte, die nicht von Gott geschaffen sind, die göttliche Macht einschränken. Oder sie geht davon aus, dass Gott den Gesetzen der Natur unterliegt, die ihm von außen auferlegt worden sind. Gott sieht sich gefangen in den Mächten außenstehender Autoritäten und Herrschaftsgebiete und eben jene Mächte begrenzen seine Souveränität.

Diese Denkweise scheint Gott als hilfloses Opfer außenstehender Wirklichkeiten zu denken. Einige kritisieren sie, indem sie anmerken, dass sie einen »begrenzten Gott« propagiert, weil außenstehende Mächte oder auferlegte Gesetze das göttliche Handeln begrenzen. Viele fragen sich, wie dieser Gott unserer Anbetung würdig sein kann. Während ich glaube, dass wir gute Gründe haben anzunehmen, dass Gottes Macht in mancherlei Hinsicht begrenzt ist, unterstellt diese Sicht Gott einer fremden Autorität. Dieser Gott ist zu klein.[428]

Wesentliche Kenosis hat ihren Platz zwischen diesen beiden Sichtweisen. Sie lehnt sowohl die freiwillige Selbstbegrenzung Gottes ab als auch die Ansicht, dass externe Mächte, Götter, Welten oder Gesetze Gott begrenzen. Wesentliche Kenosis behauptet, dass die Begrenzungen der göttlichen Macht aus Gottes Wesen der Liebe erwachsen. Der Schöpfer begrenzt sich nicht freiwillig selbst und die Schöpfung regiert auch nicht ihren Schöpfergott. Stattdessen ist Gottes sich selbst schenkende, andere und anderes nicht kontrollierende Liebe ein notwendiger, ewiger und logisch primärer Aspekt des göttlichen Wesens. Die Taten Gottes haben ihren Ursprung in der Liebe.

Gott kann seine Liebe auf vielfältige Weise ausdrücken.[429] Göttliche Liebe ist vollkommen, wie das biblische Zeugnis auf verschiedene Weise berichtet. Beispielsweise drückt Gott *agapē* aus, indem er das Übel mit dem Guten vergilt und sogar denen Gutes tut, die unrechtmäßig handeln. *Agapē* verwirklicht *Shalom* als Antwort auf das Verhalten, das Sünde, Übel und Dämonisches fördert. Gott vergibt denen und liebt sogar die, die ihm nicht gehorchen. Als unser »Vater im Himmel« schenkt Gott in seiner Liebe die guten Gaben der Sonne und des Regens allen, auch den Ungerechten (vgl. Mt 5,45). Gott verwirklicht *agapē* für alle – auch wenn es Menschen gibt, die nicht lieben. Wir sollen Gottes *agapē* nachahmen, indem wir anderen auch noch die linke Wange hinhalten (vgl. Mt 5,39) und auf Flüche mit Segen antworten (vgl. Lk 6,28).

Gott verleiht seiner *philia* Ausdruck, indem er sich mit der ganzen Schöpfung verbündet, besonders jedoch mit den höher entwickelten Geschöpfen, um das Allgemeinwohl zu fördern. Gott ist ein Freund, der mit uns leidet

---

[428] Eines der besseren Bücher, das sich mit der Suche nach der Macht Gottes beschäftigt, ist: COBB/ PINNOCK (Hg.), Searching for an Adequate God. Dieses Werk beinhaltet relevante Beiträge von David R. Griffin, William Hasker, Nancy Howell, Richard Rice und David L. Wheeler.
[429] Um die These der Diversität an Liebesformen nachzuvollziehen vgl.: WILLIAMS, The Spirit and the Forms of Love, S.173-213.

und uns „Tag für Tag [...] trägt" (Ps 68,20). *Philia* fördert das Wohlergehen, indem sie unterstützend partnerschaftliche Freundschaften mitbegründet. Wir können Gottes Verbündete werden, indem wir der Führung des Heiligen Geistes folgen. Gottes partnerschaftliche Liebe erreicht alle, die für das Wohlergehen tätig sein wollen, das Gottes Ratschluss ist (vgl. Röm 8,28). In seiner Liebe beruft Gott uns dazu, seine „Mitarbeiter" zu werden (vgl. 1 Kor 3,9; 2 Kor 6,1).

Gott bekundet *eros*, indem er die Schönheit der Schöpfung inspiriert und schätzt und indem er seine Geschöpfe dazu aufruft, diese weiterzuentwickeln oder zu verbessern.[430] Gott erschafft die Welt und bezeichnet sie als „gut" (Gen 1,4.10) und dieses gute Schaffen geht weiter. Trotz des Übels, das manchmal in dieser Welt geschieht, schätzt und erschafft Gott weiterhin Gutes aus Staub. Der göttliche *eros* erschafft und entwickelt das Gute in anderen weiter. Wir sollten *eros* nicht nur Ausdruck verleihen, indem wir darüber nachdenken, was wahrhaft, edel, liebevoll und ansprechend ist; wir sollten *eros* verwirklichen, indem wir diese Dinge tun (vgl. Phil 4,8f.). Der Geist wirkt auf stürmische und wundervolle Weise, um eine Welt zu lieben, die gut geschaffen ist.

Gott fördert das allgemeine Wohlergehen durch seine vollkommene und absolute Liebe.

Die Liebe Gottes gibt und nimmt, indem sie ihre Geschöpfe dazu ermächtigt zu leben, Leben zu fördern und ein gutes Leben zu leben. Gott berücksichtigt den Kontext und die Beziehungen jedes seiner Geschöpfe, wenn er zu deren Wohl handelt. Das heißt auch, dass Gott verschiedene Lebensformen, Möglichkeiten, Gelegenheiten und andere Existenzweisen anbietet. Obwohl Gott immer bis zum Äußersten liebt, variieren die Formen göttlicher Liebe je nach Situation, Entität oder Geschöpf. Gott ist auf intime Weise beteiligt und seine Liebe ist stets pluriform.

So viele verschiedene Geschöpfe zu lieben verlangt Gott verschiedenartige Handlungsweisen ab. Gott ist keine stationäre Macht oder ein unpersönlicher Eisklotz. Vielmehr bekräftigt wesentliche Kenosis, dass sich das göttliche Handeln verändert, weil Gott persönlich in wechselseitige Beziehungen, die auf Geben und Nehmen beruhen, mit all seinen Geschöpfen verwickelt ist. Die himmlische Sehnsucht nach dem Wohlergehen aller fordert Gott zu verschiedenen Liebestaten auf. Obwohl die Liebe Gottes stets unerschütterlich ist und sich aus ganzem Herzen ereignet, unterscheidet sich

---

[430] Elaine Padilla plädiert sehr energisch dafür. Vgl. dazu: PADILLA, Elaine, Divine Enjoyment. A Theology of Passion and Exuberance, New York 2015.

die Art der Liebe Gottes von Augenblick zu Augenblick, von Geschöpf zu Geschöpf.[431] Nur ein personaler Gott liebt in solchen wechselseitigen Beziehungen.

Göttliche Liebe ist für jedes Geschöpf und in jedem Augenblick sozusagen maßgeschneidert. Dabei will Gott *Shalom*, das Reich Gottes, verwirklichen. Weil Gott die Welt liebt (vgl. Joh 3,16) und die ganze Schöpfung auf Hoffnung hin unterworfen ist (vgl. Röm 8,19-22), sind alle Geschöpfe Empfänger der göttlichen Liebe. Gott handelt als der vollkommen Liebende auf vielen verschiedenen Wegen, um die Herrschaft der Liebe in der gesamten Schöpfung aufzurichten. Dieses Werk der Liebe beinhaltet die Verwirklichung des allgemeinen Wohlergehens in seinen breit gefächerten und verschiedenartigen Dimensionen.[432] Gottes Providenz fördert die Wege und die Macht der Liebe. Die Liebe Gottes ist ausgegossen in unsere Herzen, weil der Heilige Geist für jedes Geschöpf und für das Allgemeinwohl sorgt (vgl. Röm 5,5). „Seht, welche Liebe uns der Vater geschenkt hat" (1 Joh 3,1)!

WESENTLICHE KENOSIS UND DAS ÜBEL

Das, was ich gerade erklärt habe, dient nun als Wegbereiter für die Erklärung, wie wesentliche Kenosis die Frage beantwortet, die sämtliche Anstrengungen, unser Leben sinnvoll zu erklären, vergebens zu machen droht: Warum verhindert ein liebender und mächtiger Gott genuines Übel nicht? Das Providenzmodell wesentlicher Kenosis gibt eine zentrale Antwort, obwohl es verschiedene Dimensionen berücksichtigt. Lassen Sie mich diese Antwort an dieser Stelle schlicht vortragen:

Gott *kann* genuines Übel *nicht* eigenmächtig verhindern.

Für einige Menschen ist die Aussage »Gott kann nicht« Blasphemie. In ihren Augen hat die Macht Gottes überhaupt keine Grenzen. Diejenigen, die das Providenzmodell vertreten, das Gott als Alleinursache versteht, zucken zusammen, wenn sie den Satz »Gott kann nicht« hören. Sie werden ihre Überzeugung, dass Gott alles kontrolliert, nicht überdenken, auch nicht angesichts der sich selbst schenkenden, andere ermächtigenden und bestärkenden Liebe Gottes. Für sie erfordert Gottes Souveränität unbegrenzte Allmacht.

---

[431] Ich untersuche dieses Arrangement an Vorstellungen in meinem Artikel *Testing Creaturely Love and God's Causal Role*. Vgl. dazu: Oord, Testing Creaturely Love and God's Causal Role, S.94-120.

[432] Ich thematisiere diese dominanten Formen der Liebe, diese drei eingeschlossen, bereits in anderen Werken. Vgl. daher: Oord, Defining Love. Dort vor allem die Kapitel zwei und sechs. Vgl. dazu: Oord, Thomas J., The Nature of Love. A Theology, St. Louis 2010. Diese beiden Werke beschäftigen sich zudem mit den Thematiken der göttlichen Liebe und der Bedeutung des Wohlergehens.

Die Mehrheit der Theologen und theistischer Philosophen haben allerdings durch die Geschichte hindurch behauptet, dass wir Gottes Macht nicht angemessen verstehen, wenn wir glauben, sie sei bedingungslos unbegrenzt. Gott kann nicht alle denkbaren Umstände herbeiführen.[433] Die Macht Gottes hat Grenzen.

Die meisten Wissenschaftler behaupten beispielsweise, dass Gott nichts Unlogisches tun kann. Gott kann kein rundes Quadrat erschaffen, er kann aus 2 + 2 nicht 5 machen und er kann einen Mann nicht gleichzeitig zu einem Verheirateten und einem Junggesellen machen. Gott kann uns nicht frei und unfrei zugleich machen.[434] Diese Tätigkeiten würden es erfordern, dass Gott etwas tut, das sich logisch widerspricht. So sagt Thomas von Aquin: „Was aber einen Widerspruch einschließt fällt nicht unter die göttliche Allmacht."[435]

Die meisten christlichen Theologen sind der Auffassung, dass Gott auch andere Dinge nicht tun kann. Gott kann beispielsweise nicht die Vergangenheit verändern. Gott kann zum jetzigen Zeitpunkt nicht Martha Washington zur ersten Präsidentin der Vereinigten Staaten machen, weil George in Wirklichkeit der erste Präsident war. Gott kann heute nicht den Holocaust der Nazis ungeschehen machen, weil jene Tage (glücklicherweise!) vorbei sind. Gott kann nicht das Resultat des 42. Super Bowls 2007 ändern, um den New England Patriots eine perfekte Saison zu bescheren.

Die Überzeugung, dass Gott die Vergangenheit nicht ändern kann, kommt von der allgemein anerkannten Auffassung, dass rückwärts gerichtete Kausalität unmöglich ist. Wieder ist an dieser Stelle Thomas hilfreich: „Manches hat einstmals den Sinncharakter des Möglichen gehabt, [wie es sodann] den Sinn des Möglichen verliert, wenn es geschehen ist. Und so sagt man, Gott könne es nicht (machen), weil es nicht mehr werden kann."[436] Umgekehrte Kausalität ist sogar für Gott ausgeschlossen.

---

[433] Eine knappe Zusammenfassung der Thematiken rund um Gottes Begrenzungen in Beziehung zu seiner Allmacht liefern: HOFFMAN, Joshua/ Rosenkrantz, Gary S., Omnipotence, in: P. L. Quinn/ C. Taliaferro (Hg.), A Companion to Philosophy of Religion, Malden MA 1999, S.229-235.

[434] Eine der einflussreicheren Verteidigungen, die als Antwort auf die Vorwürfe, dass der Theismus logisch inkompatibel mit dem Übel ist, geschrieben wurde, stammt von Alvin Plantinga. Vgl. dazu: PLANTINGA, Alvin, God, Freedom, and Evil, Grand Rapids 1977, S.7-59; besonders: S.57-59.

[435] THOMAS VON AQUIN, Summa Theologica. Deutsche Thomas-Ausgabe (Bd. 2: Gottes Leben und sein Erkennen und Wollen. I. 14-26), Salzburg/ Leipzig 1934, q.25,3.

[436] THOMAS, Summa Theologica I. 14-26, q.25,4 a.2. Jonathan Edwards formuliert es so: „Wenn man die Natur der Notwendigkeit erklärt, die in der die Dinge vergangen sind, dann ist ihre vergangene Existenz nun notwendig" (EDWARDS, Jonathan, Freedom of the Will, New York 1857, S.10). Vgl. dazu auch: PLANTINGA, Alvin, On Ockham's Way Out, in: Faith and Philosophy 3

Etliche Wissenschaftler behaupten außerdem, dass Gott nicht seinem eigenen Wesen zuwider handeln kann. „[Gott] kann sich nicht selbst verleugnen" (2 Tim 2,13), wie es der zweite Timotheusbrief berichtet, oder sein göttliches Wesen verändern, wie im Jakobusbrief zu lesen ist (vgl. Jak 1,17). Die Bibel erwähnt noch weitere Dinge, die Gott aufgrund seines unveränderlichen Wesens nicht tun kann. So kann Gott uns nicht täuschen oder lügen (vgl. Hebr 6,18; Tit 1,2), nicht in Versuchung geführt werden (vgl. Jak 1,12) und wird nicht müde und matt (vgl. Jes 40,28). Die Schrift bezeugt explizit, dass Gott gewisse Dinge nicht tun kann.

Der Großteil der Wissenschaftler glaubt, dass Gott auch andere Dinge nicht tun kann.[437] Gott kann sich beispielsweise nicht einfach dazu entscheiden, 467 Teile zu besitzen anstatt dreieinig zu sein, er kann nicht sündigen, kann sich nicht selbst vervielfältigen und er kann sich nicht selbst auslöschen. Diese Begrenzungen rühren aus Gottes eigenem Wesen, nicht aus einer außenstehenden Macht oder einem äußeren Faktor. „Wenn wir Behauptungen wie diese aufstellen, dann fügen wir der Fähigkeit Gottes keinen Schaden zu."[438] Wir müssen uns bewusst sein, sagt Arminius, „dass die Dinge, die ihm nicht würdig sind, nicht seinem Wesen zugeordnet werden, seinem Verstand und seinem Willen."[439] So meint C. S. Lewis: „nicht einmal die Allmacht kann tun, was sich selbst widerspricht."[440] Gott kann einige Dinge nicht tun, weil sie ihm inhärent unmöglich sind. Absolute Souveränität ist absolut unglaubwürdig.

Wesentliche Kenosis bestätigt diese Begrenzungen der Macht Gottes. Jedoch fügt sie eine bedeutende Begrenzung zu der Liste hinzu, indem sie eine weitere Reihe an Handlungen ausmacht, die für Gott nicht möglich sind. Diese zusätzliche Reihe ist ihm nicht möglich, weil nicht kontrollierende Liebe die logisch vorrangige Eigenschaft in Gottes Wesen ist.

Wesentliche Kenosis sagt, dass Gottes sich selbst verschenkendes, andere ermächtigendes Wesen der Liebe seiner Schöpfung notwendigerweise Freiheit, Wirkmacht, Selbstorganisation und gesetzesähnliche Regelmäßigkeit beschert. Die göttliche Liebe begrenzt die göttliche Macht.

(1986), S.235-269. Ich bin James Goetz und Frank Macchia dankbar dafür, dass sie mich auf einiges davon aufmerksam gemacht haben.

[437] Jacob Arminius liefert eine lange Liste von Dingen, die Gott nicht tun kann in: ARMINIUS, Jacob, The Works of James Arminius. Volume 1 (übersetzt von James Nochols), Grand Rapids ²1991, S.135.

[438] ARMINIUS, The Works of James Arminius 1, S.135.

[439] Ebd.

[440] LEWIS, Clive S., Wunder. Möglich – wahrscheinlich – undenkbar?, Basel ⁵2012, S.69.

Gott kann sein eigenes Wesen nicht leugnen, was sich zwangsläufig durch seine sich selbst schenkende, andere ermächtigende Liebe ausdrückt.

Wenn er Freiheit, Wirkmacht, Selbstorganisation und gesetzesähnliche Regelmäßigkeit schenkt, dann sind diese Geschenke Gottes, um sich der Sprache des Paulus zu bedienen, „unwiderruflich" (Röm 11,29). Aus Liebe beschenkt Gott andere in jedem Moment ihrer Existenz. Diese Gaben kann er nicht mehr zurücknehmen. Das zu tun würde nach der These der wesentlichen Kenosis von Gott erfordern, sein göttliches Wesen der Liebe zu verleugnen. Die Bibel sagt, dass das nicht möglich ist.

Dieser Aspekt göttlicher Begrenzung ermöglicht es, die Frage nach dem Übel zu beantworten.[441] Er erlaubt wesentlicher Kenosis zudem, andere verwirrende Fragen unseres Lebens zu klären.[442] Wesentliche Kenosis verdeutlicht, warum Gott das genuine Übel, das seine Geschöpfe verursachen, nicht zu verantworten hat – auch nicht die Übel, denen wir im ersten Kapitel innerhalb der wahren Geschichten begegnet sind. Nachstehend einige Gründe hierfür:

Erstens sagt dieses Providenzmodell, dass Gott notwendigerweise allen Geschöpfen Freiheit schenkt, die komplex genug sind, um sie zu empfangen und zu verwirklichen. Die Gabe der Freiheit ist Folge der verlässlichen Liebe Gottes. Das heißt, dass Gott nicht einfach davon absehen kann, Freiheit zu schenken. Er kann Freiheit auch nicht außer Kraft setzen oder seinen Geschöpfen nicht verleihen. Das gilt auch für die Freiheit, von der jemand, der Übel verursacht, Gebrauch macht. Gott muss Freiheit schenken, und zwar auch denen, die sie missbrauchen.

John Wesley beschreibt diesen Aspekt wesentlicher Kenosis gut. In seinen Erläuterungen zur Providenz erklärt er: „Würde die menschliche Freiheit weggenommen werden, so wäre der Mensch genauso unfähig zur Tugend wie ein Stein. Daher (und dies sei mit Ehrfurcht ausgesprochen) kann der

---

[441] Meine vollständige Lösung der Frage nach dem Übel beinhaltet fünf Aspekte. In diesem Buch thematisiere ich vor allem den theoretischen Aspekt, der sich um ein Neuverständnis göttlicher Macht dreht. Die anderen Aspekte beziehen sich auf die göttliche Empathie, Pädagogik, Heilung und strategischen Aktivismus. Ich skizziere diese Dimensionen in meinem Artikel *An Essential Kenosis Solution to the Problem of Evil*. Vgl. dazu: OORD, Thomas J., An Essential Kenosis View, in: J. K. Dew Jr./ C. Meister (Hg.), God and the Problem of Evil. Five Views, Downers Grove IL 2017, S.77-95.

[442] Wesentliche Kenosis erklärt beispielsweise, warum Gott Geschöpfe nicht völlig kontrollieren kann, um kristallklare, unmissverständliche und damit unfehlbare Offenbarung zu gewähren. Sie erklärt auch, warum Gott Situationen nicht völlig kontrollieren kann, damit allen ein gerechte und gleiche Verteilung von Gütern und Diensten zuteil wird. Und sie kann Teil einer übergreifenden Theorie sein, die die Klippen der *creatio ex nihilo* umschifft. Meine Gedanken zum zuletzt genannten Thema finden sich hier: OORD, God Always Creates out of Creation in Love, S.109-122.

Allmächtige selbst diese Sache *nicht tun*. Er kann sich demnach nicht selbst widersprechen oder ungeschehen machen, was er getan hat."[443] Gott muss freien Willen gewähren und kann ihn nicht hinwegnehmen.

Wesentliche Kenosis wendet dies auf das gesamte Leben an. Dieser Gedanke ist jedoch besonders hilfreich, wenn man schlimmes Leid und Gräuel erklären möchte, die durch freie Entscheidungen zustande kamen. Durch sein alleiniges Handeln kann Gott nicht einfach das Übel verhindern, das von denen, die ihre aus göttlicher Quelle stammende Freiheit gebrauchen, verübt wird. Folglich erlaubt uns dieses Providenzmodell zu behaupten, dass Gott keine Schuld daran trägt, die niederträchtigen Taten, die freie Geschöpfe ausüben, nicht zu verhindern.

Aufgrund des unveränderlichen Wesens der sich selbst schenkenden, andere ermächtigenden Liebe kann Gott genuines Übel nicht verhindern.

So konnte Gott in dem Moment, als ihm die Pläne der Tsarnaev-Brüder bekannt wurden, voraussehen, dass sie die Bomben entlang der Strecke des Boston-Marathons platzieren würden. Aber weil Gott zwangsläufig Freiheit schenkt, konnte Gott den Anschlag nicht eigenmächtig verhindern. Dies zu tun, hätte erfordert, den Brüdern ihren freien Willen zu nehmen, was ein liebender Gott, der notwendigerweise Freiheit verleiht, nicht tun kann. Aus diesem Grund hätte Gott den Anschlag auf den Boston-Marathon nicht durch sein alleiniges Handeln verhindern können.

Weil Gott denen, die Zamuda vergewaltigten und ihre Familie töteten, notwendigerweise Freiheit geschenkt hat, hätte er diese Tragödie nicht durch sein alleiniges Handeln verhindern können. Gottes Liebe kontrolliert andere und anderes nicht und in seiner kenotischen Liebe gewährt Gott anderen Freiheit – auch den Peinigern Zamudas. Folglich ist Gott nicht schuld daran, Zamudas Schmerz und den Tod ihrer Familie nicht verhindert zu haben.

Es ist entscheidend zu differenzieren zwischen Gott, der wirkmächtig ist, wenn er Freiheit schenkt, und Gott, der moralisch verantwortlich dafür ist, dass er das Übel nicht verhindert. Wesentliche Kenosis bekräftigt den durchdringenden Einfluss Gottes in der Welt, aber bestreitet, dass Gott andere kontrollieren kann. Weil Gott auf providentielle Weise den Geschöpfen Freiheit schenkt, die komplex genug sind, um sie auch verwirklichen zu können,

---

[443] WESLEY, John, On Divine Providence. Sermon 67, in: Ders., The Works of John Wesley (Bd. 2: Sermons II [34-70]), Nashville: Abingdon 1985, S.534-550; hier: S.536. Wesley sagt außerdem, dass Gott nicht „deine Freiheit hinwegnimmt, deine Macht, dich für das Gute oder das Übel zu entscheiden." Er meint, dass „[Gott] dich nicht *gezwungen* hat, aber, dass du, indem [Gottes] Gnade dir zur Seite stand, dich, wie Maria, für das Richtige *entschieden* hast." (WESLEY, John, The General Spread of the Gospel. Sermon 63, in: Ders., The Works of John Wesley (Bd. 2: Sermons II [34-70]), Nashville 1985, S.281.).

gibt Gott eine Freiheit, die von seinen Geschöpfen zu guten und zu üblen (oder auch moralisch neutralen) Zwecken gebraucht werden kann. Gott handelt als notwendige, wenn auch nur partielle, Ursache allen geschöpflichen Handelns.

Weil Gott Freiheit schenken *muss* und die Gabe der Freiheit nicht einfach wieder außer Kraft setzen kann, sollten wir ihn nicht dafür verantwortlich machen, wenn seine Geschöpfe ihre Freiheit missbrauchen. Ein Gott, der andere und anderes nicht kontrolliert, trägt keine Schuld daran, wenn seine Geschöpfe sich gegen das wenden, was er ersehnt. Die Geschöpfe tragen die Schuld.

Man kann das anhand der Kindererziehung veranschaulichen. Die Eltern eines Vergewaltigers sind kausal dafür verantwortlich, ihn zur Welt gebracht zu haben. Ihre sexuelle Vereinigung machte seine Existenz erst möglich. Angenommen diese Eltern taten bei der Erziehung ihres Sohnes ihr Bestes, so würden wir sie nicht für moralisch schuldig halten, wenn ihr Sohn sich aus freien Stücken für eine Vergewaltigung entscheidet. Wir machen den Vergewaltiger dafür verantwortlich und betrachten ihn als schuldig, nicht seine Eltern, obwohl seine Eltern einen notwendigen Grund für seine Existenz darstellen.

In analoger Weise erschafft und gibt Gott die Freiheit, damit wir uns in jedem Moment für richtiges oder falsches Handeln entscheiden können. Gottes sich selbst schenkende, andere ermächtigende Liebe bedeutet jedoch, dass Gott die Freiheit, die er zwangsläufig verleiht, nicht zurückziehen, außer Kraft setzen oder schlicht nicht schenken kann. Demzufolge sind wir im Unrecht, wenn wir Gott für das genuine Übel, das geschieht, verantwortlich machen. Gott ist nicht schuldfähig.

Gottes Liebe schenkt zwangsläufig Freiheit.

Zweitens erklärt wesentliche Kenosis, aus welchem Grund Gott das Übel nicht verhindert, das simple Geschöpfe mit Wirkmacht verursachen, oder das Übel, das noch simplere Einheiten hervorrufen, die lediglich über selbstorganisierende Fähigkeiten verfügen. Gott verleiht den Einheiten, die dazu in der Lage sind, notwendigerweise die Gaben der Wirkmacht und Selbstorganisation, weil dies zu tun wesentlicher Teil seiner göttlichen Liebe ist. Gottes andere ermächtigende Liebe erstreckt sich sogar auf die geringsten und simpelsten unter ihnen.

Gott kann keinem simplen Organismus und keiner Einheit, die genuines Übel verursacht, die Gaben der Wirkmacht und Selbstorganisation entziehen, außer Kraft setzen oder schlicht nicht verleihen. Die kenotische Liebe Gottes schenkt zwangsläufig Wirkmacht und Selbstorganisation. Gottes Gaben sind stets unwiderruflich. Somit trägt Gott nicht die Schuld dafür, das Übel zu verhindern, das grundlegende Einheiten, Organismen und simple Geschöpfe verursachen können.

Eliana Tovas schwerwiegende Beeinträchtigungen wurden offenbar von zellulären oder genetischen Mutationen und den Fehlfunktion simpler Strukturen verursacht. Weil Gott den Einheiten und Organen unseres Körpers notwendigerweise Wirkmacht und Selbstorganisation verleiht, konnte er die Gebrechen der kleinen Eliana nicht eigenmächtig verhindern. Sie zu verhindern würde von Gott verlangen, dass er den grundlegenden Organismen, Einheiten und Strukturen ihres Körpers Wirkmacht und Selbstorganisation entzieht, sie außer Kraft setzt oder gar nicht erst schenkt. Ein liebender Gott, der sich notwendigerweise selbst schenkt und andere ermächtigt, vermag dies nicht.

Wenn wir erkennen, dass Gott nicht eigenmächtig das Leid verhindern kann, das von simplen Einheiten verursacht wird, dann hilft uns das, das Leid zu erklären, das durch natürliche Fehlfunktionen oder Katastrophen versursacht wird. Das bedeutet beispielsweise, dass wir Gott nicht für das Verursachen oder Zulassen von Geburtsdefekten oder anderen Krankheiten und Katastrophen beschuldigen sollten. Das Leid, das durch ein solches Unheil verursacht wird, entspricht nicht dem Willen Gottes. Stattdessen können wir die simplen Strukturen, die verschiedenen Naturprozesse der Welt, kleine Organismen oder die Schöpfung, die verrückt spielt, dafür zur Verantwortung ziehen. Weil die sich selbst schenkende, andere ermächtigende Liebe Gottes Wirkmacht und Selbstorganisation ermöglicht, ist Gott nicht schuld an dem Übel, das weniger komplexe Einheiten verursachen.

Im vorherigen Kapitel haben wir einen kurzen Blick auf die Antwort der Prozesstheologie geworfen. Obwohl ich einen Lösungsansatz der freien Prozesstheologie kritisiert habe, befürwortet die wesentliche Kenosis eine alternative Form dieser theologischen Denkrichtung. Weil wesentliche Kenosis sagt, dass Gott seiner Schöpfung Wirkmacht und Selbstorganisation verleiht und diese Gabe aus dem liebenden Wesen Gottes stammt, überwindet sie die Probleme, die in einigen Varianten der *free process defense* vorkommen und implizieren, Gottes Gabe der Freiheit sei völlig freiwillig. Laut der wesentlichen Kenosis entsteht das dynamische, gelegentlich chaotische und teilweise zufällige Universum mit seinen verschiedenen Systemen und Prozessen aus Gottes notwendig kreativer und kenotischer Liebe. Der freie Prozess des Lebens ist ein wesentlicher Ausdruck göttlicher Gnade.

Drittens hilft uns die wesentliche Kenosis, zufällige Mutationen, andere zufällige Ereignisse und Unfälle, die Übel verursachen, sinnvoll zu erklären. Während manche Arten des Zufalls vorteilhaft sind, sind andere nachteilig und machen die Welt nicht zu dem guten Ort, der sie hätte sein können. Wir sollten nichts und niemanden für zufällig hervorgerufene Unglücksfälle verantwortlich machen. Sie sind willkürlich, ungeplant und unerwartet. Wesentliche Kenosis erklärt, weshalb Gott sie nicht verhindert.

Um Übel zu verhindern, die von zufälligen Ereignissen verursacht werden, müsste Gott diese vorherwissen und kontrollieren, egal auf welcher Komplexitätsebene sie stattfinden. Um den Zufall zu kontrollieren, müsste Gott seine Macht, die das Leben und die Existenz durch zuverlässige Regelmäßigkeit aufrechterhält, zurückhalten. Aber um dies zu tun, so die wesentliche Kenosis, müsste Gott sich selbst verleugnen – so drückt es die Bibel aus (vgl. 2 Tim 2,13). Gott kann das nicht tun, weil die Gaben der gesetzesähnlichen Regelmäßigkeiten unwiderruflich sind und Gott nicht weiß, welche zufälligen Möglichkeiten sich tatsächlich ereignen werden.

Gottes allumfassende, verlässliche, sich selbst schenkende Liebe verwirklicht sich so, dass sich gesetzesähnliche Regelmäßigkeiten durch die ganze Schöpfung hindurch herausbilden, wenn Gott in seiner Liebe Existenz schenkt. Die Spontaneität, die wir auf allen Ebenen der Wirklichkeit erfahren, stammt aus Gottes Gabe der Existenz. Kenotische Liebe beinhaltet notwendigerweise gesetzesähnliche Regelmäßigkeiten, wenn Gott erschafft und mit seinen Geschöpfen in Beziehung tritt. Die gesetzesähnlichen Regelmäßigkeiten des Universums sind Ausdruck der Liebe Gottes, die selbst ihren Ursprung im Wesen Gottes haben, das andere und anderes nicht kontrollierende Liebe ist.

Im zweiten Kapitel untersuchten wir das Euthyphron-Dilemma angesichts der gesetzesähnlichen Regelmäßigkeiten oder der »Naturgesetze«, wie viele sie bezeichnen. Uns sind Schwierigkeiten aufgefallen, die mit der Rede von Gott als Schöpfer dieser Gesetze verbunden sind. Außerdem bemerkten wir Probleme hinsichtlich der Behauptung, dass Naturgesetze Gott fremd seien. Ich stellte in aller Kürze eine dritte Möglichkeit vor.

Wesentliche Kenosis behauptet, dass gesetzesähnliche Regelmäßigkeiten in der Schöpfung aus Gottes verlässlichem und liebendem Handeln stammen. Diese Regelmäßigkeiten sind weder willkürliche Setzungen Gottes, noch sind sie ihm von außen vorgegeben. Vielmehr spiegeln Gottes liebende Handlungen sein ewiglich unveränderliches, göttliches Wesen der Liebe. Folglich ist Gottes liebendes Wesen die letztgültige Quelle der gesetzesähnlichen Regelmäßigkeiten in der Schöpfung. Der Gott, der zwangsläufig liebt, kann die Liebe, die er allen gegenüber verwirklicht, nicht einfach hinwegnehmen. Gott ist kein unbeteiligter Uhrmacher – Gottes verlässliche und stetig einflussreiche Liebe prägt die gesamte Schöpfung; er ist der Eine, in dem alle leben, sich bewegen und sind (vgl. Apg 17,28).

Gesetzesähnliche Regelmäßigkeiten beeinflussen unsere Welt. Sie regulieren allerdings vor allem die simpelsten Entitäten und Einheiten der

Existenz. Simple Entitäten sind deutlich weniger flexibel. Einheiten – wie Planeten, Kieselsteine und Papier – sind keine sich selbst organisierenden Handelnden. Um gesetzesähnliche Regelmäßigkeiten zu manipulieren, dürfte Gott Teilen der Schöpfung keine Existenz schenken. Das kann Gott aber aufgrund seiner verlässlichen Liebe nicht tun.

Die Regelmäßigkeiten unserer Existenz – die sogenannten Naturgesetze – bildeten sich in der Geschichte der Evolution als neuartige Organismen heraus – und als Antwort auf Gottes Liebe. Die Verlässlichkeit göttlicher Liebe schafft Regelmäßigkeiten, weil Geschöpfe je nach dem Wesen ihrer Existenz und dem Grad und dem Umfang an Wirkmacht, den sie besitzen, reagieren. Gottes ewiges Wesen der Liebe beschränkt so jedes Geschöpf und jeden Kontext, abhängig von seiner jeweiligen Komplexität, eröffnet aber zugleich auf dieselbe Weise auch Möglichkeiten. So ordnet die Liebe Gottes unsere Welt. Und eben, weil Gottes Wesen Liebe ist, kann Gott die Ordnung, die sich dabei herausbildet, nicht außer Kraft setzen.

In dieser Frage stimme ich mit John Polkinghorne überein, wenn er sagt, dass „die Regelmäßigkeiten der mechanischen Bereiche der Natur in theologischer Hinsicht als Zeichen der Treue des Schöpfers zu deuten sind."[444] Wesentliche Kenosis fügt dem jedoch hinzu, dass die Treue Gottes aus seinem liebenden Wesen herrührt. Tatsächlich finden wir gerade an der Stelle, wo der zweite Timotheusbrief die Treue Gottes betont, die biblische These von Gottes inhärenter Begrenztheit: „[Gott] bleibt doch treu", denn Gott „kann sich selbst nicht verleugnen" (2 Tim 2,13).

Polkinghorne meint außerdem, dass die Regelmäßigkeiten, die die Physik beschreibt „blasse Reflektionen der Treue [Gottes] seiner Schöpfung gegenüber sind […]. Er wird in ihrem Ablauf nicht ruckartig oder unberechenbar eingreifen, weil das für den ewiglich treuen Gott bedeuten würde, sich in einen Gelegenheitszauberer zu verwandeln."[445] Auch hier stimme ich Polkinghorne zu. Ich würde allerdings sagen, dass Gott *nicht* in diese gesetzesähnlichen Regelmäßigkeiten eingreifen *kann*, und nicht nur, dass er *nicht* eingreifen *wird*.

Die Prozesse und Regelmäßigkeiten unseres Lebens stammen aus Gottes Wesen der kenotischen Liebe.

So könnte Gott nicht einfach eigenmächtig den Stein davor bewahren, die kanadische Frau zu töten, von der wir gehört haben. Weil Gott der Schöpfung notwendigerweise Existenz schenkt – auch Steinen – und, weil unsere

---

[444] Zitiert nach: OORD (Hg.), The Polkinghorne Reader, S.124f.
[445] POLKINGHORNE, John C., Science and Providence, S.30.

Existenz von gesetzesähnlichen Regelmäßigkeiten gekennzeichnet ist, hätte Gott diese Tragödie nicht durch sein alleiniges Handeln abwenden können. Um eigenmächtig zu verhindern, dass der Stein die Frau tötet, hätte Gott auf die liebevolle Interaktion mit einem Teil seiner Schöpfung verzichten müssen. Seinem eigenen Wesen zu widersprechen und die Schöpfung nicht zu lieben – und damit auch Steine nicht zu lieben, indem er ihnen keine Existenz gewährt – ist etwas, das ein notwendigerweise liebender Gott nicht tun kann.[446]

Darüber hinaus hätte Gott diesen Unfall nicht vorherwissen können. Obwohl er gewusst hätte, dass er möglich ist, schwächen zahlreiche zufällige Faktoren und der freie Wille beider Fahrer Gottes Vorherwissen darüber ab, dass ein loser Stein diesen tragischen Tod verursachen würde, ab. Gottes treue Gegenwart ist zu jedem Augenblick in der Zeit *zeitlich*. Wesentliche Kenosis hält die zeitliche Wirklichkeit der Existenz und Gottes zeitliche Existenz für zentral, wenn es um die Frage geht, warum Gott genuine Übel wie dieses nicht vorherwissen oder verhindern kann. Göttliche Liebe zwingt Gott notwendigerweise dazu, so zu handeln, dass gesetzesähnliche Regelmäßigkeit hergestellt wird.

GOTT IST ALLGEGENWÄRTIGER GEIST

Obwohl wir an dieser Stelle festhalten können, dass Gott genuines Übel nicht verhindern kann, weil dies erfordern würde, sein göttliches Wesen der zwangfreien Liebe aufzuheben, bleibt ein wichtiger Fragenkomplex bisher noch unbeantwortet. Diese Fragen sind Teil der grundlegenden Behauptung wesentlicher Kenosis, dass Gott durch sein alleiniges Handeln das genuine Übel nicht verhindern kann. Lassen Sie mich die Beantwortung dieser Problematiken mit folgender Frage beginnen: Wenn wir Geschöpfe von Zeit zu Zeit einen geplanten Terroranschlag oder auch irgendeine andere Tat genuinen Übels vereiteln, warum kann das dann nicht auch ein liebender Gott?

Wenn wir uns beispielsweise zwischen zwei Menschen stellen, die offensichtlich darauf aus sind, sich zu prügeln, dann verhindern wir dadurch ein Übel. Warum sollte Gott das nicht auch tun können? Wenn Eltern ein Kind davon abhalten, dem anderen weh zu tun, warum kann Gott das nicht auch? Wenn wir einen Damm bauen können und damit eine Überschwemmung verhindern, die sonst unnötige Zerstörung angerichtet hätte, warum kann Gott

---

[446] Für eine der besseren Untersuchungen zur Liebe Gottes und seiner Macht im Verhältnis zu dem Gesamt der Schöpfung, besonders nichtmenschlicher Geschöpfe vgl.: SOUTHGATE, Christopher, The Groaning of Creation. God, Evolution, and the Problem of Evil, Louisville KY 2008.

ein solches Übel nicht auf diese Weise verhindern? Und wenn Geschöpfe anderen befehlen können, bestimmte Maßnahmen zu ergreifen, um genuines Übel zu verhindern, warum tut Gott nicht dasselbe? Wir brauchen kein Vorwissen, um solcherlei Übel zu verhindern. Warum kann ein Gott ohne erschöpfendes Vorwissen nicht auch das tun, was wir gelegentlich tun können?

Um diese Fragen zu beantworten, müssen wir eine vierte Art der Begrenztheit Gottes nach der wesentlichen Kenosis betrachten. Diese Antwort stützt die traditionell christliche Überzeugung, dass Gott liebender, allgegenwärtiger Geist ist. Viele, die diese traditionelle Auffassung vertreten,

denken ihre Konsequenzen allerdings häufig nicht bis zum Ende durch. Der Glaube an Gott als allgegenwärtiger Geist hat Folgen für die angemessene Beantwortung der Frage, warum Gott das Übel nicht auf die Weise verhindern kann, wie wir es manchmal tun können.

Allgegenwärtiger Geist zu sein, gewährt Gott einzigartige Fähigkeiten und Begrenzungen.

Zu behaupten, dass Gott liebender Geist ist, heißt auch, Gott teilweise einen göttlichen Körper abzusprechen. Gottes wesentliche »Substanz« oder seine »Verfasstheit« ist geistlich. Der klassische Ausdruck dafür ist »unkörperlich«. Jesus sagt, „Gott ist Geist" (Joh 4,24) und die Bibel ist voll von ähnlichen Aussagen über das Wesen Gottes. Wesentliche Kenosis erkennt die allgemein verbreitete christliche Ansicht, dass Gott wesentlich ein unkörperlicher und allgegenwärtiger Handelnder ist, an.

Weil Gott Geist ist, können wir ihn nicht direkt mithilfe unserer fünf Sinne wahrnehmen. Wir können Gott nicht im wörtlichen Sinne des Wortes schmecken, fühlen, sehen, hören oder riechen. Nichtsdestotrotz haben Christen es gewagt, verschiedenartige Theorien aufzustellen, um zu erklären, wie Gottes geistliche Anwesenheit kausale Macht auf die Schöpfung ausübt.[447] Die Einzelheiten dieser Theorien verdienen eine umfassendere Erläuterung als die, die an dieser Stelle möglich ist.[448] Ich fühle mich jedoch zu den Theorien hingezogen, die Gott als Geist denken, den wir *unmittelbar* durch nichtsinnliche Mittel wahrnehmen können.[449] Außerdem bin ich überzeugt, dass wir Gottes Handlungen aus der Wahrnehmung dessen ableiten können, was

---

[447] Vgl.: OORD, Thomas J., The Divine Spirit as Causal and Personal, in: Zygon 48 (2/2013), S.466-477.
[448] Ich schlage eine Lösung vor in: OORD, Thomas J., A Postmodern Wesleyan Philosophy and David Ray Griffin's Postmodern Vision, in: Wesleyan Theological Journal 35 (1/2000), S.216-244.
[449] Ich wurde dahingehend von Theologen wie John B. Cobb Junior beeinflusst, der von der „nichtsinnlichen Wahrnehmung Gottes" und der „nichtsinnlichen Erfahrung göttlicher Gegenwart in unserem Leben" spricht. (COBB, Grace and Responsibility, S.75.) Jedoch schlagen andere Theologen Theorien vor, die für göttliche Kausalität durch den Geist plädieren.

er geschaffen hat – die geschaffene Welt im Allgemeinen, andere Geschöpfe und uns selbst eingeschlossen.

Das zweite göttliche Attribut, das üblicherweise in Diskussionen um das Übel vernachlässigt wird, ist Gottes Universalität. Gott ist in der ganzen Schöpfung und jeder Einheit präsent, weil er allgegenwärtig ist. Vielmehr als an einem bestimmten Ort angesiedelt zu sein, wie Geschöpfe das üblicherweise sind, ist unser Schöpfer allem gegenwärtig.

Die Behauptung, dass Gott allgegenwärtiger Geist ist, bedeutet nicht, dass Gott auf gar keine Weise Körperlichkeit besitzt. Ich glaube, dass der Präsenz Gottes stets eine körperliche Dimension innewohnt, obwohl wir sie nicht mit unseren fünf Sinnen wahrnehmen können. Gottes Allgegenwart und Körperlichkeit zu beschreiben, war schon immer ein schwieriges Unterfangen für Christen. Gott kann schließlich nicht lokal verortet werden und wir können ihn auch nicht mit unseren fünf Sinnen wahrnehmen.

Hilfreich können Versuche sein, die Gott mithilfe von geschöpflichen Vergleichen beschreiben. Es gibt eine altehrwürdige Tradition innerhalb der christlichen Theologie, die davon ausgeht, dass Gott Verstand ist. Der hebräische Begriff *ruakh*, welcher sich manchmal auf Gott bezieht kann mit »Verstand« übersetzt werden. Diese Analogie ist hilfreich, weil wir, obwohl wir nicht in der Lage sind, einen Verstand mit unseren fünf Sinnen wahrzunehmen, dennoch daran glauben, dass er kausalen Einfluss ausübt. Ein Verstand besitzt außerdem eine subjektive Einheit, die es ermöglicht, Entscheidungen zu fällen und zielgerichtet zu handeln. Auf diese Weise ist Gottes geistliches Wesen wie ein Verstand.

Es sind jedoch auch Schwächen mit der Rede von Gott als Verstand verbunden. Der geschöpfliche Verstand ist beispielsweise nicht allgegenwärtig, während Gott allgegenwärtig ist. Der geschöpfliche Verstand, so sagen die meisten Menschen, hat einen Anfang. Im Gegensatz dazu ist Gott ewig. Abhängig davon, welche Leib-Seele-Theorie man vertritt, kommt eventuell die Frage auf, ob der Verstand überhaupt eine physische Dimension besitzt. Ich glaube schon.

Mir persönlich gefällt vor allem die Analogie, die sagt, dass Gottes geistliches Wesen wie Luft oder Wind ist. Diese Beschreibung finden wir an vielen Stellen in der Bibel. Tatsächlich ist der neutestamentlich verwendete Begriff für »Geist« – *pneuma* – zugleich das Wort für »Wind« oder »Luft«. Der biblische Terminus *ruakh* kann auch mit »Atem« übersetzt werden. Wind besitzt eine physikalische Dimension, obwohl wir ihn nicht sehen können. Wind übt zudem kausale Macht aus. Wir sehen die Auswirkungen des Windes, zum Beispiel wenn wir winzige Teilchen beobachten, die von ihm in die Luft gewirbelt werden.

Genauso wie wir Wind nicht sehen können, können wir auch Gott nicht sehen. Obwohl wir ihn nicht beobachten können, führen wir zumindest teilweise die Wirkungen in unserer Welt auf ihn als Ursache zurück (vgl. Joh 3,8). Viele von uns glauben beispielsweise, dass uns ein unsichtbarer Freund begleitet. Einige Stellen in der Bibel deuten an, dass Luft – Atem – Gottes schöpfende Gegenwart darstellt. Wie Ijob formuliert,

„Gottes Geist hat mich erschaffen,
der Atem des Allmächtigen mir das Leben gegeben." (Ijob 33,4)

Die Wind-Analogie hat selbstverständlich auch ihre Grenzen. Wind ist nicht allgegenwärtig, er kann verwehen, den Ort wechseln und manchmal auch völlig abwesend sein. Luft hat auch keinen Willen, also kann sie keine Entscheidungen treffen oder zielgerichtet handeln. Wind besitzt keine subjektive Erfahrung.

Alle Analogien zwischen Gottes geistlichem Sein und etwas Geschöpflichem scheitern auf die eine oder andere Weise. Mein Hauptanliegen, wenn ich Gottes Wesen als liebender, allgegenwärtiger Geist untersuche, ist es jedoch, uns bei der Frage weiterzuhelfen, warum Gott das Übel nicht verhindert, indem er einen göttlichen Körper annimmt.

Als allgegenwärtiger Geist ohne lokalisierten, göttlichen Körper kann Gott keinen göttlichen, körperlichen Einfluss als lokalisierter Körper ausüben. Das heißt, dass Gott keinen göttlichen Körper annehmen kann, um sich beispielsweise zwischen zwei Parteien zu stellen, die miteinander streiten. Gott hat keine vollkommen göttliche Hand, um einen Stein aus der Luft abzufangen, eine Bombe vor ihrer Explosion zu entschärfen oder eine Kugel aufzuhalten, bevor sie aus dem Gewehr gefeuert wird. Obwohl wir manchmal moralisch dafür verantwortlich sind, dass wir unseren Körper nicht zum Verhindern genuiner Übel einsetzen, ist ein Gott ohne lokalisierten Körper nicht schuldfähig.

Gott kann Übel ohne lokalisierten, göttlichen Körper nicht verhindern, weil Gott allgegenwärtiger Geist ist.[450]

Gott kann allerdings durch seine Überzeugungskunst denjenigen, die lokalisierte Körper besitzen, auffordern das Gute zu tun. Sie können auf verschiedenste Weise geschöpflichen, körperlichen Einfluss ausüben. Gott kann einen Lehrer dazu aufrufen, sich zwischen einen Mobbenden und sein Mobbingopfer zu stellen. Gott kann den Feuerwehrmann dazu aufrufen, durch

---

[450] Je nachdem, welche These von der Inkarnation man vertritt, könnte man denken, Jesus sei eine Ausnahme in der Vorstellung, dass Gott keinen lokalisierten, göttlichen Körper besitzt. Diese Diskussion bedarf eines weiteren Buches. Jedoch stimme ich zahlreichen Theologen zu, die Gottes wesentliches und ewiges Wesen und Gottes temporäre Inkarnation als lokalisierter Mensch Jesus von Nazareth unterscheiden.

ein brennendes Fenster zu greifen, um ein angsterfülltes Kleinkind zu retten. Gott kann sogar niedere Organismen und Einheiten dazu aufrufen, ihre körperliche Erscheinung zu nutzen, um – auf welche Weise auch immer – das Gute zu verwirklichen und das Übel zu verhindern. In all diesem, so die wesentliche Kenosis, handelt Gott ohne selbst einen lokalisierten Körper zu besitzen und ohne andere völlig zu kontrollieren.

Natürlich müssen Geschöpfe und Organismen dem Aufruf Gottes nicht folgen. Es kann sein, dass Gott ein Übel verhindern möchte und zu diesem Zweck ein Geschöpf dazu aufruft, dieses mithilfe seines Körpers zu verhindern. Dann kann es passieren, dass dieses Geschöpf nicht unterstützend, sondern ablehnend reagiert und sündigt. Mehr als alle anderen Geschöpfe weiß der Mensch darum, dass man den eigenen Körper auch zu üblen Zwecken gebrauchen kann. Die meisten Gläubigen bezeichnen das als Sünde.

Allgegenwärtiger Geist kann nicht für das Übel verantwortlich gemacht werden, das entsteht, weil Geschöpfe an der Liebe scheitern. Es kann sein, dass Gott will, dass ganze Gruppen einschreiten, aber auch diese Gruppen können Gottes Weisung ignorieren. Wenn wir dabei versagen, auf Gottes Ruf angemessen zu antworten, dann ist das unsere Schuld – und nicht die des liebenden und allgegenwärtigen Geistes ohne lokalisierten, göttlichen Körper.

Glücklicherweise befolgen Geschöpfe auch gelegentlich den Ruf Gottes. Sie »hören« auf Gottes Ruf, um eine bevorstehende Tragödie zu verhindern oder einen anhaltenden Konflikt zu beenden. Wenn Geschöpfe Ja zu Gottes Aufruf sagen, können wir sogar davon sprechen, dass Gott jenes Übel verhindert hat. Seine Geschöpfe haben kooperiert. Sie haben ihren Teil dazu beigetragen, indem sie ihren Körper genutzt haben, und so Gottes gute Zwecke verwirklichen konnten. Unsere Rede davon, dass Gott dies vollbracht hat, sollte als Ausdruck des Glaubens daran gewertet werden, dass Gott die primär ursächliche Rolle bei diesem Ereignis gespielt hat oder die letztgültige Quelle dieser positiven Handlung ist.

Geschöpfliche Kooperation inspirierte die Rede »Wir sind die Hände und Füße Gottes«. Sie regte auch die Wendung »die Welt ist Gottes Leib« an, weil wir alle als Glieder des Leibes Christi handeln können (vgl. 1 Kor 12,15-19). Diese Aussagen ergeben jedoch nur dann wirklich Sinn, wenn wir sie nicht wortwörtlich verstehen. Wir werden nicht im wörtlichen Sinne zu göttlichen Gliedmaßen; die Welt ist nicht im wörtlichen Sinne ein göttlicher Körper. Gott bleibt Gott und wir sind seine Geschöpfe.

Insofern Geschöpfe bejahend auf Gottes Aufruf zum Guten reagieren, resultiert das Gesamtergebnis in der Verwirklichung von Gottes Willen und zwar »wie im Himmel, so auf Erden.« Wenn Gottes liebevoller Wille verwirklicht wird, dann können wir das unserem Schöpfer zugute halten, ihn loben und ihm danken. »Gott sei Dank!« Dieser so häufig ausgesprochene Satz hat seine Berechtigung. Jedoch ist es ebenso gerechtfertigt, die geschöpfliche Kooperation anzuerkennen, die notwendig ist, um das Gute zu verwirklichen. Geschöpfe können zu Mitarbeitern Gottes werden, zu seinen Botschaftern und Stellvertretern.[451] Man könnte sagen, Gott erhält den Löwenanteil der Anerkennung für das Gute. Aber es ist auch angemessen, den Geschöpfen zu danken, die mit ihrem Schöpfer zusammenarbeiten. Ein dankbares Klopfen auf die Schulter meines Nächsten nimmt Gott nicht die Ehre, die ihm zusteht.

DER ZWINGENDE GOTT DER LIEBE IST EINE FIKTION

Im vorangegangenen Kapitel habe ich behauptet, dass der Gott, dessen überragende Eigenschaft nicht kontrollierende Liebe ist, keine kontrollierbaren Geschöpfe erschaffen kann. Wenn Gottes Liebe kooperiert anstatt zu kontrollieren, sich niemals gewaltsam dem Geliebten aufzwängt und Risiken eingeht, anstatt Garantien zu geben, dann hält die Liebe als logisch überragendes Attribut Gott davon ab, andere völlig zu bestimmen. Ein wesentlich liebender Gott, der andere völlig kontrollieren *könnte*, existiert nicht, weil die Liebe Gottes nichts und niemanden kontrollieren kann. Um mein Argument zu veranschaulichen, sagte ich, dass die Vorstellung, dass ein liebender Gott andere kontrollieren könnte, genauso fiktiv ist wie die Vorstellung, dass Meerjungfrauen einen Marathon laufen.

Wesentliche Kenosis erklärt, warum der Gott, dessen logisch überragende Eigenschaft die Liebe ist, andere nicht kontrollieren kann. Wenn Gott andere zwingen könnte, indem er ihre Freiheit, Wirkmacht oder Selbstorganisation zurückzieht, außer Kraft setzt oder sie gar nicht erst gewährt, dann müsste er sein göttliches Wesen der Selbstgabe und der andere-ermächtigenden Liebe aufgeben. Wenn Gott zufällige Ereignisse verhindern würde, indem er die gesetzesähnlichen Regelmäßigkeiten der Existenz manipuliert, würde Gott sein göttliches Wesen der nicht kontrollierenden Liebe aufgeben. Gott kann aber seinem eigenen Wesen nicht widersprechen. Damit ist göttlicher Zwang unmöglich.

Wir könnten die Veranschaulichung mithilfe der Meerjungfrauen nun im Hinblick auf die wesentliche Kenosis folgendermaßen umformulieren: Die Vorstellung, dass Gott, dessen logisch überragende Eigenschaft die sich selbst schenkende, andere ermächtigende Liebe ist, Freiheit, Wirkmacht oder Selbstorganisation außer Kraft setzen, zurückziehen oder gar nicht erst

---

[451] Zur biblischen Rechtfertigung dieser Sichtweise vgl.: 1 Kor 3,9; 2 Kor 5,20; 2 Kor 6,1; 1; Eph 6,11f; 2 Tim 2,3f.12; Off 5,10; Off 20,6; Off 22,5.

gewähren könnte oder, dass er die gesetzesähnlichen Regelmäßigkeiten der Existenz manipulieren könnte, ist genauso eine Fiktion wie es die Vorstellung ist, dass Meerjungfrauen einen Marathon laufen könnten. Meerjungfrauen können keinen Marathon laufen und ein kenotischer Gott kann nichts und niemanden zwingen.

Ein kontrollierender Gott der Liebe ist eine Fiktion.

Eine ganze Menge an Leuten hält für wahr, was Sanders sagt: „Liebe zwingt sich dem Geliebten nicht gewaltsam auf."[452] Sie stimmen mit Sanders überein, wenn er sagt, dass die Liebe Gottes seine Geschöpfe „nicht dazu zwingt, ihm zu folgen."[453] In diesen Aussagen drückt Sanders die weit verbreitete Meinung aus, dass Liebe niemals in dem Sinne zwingt, andere völlig zu kontrollieren oder dass sie sich mit Gewalt ihren Weg bahnt. Für Menschen mit diesen Ansichten ist es eine grundlegende Tatsache – eine apriorische Wahrheit –, dass Liebe die Freiheit, Wirkmacht oder Selbstorganisation anderer nicht zurückzieht, außer Kraft setzt oder schlicht nicht unterstützt. Liebe kontrolliert nicht.

Lassen Sie uns diese gemeine Auffassung so bestimmen: „Liebe kennt ihrer Definition nach keinen Zwang." Diese Sicht rührt aus der grundlegenden Intuition, dass Liebe andere niemals völlig kontrolliert. In Bezug auf Gott, dessen Wesen die Liebe ist, hat dieser Gedanke zur Folge, dass Gott andere *nicht* völlig kontrollieren *kann*. Wenn Liebe ihrem innersten Wesen nach andere und anderes nicht kontrolliert und Gott notwendigerweise liebt, dann ist Gott nicht zum Zwang fähig.

Die These, dass Gott nichts erzwingen kann, ist allerdings besonders anfällig für Missverständnisse. Zwang hat mehrere Bedeutungen. In unserem alltäglichen Sprachgebrauch verwenden wir den Begriff häufig in einem psychologischen Sinn. Hier heißt zwingen, intensiven psychologischen Druck auf ein Lebewesen oder eine Gruppe auszuüben, um es bzw. sie dazu zu bewegen, auf bestimmte Weise zu handeln. Für diejenigen, die unter Druck gesetzt werden, könnte sich das wie Mobbing, eine ernsthafte Drohung oder eine überwältigende Macht anfühlen.

In seiner psychologischen Bedeutung beinhaltet der Zwang, dass die Person, die gezwungen wird, ihren freien Willen behält. Drohungen und emotionale Drucksituationen nehmen Subjekten nicht ihre Freiheit. Die jeweilige Person könnte dem Druck nachgeben und so negative Konsequenzen abwenden oder positive herbeiführen. Sie könnte auch frei entschieden, nicht

---

[452] SANDERS, The God Who Risks, S.193.
[453] Ebd., S.174.

nachzugeben und so negative Folgen in Kauf nehmen. Im psychologischen Sinn umfasst Zwang nicht die totale Kontrolle über andere, weil die Beteiligten ein gewisses Maß an freiem Willen behalten.

Andere setzen das Wort *Zwang* mit Gewalt gleich. Jene, die die Gewalt in der Welt mindern wollen (was die meisten Menschen tun wollen), sprechen davon, dass sie Zwang mindern wollen. Handlungen, die von solchen Leuten als Zwangshandlungen bezeichnet werden, beinhalten gewaltsame Krieg-shandlungen, inländische Auseinandersetzungen, zwischenmenschliche Konflikte und Terroranschläge. In ihren Augen bedeutet gewaltsam zu handeln zu zwingen. In solchen Fällen meint Gewalt Körper oder andere lokalisierte, physische Objekte, die Zerstörung bringen.

Eine wachsende Zahl literarischer Werke untersucht die Frage, ob es sinnvoll ist, davon zu sprechen, dass Gott gewalttätig ist oder uns dazu aufruft, unsere Körper oder andere Gegenstände gewaltsam zu verwenden.[454] Einige, die an dieser Debatte teilnehmen, verwenden den Begriff Zwang auch in der Bedeutung des »gewalttätigen Handelns«. Im Zentrum dieser Diskussion steht häufig die Frage, wie man bestimmte biblische Texte auslegen kann, die göttliche Gewalt und gewalttätiges Handeln Jesu andeuten. Manchmal stellt sich die Frage danach, ob wir gewalttätigen Zwang in der Beziehung mit anderen ausüben sollten.

Ein dritter Weg, *Zwang* zu verstehen, bezieht sich auf den Einsatz unseres eigenen Körpers, um den Körper anderer zu beeinflussen. Die Mutter, die ein schreiendes Zweijähriges hochnimmt und das Kind in ein Bettchen legt, könnte als eine Frau betrachtet werden, die ihr Zweijähriges zwingt oder kontrolliert. Schließlich kann es sein, dass das Kind gar nicht in seinem Bettchen gelegt werden möchte. Allerdings setzt sich der stärkere und größere Körper durch. Man könnte dies als die Auswirkung des körperlichen Einflusses einer Zwangshandlung bezeichnen, weil hier ein Körper am Werk ist, der Macht über einen anderen Körper oder andere Dinge in der Welt ausüben.

Ich verwende das Wort *Zwang* nicht in einem psychologischen, gewaltsamen oder körperlich einflussreichen Sinne. Ich gebrauche es in seiner metaphysischen Bedeutung. In seiner metaphysischen Bedeutung meint Zwang die völlige Kontrolle. Dies beinhaltet die eigenmächtige Determination, in der der Gezwungene sämtliche Fähigkeiten zur Verursachung, zur Selbstorganisation, zur Wirkmacht oder zum freien Willen verliert. In diesem

---

[454] Die Zahl bedeutender Werke zu diesem Thema ist hoch. Einer der besseren Beiträge ist: Seibert, Eric A., The Violence of Scripture. Overcoming the Old Testament's Troubling Legacy, Philadelphia 2012.

metaphysischen Sinn heißt Zwang, als hinreichender Grund zu handeln und damit den anderen oder die Situation völlig zu kontrollieren. Zwang heißt Kontrolle.

Liebe zwingt nicht im metaphysischen Sinn, weil sie andere niemals kontrolliert. Bezogen auf Gott heißt das, dass die Unfähigkeit zum Zwang im metaphysischen Sinn bedeutet, dass Gott andere oder Situationen nicht kontrollieren kann. Gottes Liebe zwingt nicht.[455] Wesentliche Kenosis besagt, dass Gott nicht zwingen kann, und zwar in dem Sinne, dass er nicht als hinreichender Grund handeln oder eigenmächtig über andere bestimmen kann. Darüber hinaus ist Gott kein Mobber und er handelt auch nicht gewalttätig. Weil Gott keinen lokalisierten Körper besitzt, mit dem er unmittelbaren, körperlichen Einfluss ausüben könnte, gebraucht Gott auch keine göttlich körperliche Einflussnahme.[456]

Göttliche Liebe kontrolliert nicht. Gott ist nicht zum Zwang fähig. Nichtsdestotrotz sind einige Menschen nicht davon überzeugt, dass Liebe sich *nie* gewaltsam ihren Weg bahnt oder andere kontrolliert. Sie geben zu, dass Liebe normalerweise zu Kooperation und Mitwirkung auffordert. Oft denken sie, dass Liebe für gewöhnlich niemanden beherrscht oder überwältigt. Aber sie glauben, dass Liebe gelegentlich Zwang im metaphysischen Sinn erfordert. Aus diesem Grund denken sie, Gott zwinge manchmal.

Diese Menschen stellen sich Fälle vor, in denen, sofern möglich, eine liebende Person eine andere Person oder Situation kontrollieren sollte, um einen positiven Ausgang zu ermöglichen oder einen negativen zu verhindern. Sie denken Liebe *nicht* als nicht kontrollierend. Wenn es um Gott geht, so glauben diese Menschen, dass die Liebe Gottes auch gelegentlich Zwang in seiner metaphysischen Bedeutung als völlige Kontrolle von anderen oder von Situationen beinhaltet.

Für jene, die nicht davon überzeugt sind, dass Liebe sich a priori nie gewaltsam verwirklicht, gibt es ein starkes aposteriorisches Argument, warum Gottes Liebe niemals Zwang ausübt. Mit anderen Worten: Es gibt glaubwürdige Zeugnisse für den Glauben daran, dass Gott andere nicht völlig

---

[455] Catherine Keller vertritt diese Sichtweise in: KELLER, Catherine, God and Power. Counter-Apocalyptic Journeys, Minneapolis 2005.

[456] Wesentliche Kenosis ist neutral, wenn es um die Frage geht, ob Gott seine Geschöpfe jemals dazu aufruft, gewaltsam zu handeln. Es gibt allerdings gute Gründe dafür, die biblischen Texte so auszulegen, – vereinfacht gesprochen – dass sie zum Gewaltverzicht auffordern. Vgl. dazu: COWLES, C. S., Show them No Mercy. Four Views on God and Canaanite Genocide, Grand Rapids 2003. Vgl. auch: LOVE, Gregory, Love, Violence, and the Cross. How the Nonviolent God Saves Us through the Cross of Christ, Eugene OR 2010. Sowie: SEIBERT, The Violence of Scripture.

kontrollieren kann. Wenn man einer abduktiven Argumentationslinie folgt, dann ergibt es Sinn zu sagen, dass Gott aufgrund der vorliegenden Zeugnisse nicht zwingen kann. Kurz gesagt: Diese Zeugnisse deuten darauf hin, dass Gott nicht zwingen kann.

Nur wenige untersuchen diese Argumentationslinie hinreichend. Möglich-erweise üben sich diejenigen, die sie kennen, in Zurückhaltung, wenn es um das Überdenken ihre Annahmen zur Macht Gottes geht. Viele fühlen sich nicht wohl bei der Aussage, dass Gott Grenzen hat, auch wenn diese Begrenzungen ihren Grund im Wesen Gottes haben. Manche glauben, eine Neubewertung der Macht Gottes widerspricht der theologischen Tradition. Einige sorgen sich um politische oder gesellschaftliche Folgen, die mit einem Überdenken ihrer Vorstellung von der Macht Gottes einhergehen könnten.

Die Idee, dass uns vorliegende Zeugnisse darauf hindeuten, dass Gott nicht zum Zwang fähig ist, nimmt ihren Anfang bei einer weit verbreiteten Auffassung über die Liebe Gottes. Sie geht davon aus, dass der Gott, der auf vollkommene Art und Weise liebt, alles genuine Übel verhindern wollen würde. Gottes Fürsorge würde Schrecken und Tragödien abwenden, wenn er dazu fähig wäre. Diese Vorstellung vom Wohlwollen Gottes wird von vielen Gläubigen vertreten. Für viele ergibt sie sich aus der „vollkommene[n] Liebe" Gottes (1 Joh 4,18). Gott würde jedes Ereignis verhindern wollen, das die Welt – wenn man alle Umstände berücksichtigt – zu einem schlimmeren Ort macht als sie es ohne das Ereignis gewesen wäre, wenn ein anderes Ereignis an dessen Stelle möglich gewesen wäre.

Diese Zeugnisse deuten darauf hin, dass Gott danach strebt, ein Reich der Liebe aufzurichten, wie man es in biblischer Sprache formulieren könnte. Das bedeutet unter anderem, Wohlergehen, Gedeihen und *Shalom* zu fördern. Unser liebender Vater im Himmel möchte, wie liebende irdische Eltern, das Gute fördern und das genuine Übel vermeiden, weil Gott das Übel verabscheut und das Heil aller will. Gottes Fürsorge gilt allen.

Für die meisten Christen ist Jesus Christus das grundlegende Zeugnis dafür, dass Gott unser Wohlergehen nicht durch Zwang verwirklichen will. Obwohl Jesus wütend wird oder sogar seine Körperkraft einsetzt (z.B. bei der Tempelreinigung), handelt er niemals durch das Ausüben von Zwang in dem Sinne, dass er andere völlig kontrolliert. Der aposteriorische Beweis des Lebens Jesu, den Christen als Fülle der Offenbarung Gottes verehren, zeigt uns, dass Gott nicht zwingt.

Das Leben Jesu ist Zeugnis dafür, dass genuin üble Ereignisse geschehen. Das Übel ist real. Unsere grundsätzliche Intuition sagt uns, dass einige Ereignisse die Welt insgesamt schlechter machen und, dass zumindest ein paar solcher Ereignisse hätten verhindert werden können. Genuine Übel hätten so nicht passieren müssen. Wir sind Beispielen genuiner Übel im ersten Kapitel begegnet. Diese Liste genuiner Übel könnte jedoch noch beliebig fortgeführt werden.

Es ist nicht nur so, dass wir Belege für genuines Übel in unserer Welt finden; wir handeln auch so, als gäbe es genuines Übel wirklich. Wie wir zuvor sehen konnten, ist dies eine – wie ich es nenne – unleugbare Erfahrungstatsache. Unsere natürlichen Handlungen demonstrieren, dass wir um das Übel, das geschieht, wissen, auch wenn manche Menschen es in dem, was sie sagen oder schreiben, bestreiten. Die Art und Weise wie wir unser Leben gestalten, spiegelt unsere grundlegende Intuition, dass genuine Übel real sind.

Wenn man annimmt, dass ein liebender Gott genuines Übel verhindern will, obwohl genuine Übel geschehen, dann kann man aus den eben genannten Zeugnissen schließen, dass ein liebender Gott genuines Übel nicht verhindern darf, weil Gott andere oder Situationen nicht kontrollieren kann. Anders formuliert: Die Zeugnisse deuten oder weisen daraufhin, dass Gott nicht zum Zwang fähig ist. Um es wieder anders zu sagen: Weil genuine Übel geschehen und Gott verlässlich liebt, liegen wir richtig, wenn wir folgern, dass Gott nicht zum Zwang fähig sein darf, um genuines Übel zu verhindern. Dieses abduktive Argument folgt einem geradlinigen Gedankengang. Vorgeprägte Vorstellungen von der Macht Gottes hindern jedoch viele daran, es ernst zu nehmen.

Der Gedankengang, der sich aus diesen Zeugnissen ergibt, ist selbst-verständlich anfällig für Gegenargumente. Aus Zeugnissen zu schlussfolgern ist niemals hieb- und stichfest. Abduktion beinhaltet immer auch Interpretation. Im vorangegangenen Kapitel untersuchten wir einige dieser Gegenargumente, aber keines davon konnte überzeugen.[457]

Es gibt allerdings ein Gegenargument, das ich für überzeugender halte. Statt einfach auf das Mysterium zu verweisen, sagt dieses Argument, dass wir *durchaus* Zeugnisse dafür besitzen, dass Gott manchmal im metaphysischen Sinne des Wortes Zwang ausübt. Manchmal kontrolliert Gott *durchaus* andere Geschöpfe oder Situationen. Dieses Argument beruft sich also ebenfalls auf Zeugnisse aus dem echten Leben.

---

[457] Das hauptsächliche Gegenargument das dafür verwendet wird, um zu erklären, warum ein Gott der Liebe genuines Übel nicht verhindert, ist gar kein wirkliches Argument. Es ist ein Berufen auf das Mysterium. Viele sagen implizit oder explizit, dass wir nicht wissen können, ob die Ereignisse, die wir für genuine Übel halten, wirklich welche sind. Auf irgendeine mysteriöse Weise wäre es schlimmer, wenn Gott das Übel verhindern würde, als es zuzulassen. Dieses Berufen auf das Mysterium bringt keine befriedigenden Antworten auf unsere grundlegendsten Fragen hervor, besonders nicht hinsichtlich der Fragen, die mit Gottes Providenz angesichts von Gutem und dem Übel, Zufall und Regelmäßigkeit zusammenhängen. Sämtliche Anstrengungen hierbei zu zufriedenstellenden Antworten zu vorzudringen, werden durch ein Berufen auf das Mysterium hinfällig.

Diejenigen, die behaupten, dass Gott gelegentlich völlig kontrolliert, berufen sich dabei auf seltene, erstaunliche oder verblüffende positive Ereignisse. Sie meinen, dass Gott die Situation oder die Einzelnen völlig kontrolliert, die dazu nötig waren, um diese guten Ereignisse zu ermöglichen. Hierbei handelt es sich um ein weit verbreitetes Verständnis von Wundern: Übernatürliche Handlungen, in denen Gott einen Einzelnen oder eine Situation völlig kontrolliert oder natürliche Kausalketten manipuliert, um ein außergewöhnliches und positives Ergebnis hervorzubringen.

Die Befürworter dieses Wunderverständnisses verweisen häufig auf die Wunder in der Bibel oder ihrem eigenen Leben. Solche Wunder können Heilungen, glückliche Zufälle, Exorzismen, verwandeltes Leben oder sogar Auferweckungen sein. Ihre These ist, dass diese außergewöhnlichen Ereignisse ein Beweis dafür sind, dass Gott andere oder Situationen gelegentlich kontrolliert. In ihren Augen musste Gott Zwang ausüben, damit diese Ereignisse möglich wurden.

Ich denke dieses Argument ist es wert, untersucht zu werden. Schließlich glaube ich ebenfalls an Wunder. Ich bin der Überzeugung, dass ein angemessenes Providenzmodell auch Wunder erklären können muss – Wunder in der Bibel und die, die wir heute erfahren –, wenn es das Leben sinnvoll erklären soll. Wunder sind von nicht zu unterschätzender Bedeutung.

Meine Überzeugung ist, dass wir Wunder als wirklich anerkennen können, ohne jedoch im gleichen Atemzug zu behaupten, dass Gott andere völlig kontrolliert oder in die Naturgesetze eingreift. Zur Erklärung dieser These wende ich mich im letzten Kapitel den Wundern zu. Ich bin überzeugt, dass ein vollkommen liebender und allmächtiger Gott durch seine sich selbst schenkende, andere ermächtigende Liebe gelegentlich auch wunderhaft wirken kann. Hier ist allerdings zu keinem Zeitpunkt Kontrolle im Spiel, weil Gottes Liebe nicht zwingt.

8

Wunder und Gottes Wirken
in der Welt

I m vorherigen Kapitel habe ich das Modell wesentlicher Kenosis beschrieben. Es geht davon aus, dass die sich selbst schenkende Liebe im
Wesen Gottes logisch vor allen anderen Eigenschaften steht. Aus Liebe
schenkt Gott die Gaben, die seine Geschöpfe unvermeidlich auf verschiedene Weise ermächtigen und bestärken. Gott kann Freiheit, Wirkmacht oder
Selbstorganisation, die er aus Liebe schenkt, nicht zurückziehen, außer Kraft
setzen oder nicht gewähren. Wesentliche Kenosis sagt, dass diese Gaben unwiderruflich sind (vgl. Röm 11,29), denn Gott „kann sich selbst nicht verleugnen" (2 Tim 2,13).

Gesetzesähnliche Regelmäßigkeiten entstehen als natürliche Folgen der
Liebe, die der allgegenwärtige Gott in seiner gesamten Schöpfung verwirk-
licht. Weil Gottes Wesen sich selbst schenkende Liebe ist, kann Gott die ge-
setzesähnlichen Regelmäßigkeiten, die aus seiner Hand kommen, nicht außer
Kraft setzen. So versteht der Prophet Jeremia die natürlichen Regelmäßig-
keiten von Tag und Nacht und auch die Ordnung des Sonnensystems als von
Gott festgesetzte Zeichen seines Bundes mit den Menschen (vgl. Jer 33,25).
Der Jahreszeitenwechsel und die Geschenke an seine Schöpfung sind weitere
Beispiele des liebevollen und treuen Bundes Gottes mit der Schöpfung (vgl.
Gen 8,22; Ps 104).[458] Die verlässliche Liebe Gottes erhält und unterstützt uns
beständig. Dabei behält sie notwendigerweise ein gewisses Maß an Ordnung

---

[458] David Fergusson drückt das gut aus in: FERGUSSON, David, The Theology of Providence, in:
Theology Today 67 (2010), S.261-278, hier: S.274.

im Universum bei. Gleichzeitig ermächtigt sie Geschöpfe zu Freiheit, Selbstorganisation und Spontaneität, die es braucht, damit Neues entstehen kann.

Zufall ist möglich, weil Gott uns freien Willen, Wirkmacht, Selbstorganisation, Spontaneität und die Möglichkeit zur Weitergabe des Lebens schenkt. Komplexe und simple Kreaturen – sogar die kleinsten Entitäten der Existenz – machen von diesen gottgegebenen Fähigkeiten auf unterschiedlichste Weise Gebrauch. Manchmal führt die Spontaneität, die Gott der Schöpfung schenkt, zu chaotischem Übel. Gott kann den aus Spontaneität und Freiheit resultierenden Zufall aber auch nutzen, um Gutes hervorzubringen. Gott verwendet sogar im Rahmen seiner kontinuierlichen Schöpfung zufällige Ereignisse.[459] Durch seine beständige und ewige Liebe schafft Gott in seinem Sein-schenkenden Wirken kontinuierlich (*creatio continua*). Das versprachlichen biblische Autoren in Genesis 1 mit „Es werde".

Wesentliche Kenosis erklärt, warum ein liebender Gott die Schöpfung und seine Geschöpfe zwangsläufig mit dem beschenkt, was sie brauchen, um zu existieren und zu handeln. Obwohl Geschöpfe aufgrund ihrer Erschaffung durch Gott ihrem Wesen nach gut sind, bringen sie durch ihre Taten gelegentlich Übel hervor. Gott kann die Gräuel und Völkermorde, die durch freien Willen, Wirkmacht, sich selbstorganisierende Einheiten und zufällige Ereignissen verursacht werden, nicht verhindern, weil Gottes sich selbst schenkende Liebe in unserem Universum notwendigerweise schöpft, agiert, alles erhält und inspiriert. Der zeitliche und lebendige Gott der Liebe kann das Übel, das Geschöpfe tun oder durch zufällige Ereignisse verursacht wird, nicht mit Sicherheit vorherwissen und damit auch nicht verhindern. Als allgegenwärtiger und unkörperlicher Geist besitzt Gott keinen lokalisierten, göttlichen Körper, mit dem er dem Übel durch körperliche Einflussnahme entgegenwirken könnte. Gott ruft seine Geschöpfe dazu auf, ihre Körper zur Kooperation mit Gott zu gebrauchen, um das Gute zu tun und das Übel zu verhindern.

Bei allem Wirken Gottes hat Liebe den Vorsitz über seine Souveränität und ist zugleich ihre Voraussetzung.

DER ALLMÄCHTIGE GOTT

Aber ist der Gott, den die wesentliche Kenosis beschreibt, ein schwacher Gott?

---

[459] Vgl.: EWART, Paul, The Necessity of Chance. Randomness, Purpose and the Sovereignty of God, in: Science and Christian Belief 21 (2009), S.111-131.

Durch die Feststellung, dass Gott andere oder Situationen nicht kontrollieren kann, könnten einige geneigt sein zu denken, dass dieses Providenzmodell eine untaugliche Gottheit zeichnet. Ich werde zeigen, dass dem nicht so ist. Manche könnten glauben, dass der Gott, der stets durch seine sich selbst schenkende, andere ermächtigende Liebe mit der Schöpfung interagiert, nicht wirkmächtig in unserer Welt sein kann. Das ist ebenfalls eine Fehlannahme. Andere könnten denken, dass der Gott, der nicht zum Zwang fähig ist, nicht der Gott ist, der in der Bibel als Schöpfer, Erhalter und Quelle der Wunder beschrieben wird. Auch das ist falsch! Obwohl wesentliche Kenosis unterstreicht, dass Gott nicht zwingen kann, versteht sie Gott als allmächtigen Schöpfer, Erhalter und Quelle der Wunder, der stets durch andere und anderes nicht kontrollierende Liebe handelt.

Das Gottesbild wesentlicher Kenosis entspricht einem Gottesbild, das eine breite biblische Grundlage hat. Es ist schade, dass etliche Gläubige denken, sie müssten sich entscheiden zwischen der Überzeugung, dass Gott alles souverän kontrolliert, und dem Glauben, dass Gott lediglich ein schwacher Beobachter unserer Lebensangelegenheiten ist. Wie das biblische Zeugnis lehnt auch die wesentliche Kenosis beide Sichtweisen ab. Sie tut dies, indem sie betont, dass göttliche Souveränität stets Ausdruck der Macht sich selbst schenkender und nicht kontrollierender Liebe ist.

Es gibt keinen Konsens unter Gläubigen, was das Verständnis der Macht Gottes angeht. Auch die größten Denker der christlichen Tradition definieren göttliche Souveränität auf verschiedene Weise. Bibelübersetzer verwenden meist den Begriff *allmächtig*, wenn sie die griechischen und hebräischen Begriffe, die von der Macht Gottes sprechen, ins Deutsche übertragen. Etliche philosophisch geprägte Theologen verwenden zur Beschreibung der Macht Gottes den Begriff *omnipotent*, obwohl dieses Wort nicht biblisch bezeugt ist. Es ist außerdem mit Konnotationen belastet, die für viele im Widerspruch zum freien Willen der Geschöpfe, Widerstand und Zufall stehen.

Ich folge der Wortwahl der meisten Bibelübersetzer und verwende *allmächtig*, wenn ich von der göttlichen Macht spreche. In meinen Augen ist Gott mindestens in dreierlei Hinsicht allmächtig. Gott ist ...

1. mächtiger *als alle* anderen.
2. der einzige, der Macht *auf alles* ausübt, was existiert.
3. die letzte Quelle der Macht *für alle* Geschöpfe.

Gott ist mächtiger als alle anderen. Das bedeutet schlichtweg, dass niemand Gott in seiner Macht ebenbürtig oder gar überlegen ist. In seiner Macht ist Gott ohne Gleichrangige. Obwohl Geschöpfe Dinge tun können, die Gott nicht zu tun vermag (wie beispielsweise sündigen, nur an einem Ort existieren, eine Verabredung vergessen), ist Gott alles in allem das mächtigste Wesen, das existiert. Biblische Schriftsteller schreiben häufig, dass dem so ist, vor allem im Vergleich zu Götterbildern oder Fremdgöttern. Nichts kommt Gott gleich (vgl. Ps 40,6) und kein anderes Wesen ist größer als er.

Gott übt auf alles Macht aus. Das heißt, dass Gott auf alle Geschöpfe und die ganze Schöpfung Macht ausübt. Obwohl in einem wechselseitig in Beziehung stehenden Universum jedes Geschöpf Macht auf ein anderes ausübt, übt nur Gott allein Macht auf alles auf. Gott ist der Einzige mit Einfluss und kausaler Macht auf alles, was existiert. Gottes aktive Macht erschafft und erhält das Universum und seine Bewohner. Nichts könnte ohne Gottes Gabe der Existenz existieren. Um es philosophisch auszudrücken: Gott ist ein notwendiger Grund im Sein und Werden aller faktischen Einheiten. Seine liebende Gnade macht die Existenz aller Geschöpfe auf kreative Weise möglich. Gott trägt das All durch sein machtvolles Wort (vgl. Hebr 1,3).

Gott ist die letzte Quelle der Macht für alle anderen. Dieser Gedanke erklärt Gott zur letzten Quelle der Macht. Gott beschenkt alle anderen mit Macht und ermächtigt sie damit zu sein oder zu handeln. Ohne diese göttliche Befähigung könnte keine Einheit, kein Geschöpf oder Universum kausalen Einfluss ausüben. In jedem Moment wirkt zuallererst Gott, um die grundlegende Energie bereitzustellen, die seine Geschöpfe zum Handeln und Existieren benötigen. Einige Theologen, besonders die der wesleyanischen Tradition zugehörig sind, nennen das »zuvorkommende Gnade«, weil Gottes liebende Macht geschöpflichen Reaktionen auf sie vorausgeht und sie erst ermöglicht.[460] In dieser von Gnade geprägten Ermächtigung stammen die Fähigkeiten seiner Geschöpfe von Gott (vgl. 2 Kor 3,5).

Gottes Allmacht geht in keiner dieser drei Dimensionen mit Zwang einher. Gott kann der Mächtigste sein, ohne andere zu kontrollieren. Gott kann Macht auf die gesamte Schöpfung ausüben ohne irgendetwas eigenmächtig zu bestimmen. Gott kann die letzte Quelle der Macht sein – andere ermächtigen und befähigen –, ohne auch nur ein Geschöpf oder eine Situation völlig zu dominieren. Allmacht zwingt nicht.

Gott schenkt Macht nicht willkürlich. Stattdessen rühren die ermächtigenden Gaben Gottes aus seinem göttlichen Wesen der Liebe. Das bedeutet,

---

[460] Vgl. dazu: COLLINS, The Theology of John Wesley. Vgl. auch: MADDOX, Responsible Grace. Sowie: OORD/ Lodahl, Relational Holiness.

dass Gott notwendigerweise und nicht auf beliebige Art und Weise Macht mit der Schöpfung teilt. Wie ein Mantel legt sich die kenotische Liebe um die souveräne Macht. Als der eine Allmächtige verwirklicht Gott Macht durch seine sich selbst schenkende Kenosis der nichts und niemanden zwingenden Liebe.

Göttliche Liebe ist die Vorbedingung der Allmacht Gottes.

Darüber hinaus können wir Gott zu Recht als allmächtig denken, obwohl Gott keinen vollständigen göttlichen Körper hat, nichts Unlogisches oder Unmögliches tut und nicht in der Lage ist, sein göttliches Wesen zu verleugnen. Der allmächtige Gott wie ich ihn verstehe, ist, wie Anselm sagt, der über den hinaus nichts Größeres gedacht werden kann.[461] In Anbetracht seines göttlichen Wesens, seiner göttlichen Unkörperlichkeit und dem logisch Vorstellbaren ist Gottes Macht maximal groß. Also lässt sich sagen, dass der Gott der wesentlichen Kenosis ein allmächtiger Gott ist.

Aber kann der allmächtige Gott, den die wesentliche Kenosis beschreibt, Wunder wirken? Wenn Gottes liebendes Wesen Freiheit, Wirkmacht, Selbstorganisation und gesetzesähnliche Regelmäßigkeiten schenkt und Gottes Liebe nicht zwingt, können dann Wunder geschehen? Wie erklärt die wesentliche Kenosis Wunder?

GLAUBEN SIE AN WUNDER?

Im Fazit meines letzten Kapitels merkte ich an, dass manche Menschen glauben, Wunder bedürften des Zwangs Gottes. Göttlicher Zwang ist die metaphysische Vorstellung, dass Gott Geschöpfe, Einheiten und Situationen völlig kontrolliert, indem er ihre Freiheit oder Wirkmacht nicht gewährt, sie hinwegnimmt oder außer Kraft setzt. Göttlicher Zwang wäre auch dann gegeben, wenn Gott die gesetzesähnlichen Regelmäßigkeiten der Natur eigenmächtig aufheben würde. Wenn Gott andere Geschöpfe kontrollieren kann oder die Beschaffenheit der Schöpfung durch einen absoluten Erlass manipulieren kann, dann ist Gott zum Zwang fähig. Weil ich der Überzeugung bin, dass Wunder sich durch Gottes nichts und niemanden zwingende Liebe ereignen, werde ich erklären, wie Wunder geschehen, wenn Gott durch die Kenosis wunderhaft wirkt.

Es gibt gute Gründe dafür, warum viele Menschen – einige Christinnen und Christen eingeschlossen – gar nicht an Wunder glauben. Schließlich stellen sich so manche angeblichen Wunder als Schwindel, Hysterie oder

---

[461] ANSELM VON CANTERBURY, Proslogion. Lateinisch/ deutsche Ausgabe (Frommann´s Studientexte; 2) (herausgegeben von Franciscus Salesius Schmitt), Stuttgart/Bad Cannstatt ³1995.

Missverständnisse heraus. Andere Wunder werden nicht objektiv von qualifizierten Experten (zum Beispiel Physikern) verifiziert und scheinen lediglich die erhofften Sehnsüchte ihrer Anhänger zu sein.[462] Leicht beeinflussbare Menschen kann man dazu bewegen an Heilungen zu glauben, wenn charismatische Autoritäten sie das glauben lassen.

Andere Menschen lehnen die Vorstellung, dass Wunder geschehen, ab, weil die meisten Menschen, die auf Wunder hoffen, selbst keine erleben.[463] Die große Mehrheit der Gebete um Wunder bleibt unbeantwortet und zwar in dem Sinne, dass diejenigen, die beten, nicht die Ergebnisse erfahren, um die sie gebeten haben. Diejenigen, die tatsächlich ein Wunder erleben, – wie beispielsweise eine Heilung – sind häufig nur vorübergehend geheilt. Für Skeptiker wirft dies die Frage auf, ob solche Wunder echte Wunder sind.[464] Die unverhältnismäßige Zahl unbeantworteter Gebete lässt viele glauben, dass die wenigen Wunder, die wirklich geschehen, eigentlich bloß glückliche Zufälle sind.

Das alles sind nachvollziehbare Begründungen dafür, dass einige nicht an Wunder glauben. Der triftigste Grund für die Ablehnung von Wundern hängt aber mit dem Problem des Übels in der Welt zusammen.[465] Wenn Gott Wunder vollbringen kann, um Gutes zu tun und Übel zu verhindern, warum wirkt er dann nicht viel öfter Wunder? Warum heilt ein Wunder vollbringender Gott nicht, erweckt Tote, manipuliert die Natur und handelt, um Übel zu verhindern und unser Leben so besser zu machen?

Wenn Gott manchmal aus freien Stücken Wunder wirkt, und manchmal nicht, dann stellt sich das Problem selektiver Wundertaten. Christine Overall erklärt das Problem gut: „Indem er nur einige wenige Individuen bevorzugt, zeigt Gott sich willkürlich in seiner Wohltätigkeit gegenüber einigen und grausam und ungerecht in der Vernachlässigung anderer."[466] Es ist also naheliegend, sich zu fragen, warum ein vermeintlich beständig liebender Gott auf eine so unzuverlässige Art und Weise Wunder zu vollbringen scheint.

In den folgenden Überlegungen werde ich nicht dafür plädieren, alle Behauptungen über Wunder als legitim zu betrachten. Aber ich denke, dass wir

---

[462] Candy Gunther Brown untersucht diese Problematik, indem sie Heilungen dokumentiert. Vgl. dazu: BROWN, Candy Gunther, Testing Prayer. Science and Healing, Cambridge MA 2012, S.99-154.
[463] Sogar einige der bedeutendsten Heiligen der Bibel wurden nicht geheilt, obwohl sie um Heilung beteten (vgl. dazu: Gal 4,13f; Phil 2,27; 1 Tim 5,23).
[464] Vgl.: BROWN, Testing Prayer, S.234-275.
[465] David und Randall Basinger untersuchen dies. Vgl. dazu: BASINGER David/ Basinger Randall, Philosophy and Miracle. The Contemporary Debate, Lewiston NY 1986.
[466] OVERALL, Christine, Miracles and Larmer, in: Dialogue 42 (2003), S.123-136, hier: S.131.

als Christen daran glauben können und auch sollten, dass Gott gelegentlich wunderhaft wirkt. Ich stimme den Wissenschaftlern zu, die sagen, dass wir Wunder angesichts der bloßen Zahl an Wunderberichten aus Geschichte und Gegenwart ernst nehmen müssen.[467] Diese große Zahl an Wunderberichten kann nicht einfach ausgeblendet werden – auch dann nicht wenn wir glauben, dass manche Menschen in Wunschdenken verfallen, schwindeln oder aus anderen Gründen nicht von echten Wundern die Rede sein kann.

Wenn wir unsere Wirklichkeit sinnvoll erklären wollen, dann müssen wir auch Wunder erklären.

Ebenso wie Theologen sich hinsichtlich der Macht Gottes nicht immer einig werden, kommen sie auch beim Verständnis von Wundern auf keinen gemeinsamen Nenner.[468] Wunder zu definieren ist besonders angesichts der Menschen aus den vielen verschiedenen religiösen Traditionen, die von je eigenen Wundererfahrungen berichten, problematisch.[469] Theologen, die sich an einer Definition versuchen, vertreten unterschiedliche Ansichten, wie das Wirken Gottes in Beziehung zum freien Willen der Geschöpfe, zum Handeln seiner Geschöpfe, zu weniger komplexen Entitäten und zu den gesetzesähnlichen Regelmäßigkeiten der Schöpfung gedacht werden kann. Nachvollziehbarerweise beeinflusst die Position eines Theologen zur Providenz Gottes auch sein Wunderverständnis.

Das Wunderverständnis einiger Theologen erschwert die Annahme, dass jedes Ereignis ein besonderes Handeln auf Seiten Gottes mit sich bringt. In diesen Definitionen ist ein *Wunder* ein völlig subjektives Urteil. Friedrich Schleiermacher sagt beispielsweise, dass ein Wunder „nur der religiöse Name für Begebenheit"[470] ist. Nach dieser Definition hat ein Wunder nichts mit einem außergewöhnlichen, objektiven Ereignis oder einer einzigartigen Tat Gottes zu tun.

---

[467] Dies ist ein Hauptargument in: KEENER, Craig S., Miracles. The Credibility of the New Testament Accounts (Bd. 2), Grand Rapids 2011. Vgl. dazu: ALEXANDER, Paul, Signs and Wonders. Why Pentecostalism Is the World's Fastest Growing Faith, San Francisco 2009. Vgl. ebenso: BROWN, Candy Gunther, Global Pentecostal and Charismatic Healing, Oxford 2011. Sowie: KOENIG, Harold, The Healing Power of Faith. How Belief and Prayer Can Help You Triumph over Disease, New York 1999.

[468] Für einen der besseren, präzisen Versuche, Wunder zu definieren vgl.: BASINGER, David, What Is a Miracle?, in: G. H. Twelftree (Hg.), The Cambridge Companion to Miracles, Cambridge 2011, S.19-35.

[469] Für eine Diskussion der Wunder im Christentum, Judentum und anderen religiösen Traditionen vgl.: TWELFTREE, Graham H., The Cambridge Companion to Miracles, Cambridge 2011.

[470] SCHLEIERMACHER, Friedrich, Über die Religion. Reden an die Gebildeten unter ihren Verächtern, Berlin ³1821, S.152.

Wenn wir behaupten, dass alle Wunder *völlig* vom geistigen Zustand oder Vorannahmen der jeweiligen Zeugen her zu erklären sind, dann müssen wir zahllose Wunder, die einen objektiven Unterschied in der Welt bewirken, bestreiten. Manchmal geschieht es wirklich, dass Blinde wieder sehen können. Manchmal können Menschen, die schon für tot erklärt wurden, doch noch wiederbelebt werden. Manchmal verschwindet Krebs. Manchmal laufen Lahme wieder. Deshalb brauchen alle, die selbst Wunder erlebt haben, und alle, die an die Wunderberichte der Bibel glauben, eine adäquate Erklärung für die objektive Natur des Wunderhaften in unserer Welt. Seit dem Aufkommen der modernen Naturwissenschaft definieren Theologen Wunder als Verstöße gegen die Naturgesetze. Etliche Wissenschaftler verweisen dabei auf den Philosophen David Hume als Vorreiter.[471] Auch heute noch dominieren verschiedene Varianten seiner Definition die Wunderdebatte.[472] Wunder als Verstöße gegen die Naturgesetze zu bestimmen ist allerdings aus vielen Gründen problematisch. Ich werde vier davon aufzählen.[473]

Erstens ist es schwierig, wenn nicht gar unmöglich, die Naturgesetze zu identifizieren, gegen die ein Wunder scheinbar verstößt. Man muss die Naturgesetze sehr gut kennen (was wenige zu tun scheinen), bevor man wirklich weiß, ob ein Ereignis diese Gesetze verletzt. Zweitens bezweifeln viele Wissenschaftler – obwohl nahezu jeder bestätigt, dass die Natur sich durch Regelmäßigkeiten auszeichnet – aus naturwissenschaftlichen Gründen das Konzept sogenannter »Naturgesetze«.[474] Aus diesem und anderen Gründen verwende ich die Formulierung »gesetzesähnliche Regelmäßigkeiten«, wenn ich von konsistenten Gegebenheiten in der Schöpfung spreche. Drittens glauben die, die Wundern als Verstöße gegen die Natur verstehen, üblicherweise, dass die Naturgesetze Gott transzendieren oder, dass Gott aus freien Stücken Gesetze etabliert hat, gegen die er jederzeit verstoßen kann. Wenn man die Regelmäßigkeiten der Existenz so bestimmt, tun sich unüberwindliche Hindernisse hinsichtlich der Frage nach dem Übel auf. Sofern man wie ich behauptet, dass Gottes verlässliche Liebe die Regelmäßigkeiten der Existenz erst hervorbringt, lassen sich diese Probleme vermeiden. Viertens lässt sich diese Definition von Wundern nicht mit dem Großteil der Behauptungen über Wunder aus Bibel, Geschichte und Gegenwart in Einklang bringen. Werden

---

[471] Vgl. dazu: Hume, David, Eine Untersuchung über den menschlichen Verstand, Manchester 2018, S.261.
[472] Robert A. Larmer liefert eine der härteren Kritiken von David Humes Wunderverständnis in: Larmer, Robert A., The Legitimacy of Miracle, Plymouth 2014.
[473] Vgl.: Yong, Amos, Spirit of Love. In Kapitel 4 identifiziert Yong dort ebenfalls Probleme, die aus der Vorstellung resultieren, dass Wunder Verletzungen von Naturgesetzen gleichkommen.
[474] Vgl. dazu: Harré, Rom, Laws of Nature, London 1993.

wir Zeugen eines Wunders so rufen wir wohl kaum: »Unglaublich! Wir sind gerade Zeugen eines Verstoßes gegen die Naturgesetze geworden!«

Statt Wunder als Verstöße gegen die Naturgesetze zu definieren, bringen einige Theologen eine Definition vor, die dieser ähnlich ist. Sie sagen, Wunder seien Gottes Eingreifen in die natürlichen Prozesse des Lebens. Diese Art der Wunderdefinition verlagert den Schwerpunkt von Naturgesetzen hin zu einer übernatürlichen Verursachung, die in Beziehung zum kausalen Wirken einer bestimmten Situation oder Person geschieht. Damit ist häufig die Vorstellung verbunden, dass Gott in natürliche Ursachen oder Prozesse eingreift, um ein Wunder zu vollbringen.

Das Problem dieser Wunderdefinition ist die zentrale Annahme, in die sie verwoben ist. Das Wort *eingreifen* impliziert, dass Gott außerhalb der Natur und ihrer Kausalität ansässig ist. Gott muss also erst in ein geschlossenes System natürlicher Ursachen eintreten. Diese interventionistische Sprache untergräbt zentrale christliche Überzeugungen hinsichtlich Gottes kontinuierlicher und notwendiger Kausalität in der Schöpfung. Implizit leugnet sie göttliche Allgegenwart.

Der Gott, der immer anwesend und aktiv in seiner Schöpfung ist, muss niemals intervenieren.

Wenn Gott notwendiger Grund in jeder Entität und jedem Ereignis ist, dann ist keine Entität und kein Ereignis – ob spektakulär oder banal –allein durch natürliche Ursachen oder Prozesse vollkommen erklärbar. Gläubige sollten die Allgegenwart Gottes und sein kontinuierliches kausales Wirken im Universum bekräftigen. Theologen sollten sagen, dass kein Ereignis – ob spektakulär oder banal – durch natürliche Ursachen oder Prozesse vollkommen erklärbar ist. Gläubige Menschen brauchen metaphysische Theorien, um zu einer vollständigen Erklärung vorzudringen. Geschöpfliche Ursachen alleine erklären einen Vorfall nie hinlänglich.

Gelegentlich bezeichnen Theologen die göttliche Intervention bei Wundern als »übernatürliches Handeln«. Der Begriff übernatürlich kann verschiedene Bedeutungen haben. Er kann schlicht bedeuten, dass Gott handelt. Er kann auch zur Beschreibung von Taten anderer Geistwesen dienen. Manche verwenden das Wort bloß um zu sagen, dass sie sich einen bestimmten Vorfall nicht auf natürliche Weise erklären können. Er wird zum Ersatzbegriff für das *Mysterium*.

Wenn man behauptet, dass sich durch Gottes übernatürliches Handeln ein Wunder ereignet, sind allerdings viele von uns geneigt zu glauben, dass Gott ein Ereignis oder Ergebnis völlig kontrolliert hat, indem er sämtliche natürlichen Ursachen beiseiteschiebt, umschifft oder übermächtigt. Mit anderen Worten: Gläubige könnten über und *natürlich* leicht so auslegen, dass Gott den natürlichen Lauf der Dinge oder geschöpfliche Ursachen völlig außer Kraft setzt – ja sogar Zwang auf sie ausübt. Manchmal wird auch das Verb *eingreifen* verwendet, wenn man behaupten will, dass Gott Personen oder Situationen völlig kontrolliert, um ein Wunder zu wirken. So definiert beinhalten Wunder das eigenmächtige, determinierende Handeln Gottes. Das scheint auch das zu sein, was Phillip Johnson meint, wenn er Wunder als „willkürliche Brüche in der Kette materieller Ursachen und Wirkungen"[475] definiert. Nach dieser Definition erfordern Wunder die Kontrolle Gottes.[476]

Ich habe nun schon einige Male das Problem erörtert, das daraus erwächst, wenn man behauptet, Gott könne andere Menschen oder Situationen völlig kontrollieren. Ein Gott, der übernatürlich eingreift, Zwang ausübt oder Naturprozesse manipuliert, um Wunder zu wirken, wäre moralisch verantwortlich dafür, diese Art Zwang oder Manipulation nicht einzusetzen, um genuine Übel zu verhindern. Das Problem selektiven Wunderhandelns wird hier dringlich. So hätte der Gott, der auf diese Weise kontrollieren könnte, sämtliches genuines Übel aus dem ersten Kapitel mithilfe eines Wunders verhindern sollen.

WUNDER DEFINIEREN

Aus verschiedenen Gründen ist keine der bisher von mir benannten Wunderdefinitionen zufriedenstellend. Anstatt Wunder völlig im Verstand des Beobachters anzusiedeln, verstehe ich Wunder als objektive Ereignisse in der Welt. Anstatt Wunder als Verstöße gegen Naturgesetze oder als göttliche Interventionen zu definieren, denke ich, dass Gott schon in der gesamten Schöpfung gegenwärtig und wirkmächtig ist. Anstatt zu glauben, dass Wunder einer Art übernatürlicher Kontrolle bedürfen, bin ich der Überzeugung, dass Wunder mittels der nichts und niemanden kontrollierenden Liebe Gottes in Beziehung zum Universum und seinen Geschöpfen geschehen.

Anstelle der Definitionen, die wir bisher behandelt haben, schlage ich die folgende Wunderdefinition vor: Ein Wunder ist ein außergewöhnliches und gutes Ereignis, das durch Gottes besonderes Wirken in der Beziehung zu seiner Schöpfung geschieht. Diese Definition besitzt drei wesentliche Elemente. Wunder …

---

[475] JOHNSON, Phillip E., Reason in the Balance. The Case Against Naturalism in Science, Law & Education, Downers Grove IL 1998, S.46.
[476] Eines der besseren Argumente gegen die Vorstellung, dass Wunder göttlichen Zwang erforderten, kann gefunden werden bei: GRIFFIN, David R., Religion and Scientific Naturalism. Overcoming the Conflicts, Albany 2000.

1. sind außergewöhnliche Ereignisse.
2. sind gute Ereignisse.
3. beinhalten Gottes besonderes Wirken in Beziehung zu seiner Schöpfung.

Um für Klarheit hinsichtlich meiner Definition zu sorgen, werde ich nun die einzelnen Elemente näher untersuchen. In diesem Abschnitt sollen die beiden ersten Elemente behandelt werden und im nächsten das besondere Wirken Gottes.

Manche Menschen halten das ganze Leben und jedes Ereignis für ein Wunder. Aus verschiedenen Gründen ist dies allerdings nicht die Art und Weise wie Gläubige normalerweise Wundern verstehen. Es ist nicht so wie die biblischen Schriftsteller und die meisten Christen in der Geschichte des Christentums Zeichen, Mirakel und Wunder beschrieben haben. Während Christen typischerweise glauben, dass Gott auf liebende Weise in der ganzen Schöpfung gegenwärtig und der Grund ihrer Existenz ist, reservieren sie den *Wunder*begriff für besondere Ereignisse.

Die Zeichen und Wunder, von denen wir aus Bibel oder Geschichte erfahren oder die, denen wir heute begegnen, erhalten zum Teil deshalb unsere Aufmerksamkeit, weil uns staunen lassen.[477] Sie sind ungewöhnlich oder außergewöhnlich. Nach Augustinus ist ein Wunder ein schwer fassbares oder ungewohntes Ereignis, dass „über die Hoffnung oder Fähigkeit des erstaunten Zeugen hinausgeht"[478]. Auch wenn sie ihr gesamtes Leben als heiliges Geschenk betrachten, so reservieren Gläubige den Wunderbegriff meist für Ereignisse, die die üblichen Erwartungen übersteigen.

Ereignisse außerhalb des Gewöhnlichen gewinnen unsere Aufmerksamkeit auf eine Art und Weise, wie es gewöhnliche und banale Geschehnisse nicht tun. Wunder erfüllen uns mit Ehrfurcht oder Erstaunen. Sie lassen uns ehrfürchtig erschaudern oder auch ekstatische Jubelrufe ausstoßen. Sie bringen uns dazu in stiller Anbetung niederzuknien. Wie auch immer unsere Reaktion ausfallen mag, Wunder verweisen darauf, dass etwas Außergewöhnliches geschehen ist.

Wenn Gläubige Gottes Wirken in einem Ereignis vermuten, glauben sie nicht automatisch, dass dieses Ereignis außergewöhnlich ist. Manchmal erwarten wir wundervolle Begebenheiten. Wenn wir angesichts solcher Begebenheiten nicht wirklich erstaunt sind, behaupten wir normalerweise nicht, dass wir ein Wunder erlebt haben. Andere werden dasselbe Ereignis erleben und es *nicht*

---

[477] Eine der besseren Quellen, die zeitgenössische Wunder dokumentieren, ist: KEENER, Miracles.

[478] AUGUSTINUS, Aurelius, Nutzen des Glaubens. Die zwei Seelen, Paderborn 1966, S.85.

erwarten. Menschen, die ein solches Ereignis nicht erwarten, bezeichnen dieses Ereignis mit einer sehr viel größeren Wahrscheinlichkeit als Wunder.

Ich danke Gott häufig dafür, dass er unseren Ärzten dabei hilft, die richtigen Medikamente zu verabreichen oder medizinische Eingriffe durchzuführen, die uns gesund machen und so eine Heilung bewirken. »Dank sei Gott!«, sage ich dann. Jedoch nenne ich solche Heilungen selten Wunder, weil ich eigentlich erwarte, dass Gott durch gut ausgebildete Ärzte und bewährte Medikamente wirkt. Solche Heilungen sind in dem Teil der Welt, in dem ich lebe, nichts Außergewöhnliches. Ich glaube, dass Angestellte im Gesundheitswesen oft mit der Liebe Gottes in der Welt kooperieren.

Jemand, der nicht mit den Errungenschaften der modernen Medizin vertraut ist, könnte dieselben Ereignisse jedoch als Wunder bezeichnen. Unter diesen Umständen sind sie außergewöhnlich. Eine Ureinwohnerin im Dschungel des Amazonas könnte eine solch rasche Erholung nicht erwarten, wenn sie zum ersten Mal mit der modernen Medizin und Ärzten in Berührung kommt. Ihre Verwunderung über die Heilung erfüllt sie mit Erstaunen und sie könnte behaupten, ein Wunder gesehen zu haben. Der Unterschied, der hier zwischen der Gläubigen aus dem Amazonas und mir besteht, liegt in unserer Vorstellung von außergewöhnlichen Ereignissen begründet.

Wunder sind außergewöhnliche Ereignisse.

Einige außergewöhnliche Ereignisse mögen uns angesichts der Macht, die sie demonstrieren, beeindrucken, sind aber weder positiv noch liebevoll oder gut. Solche Ereignisse verursachen Schmerz, Zerstörung oder Übel. Ich denke hier zum Beispiel an Plagen und Holocausts. Die Zerstörungskraft militärischer Waffen kann erstaunlich und außergewöhnlich sein. Zugleich sind solche Waffen jedoch scheußlich und brutal. Mächtig ist nicht gleich wunderhaft. Tatsächlich berichten auch die biblischen Schriftsteller, dass nicht alle Machttaten vom liebenden Gott stammen (vgl. Mt 24,24; 2 Thess 2,9).

Sofern wir nicht zu denen gehören, die Gott als Alleinursache aller Ereignisse verstehen, ist es unwahrscheinlich, dass wir jedes überwältigende, mächtige oder erstaunliche Ereignis ein Wunder nennen. Jesus, der größte Wundertäter für Christen, sagt selbst, dass nicht Macht, sondern das Gute mehr als alles andere geschätzt werden sollte (vgl. Lk 10,20). Folglich sollten wir den Begriff *Wunder* für außergewöhnliche Ereignisse reservieren, egal ob mächtig oder nicht, von denen wir glauben, dass sie das Wohlergehen auf irgendeine Weise fördern. Wunder sind *heilsam.*[479]

---

[479] Wissenschaftliche Forschung, die die Verbindung zwischen Liebe, Gebet und Wundern untersucht, besonders innerhalb der pfingstlichen und charismatischen Traditionen, ist besonders

Wir sind uns selbstverständlich nicht immer einig, ob ein außergewöhnliches oder unerwartetes Ereignis wahrhaft gut ist. Der überraschende Sommerregen könnte verwelkendes Getreide vor dem Vertrocknen bewahren. So könnte ihn der Bauer als Wunder bezeichnen. Diejenigen, die im nahegelegenen Pool schwimmen, könnten den unerwarteten Regen dagegen als Ärgernis betrachten. Das Wort *Wunder* würde ihnen wohl kaum in den Sinn kommen. Diese Differenz hat ihren Ursprung in den jeweiligen Werturteilen, die wir über das erstaunliche Ereignis fällen. Diese Szenarien zeigen uns, dass unsere Werturteile darüber bestimmen, ob wir etwas als Wunder betrachten oder nicht.

Wir müssen uns jedoch nicht auf ein Urteil einigen, nur um glauben zu können, dass einige Ereignisse in unserem Leben unser Wohlergehen fördern und andere nicht.[480]

Wunder sind also Ereignisse, die wir als gut bewerten.

DAS WIRKEN GOTTES IN BEZIEHUNG ZUR SCHÖPFUNG

Abgesehen davon, dass Wunder außergewöhnliche und gute Ereignisse sind, zeichnen sie sich durch ein besonderes Wirken Gottes aus. Wesentliche Kenosis behauptet jedoch, dass ein solches besonderes Wirken nie mit der totalen Kontrolle Gottes einhergeht. Vielmehr setzt sie voraus, dass Gott der Schöpfung Freiheit, Wirkmacht oder Selbstorganisation niemals entzieht, außer Kraft setzt oder nicht gewährt. Ein besonderes Wirken Gottes bedeutet nicht, dass er die gesetzesähnlichen Regelmäßigkeiten der Existenz manipuliert oder in Prozesse eingreift, die aus seiner verlässlichen, existenzschenkenden Liebe für die ganze Schöpfung stammen. Ich verwende den Ausdruck des besonderen Wirkens Gottes nicht, um ein übernatürliches Eingreifen in dem Sinne, dass Gott die Natur verdrängt, anzudeuten.

---

faszinierend. Siehe die Ergebnisse des Flame of Love Projekts, bei dem Matthew T. Lee, Margaret M. Poloma und Stephen G. Post mitwirkten. Vgl. dazu: LEE, Matthew T./ Poloma, Margaret M./ Post, Stephen G. (Hg.), The Heart of Religion. Spiritual Empowerment, Benevolence, and the Experience of God's Love, Oxford 2013. Vgl. ebenso: LEE, Matthew T./ Yong, Amos (Hg.), The Science and Theology of Godly Love, DeKalb 2012. Sowie: BROWN, Testing Prayer.

[480] Nichtgläubige identifizieren außergewöhnliche und gute Ereignisse selten bis nie als wunderhaft. Die Ablehnung von Wundern durch Atheisten stammt aus ihrer vorherigen Anerkennung des Atheismus. Gelegentlich erfahren jedoch selbst ernannte Atheisten Wunder auf dieselbe Weise wie Gläubige es tun. Wenn Atheisten das tun, dann erkennen sie auf unbewusste oder intuitive Weise die Existenz Gottes an, obwohl sie diese eigentlich verleugnen. Ich habe den Verdacht, dass Geschichten, die davon erzählen, wie ein Wunder einen Atheisten zu einem Theisten machten, Schilderungen sind, in denen selbsternannte Nichtgläubige bereits unbewusst zum Glauben an Gott neigten.

Meiner Überzeugung nach ereignet sich ein besonderes Wirken Gottes, das Wunder ermöglicht, wenn Gott seinen Geschöpfen neue Möglichkeiten, Formen, Strukturen oder Lebeweisen eröffnet.[481] Diese Gaben können spektakuläre oder außergewöhnliche Existenzweisen hervorbringen, wenn sie von seinen Geschöpfen aufgenommen oder realisiert werden. Die verschiedenen Handlungsmöglichkeiten seiner Geschöpfe und die Situationen, die sich ergeben können, sind Perspektiven, die Gott für neue und manchmal auch ehrfurchtgebietende Lebensweisen der Welt schenkt. Besonderes göttliches Wirken heißt, dass Gott neue Existenzformen gewährt, denen seine Geschöpfe oder seine Schöpfung entsprechen können.

Wunder sind möglich, wenn Gott gute und außergewöhnliche Formen der Existenz ermöglicht.

Diese von Gott geschenkten neuartigen Möglichkeiten und die neuen Lebensweisen sind maßgeschneidert für die jeweilige Situation oder das Geschöpf. Gott berücksichtigt dabei alle relevanten vergangenen Handlungen seiner Geschöpfe und die Handlungsmöglichkeiten für die Zukunft. Er berücksichtigt auch die vergangenen Handlungen anderer Geschöpfe und Einheiten, die für die jeweilige Person oder den jeweiligen Ort eine Rolle spielen. Gott berücksichtigt die Vergangenheit und die Gegenwart und lädt so auf liebende Weise seine Geschöpfe und die Schöpfung ein, mit ihm zu kooperieren und eine Zukunft zu schaffen, in der das Wohlergehen auf erstaunliche und positive Weise verwirklicht werden kann. Wunder geschehen, wenn Geschöpfe dieses besondere Wirken Gottes bejahend annehmen.

Gottes sich selbst schenkende Liebe verwirklicht sich in unterschiedlichen Formen. Diese Formen ermöglichen Erlösung, Befreiung von Unterdrückung, neue Anfänge, Heilungen, Lebenswandel, Auferweckungen, Exorzismen, Rettungen und noch vieles mehr. Wenn der Kontext es zulässt, werden neue Formen der Existenz, neue Handlungsmöglichkeiten oder neue Wege für Veränderung zur Grundlage für ein neues Ereignis in Beziehung zur Schöpfung. Manchmal will Gott das Wohlergehen durch unterschiedliche Formen und verschiedene Dimensionen verwirklichen.

Weil Gott die gesamte Schöpfung verlässlich liebt, ist es ihm nicht möglich, Existenzformen hervorzubringen, die lieblos sind. Gottes verlässliche Liebe kann die Schöpfung aber nicht zwingen, verschiedene Lebensweisen

---

[481] Dies kann philosophisch auf die verschiedensten Weisen erörtert werden angefangen bei der Aristotelischen formalen Verursachung bis hin zu Vorstellungen von ewigen Objekten in der Tradition Whiteheads. In meinen Augen fällt eine solche Verursachung mit Gottes effizienter Verursachung bezüglich seiner Geschöpfe oder des jeweiligen Kontextes zusammen. Formale Verursachung hängt von effizienter Verursachung ab, obwohl sich die beiden unterscheiden.

oder auch dramatische Veränderungen anzunehmen. Trotz dieser Begrenzung können die Möglichkeiten, die Gott der Schöpfung anbietet, in uns Staunen und Freude auslösen. Auf ganz unterschiedliche und unsere Erwartungen übertreffende Weise, können sie außergewöhnlich und gut sein.

Weil Wunder durch Gottes besondere aber zugleich nichts und niemanden zwingende Liebe geschehen, spielt die Schöpfung bei wunderhaften Begebenheiten eine notwendige Rolle. Dies ist ein wesentlicher Aspekt des dritten Elementes meiner Wunderdefinition: Wunder ereignen sich stets in Beziehung zur Schöpfung. Gottes sich selbst schenkende Liebe lädt seine Geschöpfe zur Mitwirkung bei außergewöhnlich erstaunlichen Handlungen, die das Wohlergehen der Gesamtheit fördern, ein. Aus diesem Grund sind Wunder weder durch Zwang verursachte Interventionen, noch Resultat bloß natürlicher Ursachen. Wunder geschehen, wenn Geschöpfe, Organismen oder Einheiten von verschiedener Größe und Komplexität mit Gottes initiierender und ermächtigender Liebe kooperieren.

Wenn Geschöpfe mit ihrem Schöpfer zusammenarbeiten, dann kann *Shalom* auf außergewöhnliche Weise verwirklicht werden.

Mit diesem Verständnis vom besonderen Wirken Gottes und der notwendigen Rolle der geschöpflichen Kooperation wenden wir uns nun der Untersuchung biblisch bezeugter Wunder und Wundern aus der Geschichte zu. Leider berufen viele Gläubige sich auf ein kontrollierendes Wirken Gottes, wenn sie Wunder erklären.[482] Anstatt Liebe, die nicht kontrolliert, als vorrangigste Eigenschaft Gottes zu denken, glauben viele, dass Gott andere völlig kontrolliert oder die Naturgesetzte manipuliert, um Wunder zu wirken.

Angesichts der Popularität dieser Vorstellung vom kontrollierenden Gott könnte es viele überraschen wie biblische Autoren in ihren Wunderberichten tatsächlich göttliches Wirken beschreiben. Interpretative Annahmen setzen sich bedauerlicherweise häufig über das Schriftzeugnis hinweg. Viele Gläubige werden die nun folgende Aussage schockierend finden. Ich denke jedoch, dass sie stimmt: Die Bibel unterstützt nirgends explizit die Vorstellung, dass Wunder der Kontrolle Gottes bedürfen.

Ich kenne kein biblisches Wunder oder irgendeines, das Gläubige in der Geschichte erlebt haben, bei dem Gott Zwang ausüben musste. Wie ich bereits an anderer Stelle erklärt habe, unterstützt kein biblischer Text ausdrücklich göttlichen Zwang – eingeschlossen jener Texte, die von der Erschaffung

---

[482] Für eine allgemeine Diskussion der biblischen Gründe für die Ablehnung der Kontrolle durch Gott vgl.: FRETHEIM, Terence E., About the Bible. Short Answers to Big Questions, Minneapolis ²2009, S.93-98.

der Welt,[483] der Inkarnation Jesu,[484] Gottes Auferweckung Jesu von den Toten,[485] von der endgültigen Bestimmung der Schöpfung (Eschaton)[486] und allen Ereignissen dazwischen sprechen.[487]

Der biblische Gott ist wirkmächtig, einflussreich und mächtig. Die Bibel
bezeugt jedoch auch, dass Gott stets durch seine sich selbst schenkende, andere ermächtigende und bestärkende Liebe wirkt.

Biblische Schriftsteller beschreiben Gott als letzte Quelle der Wunder.
Die Zeichen und Wunder, die in der heiligen Schrift erfasst sind, beschreiben
außergewöhnliche und gute Ereignisse. Oft bezeichnen die biblischen Autoren Gott ausdrücklich als Ursprung dieser Ereignisse. Angesichts des treuen
und beständigen Wirkens Gottes, der seine Geschöpfe erschafft und erhält,

---

[483] Eine große Zahl von Bibelwissenschaftlern erläutert, dass Genesis 1 und andere biblische
Schöpfungsnarrative stets Gottes Schaffen in Beziehung zu etwas beschreiben (Chaos, Wasser, Tiefe, etc.). Kein biblischer Text spricht davon, dass Gott wortwörtlich aus Nichts schafft.
Diejenigen, die die *creatio ex nihilo* vertreten, sollten allerdings anerkennen, dass Gott nicht
gezwungen hätte, wenn er aus Nichts erschuf. Wenn *creatio ex nihilo* wahr ist, dann hätte nichts
anfänglich existiert, das Gott hätte zwingen können als er zuerst das Universum schuf. Vgl.
dazu meine Untersuchungen dieser Thematiken in: OORD, God Always Creates out of Creation
in Love.

[484] Die Vorstellung Jesu vom heiligen Geist ergab sich in der Beziehung zu Maria. Die Schrift
berichtet, dass Maria mit Gottes Plänen zur Inkarnation kooperierte („mir geschehe, wie du es
gesagt hast" Lk 1,38).

[485] Ich plädiere für eine nicht erzwungene Auferstehung, weil Jesu Körper und Geist mit Gottes
auferweckendem Handeln kooperieren. Vgl. dazu meine Argumente in: OORD, The Nature of
Love, S.147-152.

[486] Obwohl einige biblische Darstellungen des Eschatons dramatisch, gewaltvoll und spektakulär
sind, gehört zu keiner einzigen eine Art göttlichen Zwangs in dem Sinne, dass Gott die Geschöpfe oder die Schöpfung völlig kontrolliert. Wenn Gottes Wirken im Eschaton auch liebend
ist, dann gibt es gute Gründe anzunehmen, dass die Erlösung aller Dinge auch keinen göttlichen
Zwang beinhalten wird. Vgl.: Ebd., S.152-157.

[487] Die Bibelstelle, die göttlichem Zwang am nächsten kommt, ist ein Verweis auf Gott, der das
Herz des Pharaos verhärtet. Nun ist es nicht nur so, dass es andere Verse in dieser Erzählung gibt,
die davon sprechen, dass der Pharao selbst sein eigenes Herz verhärtet hat, sondern der entschei-
dendere Punkt ist eigentlich, dass die meisten Übersetzer einfach göttlichen Zwang unterstellten,
indem sie Begriffe wie »verhärtete« verwendeten, um Gottes Wirken im Verhältnis zum Pharao
zu beschreiben. Bibelwissenschaftler Terence Fretheim spricht auch von Verhärten, sagt aber,
dass „ein Akt der Verhärtung jemanden nicht vollkommen oder permanent gleichgültig gegenüber äußeren Einflüssen macht; es schaltet das Herz nicht ein und aus wie einen Wasserhahn"
(FRETHEIM, Terence E., Exodus, S.97). Außerdem, so Fretheim, hätte „das göttliche Verhärten
nicht die Macht des Pharaos, Entscheidungen zu treffen, außer Kraft gesetzt" (Ebd., S.99). Darüber hinaus finden wir sowohl jahwistische als auch priesterschriftliche Erzählstränge im Text.
Beide Stränge stellen die Härte im Herzen des Pharaos als eine eigene negative Reaktion auf die
Zeichen Gottes dar. Beide betonen Gottes Triumph über ägyptische Gottheiten. Brevard Childs
resümiert, dass Motiv vom verhärteten Herzen im Exodus „konsequent überinterpretiert wurde,
indem man annahm, dass es der tiefgreifenden theologischen Reflexion entstamme und man es
als Problem des freien Willens und der Prädestination ansah" (CHILDS, Brevard S., The Book of
Exodus. A Critical, Theological Commentary, Louisville KY 2004, S.174).

werden Wunder für besondere Ereignisse gehalten. Anders als die Magie[488] bestätigen Wunder typischerweise eine Botschaft, legitimieren den Dienst einer Person oder überbringen eine Lehre, während sie das Wohlergehen auf irgendeine erstaunliche Weise fördern.[489]

Sehr oft sprechen biblische Autoren explizit davon, dass Geschöpfe oder die Schöpfung eine Rolle beim Auftreten (oder Ausbleiben) von Wundern spielen. Diese Berichte stützen so das Wunderverständnis der wesentlichen Kenosis, das davon ausgeht, dass Wunder ohne göttlichen Zwang geschehen. Tatsächlich bekunden die meisten biblischen Wundergeschichten ausdrücklich, dass Geschöpfe eine wesentliche Rolle in der Wunderhandlung spielten. Wunder beinhalten das Mitwirken der Geschöpfe, weil Gott auf besondere, aber nicht kontrollierende Weise handelt, wenn er mit der Schöpfung in Beziehung tritt.

Heilungen sind die offenkundigsten Beispiele für Wunder, die geschöpfliches Mitwirken beinhalten, und sie sind gleichzeitig die Wundergattung, die am häufigsten in der Bibel vorkommt.[490] Biblische Autoren behaupten immer wieder, dass der Glaube der Geschöpfe notwendig für Heilungswunder ist. So sagt Jesus einer blutflüssigen Frau, die sich an ihn wendet: „Meine Tochter, dein Glaube hat dich gerettet. Geh in Frieden! Du sollst von deinem Leiden geheilt sein" (Mk 5,34). Zu dem blinden Bettler, der Heilung erbittet, spricht Jesus: „Geh! Dein Glaube hat dich gerettet" (Mk 10,52). Zehn Aussätzige kooperieren mit den Anweisungen Jesu, um sich den Priestern zu zeigen. Jesus erklärt demjenigen, der zurückkehrt, um seinen Dank auszudrücken: „Dein Glaube hat dich gerettet" (Lk 17,19).

In diesen und vielen weiteren Beispielen trägt derjenige, der geheilt oder dem geholfen wird, in irgendeiner Weise zum wunderhaften Geschehen bei. Zahlreiche Wunder scheinen psychosomatische und sogar psychosoziale Elemente zu beinhalten. Das stützt wiederum die These, dass kooperativer Glaube als eine Art Katalysator für die Heilung wirkt. Gefühle, Erwartungen, die Besinnung auf sich selbst oder der allgemeine Geisteszustand können körperliche Wesen beeinflussen. Geist beeinflusst Materie; das Geistige und das Leibliche sind wechselseitig kausal miteinander verwoben.

---

[488] Magie fördert nicht das Wohlergehen und wird nicht mit besonderem göttlichen Handeln in Verbindung gebracht. Vgl.: Jes 47,12; Apg 8,9-13.19.

[489] Vgl. dazu: TWELFTREE, Graham H., Jesus the Miracle Worker. A Historical and Theological Study, Downers Grove IL 1999.

[490] Vgl. dazu: Mt 8,1-13; Mt 9,1-7; Mk 2,1-12; Mk 5,30-36; Mk 9,14-26; Mk 10,46-52; Lk 5,17-25; Lk 7,1-10; Lk 8,26-39.40-56; Lk 17,11-19. Lk 18,35-43; Joh 4,43-53; Joh 11,32-44.

Gelegentlich ereignen sich Heilungswunder sogar aufgrund des Glaubens der Menschen und nicht aufgrund des Glaubens desjenigen, der geheilt wird. Jesus heilt beispielsweise einen Lahmen wegen des Glaubens seiner Freunde. Als Jesus den Glauben der Freunde sieht, die den Lahmen durch ein Dach herablassen, heilt Jesus den Mann und macht den Glauben seiner Freunde für das Wunder verantwortlich (vgl. Mk 2,1-12). Dem römischen Zenturio, der Jesus um die Heilung seines Dieners bittet, sagt Jesus: „Es soll dir geschehen, wie du geglaubt hast" (Mt 8,5-13). Der Apostel Paulus erhielt teilweise dank des kooperativen Glaubens des Hananias sein Augenlicht wieder (vgl. Apg 9,10-19).

Diese Erzählungen weisen darauf hin, dass eine Vielfalt geschöpflicher Faktoren und Handelnder eine tragende Rolle bei Wundern spielen.

Ein überzeugendes Argument, das das Wunderverständnis der wesentlichen Kenosis stützt, ergibt sich aus biblischen Erzählungen, in denen Heilungen nicht geschehen, weil Geschöpfe nicht kooperieren. Einige davon sagen, dass Unglauben – eine offensichtliche Form der Verweigerung einer Zusammenarbeit mit Gott – Heilungswunder verhindert.[491] Als Jesus in seine Heimatstadt zurückkehrt, respektieren und schätzen ihn die Menschen dort nicht. Markus berichtet: Jesus „konnte dort keine Machttat tun" (Mt 6,5) und „wunderte sich über ihren Unglauben" (Mt 6,6). Es ist auffällig, dass Markus hier davon spricht, dass Wunder *nicht* getan werden *konnten;* er sagt nicht, dass Jesus sich freiwillig dazu entscheidet, keine Wunder zu wirken (vgl. Mk 6,5f). Dies scheint auch die Bedeutung der Warnungen Jesu über die verfluchte Generation und deren Zeichenforderungen sein. In ihrer Bosheit verweigern sie die Zusammenarbeit und das versperrt ihnen den Zugang zum Wunderwirken Gottes in der Welt (vgl. Mt 12,39; 16,4; Lk 11,29).

In einem spektakulären Wunder aus dem Neuen Testament spielen sowohl unbelebte Dinge als auch der Glauben Einzelner eine Rolle. Die Jünger Jesu befinden sich in einem Boot. Um zu ihnen zu kommen, geht Jesus auf wundersame Weise auf dem Wasser. Petrus will Jesus auf diesem Gang begleiten. Als Jesus ihn dazu einlädt, macht Petrus sozusagen einen Schritt aus Glauben. Einen kurzen Moment lang geht er auf dem Wasser. Dann scheint jedoch Petrus' Glaube schwächer zu werden, seine Angst wächst und er geht unter (vgl. Mt 14,22-33).

Die Geschichte impliziert, dass Jesu Wirken nicht dafür verantwortlich war, dass die Wassermoleküle sich verdichteten, um Petrus an der

---

[491] Vgl. dazu: Mt 13,58; Mt 17,20f; Mk 6,5-6; Mt 9,29; Lk 9,41.

Wasseroberfläche zu halten. Wenn dieses Wunder Jesu Fähigkeit Wassermoleküle zu verdichten betroffen hätte, dann hätten die Moleküle Petrus trotz seines Mangels an Glauben auf dem Wasser halten müssen. Aber es waren der anfängliche Glaube und der sich daran anschließende Glaubensmangel Petri, die als entscheidende Faktoren in diesem Wunder wirkten. Damit bestätigt die Erzählung die These wesentlicher Kenosis, dass geschöpfliche Kooperation eine notwendige Rolle im Wunderwirken spielt, auch wenn sie keine erschöpfende Erklärung für solche Naturwunder bietet. Ich werde nun kurz auf Naturwunder eingehen.

Auf den letzten Seiten hab ich mich mit den Wundern Jesu beschäftigt, die im Neuen Testament belegt sind, weil er der wohl der bedeutendste Wundertäter ist, der in der Bibel vorkommt. Jedoch berichten die biblischen Schriftsteller auch von anderen Wundern, die nicht von Jesus vollbracht werden. Wir finden Berichte in der Apostelgeschichte und auch in der Briefliteratur des Neuen Testaments. Petrus und Paulus wirken beispielsweise Wunder.

Auch das Alte Testament bezeugt solche erstaunlichen und unerwarteten Ereignisse, die dem Wirken Gottes zugeschrieben werden. Elija, Elischa und Moses vollbringen Wunder. Diese göttlich initiierten und besonderen Handlungen spielen oft beim Beglaubigen guter Nachrichten einer Botschaft oder der Legitimierung eines Botschafters eine Rolle.

Die häufigsten Wunder in der Bibel sind Lebenswandel, Heilungen und Exorzismen verschiedener Art.

Diese sind zudem die heute und durch die Geschichte hindurch am häufigsten bezeugten Wunder. Diese Wunder zu erklären ist für jede Theorie, die davon ausgeht, dass Gott wunderhaft, aber nicht zwanghaft wirkt, von großer Bedeutung. Meine Theorie der wesentlichen Kenosis erklärt sie, indem sie die geschöpfliche Kooperation betont, die für jedes Wunder erforderlich ist. Und sie sagt, dass Gottes besonderes Wirken sich stets durch Liebe auszeichnet, die andere und anderes nicht kontrolliert.

Von allen Wundern das größte ist die Erlösung, die Gott uns schenkt, wenn er uns von der Sünde befreit. An allererster Stelle stehen hier das Handeln Gottes und seine Zusage der Erlösung. Wenn wir bejahend auf diese Initiative Gottes antworten, dürfen wir Erlösung erfahren. Angesichts der tiefen Verwurzelung der Sünde in unserem Leben ist eine solche wundersame Erlösung außergewöhnlich und gut; sie bedarf des anfänglichen, besonderen Wirkens Gottes. Das Modell wesentlicher Kenosis betont Gottes ursächliches Wirken im Wunder der Erlösung.

Die nichts und niemanden zwingende Liebe Gottes schenkt uns die Möglichkeit eines Lebens in Fülle.

NATURWUNDER ERKLÄREN

Personenorientierte oder mit einem Mikroorganismus zusammenhängende Wunder lassen sich leicht mit der These wesentlicher Kenosis vereinen, dass Wunder keiner göttlichen Kontrolle bedürfen. Diese Wunder beinhalten sowohl göttliches Wirken als auch zielgerichtete, geschöpfliche Kooperation. Sie können auftreten, ohne die gesetzesähnlichen Gegebenheiten der Schöpfung zu manipulieren, weil Gott seinen unterschiedlich komplexen Geschöpfen freien Willen, Selbstorganisation, die Fähigkeit zu Handeln oder alle diese drei gegeben hat.

Viel weniger zahlreich, aber dennoch von Bedeutung sind die biblischen Wunder, in denen unbelebte Dinge und Natursysteme vorkommen. Diese weniger häufigen Ereignisse werden oft als Naturwunder bezeichnet.[492] Sie beinhalten keine Menschen, Geister, körperlichen Organe oder weniger komplexen Organismen, die zur Reaktion fähig sind. Zu Naturwundern gehören außergewöhnliche, aber gute Ereignisse, die in Beziehung zu kleinsten Entitäten und zu den gesetzesähnlichen Regelmäßigkeiten, welche die Systeme und Prozesse der Schöpfung prägen, geschehen.

Zahlreiche Bibelwissenschaftler glauben nicht daran, dass Jesus die Naturwunder in den Evangelien wirklich vollbrachte.[493] Sie sind skeptisch, weil Jesus jedes Naturwunder mit einer Lehre verbindet, während personenorientierte Wunder, wie beispielsweise Heilungen, häufig als Selbstzweck dargestellt werden. Zeitgenössische Wissenschaftler aus beiden Disziplinen, dem Alten und dem Neuen Testament, behaupten für gewöhnlich, dass Naturwundererzählungen eine erzieherische Funktion besitzen, die nicht von ihrer objektiven Verifizierbarkeit abhängt. Naturwunder verfolgen einen pädagogischen Zweck.

Ein sehr bekanntes Wunder im Neuen Testament ist beispielsweise die wundersame Speisung, bei der Menschenscharen allein durch ein paar Fische und etwas Brot satt werden. In den verschiedenen Versionen dieser Erzählung »bricht« Jesus Fisch und Brot. Seine Jünger verteilen dann den Fisch und das Brot an Tausende von Menschen. In den unterschiedlichen Varianten dieser Geschichte nutzt Jesus dieses Wunder, um seine Jünger zu belehren.

---

[492] Die Bezeichnung als »Naturwunder« ist aus verschiedenen Gründen problematisch – nicht zuletzt deshalb, weil sie implizit Menschen und andere Geschöpfe von den Prozessen, Strukturen und unbelebten Objekten der Welt trennt. Ich gebrauche diese Bezeichnung aufgrund ihrer weit verbreiten Verwendung in Literatur zu Wundererzählungen dennoch in meiner eigenen Diskussion.
[493] Vgl. dazu: BLACKBURN, Barry L., The Miracles of Jesus, in: G. H. Twelftree (Hg.), The Cambridge Companion to Miracles, Cambridge 2011, S.113-130, hier: S.119.

Die meisten Lehren erklären, dass Gott großzügig und fürsorglich ist (vgl. Mt 14,13-21; 15,29-39; Mk 6,30-44; 8,1-21; Lk 9,10-17; Joh 6,1-15).

Sollte sich dieses Naturwunder wirklich ereignet haben, so ist es wichtig zu bemerken, dass es in Beziehung zur Schöpfung stattfand: Brot, Fisch und Menschen. Die Wirkmacht der Jünger spielte eine Rolle im Wunder, weil sie das Essen verteilten. Die Empfänglichkeit der Menschen für das Wunder spielte auch eine Rolle. Die Bibel sagt uns nicht, wie der Fisch, das Brot oder andere geschöpfliche Kräfte zum Wunderwirken beigetragen haben. Deshalb lässt sich nur über die verschiedenen Ursachen spekulieren, die bei der wundersamen Brotvermehrung mit wenigen initiierenden Mittel involviert waren.

In einer anderen neutestamentlichen Erzählung wirkt Jesus ein Naturwunder trotz eines Glaubensmangels der Jünger. In diesem Wunder bändigt Jesus Wind und Wellen, während er die Jünger dafür rügt „Kleingläubige" (Mt 8,26) zu sein (vgl. auch: Mk 4,40; Lk 8,25). In diesem Wunder kommen kleinste Entitäten vor, die nicht zum Glauben fähig sind – verdichtete Wassermoleküle – keine personal Handelnden mit freiem Willen. Viel wichtiger jedoch ist, dass die Aussage, die Jesus angesichts des Glaubensmangels seiner Jünger trifft, nicht primär darauf abzielt, seine Fähigkeit, Stürme zu stillen, hervorzuheben. Die Kernaussage des Wunders ist, dass die Jünger sich nicht sorgen sollten.

Wenn Naturwunder wirklich geschehen, kann man mit relativer Sicherheit annehmen, dass geschöpfliche Mächte und Faktoren eine Rolle bei ihnen spielen. Schließlich zeichnen sich die Naturwunder, wie alle Wunder, durch Gottes besonderes Wirken in Beziehung zur Schöpfung aus. Wir haben keinen Beweis dafür, dass Gott je in einem luftleeren Raum Wunder vollbringt. Wesentliche Kenosis vermutet, dass geschöpfliche Verursachung irgendeiner Art in allen Wundern präsent ist, auch wenn die biblischen Narrative die geschöpflichen Ursachen nicht identifizieren.

Wesentliche Kenosis kann genuine Naturwunder erklären. Dabei zielt dieses Modell göttlicher Providenz nicht auf eine zielgerichtete geschöpfliche Kooperation. Schließlich ist es wenig sinnvoll zu behaupten, dass die unbelebten Dinge in Naturwundern auf Gott reagieren, zumindest nicht auf dieselbe Weise wie Menschen, Handelnde oder Organismen es tun können. Auch wenn biblische Autoren manchmal unbelebte Dinge oder Natursysteme personifizieren, (z.B. „die Steine schreien" [Lk 19,40]; „Da taten die Himmel seine Gerechtigkeit kund" [Ps 50,6]) werden die meisten Menschen es seltsam finden zu behaupten, dass unbelebte Dinge und Systeme intentional mit Gott kooperieren. Will man Naturwunder mithilfe der wesentlichen Kenosis erklären, dann braucht es eine Spekulation darüber wie Gott ohne Zwang handelt, ohne sich völlig auf die zielgerichtete, geschöpfliche Kooperation zu verlassen.

So erscheint es merkwürdig zu behaupten, dass das Rote Meer zielgerichtet mit Gott kooperierte als die Israeliten hindurchgingen, um der Armee des Pharaos zu entkommen. Weil Mengen, wie beispielsweise Wasser, wahrscheinlich keine Absichten oder freien Willen besitzen, glauben viele, dass sie sich zwischen einer gänzlich naturalistischen Erklärung der Durchquerung des Roten Meeres oder einer Erklärung, die auf übernatürlichem Zwang beruht, entscheiden müssen.

Die naturalistische Erklärung, die typischerweise gegeben wird, geht davon aus, dass heftige Winde Teile des Roten Meeres vorübergehend ausgetrocknet haben und es den Israeliten so möglich war, unversehrt hindurchzugehen. Die Winde ließen dann nach und ertränkten die Armee des Pharaos. Diese Winde haben bereits zu anderen Zeitpunkten in der Geschichte Teile des Roten Meeres ausgetrocknet, weshalb diese Erklärung plausibel scheint und ernst genommen werden sollte.[494]

Die übernatürliche Erklärung der Durchquerung des Roten Meeres sagt, dass Gott die Naturgesetze außer Kraft gesetzt oder die Wasser völlig kontrolliert haben muss, um den Weg für die fliehenden Israeliten zu bahnen und dann die Ägypter ertrinken zu lassen. Diejenigen, die denken, dass göttliche Souveränität mit Zwang einhergeht, liefern für gewöhnlich diese Erklärung. In ihren Augen ist übernatürliche Intervention zur Kontrolle der Schöpfung notwendig, um die Teilung des Wassers und den anschließenden Rückgang zum normalen Wasserstand zu erklären.

Das Problem der naturalistischen Erklärung ist nicht die Annahme, dass die Natur eine ursächliche Rolle im Wunder spielt. Das eigentliche Problem ist die Annahme, dass Gott nicht immer schon aktiv ist und kausalen Einfluss in allen Teilen und Ebenen der Natur ausübt. Sogenannte naturalistische Erklärungen setzen voraus, dass die Natur ein geschlossenes System ist, das vollkommen durch natürliche Ursachen erklärbar ist. Diese Erklärungen können nicht von einem liebenden und allgegenwärtigen Gottes ausgehen, der beständig schafft und die ganze Schöpfung als deren notweniger Grund erhält.

---

[494] „In flachen, sumpfigen Gebieten sind große Bereiche häufig vorübergehend von Flachwasser bedeckt oder durch Winde trockengelegt; so drücken fast jährlich im Frühjahr die hohen Winde des Persischen Golfs die Gewässer bei Flut ein und ziehen über die gesamte Fläche südlich von Zobeir im Irak, eine Entfernung von ungefähr fünfundzwanzig Meilen, hinweg." Keck, Leander E. (Hg.), The New Interpreter's Bible (Bd. 1: Introduction to the Pentateuch, Genesis, Exodus, Leviticus, Numbers, Deuteronomy), Nashville 1994, S.938.

Erklärungen des Wunders vom Roten Meer, die auf göttlicher Kontrolle beruhen, kommen von der impliziten Denkweise, dass Gottes Macht seiner göttlichen Liebe logischerweise vorausgeht. Diese Vorstellung ist mit dem Problem selektiven Wunderhandelns konfrontiert. Wenn Gott im Roten Meer übernatürliche Kontrolle eingesetzt hat, warum hat er diese übernatürliche Kontrolle dann nicht genutzt, um den Stein aufzuhalten, der die kanadische Frau tötete, von der wir im ersten Kapitel gehört haben? Warum hat der Gott, dem die übernatürliche Kontrolle unbelebter Dinge möglich ist, nicht die Detonation der Bomben des Boston-Marathons verhindert? Warum vollbrachte Gott durch seine übernatürliche Kontrolle kein Wunder, um die brutale Vergewaltigung Zamudas und den Mord an ihrer Familie zu verhindern? Warum gebraucht Gott seine übernatürliche Kontrolle nicht, um Verursacher genuiner Übel aufzuhalten, wenn unbelebte Dinge und Regelmäßigkeiten in der Natur primärer Grund für das Übel sind oder benutzt werden könnten, um ein Übel zu verhindern?

Weil wesentliche Kenosis die Auffassung vertritt, dass Gott die gesetzesähnlichen Regelmäßigkeiten, denen wir in unserer Welt begegnen, nicht außer Kraft setzen kann, bedient sie sich anderer Strategien, um Naturwunder zu erklären. Sie erklärt Naturwunder ohne sich auf intentionale Kooperation von kleinsten Entitäten der Schöpfung und ihren Systemen zu berufen. Und sie tut das, ohne zu behaupten, dass Gottes zeitweise die gesetzesähnlichen Regelmäßigkeiten der Schöpfung unterbricht oder kleinste Entitäten völlig kontrolliert.

Eine Strategie, die mit dem Providenzmodell wesentlicher Kenosis zu Verfügung steht, sagt, dass Gott spontane oder zufällige Ereignisse auf verschiedenen Wirklichkeitsebenen verwendet, vom Quantenlevel bis hin zu den viel komplexeren, wenn er Wunder wirkt. Während er dies tut, reagiert Gott auf die Spontaneität und Zufälligkeit auf den verschiedenen Ebenen der geschöpflichen Komplexität, indem er seine Geschöpfe dazu aufruft, auf gute und überraschende Weise zu antworten. Gott gebraucht geschöpfliche Zufälligkeit und Spontaneität, wenn er auf besondere Weise handelt, um neuartige Lebensformen und Lebensweisen zu schaffen.

Bei diesem Wunderwirken verdrängt die verlässliche Liebe Gottes nicht die gesetzesähnlichen Regelmäßigkeiten der Natur und er kontrolliert nicht. Aber er koordiniert geschöpfliche Elemente auf Wege, die unerwartete und gute Ergebnisse hervorbringen. Diese Koordination ist möglich, weil Gott allgegenwärtig ist und erschöpfend alles weiß, bereits geschehen ist und was sich gerade ereignet.

Diese Strategie ermöglicht es Gott selbstverständlich nicht, einfach alles zu tun. Es gibt Grenzen für das, was ein notwendigerweise liebender Gott zu tun imstande ist, auch wenn er Lebensformen und Handlungsmöglichkeiten anbietet und spontane Ereignisse koordiniert. Diese Begrenzungen rühren aus Gottes sich selbst schenkender, andere ermächtigender Liebe für die gesamte Schöpfung. Die Liebe Gottes schenkt anderen Einheiten notwendigerweise ihr Dasein. Gott kann diese Gabe, die er notwendigerweise schenkt, nicht einfach zurücknehmen. Wenn jedoch zufällige und spontane Ereignisse auftreten und die Bedingungen es zulassen, dann kann Gott auf besondere Weise handeln, um Formen und Möglichkeiten in Beziehung zur Schöpfung anzubieten, die Wunder zur Folge haben.

Eine weitere Strategie, die durch die wesentliche Kenosis erklärbar ist, besteht darin, dass Gott zielgerichtet Handelnden neuartige Möglichkeiten bietet und seine Geschöpfe aufruft, auf diese so zu reagieren, dass in der Folge unbelebte Dinge und Natursysteme beeinflusst werden. Den Rahmen für diese Strategie haben wir bereits im zweiten Kapitel kennengelernt, als wir die Chaostheorie und den Schmetterlingseffekt untersuchten. Die Handlung eines Lebewesens an einem Ort kann der erste Dominostein in einer Kette von Ursache-und-Wirkungs-Sequenzen sein, die viel größere Systeme, Mengen oder die Schöpfung an einem anderen Ort beeinflussen.

Die Handlung Mose, die Wanderung der Kinder Israels, die Armee des Pharaos oder andere Ereignisse können eine Kette von Einzelabläufen ausgelöst haben, die unbelebte Dinge, Einheiten und Natursysteme beeinflussten. Genauso wie zielgerichtete menschliche Handlungen heute Wettermuster beeinflussen (z.B. Forschung zum Klimawandel, Folgen von Migration, die Auswirkungen der Landwirtschaft auf Ökosysteme), könnten auch Handlungen vor langer Zeit durch eine Art Kettenreaktion der Katalysator für Naturwunder sein. Die Einzelheiten eines solchen Vorgangs zu untersuchen, könnte möglich werden, wenn die Chaostheorie besser erforscht ist.

Eine dritte Strategie, Naturwunder zu erklären und gleichzeitig göttlichen Zwang abzulehnen, nimmt Gottes Ruf an freie Handelnde in den Blick. Er tut dies, um sie anzuhalten, auf verschiedene Weisen zu handeln, die dem entsprechen, von dem Gott vorherweiß, dass es sich mit großer Wahrscheinlichkeit unter Natursystemen oder unbelebten Dingen ereignen wird. Wenn man beispielsweise den Fall von Mose und dem Roten Meer betrachtet, so könnte es sein, dass Gott mit großer Wahrscheinlichkeit vorherweiß, dass die Winde das Wasser wegdrücken, den Boden austrocknen und so ein Passieren ermöglichen. Wir können Wetterphänomene mit relativ großer Wahrscheinlichkeit vorhersagen; Gottes Vorhersagen sind noch zuverlässiger als unsere. Mose könnte intuitiv Gottes »sanftes, leises Säuseln« vernommen haben, das ihn dazu veranlasste, die Israeliten zu einem günstigen Zeitpunkt durch das Wasser zu führen. Bei dieser Strategie zeichnet sich das Wunder durch Gottes

Aufruf zu besonderer geschöpflicher Kooperation und sein Wissen über die Bedingungen und Prozesse der Natur aus. Beides, göttliche und geschöpfliche Ursachen, sind im Spiel.

Gott liebt die gesamte Schöpfung. Weil gesetzesähnliche Regelmäßigkeiten aus dieser verlässlichen Liebe stammen, muss Gott jedoch Existenzformen und Handlungsmöglichkeiten anbieten, die dieser verlässlichen Liebe für alle Geschöpfe in einem bestimmten Kontext entsprechen. Geschöpfe, die nicht mit Gottes Absichten, gute und unerwartete Wunder zu wirken, kooperieren, können die Versuche Gottes, Wunder zu wirken, torpedieren. Außerdem hat Gottes verlässliche Liebe für die Einheiten, die in Naturprozesse verwoben und Subjekt gegenüber den Regelmäßigkeiten der Existenz auf dem Gesamtniveau sind, zur Folge, dass Gott sie nicht vollkommen kontrollieren kann.

Wahrscheinlich gibt es andere Wege, wie Gott Wunder vollbringen kann, ohne völlig kontrollieren zu können.[495] Verfechter wesentlicher Kenosis besitzen gute Gründe dafür, dass Gottes sich selbst schenkende Liebe machtvoll, aber gleichzeitig auf nicht kontrollierende Weise wirkt. Bibelstellen, die intentionale, geschöpfliche Verursachung nicht erwähnen, sollten uns zu Spekulationen über die involvierten, kausalen Tätigkeiten veranlassen.

Diese Spekulation, die ich in den vorangehenden Abschnitten betrieben habe, sollte bei unserer Vorstellung von der Macht Gottes ansetzen. Wenn für einige Menschen Wunder den Zwang Gottes beinhalten, dann kommt diese Interpretation aus der vorhergehenden Überzeugung, dass Gott die Macht zu Kontrolle und Zwang besitzt, wenn er Wunder wirkt. Jene, die glauben, dass die sich selbst schenkende, andere ermächtigende und nicht kontrollierende Liebe – offenbart in Jesus Christus – die überragende Eigenschaft im Wesen Gottes ist, werden bei der Interpretation derselben zu dem Schluss kommen, dass Gott niemals kontrolliert, wenn er Wunder vollbringt.

Eine Hermeneutik nicht kontrollierender Liebe ist von unschätzbarem Wert.

---

[495] Ich habe noch nicht die Möglichkeit erwähnt, dass die kleinsten Einheiten der Existenz ein sehr kleines Maß an freiem Willen besitzen könnten, das Gott in Naturwundern beeinflussen könnte. Während ich dieser Idee prinzipiell nicht abgeneigt bin, habe ich Schwierigkeiten, mir vorzustellen, dass es einen Unterschied bei wunderhaften Ereignissen machen würde. Entweder ist die Freiheit in kleinsten Entitäten so begrenzt, dass es keine Folgen nach sich ziehen würde oder das Gesetz der großen Zahlen gleicht die Freiheit von Einheiten in kleinsten Entitäten aus, sodass diese Freiheit unwirksam auf höheren Ebenen wäre. Während ich also offen gegenüber Freiheit auf der Mikroebene bin, kann ich mir zum gegenwärtigen Zeitpunkt nicht vorstellen, wie diese als Mittel bei Naturwundern fungieren könnte.

Zusammengefasst lässt sich sagen, dass die wesentliche Kenosis ein Modell ist, das überzeugend erklären kann, wie der allmächtige und liebende Gott Wunder tut, ohne Handelnde, Einheiten oder Situationen dem Zwang zu unterwerfen. Keine Wundererzählung der Bibel erwähnt ausdrücklich die Kontrolle Gottes und die meisten sprechen explizit von der geschöpflichen Kooperation. In Wundern, die sich auf Handelnde oder Organismen beziehen, reagieren Geschöpfe bejahend auf Gottes liebendes Tun. In Wundern mit einfacheren Einheiten, kleinsten Entitäten und Natursystemen wirkt Gott Wunder, ohne die gesetzesähnlichen Regelmäßigkeiten zu manipulieren, die aus seiner Liebe zur ganzen Schöpfung herrühren.

VORTEILE DES WUNDERVERSTÄNDNISSES DER WESENTLICHEN KENOSIS

Als Fazit möchte ich kurz die Vorteile des Wunderverständnisses der wesentlichen Kenosis darlegen. Dieses Kapitel so zu enden, scheint mir angesichts meines übergeordneten Ziels, unsere Welt voll Gutem und Übel, Zufall und Regelmäßigkeit, Freiheit und Wirkmacht, Gott und sogar Wundern sinnvoll zu erklären, angemessen.

Das Modell wesentlicher Kenosis erklärt ernstzunehmende Wunder auf eine Weise, die sie als objektive Ereignisse anerkennt. Sie bestimmt diese Wunder als gute und außergewöhnliche Ereignisse, die sich durch das besondere Wirken Gottes in Beziehung zu seiner Schöpfung auszeichnen. Diese Erklärung bestreitet, dass Gott andere oder Situationen kontrolliert, wenn er Wunder wirkt. Gott kann auf besondere Weise handeln, ohne seine Geschöpfe oder die Schöpfung im Allgemeinen völlig zu kontrollieren.

Ein Vorteil dieses Modells ergibt sich aus der Wunderdefinition, die ich biete. Diese Definition überwindet die Hürden, die einige zu Recht nicht an Wunder glauben lassen. Meine Definition geht davon aus, dass Wunder objektive Ereignisse in der Welt sind. Sie negiert die Behauptung, dass Wunder die Naturgesetze verletzen. Sie lehnt die problematische Kategorie der göttlichen Intervention ab, weil sie Wunder nicht mit der Vorstellung identifiziert, dass Gott von außen in ein geschlossenes System natürlicher Ursachen eindringt. Meine Definition setzt voraus, dass Gott schon immer in der Welt gegenwärtig und wirkmächtig ist.

Diese Wunderdefinition kann die legitimen Kritikpunkte, die an anderen Definitionen festgestellt werden, umschiffen.

Ein weiterer Vorteil der Wundererklärung durch die wesentliche Kenosis ist, dass sie gut zu den biblischen Wunderberichten passt, die nahezu immer von einer Rolle der geschöpflichen Kausalität sprechen. Weil keines der biblischen Wunder ausdrücklich die Vorstellung unterstützt, dass Gott Zwang ausübt, stimmt die wesentliche Kenosis mit dem biblischen Zeugnis überein. Darüber hinaus kenne ich kein außerbiblisch bezeugtes Wunder in der Geschichte der Menschheit, das die Anerkennung göttlicher Kontrolle benötigen würde, um erklärt werden zu können. Wenn, wie ich es bereits erläutert habe, die Bibel als Ganze die Vorstellung stützt, dass Gott stets sich selbst schenkende Liebe verwirklicht, dann erfreut sich das Wunderverständnis der wesentlichen Kenosis eines breiten biblischen Rückhalts.

Das biblische Zeugnis stützt das Wunderverständnis wesentlicher Kenosis.

Dieses Wunderverständnis löst das Problem, von dem ich behaupte, dass es der häufigste Grund dafür ist, dass einige Menschen Wunder völlig ablehnen: das Problem selektiven Wunderhandelns. Wenn es um gängige Wundervorstellungen geht, ist es nur angemessen, sich zu fragen, warum Gott in einigen Fällen Wunder wirkt und in anderen nicht. Der Gott, der zum Zwang fähig ist, sollte Menschen oder Situationen viel häufiger kontrollieren, um Wunder zu vollbringen und so Gutes zu ermöglichen und das Übel zu verhindern. Der Gott, der die gesetzesähnlichen Regelmäßigkeiten des Universums manipulieren kann, sollte diese Regelmäßigkeiten viel öfter verletzen, um unser Leben besser zu machen.

Wesentliche Kenosis kann das Argument »selektiver Wunder«, das besonderes göttliches Wirken ablehnt, aus der Welt schaffen. Gott hat andere nie kontrolliert und kann nie andere kontrollieren, wenn er Wunder vollbringt. Gott übt nicht auf selektive Weise Zwang aus, um Wunder für manche Menschen zu wirken, während er das für andere nicht tut. Der Grund dafür ist, dass eine auf Kontrolle basierende Selektion für den Gott, dessen Wesen kenotische Liebe ist, schlicht nicht möglich ist. Die Wundervorstellung der wesentlichen Kenosis überwindet das Problem des Übels in der Welt im Allgemeinen und das Problem selektiven Wunderhandelns im Einzelnen.

Der Gott, der andere nicht kontrollieren kann, ist nicht verantwortlich dafür, dass er keinen Zwang ausübt, um Wunder zu vollbringen.

Ein weiterer Vorteil des Wunderverständnisses wesentlicher Kenosis ist, dass es erklärt, warum einige Menschen keine Wunder erfahren, auch wenn sie gläubig sind und für diese beten. Etliche Gläubige erbitten im Gebet Heilung für sich selbst oder andere und dennoch findet ihr Leid kein Ende. Manche sterben, weil ihre Schwäche sie übermannt. Angesichts gängiger Wundervorstellungen ist es nicht verwunderlich, dass Opfer des Leids, Gottes Liebe für sie in Frage stellen, Schuldgefühle entwickeln oder denken, ihr Glaube sei zu gering.

Der Aspekt der geschöpflichen Kooperation bei Wundern erklärt, warum viele Wunder trotz des entsprechenden Glaubens ihrer Bittsteller nicht geschehen. Die Organismen, Teile, Organe und Zellen unseres Körpers können Gottes Angebot von neuen Lebensformen, die Heilung bewirken, ablehnen. Diese geschöpflichen Elemente und Organismen besitzen selbst Wirkmacht und diese Wirkmacht ist in der Lage Wunder abzuwenden. Auch wenn wir im Glauben bewusst Ja zum göttlichen Wunsch nach unserem Wohlergehen sagen, kann es sein, dass unser Körper nicht mit den heilenden Plänen Gottes kooperiert.

Das bedeutet unter anderem, dass die meisten Menschen, die nicht geheilt werden, sich nicht schuldig fühlen sollten, weil sie denken, dass es ihnen an Glauben fehlt. Schließlich erfuhren selbst die gläubigsten Menschen in der Geschichte, wie zum Beispiel der Apostel Paulus, nicht immer wundersame Heilungen, wenn sie sich das wünschten (vgl. Gal 4,13f; Phil 2,27; 1 Tim 5,23; 2 Tim 4,20). Stattdessen dürfen wir glauben, dass der Gott, der allen Einheiten das Leben schenkt, Elemente oder Organe unseres Körpers nicht völlig kontrollieren kann, die entgegengesetzt unserer Wünsche nicht funktionieren, sich verschlechtern oder krank werden können.

Dieser Vorteil ist so entscheidend, dass ich ihn noch deutlicher hervorheben möchte. Wesentliche Kenosis sagt, dass wir selten, wenn überhaupt, Opfern die Schuld an ihrem Leiden und ihrer Krankheit geben sollten. Wir sollten nicht annehmen, dass das Ausbleiben einer Heilung die Schuld des Kranken ist und der Gläubige sollte sich auch nicht schuldig fühlen, dass sein Glaube vermeintlich zu klein ist. Stattdessen können wir jene Teile unseres Körpers beschuldigen, die das Unheil verursachen. Krebszellen und genetische Fehlfunktionen bleiben nicht deshalb krank, weil die Opfer nicht fest genug glaubten. Der Gott, der die ganze Schöpfung liebt, liebt auch jene, die im Gebet um Heilung bitten, auch wenn ihr Körper nicht mit Gottes heilenden Gaben kooperiert oder dazu nicht in der Lage ist.

Wesentliche Kenosis verlagert die Schuld vom gläubigen Opfer zu Handelnden, Organismen, Organen oder Einheiten, die nicht mit Gott kooperieren oder gar nicht erst zur Kooperation mit Gott fähig sind.

Das Wunderverständnis wesentlicher Kenosis überwindet außerdem die entweder/oder-Wahl, die viele voraussetzen, wenn sie nicht anerkennen können, dass Gottes Heilung durch medizinisch gebildetes Fachpersonal verwirklicht wird. Weil Gott durch medizinische Fachkräfte wirkt, egal ob sie für psychische oder physische Krankheiten zuständig sind, müssen wir uns nicht entscheiden zwischen der These, dass Gott durch Wunder heilt, und der Vorstellung, dass natürliche Mittel für eine Genesung sorgen. Egal, ob die Heilung durch ein Wunder zustande kommt, oder durch die üblichen Maßnahmen des Gesundheitssystems bewirkt wird, können wir Gott dafür danken, dass er die wiederhergestellte Gesundheit initiiert. Außerdem sollten wir den Ärzten, Krankenpflegern und Betreuern danken, die mit Gott koope-rieren. Jede Heilung ist von Gott initiiert, aber sie ist auch mit geschöpflicher Kooperation verbunden.

Wesentliche Kenosis sagt, dass Gottes Handeln die Heilung ermöglicht, die durch medizinisches Personal zustande kommt.

Dies führt mich zu dem Nutzen, den die wesentliche Kenosis in den anhaltenden Diskussionen über das Verhältnis von Naturwissenschaft und Theologie birgt. Einige Wissenschaftler innerhalb dieser Debatten glaubten, wir könnten die Ereignisse in unserer Welt vollumfänglich erklären, – auch mutmaßliche Wunder – indem wir allein die natürlichen Ursachen in Be-tracht ziehen. Dieser Ansatz bereitet denen Schwierigkeiten, die glauben, dass Gott notwendiger Grund für Wunder und alle anderen Ereignissen ist. Er hat sich ohnehin nicht als besonders erfolgreiche Erklärung der Wirklich-keit insgesamt erwiesen.[496]

Andere Wissenschaftler, die sich im Gespräch zwischen Naturwis-senschaft und Theologie engagieren, nehmen an, dass wir manche Ereig-nisse – besonders Wunder – erklären können, indem wir auf übernatürliche Ursachen verweisen. Indem sie den Ausdruck übernatürliche Ursachen ge-brauchen, scheinen sie anzudeuten, dass göttliches Handeln allein Ereignisse erklärt. Dieser Ansatz ist natürlich problematisch für Naturwissenschaftler, die glauben gute Gründe dafür zu besitzen, dass natürliche Kausalität zu den betreffenden Ereignissen beiträgt. Es ist mit Schwierigkeiten belastet zu be-haupten, die Naturwissenschaft bietet irgendwelche maßgeblichen Erklärun-gen der Wirklichkeit, wenn wir nur die Erklärungen für richtig halten, die sich auf übernatürliche Ursachen berufen.

Weil wesentliche Kenosis sagt, dass alle Ereignisse – sogar Wunder – sowohl geschöpfliche als auch göttliche Kausalität beinhalten, sollten weder naturwissenschaftliche noch theologische Erklärungen der Existenz vor-schnell abgelehnt werden. Allerdings ist jede für sich alleine unbefriedigend. Tatsächlich wird eine vollständige Erklärung eines Ereignisses, auch die ei-nes Wunders, sich sowohl auf göttliche als auch auf geschöpfliche Ursachen berufen.[497]

---

[496] Eine große Zahl von Wissenschaftlern im zeitgenössischen Dialog von Naturwissenschaften und Theologie plädiert dafür, dass wir die Wirklichkeit nicht angemessen verstehen können, wenn wir lediglich eines von beidem, Naturwissenschaft oder Religion, betrachten. Eine der eloquentesten Stimmen unter ihnen ist John Polkinghorne, zu dessen zahlreichen Bücher dieses Thema betreffend gehört: POLKINGHORNE, John C., Science and Theology, Philadelphia 1998. Vgl. ebenso: OORD (Hg.), The Polkinghorne Reader.
[497] Amos Yong zieht eine ähnliche Schlussfolgerung in: YONG, The Spirit of Creation, S.72-102.

Dies bedeutet, dass Gläubige naturwissenschaftliche Erklärungen von dem, was sie für wundersame Ereignisse halten, willkommen heißen sollten, solange jene naturwissenschaftlichen Erklärungen nicht vorgeben, eine vollumfängliche und ausreichende Erklärung von dem entsprechenden Ereignis zu liefern. Zudem sollten Naturwissenschaftler, vor allem Naturwissenschaftler, die an Gott glauben, theologische Erklärungen zu Ereignissen in der Welt zulassen, solange diese Erklärungen nicht für sich beanspruchen, eine vollumfängliche und ausreichende Erklärung zu bieten. Ein theokosmozentrischer Wirklichkeitsansatz führt nicht in die Versuchung, Gott oder die Welt auszuklammern, wenn man sinnvolle Erklärungen für bestimmte Phänomene in unserer Welt sucht.

Das Wunderverständnis wesentlicher Kenosis zeigt, warum wir sowohl die Theologie als auch die Naturwissenschaft brauchen, wenn wir versuchen, die Wirklichkeit zu verstehen. Alle diese Vorteile, die mit dem Wunderverständnis der wesentlichen Kenosis einhergehen, präsentieren in ihrer Gesamtheit einen finalen Vorteil: Diese Art, Wunder zu verstehen, könnte manche dazu veranlassen, der Anerkennung von Wundern offener gegenüber zu treten, wenn sie ihnen begegnen.[498] Einige, die an Gott glauben – ob bewusst oder unbewusst – behaupten, Wunder zu erleben. Andere Gläubige sind jedoch zurückhaltend, wenn es um die Anerkennung der bloßen Möglichkeit von Wundern geht. Wie ich festgestellt habe, haben sie häufig auch legitime Gründe für diese Zurückhaltung.

Vielleicht schafft es meine Wunderdefinition, die Zwang ablehnt und geschöpfliche Kooperation anerkennt, Gläubigen mehr Zuversicht zu geben und zu der Aussage, dass ein außergewöhnliches und gutes Ereignis mit einem besonderen Wirken Gottes verbunden ist, zu ermutigen. Trotz der Erkenntnis, dass einige Behauptungen über Wunder Schwindel, Missverstehen, theologische Desorientiertheit oder auf irgendeine andere Weise falsch sind, hoffe ich, dass Gläubige Zuversicht gewinnen und so anerkennen, dass manche Ereignisse in unserer Welt echte Wunder sind.

Wesentliche Kenosis kann uns dabei helfen, objektive Wunder in der Welt zu erkennen.

Ich schließe die Diskussion dieses Kapitels, indem ich zu dem zurückkehre, was mein Interesse an der Untersuchung von Wundern ursprünglich entfacht hat. Ich habe erklärt, dass Gottes sich selbst schenkende Liebe niemals andere oder Situationen völlig kontrolliert. Wunderberichte erfordern

---

[498] Ich bin Bryan Overbaugh dankbar dafür, dass er mir diese allgemeine Einsicht ermöglichte.

von uns nicht den Glauben an einen Gott, der Zwang ausübt. Obwohl Gott allmächtig ist, geht im Wesen Gottes die nichts und niemanden zwingende Liebe seiner souveränen Entscheidung logisch voraus. Gott zwingt nicht, wenn er Wunder vollbringt. Wesentliche Kenosis erklärt, wie Gott wunderhaft wirken kann, ohne andere zu kontrollieren.

Fazit

Wir alle wollen unser Leben sinnvoll erklären. Die Tragödien und Übel unserer Welt – ob durch freien Willen, Wirkmacht oder zufällige Ereignisse verursacht – machen das jedoch zu einem schwierigen Vorhaben. Der Anschlag auf den Boston-Marathon, ein Stein, der durch Zufall eine Frau tötet, die schwerwiegenden Beeinträchtigungen der kleinen Eliana Tova, Zamudas Vergewaltigung und der Mord an ihrer Familie – für sie alle brauchen wir befriedigende Erklärungen. Die Antworten, die die meisten Menschen auf die Frage nach Gottes Rolle bei all dem Übel und Leid geben, sind unbefriedigend. Gläubige Menschen brauchen aber hilfreiche Antworten auf die großen Fragen des Lebens. In diesem Buch habe ich Antworten aufgezeigt, die ich für hilfreich halte.

Dabei habe ich die Wirklichkeit von Zufall und Möglichkeit auf verschiedenen Wirklichkeitsebenen anerkannt. Naturwissenschaftler und Philosophen beschreiben zu Recht zumindest einige Ereignisse in unserem Universum als zufällig. Sie sind zufällig in dem Sinne, dass sie nicht völlig durch irgendjemanden oder irgendetwas determiniert sind. Diese Ereignisse sind nicht intendiert. Keiner beabsichtigt sie. Kein Mensch, kein Wesen, kein Umstand oder Gesetz kontrolliert diese Ereignisse. Ebenso wenig tut das Gott. Zufall ist real.

Neben dem Zufall gibt es auch gesetzesähnliche Regelmäßigkeiten in unserer Welt. Diese gesetzesähnlichen Regelmäßigkeiten sind natürlicher und zugleich notwendiger Ausdruck der allumfassenden, alles erhaltenden und nichts und niemanden zwingenden Liebe Gottes. Tatsächlich ermöglicht Gottes sich selbst schenkendes, andere ermächtigendes und bestärkendes Wirken beides: Regelmäßigkeit und Zufälligkeit. Gott schenkt freien Willen, Wirkmacht, Selbstorganisation und Spontaneität, weil Gottes Liebe das Leben erst ermöglicht. Diese Gaben Gottes und die Linearität unserer Zeit haben zur Folge, dass weder die Geschöpfe, noch unser Schöpfer mit absoluter Sicherheit vorherwissen können, welche möglichen Ereignisse eines Tages Wirklichkeit werden.

Die meisten Versuche, das Wirken Gottes in unserer Welt zu erklären, sind nicht überzeugend. Manche präsentieren Gott als »Kontrollierenden«; sie behaupten, dass Gott kontrollieren könnte oder es gelegentlich tut. Diverse Modelle leugnen den genuinen Zufall. Einige argumentieren mittels inkonsistenter Gedankengänge, was nicht dazu beiträgt, unser Leben sinnvoll zu erklären. Verschiedene Modelle porträtieren Gott als Unberührbaren, Unpersönlichen und Unbeteiligten und schließen so die Vorstellung von einem Gott, der auf liebende Weise mit seinen Geschöpfen in Beziehung tritt. Andere Modelle bestreiten, dass wir Gott überhaupt auf irgendeine Weise begreifen können, was im absoluten Mysterium resultiert.

Offene und relationale Theologie kann die Zufälle und Regelmäßigkeiten unserer Welt erklären. Der ihr zugrundeliegende Wirklichkeitsansatz hilft uns dabei, unsere Intuitionen bezüglich des freien Willens, Wirkmacht, Selbstorganisation, Spontaneität und anderen Formen von Kausalität sinnvoll zu erklären. Offene und relationale Theologie bekräftigt die Vorstellung, dass sowohl genuin gute als auch genuin üble Ereignisse in unserer Welt geschehen. Und sie erklärt, dass Liebe im Zentrum der befriedigendsten Antworten auf die dringlichsten Fragen unseres Lebens steht.

Auch wenn etliche Menschen intuitiv glauben, dass Liebe ihrem Wesen nach nicht zwingt, hat der Großteil der Theologen – sogar einige Theologen, die in ihrer Prägung der offenen und relationalen Theologie zugehörig sind – kenotische Liebe bisher nicht als logisch primäre Eigenschaft im Wesen Gottes bedacht. Stattdessen denken viele, dass die Allmacht Gottes der Liebe Gottes logisch vorausgeht. Stellen wir aber die souveräne Entscheidung Gottes vor die sich selbst schenkende, andere ermächtigende Liebe, dann drängt sich uns die Frage auf, warum Gott nicht gelegentlich Geschöpfe oder Situationen kontrolliert, um genuines Übel zu verhindern. Wenn die Allmacht der Liebe logisch vorausgeht, könnte Gott andere oder Situationen kontrollieren, wenn er das wollte. Wir fragen uns zu Recht, warum der Gott, der zur Kontrolle fähig ist, dies nicht im Namen der Liebe viel häufiger tut, um genuines Übel zu verhindern.

Ich schlage ein Providenzmodell vor, das ich als *wesentliche Kenosis* bezeichne. Dieses Modell zieht durchgängige und bedeutende Aussagen der Bibel heran, besonders jene, die von der göttlichen Liebe, geschöpflichen Wirkmacht und dem Verhältnis zwischen Gott und seiner Schöpfung sprechen. Gottes allmächtige Liebe *ziert* die Schöpfung zu allen Zeiten. Gottes nichts und niemanden zwingende Liebe ist der Modus, in dem die Providenz Gottes operiert, weil die Liebe im Wesen Gottes an erster Stelle steht.

Das charakteristische Merkmal wesentlicher Kenosis ist die These, dass Gott sein eigenes Wesen sich selbst schenkender Liebe nicht verleugnen kann. Gott schenkt seinen Geschöpfen notwendigerweise Freiheit, Wirkmacht, Selbstorganisation oder Spontaneität. Weil Gottes Wesen sich selbst schenkende, andere ermächtigende Liebe ist und Gott „sich nicht selbst verleugnen [kann]" (2 Tim 2,13), kann Gott diese Gaben nicht entziehen, außer

Kraft setzen oder nicht verleihen. Unser Schöpfer schenkt sie zwangsläufig und unwiderruflich.

Wesentliche Kenosis beantwortet beide Fragen, die wir zu Beginn dieses Buches gestellt haben. Auf die Frage, warum ein liebender und allmächtiger Gott genuines Übel nicht verhindert, antwortet die wesentliche Kenosis, dass Gott notwendigerweise liebt und deshalb solches Übel nicht verhindern kann. Damit Gott solche Übel eigenmächtig verhindern könnte, müsste er sich selbst verleugnen, wozu er nicht imstande ist.

Auf die Frage, wie Gott trotz der Zufälligkeit, der Möglichkeit und glücklicher Zufälle in der Welt providentiell handeln kann, – besonders in Ereignissen mit negativen Folgen – erklärt die wesentlichen Kenosis, dass Gott allen Dingen ihr Dasein gibt. Das schließt auch die Spontaneität mit ein. Zufällige Ereignisse sind aufgrund Gottes existenzschenkender Liebe möglich. Deshalb kann Gott zufällige Ereignisse nicht mit Sicherheit vorherwissen oder sie davor bewahren, negative Konsequenzen herbeizuführen.

Gottes Gaben schenken seinen Geschöpfen in jedem Augenblick ihr Dasein. In den wechselseitigen Beziehungen mit seinen Geschöpfen ist Gott beständig wirkmächtig. Kenotische Liebe ermächtigt seinen Geschöpfe zu sein und zu handeln. Diese Liebe befähigt komplexe Geschöpfe zum freien Handeln. Wenn Geschöpfe und die Schöpfung bejahend auf Gottes nichts und niemanden zwingende Liebe antworten, dann kann Wohlergehen verwirklicht werden. Das Reich Gottes wird auf Erden gegenwärtig. Man könnte sagen: Dann regiert Liebe im Himmel und auf der Erde. Dabei stammt alles Gute aus Gottes wesentlicher Kenosis. Sie geht der Antwort seiner Geschöpfe voraus und ermöglicht sie überhaupt erst.

Der Gott, den die wesentliche Kenosis beschreibt, verfolgt Pläne und Ziele. Gott lädt seine Geschöpfe ein, ruft sie auf und ermächtigt sie, Ja zu diesen guten Plänen zu sagen. Aber zu keinem Zeitpunkt kontrolliert Gott dabei seine Geschöpfe oder die Begebenheiten. Es ist kein vorherbestimmter oder vorhergewusster Masterplan, nach dem Gott handelt. Vielmehr befähigt und bestärkt Gott seine Geschöpfe. Gott ermächtigt die gesamte Schöpfung zum Tun des Guten, wenn seine Geschöpfe an seinen guten Plänen mitwirken.

Auf den Gott, der nicht zwingt, können wir uns verlassen. Das zeigt sich, indem er uns Regelmäßigkeit und zugleich Wunder schenkt. Wunder sind gute und außergewöhnliche Ereignisse, die sich durch Gottes besonders Wirken auszeichnen, und der Welt heilsame Lebensformen anbieten. Gott interveniert nicht und kontrolliert nicht. Und er verletzt auch nicht auf übernatürliche Weise die Gesetze der Schöpfung. Durch Gottes inspirierende und bestärkende Liebe können sowohl gesetzesähnliche Regelmäßigkeit als auch Wunder als Ausdruck seiner Providenz und Fürsorge gelten.

Wesentliche Kenosis präsentiert ein – wie ich es nenne – »Abenteuer-Modell« zur Erklärung unserer Wirklichkeit. Dabei kann dieses Modell durchaus einige Bedenken hervorrufen. Schließlich sind Abenteuer riskant, weil sie ambitionierte Ziele verfolgen und keine prädeterminierten Konstrukte sind. Abenteuer sind mit kalkulierten Risiken, freien Entscheidungen und manchmal auch zufälligen Ereignissen verbunden. Die Liebe ist immer ein Abenteuer ohne garantierten Ausgang.

Das »Abenteuer-Providenzmodell«, das die wesentliche Kenosis vertritt, passt aber zu der Welt, in der wir leben. Unsere Welt ist geprägt von genuinem Guten und genuinem Übel, Zufall und Regelmäßigkeit, Freiheit, Wirkmacht, Enttäuschungen und auch Wundern. Mein Modell passt auch zu dem Bild von einem Gott, der nichts und niemanden kontrolliert oder zwingt. Wenn wir die Bibel durch die Brille der sich selbst schenkenden, andere ermächtigenden, kenotischen Liebe Gottes lesen, werden wir erkennen, dass das Modell der wesentlichen Kenosis die Zeugnisse der Bibel sinnvoller erklären kann als es seine Alternativen tun. Wesentliche Kenosis hilft uns, die Bibel und die Welt, in der wir leben, sinnvoll zu erklären.

Gottes Liebe zwingt nicht. Das Wirken Gottes in unserer Welt ist deshalb ein Abenteuer ohne garantierten Ausgang. Und in der Logik der Liebe ergibt das Sinn.

NACHWORT

Gott ist die Liebe

Zu Thomas J. Oords Projekt einer essentiellen Kenosis
Matthias Remenyi

1. Die Frage nach dem Leid

Das Leid, so drückt es Georg Büchner in einer klassisch gewordenen Formulierung aus, ist der „Fels des Atheismus".[499] Es ist jenes Faktum, das unsere theologischen Entwürfe ebenso in Frage stellt wie unseren Gottesglauben selbst, weil es sich jeder intellektuellen wie existentiellen Synthese sperrt. „Das leiseste Zucken des Schmerzes", heißt es dann unmittelbar weiter bei Büchner, „macht einen Riss in der Schöpfung von oben bis unten".[500] Die Erfahrung von Leid, Schmerz und Übel lässt sich mit nichts verrechnen, weil sie immer die Erfahrung eines, einer Einzelnen ist. Als solche ist sie je individuell, einzigartig und verweigert sich daher jedem Versuch einer systematisierenden Relativierung. Zugleich aber kommt die Theologie als das wissenschaftliche Nachdenken über den Gottesglauben nicht umhin, sich mit diesem Problem auseinanderzusetzen und sich immer wieder aufs Neue daran abzuarbeiten. Zu nachhaltig und fundamental ist die mit dem Leid und dem Übel verbundene Irritation des Glaubens! Es ist die Frage der Theodizee, die Frage also nach der Gerechtigkeit und Verehrungswürdigkeit eines als allmächtig und allgütig geglaubten Gottes angesichts der Existenz von Leid und Übel in der Welt, die sich dem Gottesglauben hier stellt.

Um Antworten ringen, obwohl eigentlich klar ist, dass keine vollends überzeugen kann – vor diesem unausweichlichen Dilemma steht auch das vielleicht elaborierteste Theodizeemodell, das wir derzeit haben: einer Verteidigung der Willensfreiheit (*free will defense*) in Kombination mit einer Verteidigung der Naturordnung (*natural law defense*).[501] Dieses Modell be-

---

[499] G. Büchner, Dantons Tod. Ein Drama. Hg. v. R. Kellermann. Stuttgart 2013, 52.
[500] Ebd.
[501] Vgl. K. v. Stosch, Theodizee. Paderborn 2013, 56-69 (natural law defense), 87-111 (free will defense); A. Kreiner, Gott im Leid. Zur Stichhaltigkeit der Theodizee-Argumente. Freiburg

sagt, etwas abgekürzt gesprochen, dass das zentrale Schöpfungsziel für Gott darin besteht, ihm gegenüber freie Wesen zu erschaffen, die in der Lage sind, seine Liebe zu erwidern. Gott wollte Mitliebende gewinnen. Liebe aber kann nur in Freiheit gedeihen, und Freiheit setzt die Fähigkeit der Wahl zwischen gegebenen Möglichkeiten voraus. Wer wählen kann, kann jedoch auch das Falsche, das Schlechte und Böse wählen. Mit der Möglichkeit der freien Wahl sind also, so scheint es, notwendigerweise auch Moral- und Schuldfähigkeit verbunden. Die Möglichkeit zu moralischem Übel, zu Bösem und schuldhaft verursachtem Leid liegt folglich, so das Argument der *free will defense*, in dem höheren Gut eines freien Willens begründet, der vorhanden sein muss, um Gott wirklich lieben zu können.

Wie ist aber die Frage nach dem physischen, in der Natur gegebenen Leid und Übel zu erklären? Trotz Umweltzerstörung und menschengemachtem Klimawandel ist der Mensch doch nicht für alle Naturkatastrophen, Tsunamis, Erdbeben oder auch Corona-Viren verantwortlich zu machen. Hier greift das Argument der *natural law defense*. Es besagt, dass genau die konkrete Gestalt der Schöpfung mit ihren naturgesetzlichen Grundparametern, wie wir sie vorfinden, notwendig dafür war, dass sich im Lauf der Jahrmillionen freies und selbstbewusstes Leben überhaupt evolutiv entwickeln konnte. Wären die Anfangsbedingungen unseres Universums nur minimal anders gewesen, wäre die Naturordnung mit ihren quasigesetzlichen Regularitäten nicht exakt so, wie sie nun einmal ist, dann – so das Argument – hätte es kein selbstbewusstes Leben auf unserem Planeten geben können. Mit Blick auf Gott lautet die Pointe des Arguments: Gott will das Böse und das Übel, das Leid und den Schmerz nicht, weder als Menschenwerk noch das Naturgegebenheit, aber er lässt all das zu, damit es überhaupt freie Geschöpfe und mit ihnen Glaube, Hoffnung und Liebe in der Welt geben kann.

Es ist der vielleicht größte Verdienst des Buches von Thomas Jay Oord, das hier nun in deutscher Übersetzung vorliegt, die Schwierigkeiten, die mit diesem Standardmodell der Theodizee verbunden sind, noch einmal neu und radikal offengelegt zu haben. Es ist kein Zufall, dass er seine Überlegungen mit besonders prägnanten Beispielen beginnen lässt, die die Theodizee-Frage nach einem ethisch vollkommenen und geschichtsmächtigen Gott angesichts offenkundig unschuldigen Leids aufwerfen: das Bombenattentat auf den Boston Marathon; der hochgeschleuderte Stein, der die Autoscheibe durchschlägt und die Mutter zweier Kinder tötet; das kleine Mädchen, das an einer seltenen Krankheit leidet; die afrikanische Frau, deren Familie im Krieg

---

2005, 207-239 (free will defense), 321-393 (natural law defense).

umgebracht und die Opfer grausamster Vergewaltigung wird. Die Liste ließe sich beliebig fortführen; in diesen Tagen – ich schreibe diesen Beitrag Ende März 2020 – stehen natürlich die COVID-19-Patientinnen und -patienten in aller Welt in besonderer Weise vor Augen.

All diese schrecklichen Ereignisse laufen auf die eine, für den Gottesglauben so verstörende Frage zu: Ist es wirklich plausibel anzunehmen, dass Gott all dies zulässt, obwohl er es, wenn er es denn wollte, verhindern könnte? Welche Gründe wären denkbar, die so stark sind, dass ein Gott, der solches Leiden zulässt, dennoch als ethisch vollkommen, mit anderen Worten: als ein liebender Gott gedacht werden könnte? Kann die *free will defense* diese Begründungslast wirklich tragen?

Alles hängt bei diesem Argument an dem Unterschied zwischen Verursachung und Zulassung – und an der existentiell wie intellektuell bedrängenden Frage, ob eine solche Unterscheidung für eine Gerechtsprechung Gottes angesichts von Schmerz und Leid, Übel und Bösem überhaupt taugt. Ein wichtiger Zwischenschritt zur Klärung dieser Frage ist der Begriff des genuinen Übels. Für Thomas Oord ist ein *genuine evil* ein Übel, das auch unter Einbeziehung aller nur denkbaren Umstände die Welt zu einem schlechteren Ort macht, als sie es ohne dieses Übel gewesen wäre (vgl. S. 60f).[502] Die klassische Schultheologie spricht hier von einem *intrinsice malum* und meint damit etwas in sich Schlechtes, das unter keinen Umständen und in keinem möglichen Weltverlauf durch ein höherrangiges Gut moralisch gerechtfertigt werden könnte. Dieser Begriff des genuinen Übels ist wichtig, weil sich an ihm die Theodizee-Frage in besonderer Schärfe entzündet: Angesichts von Übeln, ohne die diese Welt in jedem Fall eine bessere Welt wäre bzw. die in keiner möglichen Welt durch ein höherrangiges Gut rechtfertigbar wären, scheitert eine naive *free will defense* ebenso wie die gängige Unterscheidung zwischen Verursachung und Zulassung von Übeln durch Gott. Auch ein Gott, der genuine Übel willentlich zulässt, obwohl er sie eigentlich unterbinden könnte – mit anderen Worten: jener Gott, wie ihn das klassische theologische Konzept der göttlichen Zulassung von Übeln um unserer Freiheit willen denkt – macht sich der unterlassenen Hilfeleistung schuldig. Jede Rede von einem liebenden Gott oder von einer gütigen, das Beste wirkenden göttlichen Vorsehung – in der vorliegenden Übersetzung entsprechend dem englischen

---

[502] T. Oord, The Uncontrolling Love of God. An Open and Relational Account of Providence. Downers Grove, IL: InterVarsity Press 2015, 65: „Genuine evils are events that, all things considered, make the world worse than it might have been." Ich greife im Folgenden, u. a. auch in teilweise wörtlichen Übernahmen, auf meine Besprechung des englischen Originals zurück. Vgl. M. Remenyi, Rez. T. Oord, The Uncontrolling Love of God, in: ThRv 115 (2019) 313-315.

Original *providence* zumeist mit Providenz wiedergegeben – muss sich dieser Herausforderung stellen, sonst wird sie wohlfeil und billig. Das ist die dringliche und wichtige Hausaufgabe, die zu bearbeiten der Theologie durch Thomas Oords These wieder neu aufgetragen ist.

2. Die Grundidee: *Essential Kenosis*

Wie sieht nun der Lösungsvorschlags Oords aus? Im Mittelpunkt seiner Überlegungen steht der Begriff der *essential kenosis*, d.h. der – je nach Übersetzungsvorliebe – essentiellen, wesentlichen oder wesenhaften Kenosis Gottes. Mit dem Wort *kenosis* übernimmt Oord einen Schlüsselbegriff aus dem neutestamentlichen Philipperhymnus (Phil 2,7), der im Deutschen zumeist mit dem etwas sperrigen Ausdruck *Selbstentäußerung* wiedergegeben wird. Bei Thomas Oord gewinnt das Wort aber einen klar konturierten Bedeutungsgehalt: Wesentliche, essentielle Kenosis meint die sich selbst verschenkende, andere und anderes nicht kontrollierende und zu nichts zwingende Liebe Gottes; daher der englische Buchtitel: *The Uncontrolling Love of God*. Nur eine solche, die Geschöpfe gewaltlos freisetzende, sie im lockenden und werbenden Zwiegespräch zur freien Kooperation mit ihrem Schöpfer ermutigende und ermächtigende Liebe Gottes ist in der Lage, eine zumindest einigermaßen zufriedenstellende Antwort auf die Theodizeefrage zu geben. Denn der entscheidende Punkt dabei ist, dass Gott sich nicht wie in den herkömmlichen theologischen Konzepten allererst willentlich dazu entscheiden muss, sich in die Ohnmachtsgestalt hinein zu entäußern, sondern dass diese Bewegung des rückhaltlosen Sich-Verschenkens konstitutiver, notwendiger Teil von Gottes Wesen ist. Der verbreiteten Interpretation von Kenosis als einer voluntativen Selbstbeschränkung Gottes stellt Oord die essentielle, die wesentliche Kenosis gegenüber. Durch das Attribut *essentiell* wird der Kenosis-Begriff, der normalerweise dazu dient, das Verhältnis von göttlicher und menschlicher Natur in Christus zu beschreiben, zu einer Charakterisierung des göttlichen Wesens insgesamt bzw. zu einer Modellierung der gesamten Gott-Welt-Beziehung.

Oord will Ernst machen mit der These, dass Gott nicht nur eine irgendwie liebende Wirklichkeit, sondern dass er in einem umfassenden Sinn des Wortes die Liebe selbst ist: „Gott ist Liebe" (1 Joh 4,8). Doch was bedeutet das mit Blick auf die theologische Theoriebildung? Für Oord heißt das: Liebe ist nicht nur eine göttliche Eigenschaft neben anderen göttlichen Eigenschaften, sondern sie ist das logisch wie sachlich Primäre, von dem alles andere am Gottesbegriff allererst zu bestimmen ist, einschließlich jener Attribute, die gewöhnlich mehr im Vordergrund des theologischen Nachdenkens stehen, besonders also der Allmacht, der absoluten Souveränität und auch der Freiheit Gottes. Wenn aber Gottes innerstes Wesen Liebe ist, dann kann er sich nicht entscheiden, nicht zu lieben. Er liebt in diesem Sinn notwendigerweise: „God loves necessarily"(vgl. S. 159).[503] In 2 Tim 2,13 heißt es: „Wenn wir untreu sind, bleibt er [Gott, M.R.] doch treu, denn er kann sich nicht selbst verleugnen". Zumeist wird dieser Vers so verstanden, dass Gott seinen einmal getroffenen Ratschluss auch über die Zeit hin beibehält. Oord liest ihn als eine metaphysische Wesensaussage.

Die Relevanz dieses Theoriemodells für die Theodizeefrage liegt darin, dass die moralisch so delikate Unterscheidung zwischen effektiver Verursachung und bloß willentlicher Zulassung der genuinen Übel durch Gott wegfällt. Damit fällt auch der Vorwurf der unterlassenen Hilfeleistung weg. Zu Recht weist Oord immer wieder darauf hin, dass Gott, um wirklich als verehrungs- und glaubwürdig gedacht werden zu können, unsere moralischen Mindeststandards nicht unterlaufen darf. Kein liebender Vater, keine liebende Mutter würde aber sehenden Auges das geliebte Kind mit Verweis auf dessen freien Willen ins Verderben laufen lassen. Demgegenüber lautet Oords Zentralthese: Selbst wenn Gott es wollte, kann er genuine Übel nicht eigenmächtig verhindern – „God *cannot* unilaterally prevent genuine evil" (vgl. S. 165).[504] Ebenso wenig wie Meerjungfrauen einen Marathon laufen können, so Oords sprechendes Bild (vgl. S. 155),[505] kann Gott eigenmächtig in die Schöpfung eingreifen und irgendetwas darin ohne Zutun der Geschöpfe erzwingen. Es liegt schlicht nicht in seiner Natur, denn die göttliche Liebe limitiert in dieser Hinsicht die göttliche Macht. Die Antwort, die Oord auf die Theodizeefrage vorschlägt, besteht also in einer nochmaligen Steigerung herkömmlicher Kenosis-Theologien. Im Gegensatz zu einer bloß willentlichen Selbstlimitation Gottes nach seinem Schöpfungsratschluss postuliert Oord eine essentiell-seinshafte Ohnmacht Gottes, die aus seinem innersten Wesen als Liebe resultiert. Weil Liebe niemals irgendetwas mit Gewalt erzwingen kann, weil Liebe andere und anderes nicht einseitig kontrollieren kann, deshalb kann Gott ohne eine freie Kooperation der Geschöpfe genuine Übel nicht verhindern. Er kann es nicht: *God Can't* – so lautet denn auch der sprechende Titel des jüngsten Buches von Oord, das zentrale Gedanken aus *Uncontrolling Love* nochmals für ein breiteres Publikum entfaltet.[506]

---

[503] T. Oord, The Uncontrolling Love of God (Anm. 4), 162.
[504] Ebd., 167.
[505] Ebd., 181.
[506] Vgl. T. Oord, God Can't. How to Believe in God and Love after Tragedy, Abuse, and Other Evils. Grasmere, ID: SacraSage Press 2019.

Ist Gott damit handlungsunfähig, zum bloß passiven Zuschauen eines von ihm nicht beeinflussbaren Weltgeschehens verdammt? Präsentiert Oord also, mit anderen Worten, einen moralisch vielleicht gefälligen, aber letztlich seichten Deismus? Mitnichten! Die Frage nach einem Handeln oder Wirken Gottes in der Welt ist theologisch heiß diskutiert, die Debatten darüber füllen Bibliotheken. Schon die Frage, ob man überhaupt angemessen von einem Handeln Gottes sprechen kann, ist keineswegs unumstritten. Thomas Jay Oord ist demgegenüber überzeugt: Gott kann in der Welt handeln, und er handelt nicht trotz, sondern gerade wegen seines Wesens als Liebe ununterbrochen und zuhöchst effektiv. Aber er handelt nicht durch Zwang, und er greift nicht von außen in die Schöpfung ein.

Eine wichtige Verständnishilfe für dieses Konzept göttlichen Handelns bietet die spezifische Definition von Liebe, die bei Oord Verwendung findet. Liebe, so Thomas Oord, ist nämlich mitnichten ein romantisches Gefühl, das irgendwie überwältigt, keinen klaren Gedanken fassen lässt und wie in einer emotionalen Blase gefangen hält. Liebe ist mehr und anderes als die vielbesungenen Schmetterlinge im Bauch. Im Deutschen würde man das vielleicht eher als einen Zustand der Verliebtheit charakterisieren. Echte Liebe zeichnet sich für Oord hingegen durch eine tiefe Sympathie aus, die insofern handlungsleitend ist, als sie das Wohlergehen des oder der geliebten Anderen als einziges Handlungsziel kennt. Wer liebt, handelt intentional, in einem dialogischen bzw. Antwort gebenden, von tiefer Empathie und Sympathie getragenen, wechselseitigen Beziehungsgeschehen, um das Wohlergehen des geliebten Gegenübers in möglichst umfassender Weise zu fördern.[507] Eben dieser Begriff von Liebe steht im Hintergrund, wenn Oord über das Handeln Gottes in der Welt nachdenkt.

3. Offene und relationale Theologie

Bei all dem ist außerdem der eigenständige und originelle theologische Ansatz Thomas Jay Oords mit zu bedenken, in den seine Theorie einer essentiellen Kenosis und eines nicht-kontrollierenden, liebenden Handelns Gottes

---

[507] Vgl. T. Oord, Defining Love: A Philosophical, Scientific, and Theological Engagement. Grand Rapids, MI: Brazos 2010, 15: „To love is to act intentionally, in sympathetic response to others […] to promote overall well-being." Vgl. auch die gute Darstellung der oordschen Metaphysik der Liebe bei K. Vanhoozer, Love Without Measure? John Webster's Unfinished Dogmatic Account of the Love of God, in Dialogue with Thomas Jay Oord's Interdisciplinary Theological Account, in: O. Crisp; J. Arcadi; J. Wessling (Hg.), Love, Divine and Human. Contemporary Essays in Systematic and Philosophical Theology. London / New York u. a.: T&T Clark 2019, 7-26, hier 11-13; ebd., 11 obiger Zitatnachweis.

eingebettet sind. Der englische Untertitel von *Uncontrolling Love of God* lautet: *An Open and Relational Account of Providence*. Das wird in der hier vorliegenden deutschen Übersetzung treffend mit „Ein offener und relationaler Zugang zum Wirken Gottes in der Welt" wiedergegeben, weil es in diesem Buch nicht nur um eine spezifische Interpretation der Lehre von der göttlichen Vorsehung geht (Providenzlehre im engeren, schultheologischen Sinn des Wortes), sondern um einen Neuansatz zum Gott-Welt-Verhältnis bzw. zum Wirken Gottes in der Welt insgesamt. Dieser Neuansatz ist aber, und das ist der entscheidende Punkt, interdisziplinär ausgerichtet. Er will das Beste aus zwei unterschiedlichen theologischen Denkschulen, der offenen und der relationalen Theologie, miteinander zu einer kreativen und theologisch ergiebigen Synthese verbinden.

Thomas Jay Oord gehört der sog. Kirche des Nazareners an. Das ist eine gegen Ende des 19. Jahrhunderts in Los Angeles entstandene, evangelisch-freikirchliche Gemeinde, die in der Tradition John Wesleys steht, dem Begründer der methodistischen Kirche. 1908 wurde die *Church of the Nazarene* dann in Texas durch Zusammenschluss mit zwei anderen, ähnlich ausgerichteten Denominationen formell gegründet. Heute zählt sie über zwei Millionen Mitglieder in vielen Ländern der Erde. Wie bei anderen evangelisch-freikirchlichen bzw. evangelikalen Gruppen auch steht die Heiligung des persönlichen Lebens durch Pflege einer intensiven Jesusbeziehung im Mittelpunkt der Frömmigkeit. Das führt dazu, dass diese Bewegungen oft eine Affinität zu Theologien haben, die unter dem Label *open theism* – offener Theismus – firmieren. Die Passfähigkeit liegt darin, dass offene Theisten nicht nur eine auch für Gott offene Zukunft annehmen (daher die Etikettierung), sondern insbesondere, dass sie Gott in einem durchaus univoken (bedeutungsgleichen) Sinn als eine liebende Person ansehen, zu der wir Menschen in eine wirklich personale und freiheitliche Beziehung treten können.[508] Das Anliegen einer möglichst unvoreingenommenen und wortgetreuen Lektüre der Heiligen Schrift spielt dabei eine wichtige Rolle. Dieser offene Theismus ist der eine Pol des interdisziplinären Projekts von Thomas Oord.

Der andere Pol, aus dem Oord seinen (offenen und relationalen) theologischen Neuansatz formt, ist die von Alfred N. Whitehead und Charles Hartshorne inspirierte Prozessphilosophie und -theologie, wie er sie u. a. während seiner Studien am dortigen *Center for Process Studies* in Claremont

---

[508] Vgl. J. Grössl, Gott als Liebe denken – Anliegen und Optionen des Offenen Theismus, in: NZSTh 54 (2012) 469-488; ders., Die Freiheit des Menschen als Risiko Gottes. Der Offene Theismus als Konzeption der Vereinbarkeit von menschlicher Freiheit und göttlicher Allmacht (STEP 3). Münster 2015, bes. 21-26.

/ Kalifornien in Gestalt von Denkern wie John Cobb oder Philip Clayton kennengelernt hat. Hier steht viel stärker das Anliegen im Hintergrund, Philosophie und ggf. Theologie mit den Ergebnissen der modernen Naturwissenschaften zu versöhnen. Die theologische Variante dieses Denkens ist in der Regel panentheistisch geprägt und vertritt die Annahme, dass Gott allen Dingen zuinnerst gegenwärtig ist, sie also gewissermaßen von innen lockt, umwirbt und zum Guten reizt. Gott ist hier weniger wie im offenen Theismus der Akteur, der von außen handelnd in den Weltverlauf interveniert (Interventionismus), sondern die Wirkkraft in den geschaffenen Dingen, die diese zu Kreativität, immer neuer Lebendigkeit und – beim Menschen – zum Tun des Guten führt. Oords Idee von einem gleichermaßen effektiven wie noninterventionistischen Handeln Gottes ist ohne diese beiden Quellen seiner Theologie nicht zu verstehen.

Die Brücke, die beide Stränge miteinander verbindet, ist neben der gemeinsamen Ablehnung eines umfassenden göttlichen Vorherwissens die Kritik am klassischen schultheologischen Gottesbegriff, bei dem die Leidensunfähigkeit, Unveränderlichkeit und Zeitlosigkeit Gottes im Vordergrund stehen. Beide Denkformen weisen z. B. die Annahme des Thomas von Aquin zurück, dass Gott aufgrund seiner zeitlosen Unwandelbarkeit in keiner realen Relation zur Welt steht, sondern diese gewissermaßen nur von außen durch seine ewigen Dekrete regiert. Stattdessen gehen sowohl der offene Theismus als auch die Prozesstheologie davon aus, dass die Schöpfung eine Rückkoppelung auf Gott entfaltet, weil Gott eine maximal empathische Wirklichkeit ist, die sich von allem, was ist, zuinnerst betreffen lässt. Eine wichtige Rolle beim Anliegen, beide Paradigmen miteinander zu verbinden, spielt aber auch die Theodizeefrage. Sie ist es, die Oord zufolge das Ungenügen eines schulmäßigen *open theism* deutlich werden und entsprechend die Grenze zwischen diesen beiden Denkrichtungen verschwimmen lässt.[509] Inzwischen hat sich auf Initiative Oords hin ein eigenes Netzwerk von Theologinnen und Theologen unterschiedlichster Prägung gebildet, die sich dem gemeinsamen Anliegen einer offenen und relationalen Theologie verpflichtet wissen. Im Jahr 2019 erfolgte die Gründung eines *Center for Open & Relational Theology* mit entsprechender Web-Präsenz.[510]

---

[509] Vgl. ein Blogeintrag auf Oords persönlicher Homepage vom 7. Januar 2015: Open and Process Theologies Blur? – http://thomasjayoord.com/index.php/blog/archives/open-and-process-theologies-blur (zuletzt eingesehen am 27.03.2020).
[510] Vgl. https://c4ort.com/ (zuletzt eingesehen am 29.03.2020).

4. Welcher Gott ist verehrungswürdig?

Wie sind nun diese theologische Synthese Oords und ihr zentraler inhaltlicher Modellvorschlag der *essential kenosis* einzuschätzen? Eine intensive Diskussion muss einem späteren Anlass vorbehalten bleiben, aber einige Hinweise sind an dieser Stelle vielleicht noch möglich. An erster Stelle hervorzuheben ist gewiss, dass Oords Ausgangspunkt bei der Theodizeefrage hilft, die Plausibilität des Gottesglaubens gerade angesichts von Not, Leid und Übel in der Welt nachhaltig zu stärken. Denn die bohrende Frage im Hintergrund lautet ja: Welcher Gott ist im Letzten verehrungswürdig? Und was meint das Attribut der göttlichen Vollkommenheit wirklich? Oords Antwort, dass angesichts der Abgründe an Schmerz um uns herum nur ein Gott zu überzeugen vermag, der nicht nur mit uns und allen Geschöpfen mitleidet, sondern der als reine und tiefe Liebe in keiner Weise, auch nicht in einer nur willentlichen Zulassung, für die moralischen und naturhaften Übel mit verantwortlich ist, hat eine hohe Überzeugungskraft. Oord betont zu Recht, dass wir uns nur dann ganz vorbehaltlos, ohne Berechnung und ohne einen Rest an knechtischer Furcht Gott anvertrauen können, wenn auch bei Gott selbst die Liebe jene essentielle Eigenschaft ist, die, wie Paulus in seinem Hohelied auf die Liebe im Ersten Korintherbrief sagt, alles andere übersteigt (vgl. 1 Kor 13,13).

Mit einem Handstreich fegt Oord also die letzten Überbleibsel der alten, in nominalistischer Tradition stehenden *Potentia-absoluta-Dei*-Lehre vom Tisch, die Gott zuvörderst als absolute, unumschränkte Allmacht denkt. Auch die Debatte um die Allmacht Gottes füllt Regale. Kann Gott in seiner unumschränkten Allmacht auch das logisch Widersprüchliche wirken? Kann er einen Stein erschaffen, der so schwer ist, dass er ihn selbst nicht heben kann? – So wurde allen Ernstes in der theologischen Tradition gefragt. Doch auch für den, der solches verneint, gilt: Wenn Gottes zentrale Eigenschaft eine absolute Allmacht ist, die er in unumschränkter Freiheit ausüben kann, dann muss er sich allererst dazu entscheiden, nicht zu zürnen und zu strafen, sondern gütig und treu zu seinem Schöpfungsratschluss zu stehen. Die Gefahr einer – so hat es der Psychoanalytiker Tilman Moser vor Jahrzehnten einmal genannt – „Gottesvergiftung"[511] angesichts eines solchen Gottesbildes ist groß. Wenn auch glücklicherweise nur sehr vereinzelt, so finden sich doch auch im deutschsprachigen Katholizismus derzeit Stimmen, die angesichts von COVID-19 diese Karte einer schwarzen Pädagogik Gottes spielen.

---

[511] T. Moser, Gottesvergiftung. Frankfurt/M 1980.

Noch einmal: Dem gegenüber hat Oords *essential kenosis* einen nicht zu unterschätzenden Plausibilitätsvorteil.[512]

Doch selbstredend hat auch das oordsche Theodizeemodell einen Preis. Ein existentiell relevanter Problemüberhang liegt beispielsweise in der Frage, ob ein solcher Gott denn überhaupt noch hoffen lässt. Oord versucht das Theodizeeproblem durch eine radikale Beschränkung göttlicher Allmacht zu lösen, und er geht mit der *essential kenosis* noch über ähnliche Versuche, wie sie z. B. Hans Jonas und Jürgen Moltmann im deutschen Sprachraum vorgelegt haben, hinaus.[513] Die bedrängende Frage dabei ist freilich, ob – und wenn ja, wie – ein solcherart limitierter Gott noch als Erlöser und Retter von Welt und Mensch gedacht werden kann. Anders formuliert: Verlangt nicht gerade die Existenz von Leid, Schmerz, Ungerechtigkeit, Schuld und Übeln in der Natur und in der Geschichte nach jener Allmacht Gottes, die im Namen eben dieses Leids und Übels zuvor beschnitten wurde?

Bei der Frage nach den Naturübeln berührt das – neben vielem anderen – das Phänomen der Entropie. Das ist der Grad an Ungeordnetheit, der entsprechend dem zweiten Hauptsatz der Thermodynamik in geschlossenen Systemen gleichbleiben oder zunehmen, niemals aber abnehmen kann. Alle evolutiven Höherentwicklungen, alle komplexen Lebenssysteme müssen diesem strukturauflösenden Gesetz der Entropie gewissermaßen abgetrotzt werden, und nach allem, was wir physikalisch wissen, wird die Entropie dabei als Siegerin hervorgehen. Wie viele Prozesstheologinnen und -theologen geht auch Thomas Oord davon aus, dass Gott mittels seiner Schöpfungsimmanenz im Geist hier beständig neu kreative Impulse setzt, um Lebendigkeit und Selbstorganisation zu befördern. Doch mit welchem Gottesbegriff, mit welcher Gott-Welt-Relation kann modellhaft denkbar gemacht werden, dass Gott auch den Kosmos als Ganzen zu retten vermag? Wie lautet die theologische Denkmöglichkeit für das, was Schrift und Tradition metaphorisch den neuen Himmel und die neue Erde nennen? Diese Herausforderung stellt sich für jede Prozesstheologie, nicht nur für Oords spezifischen Ansatz. Aber sie scheint mir auch in diesem Zusammenhang bedenkenswert zu sein.

Ähnliches gilt für das Phänomen des moralischen Übels, also für menschengemachtes Leid, für Schuld und Böses. Auch hier stellt sich die Frage nach der rettenden Geschichtsmacht Gottes, um wenigstens eschatologisch

---

[512] Vgl. Oords Stellungnahme (17.03.2020) zur Corona-Pandemie und zur Frage, ob sie Gottes Wille entspricht: http://thomasjayoord.com/index.php/blog/archives/gods-will-and-the-coronavirus (zuletzt eingesehen am 29.03.2020).

[513] Vgl. H. Jonas, Der Gottesbegriff nach Auschwitz. Eine jüdische Stimme. Frankfurt/M 1987; J. Moltmann, Gott in der Schöpfung. Eine ökologische Schöpfungslehre. Gütersloh ⁴1993, 98-105.

für Gerechtigkeit zu sorgen. Für Immanuel Kant war der postmortale Ausgleich von Natur- und Sittengesetz, von faktischer Glückseligkeit und moralischer Glückswürdigkeit, wie ihn etwa das Bildwort vom Jüngsten Gericht vor Augen stellt, denknotwendig, um unsere moralischen Überzeugungen nicht ihres Fundamentes zu berauben. So führt bei ihm die Erfahrung des kategorischen Imperativs – jenes unbedingte Sollen, das wir in uns verspüren, wenn wir vor moralrelevanten Entscheidungen stehen – zum moralischen Gottespostulat.[514] Nur ein der Geschichte mächtiger Gott vermag angesichts der Nöte und Ungerechtigkeiten der irdischen Historie Hoffnung auf ein gutes Ende auch für die Opfer, die Verlorenen und an den Rand Gedrängten unserer und aller Zeiten zu machen.

5. Einen neuen Anfang setzen

Letztlich dreht sich alles um die Frage, ob Gott aus nichts einen neuen Anfang setzen kann. Eschatologisch, d. h. mit Blick auf die sog. letzten Dinge, bedeutet das: Kann Gott aus der Leere des Todes neues Leben schaffen? Oord bejaht die Denkmöglichkeit der Auferstehung Jesu Christi ganz ausdrücklich, sieht aber auch hier die geschöpfliche Kooperation in Form eines wie auch immer vorzustellenden Miteinbezugs der körperlichen und geistigen Elemente des irdischen Jesus nicht außer Kraft gesetzt.[515] Das ist mir schwer vorstellbar. Ich verstehe unter der Auferweckung Jesu ein Handeln Gottes am toten Jesus von Nazaret. Gott kann auch dort neues Leben schaffen, wo wir mit unseren Möglichkeiten am Ende sind; auch dort, wo wir in der absoluten Ohnmacht und tiefsten Passivität der Todeseinsamkeit zu keinerlei Kooperation mehr fähig sind. Eine solche Auferstehungshoffnung verletzt m. E. die auch von mir vertretene theologische Forderung nach einem Noninterventionismus nicht (auch da bin ich, wie in so vielem, mit Thomas Oord ganz einig), weil Auferstehung eine Wirklichkeit ist, die jenseits unserer empirisch zugänglichen Kategorien von Zeit und Raum angesiedelt ist. Es ist ein erlösendes und neuschaffendes Handeln Gottes in absoluter Geschichtstranszendenz. Das gilt auch für die Auferweckung des toten Jesus. Ich bin überzeugt: Eine Kamera im Grab Jesu hätte nichts aufgenommen. Trotzdem

---

[514] Vgl. I. Kant, KpV, A 223-226.
[515] Vgl. T. Oord, Analogies of Love between God and Creatures: A Response to Kevin Vanhoozer, in: O. Crisp; J. Arcadi; J. Wessling (Hg.), Love, Divine and Human. Contemporary Essays in Systematic and Philosophical Theology. London / New York u. a.: T&T Clark 2019, 27-42, hier 33f. in Reaktion auf eine Anfrage Vanhoozers (vgl. Anm. 9): „He [Vanhoozer, M.R.] rightly summarizes me as believing this resurrection includes cooperation from Jesus's mind/soul and Jesus's bodily members."

glaube ich fest an die ganzmenschliche, mit anderen Worten: an die leibliche Auferweckung aus dem Tod, weil dieses Wort mehr und anderes meint als die Wiederzusammenfügung katabolisch sich zersetzender Zellmaterie (um den etwas unfeinen Hinweis auf die Verwesung des Leichnams zu vermeiden).[516] Um nicht missverstanden zu werden: Thomas Oord spricht ganz zu Recht von einer partizipativen Eschatologie.[517] Er meint damit die Absage an einen göttlich erzwungenen Heilsuniversalismus, bei dem Gott unseren freien Willen ebenso übergehen müsste wie die Täter-Opfer-Differenz. Das setzt die Hoffnung auf eine Allerlösung oder Allversöhnung bei Gott jenseits des Todes nicht ins Unrecht. Aber ein solcher Automatismus wäre in der Tat geschichtsnihilistisch. Damit Gott uns jedoch in der Begegnung mit sich zu einem Leben in Fülle in seinem Reich gewinnen kann, muss ihm zunächst im Glauben die Macht zugesprochen werden, im Ende des Todes von sich aus und ohne unser Zutun einen neuen Anfang setzen zu können.

Protologisch, also mit Blick auf den Anfang der Schöpfung, stellt sich die gleiche Frage: Kann Gott aus nichts Neues schaffen? Die offene und relationale Theologie, wie Thomas Oord sie vertritt, verträgt sich grundsätzlich gut mit der Idee der *creatio ex nihilo*, der Schöpfung aus nichts. Trotzdem scheint er diesem Gedanken mit einer gewissen Skepsis gegenüberzustehen. Oord bevorzugt stattdessen die Rede von der *creatio ex creatione a natura amoris*, einer unablässig fortgesetzten Schöpfung aus der Natur der Liebe Gottes (vgl. S. 145 Fußnote 389).[518] Gemeint ist damit der Gedanke, dass Gott aufgrund seiner Liebesnatur unablässig schöpferisch tätig ist. Gott ist zwar frei zu entscheiden, auf welche Weise er schöpferisch tätig werden will, aber es steht ihm nicht frei, nichts zu erschaffen. Das widerspräche seiner Natur als sich verschenkender Liebe. Natürlich hat Oord insofern Recht, als auch der Begriff einer Schöpfung aus nichts zuhöchst unklar und erklärungsbedürftig ist. Er gießt die Glaubensüberzeugung des abrahamitischen Monotheismus, dass es neben Gott keinen Gegengott, kein widergöttliches, zweites Urprinzip geben kann, zwar in eine griffige sprachliche Formel, lässt aber offen, wie das näher vorzustellen ist. Für mich ist der Gedanke von der *creatio ex nihilo* jedoch hilfreich, weil er die radikale Welttranszendenz Gottes gut zum Ausdruck bringt, die es braucht, um seine ebenso tiefe Weltimmanenz

---

[516] Vgl. M. Remenyi, Auferstehung denken. Anwege, Grenzen und Modelle personaleschatologischer Theoriebildung. Freiburg 2016, 270 – 298 (zur Debatte um das leere Grab Jesu), 298 – 329 (zur theologischen Deutung der Auferweckung Jesu), 594 – 634 (zur personaleschatologischen Modellbildung und meinem eigenen theologischen Modellvorschlag, der Auferweckung als Gestaltwandel begreift).

[517] Vgl. T. Oord, Analogies of Love between God and Creatures (Anm. 17), 36.

[518] Vgl. T. Oord, Uncontrolling Love (Anm. 4), 146 (FN 58).

denken zu können. An der – auch hierin bin ich mit Thomas Oord ganz einig – ist aber unbedingt festzuhalten.

6. Freiheit und Liebe in Gott

Mit der Frage nach der Schöpfung aus nichts sind wir beim entscheidenden Punkt angekommen, der bei Oords Konzept noch tiefer reflektiert werden will, nämlich dem Verhältnis von Freiheit und Liebe in Gott. Für gewöhnlich dient die Rede von der Schöpfung aus nichts nämlich dazu, die völlige Freiheit Gottes gegenüber seiner Schöpfung zu betonen. Freiheit ist ja gerade die Kunst, einen neuen Anfang setzen zu können. Freiheit ist das „Vermögen, einen Zustand von selbst anzufangen", so sagt es Immanuel Kant.[519] Gott sei bei der Erschaffung der Welt ganz und gar frei gewesen, es hätte für ihn keinen Mangel bedeutet, wenn er die Welt nicht erschaffen hätte, denn er sei ja, so fügt man dann zumeist an, schon in sich – innertrinitarisch – unbegrenzte Liebes-, Lebens- und Beziehungsfülle. Nun ist es aber kein ganz triviales theologisches Problem, wie sich die göttliche Beziehungsfülle dreier sich in Liebe zugetaner innertrinitarischer Personen denken lässt, ohne Gefahr zu laufen, dabei in Tritheismus überzukippen. Dies gilt insbesondere für soziale Trinitätslehren, die die drei Personen in Gott als je ichbewusste Subjekte mit Verstand und Willen und Gottes Wesen entsprechend als ein Kommerzium dreier Freiheiten begreifen. Für Vertreterinnen und Vertreter der klassischen lateinischen, monosubjektiven Trinitätslehre ist es dafür umgekehrt nicht immer leicht zu argumentieren, wie denn Gott überhaupt in sich als Lebens- und Beziehungsfülle gedacht werden kann, wenn Vater, Sohn und Geist nur in einem zuhöchst analogen Sinn als Personen bezeichnet werden können.[520] Gerade hier bietet sich natürlich Oords schöpfungstheologische Lösung an, weil in seinem Denkansatz Gott immer schon seine Liebe und seinen Beziehungswillen in Bezug auf eine Schöpfung realisiert.

Thomas Oord macht deshalb zu Recht darauf aufmerksam, dass er seine Theologie zwar nicht bei innertrinitarischen Reflexionen beginnen lässt, sie aber sehr wohl anschlussfähig an trinitarisches Denken ist;[521] wie gerade gezeigt, gilt das in besonderer Weise für die lateinische monosubjektive Trinitätstheologie. Doch ist damit das Nachdenken über das Zueinander von

---

[519] I. Kant, KrV, B 561 / A 533.
[520] Einen guten Überblick bietet auch hier K. v. Stosch, Trinität. Paderborn 2017, 82-112 (monosubjektive Modelle der Trinitätstheologie), 113-136 (soziale bzw. interpersonale Modelle der Trinitätstheologie).
[521] Vgl T. Oord, Analogies of Love between God and Creatures (Anm. 17), 37f.

Freiheit und Liebe in Gott natürlich noch nicht zu Ende. Wie sollte es auch. Und wer könnte von sich behaupten, damit je an ein Ende gekommen zu sein? Mir imponiert die Ernsthaftigkeit, mit der Oord durchbuchstabiert, was es heißt, Gott als Liebe zu denken. Auf den Einwand, dass Liebe ohne Freiheit nicht gedacht werden kann, weil Liebe nicht erzwungen werden, sondern nur in Freiheit gedeihen kann, antwortet er mit dem Hinweis, dass auch in seinem Modell Gott alle Freiheit in der Art und Weise der konkreten Ausübung seiner liebevollen Zuwendung hat. Wie Gott seine Liebe wirksam werden lässt, liegt ganz und gar in seiner Freiheit.[522] Letztlich sind wir sowohl beim Nachdenken über die Liebe als auch über die Freiheit Gottes auf Analogien aus dem zwischenmenschlichen Bereich angewiesen und ahnen doch das Ungenügen solcher Vergleiche. So bleibt die Hoffnung, dass beides, Liebe und Freiheit in Gott, unseren irdischen Erfahrungshorizont um ein Unendliches übersteigt.

Die meisten offenen Theisten sprechen Gott die strukturell gleiche Form der Freiheit wie den Menschen zu. Sie sind überzeugt davon, dass Gott die Fähigkeit des So-oder-anders-Könnens unter gegebenen Bedingungen zukommt, dass er also ebenso wie wir die Freiheit der Wahl zwischen moralisch signifikanten Optionen hat. Man spricht hier im Gegensatz zu einem freiheitstheoretischen Kompatibilismus, der Freiheit und Notwendigkeit zusammendenken will, von einer libertarischen Freiheitsauffassung. Es ist eine interessante Frage, wo Thomas Oords Theologie hier einzuordnen wäre. Einerseits legt sein kooperativ und dialogisch angelegtes Gott-Welt-Modell einen solchen Libertarismus auch mit Blick auf die göttliche Freiheit überaus nahe. Auf der anderen Seite zeigt gerade seine Schöpfungstheologie und seine Skepsis gegenüber der *creatio ex nihilo*, dass er die Freiheit in Gott auf eigentümliche und für mich sehr faszinierende Weise von der Liebe durchformt denken will. Eine ganze Kaskade an Folgefragen bricht auf: Ist die Freiheit der Wahl wirklich das letzte Wort, wenn wir über Gottes Freiheit nachdenken? Ist es wirklich sinnvoll, in Gott zeitlich strukturierte Entscheidungs- und Abwägungsprozesse analog zu unseren Freiheitsentscheiden zu konzipieren? Andererseits: Wäre andernfalls dann die mit guten Gründen anzunehmende libertarische (Wahl-)Freiheit des Menschen nicht als letztlich irgendwie tragisch und defizitär einzuschätzen? Was würde das aber für den Gedanken der Gottebenbildlichkeit des Menschen bedeuten?

---

[522] Vgl. z. B. ebd., 35.

7. Schluss

Ein Letztes. Ich schreibe dieses Nachwort – wie oben bereits gesagt – in Zeiten der grassierenden SARS-CoV-2-Pandemie. China scheint das Schlimmste bereits hinter sich zu haben, die Situation in Italien, aber auch in Spanien, im Elsass oder in New York ist momentan dramatisch. Deutschland versucht sich in diesen Tagen so gut es geht vor der zu erwartenden Welle an COVID-19-Erkrankungen durch die Einrichtung möglichst vieler Intensivpflegeplätze mit entsprechenden Beatmungsgeräten zu wappnen. Wie die Situation sein wird, wenn Sie, liebe Leserin, lieber Leser, dieses Buch in Händen halten, weiß ich nicht. Das weiß niemand – vielleicht nicht einmal Gott. Für heute versuche ich, meine Ängste und Sorgen anzusehen und zuzulassen. Ich versuche sie auszuhalten und dabei im Glauben wie im Denken weiter erwachsen zu werden.

Zu dieser Arbeit an der Angst und an der Emotion, zu diesem Ringen um den Mut zur Hoffnung – kurz: Zu diesem Mühen, trotz allem in dieser Krise im Glauben zu wachsen und zu reifen, gehört auch ein neues Nachdenken über Fragen, die mein Gottesbild betreffen. Natürlich bietet mir auch das Buch von Thomas Jay Oord dazu keine klaren, glatten und einfachen Antworten. Aber ich fühle mich in meinem Fragen und Suchen ernstgenommen. Oord argumentiert leidenschaftlich engagiert, klar und offen. Mit dem Mut zur These macht er sich angreifbar und lädt zur Diskussion ein. Er legt den Finger in die Wunde unserer oft so leicht niedergeschriebenen theologischen Modellentwürfe und mahnt so, sich mit den überkommenen Antworten nicht allzu schnell zufrieden zu geben. Vor allem aber regt er zu eigenem theologischen Nachdenken an, weil er die zentrale Frage aller Theologie wieder aufs Neue in den Mittelpunkt stellt: Was bedeutet es angesichts von Leid und Übel in der Welt, von Gott als Liebe zu sprechen?

Schließen möchte ich aber nicht nur mit einem Dank an Thomas Jay Oord, sondern auch an Julia Nöthling und Felix Fleckenstein, die am Übergang vom Studium zum Beruf bzw. zum vertiefenden Promotionsstudium diese Übersetzung aus dem Englischen mit viel anglistischer und theologischer Sachkenntnis, aber auch mit mindestens ebenso viel Engagement und Enthusiasmus vorangebracht haben. Ohne sie hätte dieses Projekt nicht realisiert werden können.

Würzburg, im März 2020
Matthias Remenyi

Literatur

ADAMS, Robert, Finite and Infinite Goods. A Framework for Ethics, Oxford 1999.

ALEXANDER, Denis, Creation or Evolution. Do We Have to Choose?, Grand Rapids 2008.

ALEXANDER, Paul, Signs and Wonders. Why Pentecostalism Is the World's Fastest Growing Faith, San Francisco 2009.

ALEXANDER, Richard D., The Biology of Moral Systems, New York 1987.

ALLEN, C. Leonard/ Hughes, Richard T., Discovering Our Roots. The Ancestry of the Churches of Christ, Abilene 1988.

ALSTON, William, Some Suggestions for the Divine Common Theorists, in: Ders., Divine Nature and Human Language. Essays in Philosophical Theology, Ithaca NY 1989, S.253-274.

ANSELM VON CANTERBURY, Proslogion. Lateinisch/ deutsche Ausgabe (Frommann's Studientexte; 2) (herausgegeben von Franciscus Salesius Schmitt), Stuttgart/Bad Cannstatt ³1995.

ARCHER, Kenneth J., Open Theism View. Prayer Changes Things, in: Pneuma Review 5 (2/2002), S.32-53.

ARCHER, Kenneth J., The Gospel Revisited. Towards a Pentecostal Theology of Worship and Witness, Eugene OR 2011.

ARISTOTELES, Aristoteles´ Physik. Vorlesung über Natur. Erster Halbband: Bücher I-IV (PhB; 380) (herausgegeben von Hans Günter Zekl), Hamburg 1987, Buch II; 3.

ARMINIUS, Jacob, The Works of James Arminius. Volume 1 (übersetzt von James Nochols), Grand Rapids ²1991.

ARMINIUS, Jacob, The Works of James Arminius. Volume 2 (übersetzt von James Nochols), Grand Rapids ²1991.

ARMSTRONG, David M., What Is a Law of Nature?, Cambridge 1993.

ARTSON, Bradley S., God of Becoming and Relationship. The Dynamic Relationship of Process Theology, Woodstock VT 2013.

AUGUSTINUS, Aurelius, Nutzen des Glaubens. Die zwei Seelen, Paderborn 1966.

AXELROD, Robert, The Evolution of Cooperation, New York 1984.

AYALA, Francisco, Teleological Explanations in Evolutionary Biology, in: C. Allen/ M. Beko/ G. Lauder (Hg.), Nature's Purposes. Analyses of Function and Design in Biology, Cambridge 1998, S.23-53.

BAKER, Vaughn W., Evangelism and the Openness of God. The Implications of Relational Theism for Evangelism and Missions, Eugene OR 2013.

BAKER-FLETCHER, Karen, Dancing with God. The Trinity from a Womanist Perspective, St. Louis 2006.

BALDWIN, James M., Development and Evolution, New York 1902.

BANGS, Carl, Arminius. A Study in the Dutch Reformation, Grand Rapids 1985.

BANGS Wynkoop, Mildred, A Theology of Love. The Dynamic of Wesleyanism, Kansas City MO 1972.

BANKARD, Joseph, Universal Morality Reconsidered. The Concept of God, Cambridge 2013.

BARBOUR, Ian G., Evolution and Process Thought, in: J. B. Cobb (Hg.), Back to Darwin. A Richer Account of Evolution, Grand Rapids 2008, S.196-214.

BARBOUR, Ian G., Issues in Science and Religion, Upper Saddle River NJ 1966.

BARBOUR, Ian G., Nature, Human Nature, and God, Minneapolis 2002.

BARBOUR, Ian G., Religion in an Age of Science (Gifford Lectures 1989-1991; 1), Norwich 1990.

BARBOUR, Ian G., When Science Meets Religion. Enemies, Strangers, or Partners?, New York 2000.

BARTH, Karl, Der Römerbrief. Zweite Fassung 1922 (Karl Barth Gesamtausgabe; 2), Zürich 2010.

BARTHOLOMEW, David J., Chance and Purpose. Can God Have It Both Ways?, Cambridge 2008.

BASINGER David/ Basinger Randall, Philosophy and Miracle. The Contemporary Debate, Lewiston NY 1986.

BASINGER, David, The Case for Freewill Theism. A Philosophical Assessment, Downers Grove IL 1996.

BASINGER, David, What Is a Miracle?, in: G. H. Twelftree (Hg.), The Cambridge Companion to Miracles, Cambridge 2011, S.19-35.

BAVINCK, Herman, God and Creation (Reformed Dogmatics; 2), Grand Rapids 2004.

BEKOFF, Marc, Minding Animals. Awareness, Emotions, and Heart, Oxford 2002.

BEKOFF, Marc/ Pierce, Jessica, Wild Justice. The Moral Lives of Animals, Chicago 2009.

BLACKBURN, Barry L., The Miracles of Jesus, in: G. H. Twelftree (Hg.), The Cambridge Companion to Miracles, Cambridge 2011, S.113-130.

BOWLES, Samuel/ Gintis, Herbert, A Cooperative Species. Human Reciprocity and Its Evolution, Princeton NJ 2011.

BOYD, Craig A., A Shared Morality. A Narrative Defense of Natural Law Ethics, Grand Rapids 2007.

BOYD Craig A./ Cobb, Aaron D., The Causality Distinction, Kenosis, and a Middle Way. Aquinas and Polkinghorne on Divine Action, in: Theology and Science 4 (2009), S.391-406.

BOYD, Gregory A., God of the Possible. A Biblical Introduction to the Open View of God, Grand Rapids 2000.

BOYD, Gregory A., Satan and the Problem of Evil. Constructing a Trinitarian Warfare Theodicy, Downers Grove IL 2001.

BRACKEN, Joseph A., Does God Roll Dice?. Divine Providence for a World in the Making, Collegeville MN 2012.

BRADLEY, James, Randomness and God's Nature, in: Perspectives on Science and Christian Faith 64 (2/2012), S.75-89.

BRENTS, Thomas W., The Gospel Plan of Salvation, Cincinnati 1874.

BRIGHTMAN, Edgar S., The Finding of God, New York 1931.

BRIGHTMAN, Edgar S., The Problem of God, New York 1930.

BROOKE, John H., Science and Religion. Some Historical Perspectives, Cambridge 1991.

BROWN, Candy Gunther, Global Pentecostal and Charismatic Healing, Oxford 2011.

BROWN, Candy Gunther, Testing Prayer. Science and Healing, Cambridge MA 2012.

BROWN, David, Divine Humanity. Kenosis and the Construction of a Christian Theology, Waco TX 2011.

BRÜMMER, Vincent, What Are We Doing When We Pray?. A Philosophical Enquiry, London 1984, S.67.

CALLEN, Barry L., Clark H. Pinnock. Journey Toward Renewal, an Intellectual Biography, Nappanee IN 2000.

CALLEN, Barry L., God as Loving Grace. The Biblically Revealed Nature and Work of God, Nappanee IN 1996.

CALVIN, Johannes, Auslegung der Heiligen Schrift (Bd. 1: Auslegung der Genesis), Neukirchen 1956.

CALVIN, Johannes, Unterricht in der christlichen Religion. Nach der letzten Ausgabe übersetzt und herausgegeben von Otto Weber, Neukirchen 1955.

CALVIN, John, The Secret Providence of God (herausgegeben von Paul Helm), Wheaton IL 2010.

CAPUTO, John D., The Prayers and Tears of Jacques Derrida. Religion Without Religion, Bloomington 1997.

CASE-WINTERS, Anna, God's Power. Traditional Understandings and Contemporary Challenges, Louisville KY 1990.

CASE-WINTERS, Anna, Reconstructing a Christian Theology of Nature. Down to Earth, Burlington VT 2007.

CASTLEMAN, Josh, Where Was God During the Boston Marathon Bombings?, in: Orlando Sentinel, 21 April 2013, http://articles.orlandosentinel.com/2013-04-21/news/os-ed-god-boston-bombings-042113-20130419_1_god-tragedy-animal-instincts.

CHARTIER, Gary, The Analogy of Love. Divine and Human Love at the Center of Christian Theology, Charlottesville VA 2007.

CHILDS, Brevard S., Biblical Theology in Crisis, Philadelphia 1970, S.44-47.

CHILDS, Brevard S., The Book of Exodus. A Critical, Theological Commentary, Louisville KY 2004.

CLARK, Ronald W., The Survival of Charles Darwin, New York 1984.

CLARKE, Randolph, Alternatives for Libertarians, in: R. Kane (Hg.), The Oxford Handbook of Free Will, Oxford ²2011, S.329-348.

CLAYTON, Philip, Adventures in the Spirit. God, World, Divine Action, Philadelphia 2008.

CLAYTON, Philip, Creation ex Nihilo and Intensifying the Vulnerability of God, in: T. J. Oord (Hg.), Theologies of Creation. Creatio ex Nihilo and Its New Rivals, New York 2014, S.17-30.

CLAYTON, Philip, Emergenz und Bewusstsein. Evolutionärer Prozess und die Grenzen des Naturalismus (RThN; 16), Göttingen 2008.

CLAYTON, Philip/ Schloss, Jeffrey (Hg.), Evolution and Ethics. Human Morality in Biological and Religious Perspective, Grand Rapids 2004.

CLAYTON, Philip, Explanation from Physics to Theology. An Essay in Rationality and Religion, New Haven CT 1989.

CLAYTON, Philip, God and Contemporary Science, Grand Rapids 1997.

CLAYTON, Philip/ Knapp, Steven, The Predicament of Belief. Science, Philosophy, Faith, Oxford 2011.

CLAYTON, Philip/ Davies, Paul (Hg.), The Re-Emergence of Emergence. The Emergentist Hypothesis from Science to Religion, Oxford 2006.

COBB, John B., Back to Darwin. A Richer Account of Evolution, Grand Rapids 2008.

COBB, John B., Grace and Responsibility. A Wesleyan Theology for Today, Nashville 1995.

COBB, John B./ Pinnock, Clark H. (Hg.), Searching for an Adequate God. A Dialogue Between Process and Free Will Theists, Grand Rapids 2000.

COBB, John B., The Process Perspective. Frequently Asked Questions About Process Theology (herausgegeben von Jeanyne B. Slettom), St. Louis 2003.

COLEMAN, Monica A., Making a Way out of No Way. A Womanist Theology, Minneapolis 2008.

COLE-TURNER, Ronald, The New Genesis. Theology and the Genetic Revolution, Louisville KY 1993.

COLLINS, Robin, God and the Laws of Nature, in: Philo 20 (2/2009), S.142-171.

COLLINS, Kenneth J., The Theology of John Wesley. Holy Love and the Shape of Grace, Nashville 2007.

COLYER, Peter J., The Self-Emptying God. An Undercurrent in Christian Theology Helping the Relationship with Science, Cambridge 2013.

CONWAY MORRIS, Simon, Life's Solution. Inevitable Humans in a Lonely Universe, Cambridge 2003.

COREY, Michael A., Back to Darwin. The Scientific Case for Deistic Evolution, Lanham MD 1994.

COTTRELL, Jack, The Nature of Divine Sovereignty, in: C. H. Pinnock (Hg.), The Grace of God and the Will of Man, Grand Rapids 1989, S.97-120.

COWLES, C. S., Show them No Mercy. Four Views on God and Canaanite Genocide, Grand Rapids 2003.

CREEL, Richard E., Divine Impassibility. An Essay in Philosophical Theology, Eugene OR ²2005.

CREEL, Richard E., Immutability and Impassibility, in: P. L. Quinn/ C. Taliaferro (Hg.), A Companion to Philosophy of Religion, Oxford 1997, S.313-321.

CROFFORD, J. Gregory Streams of Mercy. Prevenient Grace in the Theology of John and Charles Wesley, Lexington KY 2010.

CRUTCHER, Timothy J., The Crucible of Life. The Role of Experience in John Wesley's Theological Method, Lexington KY 2010.

DAVIS, Jimmy H./ Poe, Harry L. (Hg.), Chance or Dance? An Evaluation of Design, West Conshohocken PA 2008.

DAWKINS, Richard, Das egoistische Gen, Hamburg ³1996.

DAWKINS, Richard, Und es entsprang ein Fluß in Eden. Das Uhrwerk der Evolution, München 1998.

DEACON, Terrence, The Hierarchic Logic of Emergence. Untangling the Interdependence of Evolution and Self Organization, in: B. H. Weber/ D. J. Depew (Hg.), Evolution and Learning. The Baldwin Effect Reconsidered, Cambridge MA 2003, S. 273-308.

DEANE-DRUMMOND, Celia E, The Ethics of Nature, Malden MA 2004.

DEANE-DRUMMOND, Celia E., The Wisdom of the Liminal. Evolution and Other Animals in Human Becoming, Grand Rapids 2014.

DERRIDA, Jacques, Acts of Religion, New York 2002.

DEWEESE, Garry, Natural Evil. A "Free Process" Defense, in: C. Meister/ J. K. Dew Jr. (Hg.), God and Evil. The Case for God in a World Filled with Pain, Downers Grove IL 2013, S.53-64.

DODD, Charles H., The Johannine Epistles, London 1946, S.112.

DODDS, Michael J., Unlocking Divine Action. Contemporary Science and Thomas Aquinas, Washington DC 2012.

DOMBROWSKI, Daniel A., Analytic Theism, Hartshorne, and the Concept of God, Albany 1996.

DORNER, Isaak A., Gesammelte Schriften aus dem Gebiet der systematischen Theologie, Exegese und Geschichte, Berlin 1883.

DUGATKIN, Lee A., Cheating Monkeys and Citizen Bees, The Nature of Cooperation in Animals and Humans, Cambridge MA 1999.

DUNN, James D., Christology in the Making. An Inquiry into the Origins of the Doctrine of the Incarnation, London ²1989.

EKSTROM, Laura W., Free Will Is Not a Mystery, in: R. Kane (Hg.), The Oxford Handbook of Free Will, Oxford ²2011, S.366-380.

EDWARDS, Denis, The God of Evolution. A Trinitarian Theology, New York 1999.

EDWARDS, Jonathan, Freedom of the Will, New York 1857.

EDWARDS, Rem B., John Wesley's Values – And Ours, Lexington KY 2012.

EPPERLY, Bruce, Process Theology. A Guide for the Perplexed, London 2011.

EVANS, C. Stephen (Hg.), Exploring Kenotic Christology. The Self-Emptying of God, Vancouver 2006.

EWART, Paul, The Necessity of Chance. Randomness, Purpose and the Sovereignty of God, in: Science and Christian Belief 21 (2009), S.111-131.

FABER, Roland, God as Poet of the World. Exploring Process Theologies, Louisville KY 2004.

FALK, Darrel R., Coming to Peace with Science. Bridging the Worlds Between Faith and Biology, Downers Grove IL 2004.

FAUL, Michelle, Congo Women Fight Back. Speak About Rape, Associated Press, in: NBC News, 16 März 2009, www.nbcnews.com/id/29719277/ns/world_news-africa/#.UvVm11CpUfU.

FAYE, Hervé A., Sur l'origine du monde : théories cosmogoniques des anciens et des modernes, Paris 1884.

FEE, Gordon D., Paul's Letter to the Philippians (NICNT), Grand Rapids 1995.

FEE, Gordon D., The New Testament and Kenosis Christology, in: C. S. Evans (Hg.), Exploring Kenotic Christology. The Self-Emptying of God, Vancouver 2006, S.25-44.

FERGUSSON, David, Faith and Its Critics. A Conversation, Oxford 2009.

FERGUSSON, David, The Theology of Providence, in: Theology Today 67 (2010), S.261-278.

FERRÉ, Frederick, Mapping the Logic of Models in Science and Theology, in: D. M. High (Hg.), New Essays on Religious Language, New York 1969, S.54-96.

FLESCHER, Andrew M./ Worthen, Daniel L., The Altruistic Species. Scientific, Philosophical, and Religious Perspectives of Human Benevolence, West Conshohocken PA 2007.

FLINT, Thomas, Divine Providence. The Molinist Account, Ithaca NY 1998.

FRETHEIM, Terence E., About the Bible. Short Answers to Big Questions, Minneapolis ²2009.

FRETHEIM, Terence E., Creation Untamed. The Bible, God, and Natural Disasters, Grand Rapids 2010.

FRETHEIM, Terence E., Divine Foreknowledge, Divine Constancy, and the Rejection of Saul's Kingship, in: Catholic Biblical Quarterly 47 (1985), S.595-602.

FRETHEIM, Terence E., Exodus (Interpretation. A Bible Commentary for Teaching and Preaching; 2), Philadelphia 1991.

FRETHEIM, Terence E., Genesis, in: W. Brueggemann (Hg.), The New Interpreter's Bible (Bd. 1: Genesis to Leviticus), Nashville 1994.

FRETHEIM, Terence E., God and World in the Old Testament. A Relational Theology of Creation, Nashville 2005.

FRETHEIM, Terence E., The Bible in a Postmodern Age, in: R. P. Thompson/ T. J. Oord (Hg.), The Bible Tells Me So. Reading the Bible as Scripture, Nampa ID 2011, Kapitel 9.

FRETHEIM, Terence E., The Repentance of God. A Key to Evaluating Old Testament God-Talk, in: Horizons in Biblical Theology 10 (1988), S.47-70.

FRETHEIM, Terence E., The Suffering of God. An Old Testament Perspective, Philadelphia 1984.

FRINGER, Rob A./ Lane, Jeff K., A Theology of Luck. Fate, Chaos, and Faith, Kansas City MO 2015.

FURNISH, Victor Paul, The Theology of the First Letter to the Corinthians, Cambridge 1999.

GANSSLE, Gregory E. (Hg.), God and Time. Four Views, Downers Grove IL 2001.

GANSSLE, Gregory E./ Woodruff, David M. (Hg.), God and Time. Essays on the Divine Nature, New York 2002.

GEACH, Peter, Providence and Evil. The Stanton Lectures 1971-2, Cambridge 1977.

GHISELIN, Michael T., The Economy of Nature and the Evolution of Sex, Berkeley 1974.

GIBERSON, Karl, Saving Darwin. How to Be a Christian and Believe in Evolution, New York 2008.

GILLESPIE, Neil C., Charles Darwin and the Problem of Creation, Chicago 1979.

GILSON, Etienne, The Christian Philosophy of St. Thomas Aquinas, Notre Dame IN 1994.

GOETZ, Ronald, The Suffering God. The Rise of a New Orthodoxy, in: Christian Century 103 (1986), S.385-389.

GORMAN, Michael J., Inhabiting the Cruciform God. Kenosis, Justification, and Theosis in Paul's Narrative Soteriology, Grand Rapids 2009.

GORMAN, Michael, "You Shall Be Cruciform for I Am Cruciform". Paul's Trinitarian Reconstruction of Holiness, in Holiness and Ecclesiology, in: K. E. Brower/ A. Johnson (Hg.), The New Testament, Grand Rapids 2007, S.148-166.

GOULD, Stephen J., Wonderful Life. The Burgess Shale and the Nature of History, New York 1989.

GRANT, Colin, Altruism and Christian Ethics, Cambridge 2001.

GREGERSEN, Niels H., Critical Realism and Other Realisms, in: R. J. Russell (Hg.), Fifty Years in Science and Religion. Ian G. Barbour and His Legacy, Burlington VT 2004, S.77-96.

GRIFFIN, David R., Evil Revisited. Responses and Reconsiderations, Albany NY 1991.

GRIFFIN, David R., God, Power, and Evil. A Process Theodicy, Louisville KY 2004.

GRIFFIN, David R., Reenchantment Without Supernaturalism. A Process Philosophy of Religion, Ithaca NY 2001.

GRIFFIN, David R., Religion and Scientific Naturalism. Overcoming the Conflicts, Albany 2000.

GRIFFIN, David R., Unsnarling the World-Knot. Consciousness, Freedom, and the Mind-Body Problem, Berkeley 1998.

GRIFFITHS, Anthony J. F., Introduction to Genetic Analysis, New York [10]2008.

GUNTER, W. Stephen Arminius and His Declaration of Sentiments. An Annotated Translation with Introduction and Theological Commentary, Waco TX 2012.

HACKING, Ian, An Introduction to Probability and Inductive Logic, Cambridge 2001.

HACKING, Ian, The Taming of Chance, Cambridge 1990.

HAMILTON, William D., The Evolution of Altruistic Behavior, in: American Naturalist 896 (1963), S.354-356.

HARMAN, Oren, The Price of Altruism. George Price and the Search for the Origins of Kindness, New York 2011.

HARRÉ, Rom, Laws of Nature, London 1993.

HARRIS, Sam, Free Will, New York 2012.

HARRIS, Sam, The Moral Landscape. How Science Can Determine Human Values, London 2010.

HARTSHORNE, Charles, Omnipotence and Other Theological Mistakes, Albany 1984.

HARTSHORNE, Charles, Man's Vision of God, and the logic of theism, New York 1941.

HARTSHORNE, Charles/ Reese, William L., Philosophers Speak of God, Chicago 1953.

HARTSHORNE, Charles, The Divine Relativity. A Social Conception of God, New Haven 1948.

HARTSHORNE, Charles, The Logic of Perfection, LaSalle IL 1962.

HASKER, William, Concerning the Intelligibility of 'God Is Timeless', in: New Scholasticism 57 (1983), S.170-195.

HASKER, William, Divine Knowledge and Human Freedom, in: R. Kane (Hg.), The Oxford Handbook of Free Will, Oxford [2]2011, S.39-56.

HASKER, William, God, Time, and Knowledge, Ithaca 1989.

HASKER, William, Providence, Evil and the Openness of God, New York 2004.

HASKER, William, The Emergent Self, Ithaca NY 1999.

HASKER, William, The Triumph of God over Evil. Theodicy for a World of Suffering, Downers Grove IL 2008.

HASSAN, Heather, Mendel and the Laws of Genetics, New York 2005.

HAUGHT, John F., Christianity and Science. Toward a Theology of Nature (Theology in Global Perspective Series; 1), Maryknoll NY 2007.

HAUGHT, John F., Deeper Than Darwin. The Prospects for Religion in the Age of Evolution, Cambridge MA 2003.

HAUGHT, John F., God After Darwin. A Theology of Evolution, Cambridge MA ²2007.

HAUGHT, John F., Is Nature Enough? Meaning and Truth in the Age of Science, Cambridge 2006.

HAWKING, Stephen W./ Mlodinow, Leonard, Der große Entwurf. Eine neue Erklärung des Universums, Hamburg ⁷2011.

HEFNER, Philip, The Human Factor. Evolution, Culture, and Religion, Minneapolis 1993.

HEISENBERG, Werner, Über den anschaulichen Inhalt der quantentheoretischen Kinematik und Mechanik, in: Zeitschrift für Physik 43 (1927), S.172-198.

HELSETH, Paul K., God Causes All Things, in: D. W. Jowers (Hg.), Four Views on Divine Providence, Grand Rapids 2011, S.25-52.

HICK, John, Evil and the God of Love, San Francisco ²1977.

HILL, Wesley, The New 'New Orthodoxy'. Only the Impassible God Can Help, in: First Things (15. Januar 2015), www.firstthings.com/web-exclusives/2015/01/the-new-new-orthodoxy.

HOFFMAN, Joshua/ Rosenkrantz, Gary S., Omnipotence, in: P. L. Quinn/ C. Taliaferro (Hg.), A Companion to Philosophy of Religion, Malden MA 1999, S.229-235.

HOFFMAN, Joshua/ Rosenkrantz, Gary S., The Divine Attributes, Oxford 2002.

HOLLOWAY, John D., What God Cannot Do, in: Disputatious Interpretation (Blog), 3. September 2014, http://jdhollowayiii.blogspot.com/2014/09/what-god-cannot-do.html.

HOLTZEN, William C., Bruce (Not So) Almighty. Divine Limitation and Human Transformation, in: J. Grana (Hg.), Essays of Hope, Fullerton CA 2012), S.47-58.

HOLTZEN William C./ Sirvent, Roberto, By Faith and Reason. The Essential Keith Ward, London 2012.

HUME, David, Eine Untersuchung über den menschlichen Verstand, Manchester 2018.

HUNT, David, The Simple-Foreknowledge View, in: J. K. Beilby/ P. R. Eddy (Hg.), Divine Foreknowledge. Four Views, Downers Grove IL 2001, S.65-103.

INBODY, Tyron L., The Transforming God. An Interpretation of Suffering and Evil, Louisville KY 1997.

JEANROND, Werner G., A Theology of Love, New York 2010.

JOHNSON, M. Alex, Pandemonium. Witness Accounts of the Boston Marathon Bombing, in: NBC Nightly News, 15. April 2013, http://usnews.nbcnews.com/_news/2013/04 /15/17765308-pandemonium-witness-accounts-of-the-boston-marathon-bombing?lite.

JOHNSON, Phillip E., Reason in the Balance. The Case Against Naturalism in Science, Law & Education, Downers Grove IL 1998.

JONAS, Hans, Das Prinzip Leben, Ansätze zu einer philosophischen Biologie, Frankfurt a.M. ²2011.

JONES, Joe F. III, A Modest Realism. Preserving Common Rationality in Philosophy, Lanham 2001.

KANE, Robert, The Significance of Free Will, Oxford 1998.

KAUFMAN, Gordon D., On the Meaning of „Act of God", in: Harvard Theological Review 61 (2/1968), S.175-201.

KAUFFMAN, Stuart, At Home in the Universe. The Search for the Laws of Self-Organization and Complexity, Oxford 1996.

KECK, Leander E. (Hg.), The New Interpreter's Bible (Bd. 1: Introduction to the Pentateuch, Genesis, Exodus, Leviticus, Numbers, Deuteronomy), Nashville 1994.

KEENER, Craig S., Miracles. The Credibility of the New Testament Accounts (Bd. 2), Grand Rapids 2011.

KELLER, Catherine, Face of the Deep. A Theology of Becoming, New York 2003.

KELLER, Catherine, God and Power. Counter-Apocalyptic Journeys, Minneapolis 2005.

KELLER, Catherine, On the Mystery. Discerning God in Process, Minneapolis 2008.

KEPLER, Johannes, Brief an H. G. Herwart von Hohenburg am 9.-10. April 1599, in: M. Caspar, W. v. Dyck (Hg.), J. Kepler In seinen Briefen (Bd. 1), Oldenburg 1930.

KEUSS, Jeffery F., Freedom of the Self. Kenosis, Cultural Identity, and Mission at the Crossroads, Eugene OR 2010.

KNIGHT, Christopher C., Wrestling with the Divine. Religion, Science, and Revelation, Minneapolis 2001.

KOENIG, Harold, The Healing Power of Faith. How Belief and Prayer Can Help You Triumph over Disease, New York 1999.

KROPOTKIN, Petr, Mutual Aid, A Factor of Evolution, Montreal ³1989.

LAMOUREUX, Denis O., I Love Jesus and I Accept Evolution, Eugene OR 2009.

LAPLACE, Pierre S. de, Philosophischer Versuch über die Wahrscheinlichkeiten. Nach der sechsten Auflage des Originales übersetzt von Norbert Schwaiger, Leipzig 1886.

LARMER, Robert A., The Legitimacy of Miracle, Plymouth 2014.

LEE, Matthew T./ Poloma, Margaret M./ Post, Stephen G. (Hg.), The Heart of Religion. Spiritual Empowerment, Benevolence, and the Experience of God's Love, Oxford 2013.

LEE, Matthew T./ Yong, Amos (Hg.), The Science and Theology of Godly Love, DeKalb 2012.

LECLERC, Diane, Discovering Christian Holiness. The Heart of the Wesleyan-Holiness Theology, Kansas City MO 2010.

LERNER, Hank, Getting Angry with God over My Daughter's Rare Disease, in: Kveller (Blog), 28. Oktober, 2013, www.kveller.com/blog/parenting/getting-angry-with-god-over-my-daughters -rare-disease/.

LEWIS, Clive S., Pardon, ich bin Christ, Basel ⁴2016.

LEWIS, Clive S., Wunder. Möglich – wahrscheinlich – undenkbar?, Basel ⁵2012.

LEWIS, David, Counterfactuals, Oxford 1973.

LODAHL, Michael, God of Nature and of Grace. Reading the World in a Wesleyan Way, Nashville 2003.

LOVE, Gregory, Love, Violence, and the Cross. How the Nonviolent God Saves Us through the Cross of Christ, Eugene OR 2010.

LUCAS, John R., The Future. An Essay on God, Temporality, and Truth, London 1989.

LUKASHOW, Tom, Open Theism Time Line, in: scribd (hochgeladen von Terri Churchill; 28. März 2013), www.scribd.com/doc/132763616/Open-Theism-Timeline-by-Tom-Lukashow.

LYONS, William L., A History of Modern Scholarship on the Biblical Word Herem, Lewiston NY 2010.

MACCHIA, Frank, Baptized in the Spirit. A Global Pentecostal Theology, Grand Rapids 2006.

MACLEOD, Donald, The Person of Christ. Contours of Christian Theology, Leicester 1998.

MADDOX, Randy L., Responsible Grace. John Wesley's Practical Theology, Nashville 1994.

MADDOX, Randy L., Seeking a Response-Able God. The Wesleyan Tradition and Process Theology, in: B. P. Stone/ T. J. Oord (Hg.), Thy Nature and Thy Name Is Love. Wesleyan and Process Theologies in Dialogue, Nashville 2001, S.111-142.

MALONE-FRANCE, Derek, Deep Empiricism. Kant, Whitehead, and the Necessity of Philosophical Theism, Lanham MD 2006.

MARTIN, Ralph P., Carmen Christi. Philippians 2:5-11 in Recent Interpretation and in the Setting of Early Christian Worship, Grand Rapids ²1983.

MASSINON, Stephane, Police Call Highway Accident at Killed Calgary Woman 'an Act of God, in: Calgary Herald, 8. Oktober 2012, www.calgaryherald.com/Police+call+highway+accident+that+killed+Calgary+woman+with+video/7363376/story.html.

MAUDLIN, Thomas, The Metaphysics Within Physics, New York 2007.

MCCABE, Lorenzo Dow, Divine Nescience of Future Contingencies a Necessity. Being an Introduction to "The Foreknowledge of God, and Cognate Themes", New York 1882.

MCCABE, Lorenzo Dow, The Foreknowledge of God. And cognate themes in theology and philosophy, Cincinnati 1887.

McCormick, K. Steve, The Heresies of Love. Toward a Spirit-Christ Ecclesiology of Triune Love, in: Wesleyan Theological Journal 37 (2002), S.35-47.

McDaniel, Jay/ Bowman, Donna (Hg.), Handbook of Process Theology, St. Louis 2006.

McGrath, Alister, Dawkins's God. Genes, Memes, and the Meaning of Life, Malden MA 2005.

McIntyre, Alasdair, After Virtue. A Study in Moral Theory, Notre Dame IN 1984.

Mesle, C. Robert, John Hick's Theodicy. A Process Humanist Critique, London 1991.

Midler, Bette, From a Distance (Lied), in: Dies., Some People's Lives, Los Angeles 1990, L.7.

Moltmann, Jürgen, Der gekreuzigte Gott, Das Kreuz Christi als Grund und Kritik christlicher Theologie, Gütersloh [7]2002.

Moltmann, Jürgen, Gott in der Schöpfung. Ökologische Schöpfungslehre, Gütersloh [4]1993.

Moltmann, Jürgen, Gottes Kenosis in Schöpfung und Vollendung der Welt, in: TwP 3,1 (2009), S.3-14.

Montgomery, Brint/ Oord, Thomas J./ Winslow, Karen (Hg.), Relational Theology. A Contemporary Introduction, San Diego 2012.

Murphy, Nancey / Ellis, George F., On the Moral Nature of the Universe. Theology, Cosmology, and Ethics, Minneapolis 1996.

Nahmias, Eddy, Is Neuroscience the Death of Free Will?, in: The Stone (Blog), 13. November 2011, http://opinionator.blogs.nytimes.com/2011/11/13/is-neuroscience-the-death-of-free-will/?_php=true&_type=blogs&_php=true&_type=blogs&_php=true&_type=blogs&_r=2&.

Neusner, Jacob/ Chilton, Bruce (Hg.), Altruism in World Religions, Washington DC 2005.

Newlands, George, Theology of the Love of God, Atlanta 1980.

Newton, Isaac, Principia (Bd. 2: The System of the World), Berkeley 1934.

O'Connor, Timothy, Agent-Causal Theories of Freedom, in: R. Kane (Hg.), The Oxford Handbook of Free Will, Oxford [2]2011, S.309-328.

O'Connor, Timothy, The Agent as Cause, in: R. Kane (Hg.), Free Will, Oxford 2001, S.196-205.

O'Connor, Timothy, Theism and Ultimate Explanation. The Necessary Shape of Contingency, London 2012.

Ogden, Schubert, The Reality of God and Other Essays, Norwich 1967.

Olson, Roger E., Arminian Theology. Myths and Realities, Downers Grove IL 2006.

Olson, Roger E., Is Open Theism a Type of Arminianism?, in: My Evangelical Arminian Theological Musings (Blog), Evangelical Channel (10. November 2012), www.patheos.com/blogs/rogereolson/2012/11/is-open-theism-a-type-of-arminianism/.

OLSON, Roger E., What's Wrong with Calvinism?, in: My Evangelical Arminian Theological Musings (Blog), Evangelical Channel, 22. März 2013, www.patheos.com/blogs/rogereol- son/2013/03/whats-wrong-with-calvinism.

OORD, Thomas J., An Essential Kenosis View, in: J. K. Dew Jr./ C. Meister (Hg.), God and the Problem of Evil. Five Views, Downers Grove IL 2017, S.77-95.

OORD, Thomas J., A Postmodern Wesleyan Philosophy and David Ray Griffin's Postmodern Vision, in: Wesleyan Theological Journal 35 (1/2000), S.216-244.

OORD, Thomas J., A Relational God and Unlimited Love, in: C. A. Boyd (Hg.), Visions of Agape, Farnham 2008, S.135-148.

OORD, Thomas J., Attaining Perfection. Love for God and Neighbor, in: D. Leclerc/ M. A. Maddix (Hg.), Spiritual Formation. A Wesleyan Paradigm, Kansas City MO 2011, S.65-73.

OORD, Thomas J. (Hg.), Creation Made Free. Open Theology Engaging Science, Eugene OR 2009.

OORD, Thomas J., Defining Love. A Philosophical, Scientific, and Theological Engagement, Grand Rapids 2010.

OORD, Thomas J., God Always Creates out of Creation in Love. Creatio ex Creatione a Natura Amoris, in: Ders. (Hg.), Theologies of Creation. Creatio ex Nihilo and Its New Rivals, New York 2014, S.109-122.

OORD, Thomas J./ Hasker, William/ Zimmerman, Dean (Hg.), God in an Open Universe. Science, Metaphysics, and Open Theism, Eugene OR 2011.

OORD, Thomas J., Problems with Sanders's View of Providence, in: Ders. (Blog), 21. Juni 2014, http://thomasjayoord.com/index.php/blog/archives/problems_with_sanderss_view_of_providence/#.U-KJI-NdV8E.

OORD, Thomas J./ Lodahl, Michael, Relational Holiness. Responding to the Call of Love, Kansas City MO 2005.

OORD, Thomas J., Testing Creaturely Love and God's Causal Role, in: M. T. Lee/ A. Yong (Hg.), The Science and Theology of Godly Love, DeKalb 2012, S.94-120.

OORD, Thomas J. (Hg.), The Altruism Reader. Selections from Writings on Love, Religion, and Science, West Conshohocken PA 2008.

OORD, Thomas J., The Divine Spirit as Causal and Personal, in: Zygon 48 (2/2013), S.466-477.

OORD, Thomas J. (Hg.), The Polkinghorne Reader. Science, Faith, and the Search for Meaning, Philadelphia 2011.

OORD, Thomas J., The Nature of Love. A Theology, St. Louis 2010.

OSTLER, Blake Exploring Mormon Thought (Bd. 1: The Attributes of God), Draper UT 2001.

OVERALL, Christine, Miracles and Larmer, in: Dialogue 42 (2003), S.123-136.

PADILLA, Elaine, Divine Enjoyment. A Theology of Passion and Exuberance, New York 2015.

PEACOCKE, Arthur, God and Science. A Quest for Christian Credibility, Norwich 1996.

PEACOCKE, Arthur, Paths from Science Toward God. The End of All Our Exploring, London 2001.

PEACOCKE, Arthur, Theology for a Scientific Age. Being and Becoming – Natural, Divine, and Human, Minneapolis 1993.

PEIRCE, Charles S., The Architecture of Theories, in: The Monist 1 (1891), S.161-176.

PETERS, Ted/ Hewlitt, Martinez, Evolution from Creation to New Creation. Conflict, Conversation and Convergence, Nashville 2003.

PIKE, Nelson, God and Timelessness, New York 1970.

PINNOCK, Clark H., An Interview with Clark Pinnock, in: Modern Reformation 6/7 (1998), S.23-25.

PINNOCK, Clark H., A Response to Rex A. Koivisto, in: JETS 24 (1981), S.153-155.

PINNOCK, Clark H., Foreword, in: Roennfeldt, Ray C., in: Clark H. Pinnock on Biblical Authority. An Evolving Position (Andrews University Seminary Doctoral Dissertation Series; 16), Berrien Springs MI 1993, S.XV-XXIII.

PINNOCK, Clark H., From Augustine to Arminius. A Pilgrimage in Theology, in: Ders., The Grace of God and the Will of Man, Minneapolis 1995, S.15-30.

PINNOCK, Clark H., God's Sovereignty in Today's World, in: Theology Today 53 (1996), S.15-21.

PINNOCK, Clark H./ Brown, Delwin, Theological Crossfire. An Evangelical/Liberal Dialogue, Grand Rapids 1990.

PINNOCK, Clark H. u.a. (Hg.), The Openness of God. A Biblical Challenge to the Traditional Understanding of God, Downers Grove IL 1994.

PINNOCK, Clark H., Most Moved Mover. A Theology of God's Openness, Grand Rapids 2001.

PINNOCK, Clark H./ Paulsen, David L., A Dialogue on Openness Theology, in: D. W. Musser / Ders., (Hg.), Mormonism in Dialogue with Contemporary Christianity, Macon GA 2007, S.489-553.

PLANTINGA, Alvin, God, Freedom, and Evil, Grand Rapids 1977.

PLANTINGA, Alvin, On Ockham's Way Out, in: Faith and Philosophy 3 (1986), S.235-269.

PLANTINGA, Alvin, Where the Conflict Really Lies. Science, Religion, and Naturalism, Oxford 2011.

PLATO, The Works of Plato (herausgegeben und übersetzt von Benjamin Jowett), New York 1937.

POLKINGHORNE, John C., An Gott glauben im Zeitalter der Naturwissenschaften. Die Theologie eines Physikers, Gütersloh 2000.

POLKINGHORNE, John C., Chaos Theory and Divine Action, in: W. M. Richardson/ W. J. Wildman (Hg.), Religion and Science. ‚History, Method, Dialogue, New York 1996, S.243-254.

POLKINGHORNE, John C., From Physicist to Priest. An Autobiography, London 2007.

POLKINGHORNE, John C., Kenotic Creation and Divine Action, in: Ders. (Hg.), The Work of Love. Creation as Kenosis, Grand Rapids 2001, S.90-106, hier: S.102.

POLKINGHORNE, John. C., One World. The Interaction of Science and Theology, Philadelphia 2007.

POLKINGHORNE, John C., The Work of Love. Creation as Kenosis, Grand Rapids 2001.

POLKINGHORNE, John C., Quantum Theory. A Very Short Introduction, New York 2002.

POLKINGHORNE, John C., Science and Providence. God's Interaction with the World, West Conshohocken PA 2005.

POLKINGHORNE, John C., Science and Theology, Philadelphia 1998.

POOL, Jeff B., God's Wounds. Hermeneutic of the Christian Symbol of Divine Suffering (Bd. 1: Divine Vulnerability and Creation), Cambridge 2009.

POST, Stephen G. u.a., Altruism and Altruistic Love, Oxford 2002.

POWELL, Samuel M., Participating in God. Creation and Trinity, Minneapolis 2003.

PUTNAM, Hilary, Realism with a Human Face, Cambridge 1992.

QUINCEY, Christian de, Radical Nature. Rediscovering the Soul of Matter, Montpelier VT 2002.

RAUSCH ALBRIGHT, Carol/ Ashbrook, James B., Where God Lives in the Human Brain, Naperville IL 2001.

REED, Jonathan, In Search of Paul. How Jesus's Apostle Opposed Rome's Empire with God's Kingdom, San Francisco 2004.

REICHARD, Joshua D., An 'Improbable Bond of the Spirit'. Historical Perspectives on the Christian Life in Pentecostal-Charismatic and Process-Relational Theologies, in: W. Vondey (Hg.), The Holy Spirit and the Christian Life, New York 2014, S.179-198.

REICHARD, Joshua D., Beyond Causation. A Contemporary Theology of Concursus, in: American Journal of Theology and Philosophy 34 (2013), S.117-134.

REICHARD, Joshua D., From Causality to Relationality. Toward a Wesleyan Theology of Concursus, in: Wesleyan Theological Journal 49 (1/2014), S.122-138.

REICHARD, Joshua D., Of Miracles and Metaphysics. A Pentecostal-Charismatic and Process- Relational Dialog, in: Zygon. Journal of Religion and Science 48 (2013), S.274-293.

REICHARD, Joshua D., Relational Empowerment. A Process-Relational Theology of the Spiritfilled Life, in: Pneuma. The Journal of the Society for Pentecostal Studies 36 (2/2014), S.1-20.

REICHARD, Joshua D., Toward a Pentecostal Theology of Concursus, in: Journal of Pentecostal Theology 22 (2013), S.95-114.

REITH, Gerda, The Age of Chance. Gambling in Western Culture, New York 2005.

RHODA, Alan, Beyond the Chessmaster Analogy. Game Theory and Divine Providence, in: T. J. Oord (Hg.), Creation Made Free. Open Theology Engaging Science, Eugene OR 2009, S.151-175.

RHODA, Alan, Gratuitous Evil and Divine Providence, in: Religious Studies 46 (2010), S.281-302.

RHODA, Alan/ Boyd, Gregory A./ Belt, Thomas G. Open Theism, Omniscience, and the Nature of the Future, in: Faith and Philosophy 23 (2006), S.432-459.

RHODA, Alan, The Philosophical Case for Open Theism, in: Philosophia 35 (2007), S.301-311.

RICE, Hugh, God and Goodness, Oxford 2000.

RICE, Richard, God's Foreknowledge and Man's Free Will, Minneapolis 1980.

RICE, Richard, Suffering and the Search for Meaning. Contemporary Response to the Problem of Pain, Downers Grove IL 2014.

RIDLEY, Matt, The Origins of Virtue. Human Instincts and the Evolution of Cooperation, New York 1996.

ROBINSON, Michael D., The Storms of Providence. Navigating the Waters of Calvinism, Arminianism, and Open Theism, Lanham MD 2003.

ROLSTON, Holmes III, Genes, Genesis, and God. Values and Their Origins in Natural and Human History, Cambridge 1999.

ROWE, William L., Can God Be Free?, Oxford 2004.

RUNYON, Theodore, The New Creation. John Wesley's Theology Today, Nashville 1998.

RUSSELL, Robert J./ Murphy, Nancey/ Peacocke, Arthur R., Chaos and Complexity. Scientific Perspectives on Divine Action, Notre Dame IN 1995.

RUSSELL, Robert J., Cosmology, From Alpha to Omega, Minneapolis 2008.

SANDERS, John, Divine Providence and the Openness of God, in: B. A. Ware (Hg.), Perspectives on the Doctrine of God. Four Views, Nashville 2008, S.196-240.

SANDERS, John, The God Who Risks. A Theology of Providence, Downers Grove IL ²2007.

SANDERS, John, Who Has Armed Dynamic Omniscience and the Open Future in History?, in: Open Theism Information Site (27. Januar 2014), http://opentheism. info/information/af-rmed-dynamic-omniscience-open-future-history/#_edn11.

SCHIRRMACHER, Thomas (Hg.), Der Heidelberger Katechismus (MBS-Texte; 59). Übersetzt von Thomas Schirrmacher unter Mitarbeit von Dino Marzi, Bonn ²2007.

SCHLEIERMACHER, Friedrich, Der christliche Glaube. Nach den Grundsätzen der evangelischen Kirche im Zusammenhange dargestellt. Zweite Auflage 1830/31 (herausgegeben von Rolf Schäfer), Berlin/ New York 2008.

SCHLEIERMACHER, Friedrich, Über die Religion. Reden an die Gebildeten unter ihren Verächtern, Berlin ³1821.

SCHLOSS, Jeffrey P., Divine Providence and the Question of Evolutionary Directionality, in: J. B. Cobb (Hg.), Back to Darwin. A Richer Account of Evolution, Grand Rapids 2008, S.330-350.

SCHNEEWIND, Jerome B., The Invention of Autonomy. A History of Modern Moral Philosophy, Cambridge 1997.

SEIBERT, Eric A., The Violence of Scripture. Overcoming the Old Testament's Troubling Legacy, Philadelphia 2012.

SHIELDS, George W./ Viney, Donald W., The Logic of Future Contingents, in: Ders. (Hg.), Process and Analysis. Whitehead, Hartshorne, and the Analytic Tradition, Albany 2004, S.209-246.

SHULTS, Fount L./ Murphy, Nancey/ Russell, Robert J. (Hg.), Philosophy, Science and Divine Action, Leiden 2009.

SMITH, Uriah, Looking unto Jesus or Christ as Type or Antitype, Battle Creek MI 1898.

SOBER, Elliott, Confirmation and Lawlikeness, in: Philosophical Review 97 (1988), S.93-98.

SOBER, Elliott/ Wilson, David S., Unto Others. The Evolution and Psychology of Unselfish Behavior, Cambridge MA 1998.

SOUTHGATE, Christopher, The Groaning of Creation. God, Evolution, and the Problem of Evil, Louisville KY 2008.

SØVIK, Atle Otteson, The Problem of Evil and the Power of God. On the Coherence and Authenticity of Some Christian Theodicies with Different Understandings of God's Power, Oslo 2009.

SPEED, Marc, God Is Sovereign. Why God Sometimes Overrides People's Free Will, www. bible-questions-and-answers.com/God-Is-Sovereign.html.

SPONHEIM, Paul R., Love's Availing Power. Imagining God, Imagining the World, Minneapolis 2011.

SPROUL, Robert C., Not a Chance. The Myth of Chance in Modern Science and Cosmology, Grand Rapids 1994.

STANGLIN, Keith D./ McCall, Thomas H., Jacob Arminius. Theologian of Grace, Oxford 2012.

STEWARD, Helen, Animal Agency, in: Inquiry 52 (3/2009), S.217-231.

STINNISEN, Wilfried, Into Your Hands, Father. Abandoning Ourselves to the God Who Loves Us, San Francisco 2011.

SUCHOCKI, Marjorie H., God, Christ, Church. A Practical Guide to Process Theology, New York 1993.

SUPPES, Patrick, Probabilistic Metaphysics, Oxford 1984.

SWINBURNE, Richard (Hg.), Free Will and Modern Science, Oxford 2011.

SWINBURNE, Richard, Gibt es einen Gott? (Metaphysical Research; 4), Heusenstamm 2006.

SWINBURNE, Richard, The Coherence of Theism, Oxford 1977.

TAYLOR, Richard, Action and Responsibility, in: M. Brand/ D. N. Walton (Hg.), Action Theory: Proceedings of the Winnipeg Conference on Human Action, Boston 1976, S.293-310.

THOMAS, Rod, Rebooting Political Jesus Part 3. Nonviolent Politics, in: Resist Daily (30. Dezember 2013), http://resistdaily .com/rebooting-political-jesus-part-3-nonviolent-politics.

THOMAS VON AQUIN, Summa Theologica. Deutsche Thomas-Ausgabe (Bd. 1: Gottes Dasein und Wesen. I. 1-13), Salzburg/ Leipzig 1934.

THOMAS VON AQUIN, Summa Theologica. Deutsche Thomas-Ausgabe (Bd. 2: Gottes Leben und sein Erkennen und Wollen. I. 14-26), Salzburg/ Leipzig 1934.

THOMPSON, Thomas R., Nineteenth-Century Kenotic Christology. Waxing, Waning and Weighing of a Quest for a Coherent Orthodoxy, in: C. S. Evans (Hg.), Exploring the Kenotic Christology. The Self-Emptying of God, Vancouver 2006, S.74-111.

THORSEN, Don, Calvin vs. Wesley. Bringing Belief in Line with Practice, Nashville 2013.

TIESSEN, Terrance, Providence and Prayer. How Does God Work in the World?, Downers Grove IL 2000.

TILLICH, Paul, Systematische Theologie I-III (herausgegeben und eingeleitet von Christian Danz), Berlin/ Boston ⁹2017.

TIMPE, Kevin, Free Will. Sourcehood and Its Alternatives, New York ²2013.

TINDAL, Matthew, Christianity as Old as the Creation. The Gospel a republication of the religion of nature, Whitefish MT 2004.

TRACY, Thomas F., God, Action, and Embodiment, Grand Rapids 1984.

TRELSTAD, Marit A., Putting the Cross in Context. Atonement Through Covenant, in: M. J. Streufert (Hg.), Transformative Lutheran Theologies. Feminist, Womanist and Mujerista Perspectives, Minneapolis 2010, S.107-122.

TRIVERS, Robert L., The Evolution of Reciprocal Altruism, in: QRB 46 (1/1971), S.35-57.

TUGGY, Dale, Three Roads to Open Theism, in: Faith and Philosophy 24 (2007), S.28-51.

TUPPER, E. Frank, A Scandalous Providence. The Jesus Story of the Compassion of God, Macon GA 1995.

TURRETIN, Francis, Institutes of Elenctic Theology (herausgegeben von James T. Dennison Jr.), Phillipsburg 1992.

TWELFTREE, Graham H., Jesus the Miracle Worker. A Historical and Theological Study, Downers Grove IL 1999.

TWELFTREE, Graham H., The Cambridge Companion to Miracles, Cambridge 2011.

VAN FRAASSEN, Bas C., Laws and Symmetry Oxford 1989.

VAN HUYSSTEEN, J. Wentzel, Alone in the World. Human Uniqueness in Science and Theology, Grand Rapids 2006.

VAN SLYKE, James A., Theology and the Science of Moral Action. Virtue Ethics, Exemplarity, and Cognitive Neuroscience, New York 2012.

VIERICK, George S., What Life Means to Einstein, in: The Saturday Evening Post (26. Oktober 1929), S.17.110-117.

VINEY, Donald W., Charles Hartshorne and the Existence of God, Albany 1985.

VINEY, Donald W., God Only Knows?. Hartshorne and the Mechanics of Omniscience, in: R. Kane/ S. Phillips (Hg.), Hartshorne, Process Philosophy and Theology, Albany 1989, S.71-90.

VINEY, Donald W., Jules Lequyer and the Openness of God, in: Faith and Philosophy 14 (2/1997), S.212-35.

WAAL, Frans de, Good Natured. The Origin of Right and Wrong in Humans and Other Animals, Cambridge 1996.

WALLACE, William, The Modeling of Nature. Philosophy of Science and Philosophy of Nature in Synthesis, Washington DC 1996.

WALLS, Jerry L./ Dongell, Joseph R., Why I Am Not a Calvinist, Downers Grove IL 2004.

WARFIELD, Benjamin B., Predestination, in: Ders., Biblical Doctrines (The Works of Benjamin B. Warfield; 2), Grand Rapids [2]1991.

WARD, Keith, Divine Action. Examining God's Role in an Open and Emergent Universe, San Francisco 1991.

WARD, Keith, God, Chance, and Necessity, Oxford 1996.

WARD, Keith, Morality, Autonomy, and God, London 2013.

WARREN, Rick, The Purpose Driven Life, Grand Rapids 2002.

WATSON, Gary, Free Action and Free Will, in: Mind 96 (1987), S.145-172.

WEBER, Bruce/ Depew, David, Evolution and Learning. The Baldwin Effect Reconsidered, Cambridge 2003.

WEGTER-MCNELLY, Kirk, The Entangled God. Divine Relationality and Quantum Physics, New York 2011.

WELTON, William (Hg.), Plato's Forms. Varieties of Interpretations, Lanham MD 2002.

WESLEY, Charles, A Collection of Hymns for the Use of the People Called Methodists (The Works of John Wesley; 7), Nashville 1983.

WESLEY, John, Explanatory Notes upon the New Testament, Salem OH 1975.

WESLEY, John, The Works of John Wesley (Bd. 2: Sermons II [34-70]), Nashville 1985.

WESLEY, John, The Works of John Wesley (Bd. 4: Sermons IV [115-151]), Nashville 1987.

WESTERMANN, Claus, Theologie des Alten Testament in Grundzügen (ATD Ergänzungsreihe; 6), Göttingen 1985.

WESTMAN, Robert S., Magical Reform and Astronomical Reform. The Yates Thesis Reconsidered, in: Ders./ J. E. McGuire (Hg.), Hermeticism and the Scientific Revolution, Los Angeles 1977.

WHITEHEAD, Alfred N., Prozess und Realität. Entwurf einer Kosmologie (übersetzt und mit einem Nachwort versehen von Hans G. Holl), Frankfurt a.M. ²1984.

WILDMAN, Wesley J., Ground-of-Being Theologies, in: P. Clayton (Hg.), The Handbook of Religion and Science, New York 2006, S.612-632.

WILLIAMS, Daniel D., The Spirit and the Forms of Love, New York 1968.

WILSON, Edward O., On Human Nature (25th anniversary edition 1978), Cambridge MA 2004.

WITHAM, Larry, The Measure of God. Our Century-long Struggle to Reconcile Science and Religion, San Francisco 2005.

WOLTERSTORFF, Nicholas, God Everlasting, in: C. Orlebeke/ L. Smedes (Hg.), God and the Good. Essays in Honor of Henry Stob, Grand Rapids 1975, S.181-203.

WOOD, Charles M., The Question of Providence, Louisville KY 2008.

WRIGHT, Nicholas T., The Climax of the Covenant. Christ and the Law in Pauline Theology, Minneapolis 1993.

WRIGHT, Robert, The Moral Animal. The New Science of Evolutionary Psychology, New York 1994.

YONG, Amos, Divine Knowledge and Relation to Time, in: T. J. Oord (Hg.), Philosophy of Religion. Introductory Essays, Kansas City MO 2003, S.136-152.

YONG, Amos, Spirit of Love. A Trinitarian Theology of Grace, Waco TX 2012.

YONG, Amos, The Spirit of Creation. Modern Science and Divine Action in the Pentecostal-Charismatic Imagination, Grand Rapids 2011.

ZIMMERMAN, Dean, The Providential Usefulness of "Simple Foreknowledge", in: K. J. Clark/ M. R. Reason (Hg.), Metaphysics, and Mind. New Essays on the Philosophy of Alvin Plantinga, Oxford 2012, S.174-202.

Printed in France by Amazon
Brétigny-sur-Orge, FR

23809930R00154